LUXEMBURGO

PAUL FRÖLICH

Tradução Nélio Schneider e Erica Ziegler

PENSAMENTO E AÇÃO

© Karl Dietz Verlag Berlin, 1990
© desta edição Boitempo, 2019

Traduzido do original em alemão *Rosa Luxemburg: Gedanke und Tat* (Berlim, Dietz, 1990; segundo a edição original: Hamburgo, Friedrich Oetinger, 1949).

Direção editorial	Ivana Jinkings
Edição	Bibiana Leme
Coordenação de produção	Livia Campos
Assistência editorial	Artur Renzo e Thaisa Burani
Tradução	Nélio Schneider e Erica Ziegler
Preparação	Mariana Echalar
Cronologia	Fernando Bustamante e Natália Angyalossy Alfonso
Revisão	Luciana Vizzotto
Capa	Rafael Nobre
Diagramação	Antonio Kehl

Equipe de apoio Ana Carolina Meira, Ana Yumi Kajiki, André Albert, Camila Nakazone, Clarissa Bongiovanni, Eduardo Marques, Elaine Ramos, Frederico Indiani, Heleni Andrade, Isabella Marcatti, Ivam Oliveira, Kim Doria, Luciana Capelli, Marlene Baptista, Maurício Barbosa, Rai Alves, Renato Soares, Talita Lima, Tulio Candiotto

---

CIP-BRASIL. CATALOGAÇÃO NA PUBLICAÇÃO

F929
 Frölich, Paul, 1884-1953
  Rosa Luxemburgo : pensamento e ação / Paul Frölich ; Nélio Schneider , Erica Ziegler. - 1.ed. - São Paulo : Boitempo ; Iskra, 2019.

 Tradução de: Rosa Luxemburg: Gedanke und Tat
 Inclui cronologia
 caderno de imagens
 ISBN 978-85-7559-677-7

  1. Luxemburgo, Rosa, 1871-1919. 2. Revolucionários - Alemanha. I. Schneider, Nélio. II.Título.

CDD: 923.2
CDU: 929:32

 A tradução desta obra teve o apoio do Goethe-Institut, que é financiado pelo Ministério das Relações Exteriores da Alemanha.

É vedada a reprodução de qualquer
parte deste livro sem a expressa autorização da editora.

1ª edição: janeiro de 2019; 1ª reimpressão: outubro de 2019;
2ª reimpressão: setembro de 2020; 3ª reimpressão: agosto de 2021

Jinkings Editores Associados Ltda.
Rua Pereira Leite, 373
05442-000 São Paulo SP
Tel.: (11) 3875-7250 / 3875-7285
editor@boitempoeditorial.com.br
www.boitempoeditorial.com.br | www.blogdaboitempo.com.br
www.facebook.com/boitempo | www.twitter.com/editoraboitempo
www.youtube.com/tvboitempo | www.instagram.com/boitempo

Sumário

Prólogo à edição brasileira – *Diana Assunção* 9

Prefácio 13

Juventude 21
    Na casa dos pais 21
    Começa a luta 25

Pelo destino da Polônia 29
    Zurique 29
    Leo Jogiches 31
    O partido Proletariat 33
    Contra o blanquismo 37
    A questão nacional como problema estratégico 39
    A fundação da social-democracia polonesa 49

Pelo legado de Marx 55
    Nas fileiras da social-democracia alemã 55
    O reformismo avança 58
    Uma visão de mundo 63
    Reforma e revolução 66
    Capitalismo domesticado 70
    "Trabalho de Sísifo" 73

A conquista do poder político 77
    Limites do parlamentarismo 77
    Um experimento de governo 78
    Ultima ratio 83

Prazer na luta 86

Escaramuça 88

A REVOLUÇÃO RUSSA DE 1905 93

A Rússia desperta 93

A organização do partido... 96

Lênin e Luxemburgo 102

A essência da Revolução de 1905..................................... 104

Escaramuça das etapas 109

NA LINHA DE FOGO 115

Varsóvia.. 115

Sobre a insurreição armada... 117

A social-democracia polonesa e o PSP 123

No cárcere 127

Crítica da revolução 132

UMA NOVA ARMA 139

Decepção 139

Greve política de massas 142

Greve de massas, partido e sindicatos 147

Líderes sem vocação 152

Teoria da espontaneidade?.. 154

SOBRE O FIM DO CAPITALISMO... 159

A escola do partido... 159

Introdução à economia política....................................... 161

A acumulação do capital 162

A teoria da acumulação e o imperialismo......................... 168

O ataque dos epígonos 170

A LUTA CONTRA O IMPERIALISMO.. 175

O problema político.. 175

Contra o risco da guerra 177

A luta pelo sufrágio igualitário.. 180

A Justiça entra em ação 186

COMO UMA VELA QUEIMANDO PELAS DUAS PONTAS 191

A mulher... 191

A militante... 197

O estilo 202

O discurso 205

GUERRA 209

4 de agosto 209

Sob o estandarte da rebelião 214

Die Internationale 218

Um ano na penitenciária feminina 223

A *Brochura de Junius* 226

Spartakus 230

Rua Barnim, Wronke, Breslau 235

RÚSSIA, 1917 241

O primeiro triunfo 241

A Revolução de Outubro 246

Crítica aos bolcheviques 252

A REVOLUÇÃO ALEMÃ 263

Prelúdio 263

Novembro 267

Posicionamento das forças 270

O programa da revolução 273

A contrarrevolução dá o golpe 279

A fundação do Partido Comunista 287

O CAMINHO PARA A MORTE 291

A batalha de janeiro 291

A Liga Spartakus e a insurreição de janeiro 295

Caçada humana 300

O assassinato 303

Depois disso 305

OBRAS DE ROSA LUXEMBURGO EM ALEMÃO 309

POSFÁCIO À SEGUNDA EDIÇÃO ALEMÃ – *KLAUS KINNER* 311

POSFÁCIO À EDIÇÃO BRASILEIRA – *ISABEL LOUREIRO* 351

CRONOLOGIA RESUMIDA DE ROSA LUXEMBURGO 361

PARTIDOS 371

NOTA DA EDIÇÃO BRASILEIRA

A Boitempo agradece a parceria da Fundação Rosa Luxemburgo, em especial a Torge Loeding e Jorge Pereira, e também a consultoria indispensável e generosa da pesquisadora Isabel Loureiro.

É importante mencionar que existe uma controvérsia em relação a algumas datas da vida de Rosa Luxemburgo. Quanto ao seu nascimento, a data de 5 de março de 1871 é a que ela usa em 1897 no seu *curriculum vitae* na Universidade de Zurique; em outros documentos, porém, aparece o ano de 1870. A biografia de Annelies Laschitza, *Im Lebensrausch, trotz alledem – Rosa Luxemburg: eine Biographie* (Berlim, Aufbau, 1996, opta pelo ano de 1871. O mesmo ocorre com a data de adesão de Rosa ao partido Proletariat. Segundo Laschitza, não há como saber com certeza se Rosa começou a militar ainda no colégio ou só depois que saiu da escola. O que é certo é que ela fazia parte de um círculo de secundaristas, de universitários e de trabalhadores próximo do grupo de Kazimierz Szczepański e Ludwik Kulczyckis.

Prólogo à edição brasileira

Em 1919, há cem anos, tentaram sufocar a força das ideias de uma das grandes personalidades da história da humanidade, Rosa Luxemburgo. Essas ideias, entretanto, seguem vivas até hoje. Nesse centenário, o leitor brasileiro terá a oportunidade de conhecer uma biografia inédita no país. Paul Frölich nos convida a mergulhar no universo de Rosa Luxemburgo, que é também o universo da luta comunista. Como seu contemporâneo e camarada, Frölich pôde captar de forma viva aspectos e detalhes da vida de Rosa e transmitir com delicadeza a história de uma mulher revolucionária que rompeu com todos os estereótipos.

Nascida na Polônia, sua atividade militante começou aos quinze anos, quando ela se uniu ao movimento socialista. Exilada em Zurique, quando já estava na mira da polícia, conheceu Leo Jogiches, companheiro, amor e camarada durante muitos anos de sua vida. Rosa foi uma das poucas mulheres de sua época a se formar como doutora em ciências políticas. Pouco depois, foi viver na Alemanha, integrando-se ao Partido Social-Democrata Alemão (SPD), que era o centro político da Segunda Internacional. É quando conhece Clara Zetkin, com quem cultiva uma amizade tão profunda quanto as críticas políticas que lhe fazia. Nesse momento ainda era uma militante desconhecida, mas logo assumiria uma posição de dirigente, ao dedicar-se aos grandes debates da Segunda Internacional – o que significou empreender uma grande batalha contra o oportunismo nas fileiras do partido, até romper com ele e fundar um novo, sob cuja bandeira lutou até o final, sendo assassinada pelo governo de seus velhos adversários.

Naquele início de século, o oportunismo tinha como um dos principais representantes a figura de Eduard Bernstein, que havia iniciado uma revisão profunda do marxismo. Talvez por isso Franz Mehring tenha declarado que Rosa seria a "mais genial discípula de Karl Marx", já que o embate contra essas ideias revisionistas tomou corpo em seu famoso texto *Reforma social ou revolução?*.

Ela empreendeu várias discussões no calor da Revolução Russa de 1905, coincidindo com grandes dirigentes revolucionários, como Leon Trótski e Vladímir Lênin, ao defender que a classe trabalhadora teria de cumprir um papel protagonista na revolução, mesmo em meio a divergências sobre determinadas tarefas preparatórias.

Mais tarde, na década de 1910, com o mesmo vigor que a consagrou no combate às teses revisionistas de Bernstein, debateu contra Karl Kautsky, considerado o maior marxista da época, identificando nele um distanciamento crescente das concepções revolucionárias que deveriam guiar o partido. Com seu companheiro Karl Liebknecht, enfrentou uma das maiores traições ao movimento operário por parte dessa mesma social-democracia, opondo-se à votação dos créditos de guerra durante a Primeira Guerra Mundial e mostrando aí seu viés profundamente internacionalista.

Quando chegou a hora da Revolução Russa de 1917, Rosa Luxemburgo demonstrou igual personalidade. Ao mesmo tempo que fez críticas e condenou parte das táticas empregadas pelos bolcheviques, foi uma ardente defensora da própria revolução e da audácia com que os camaradas russos a levaram à vitória. Em suas próprias palavras:

> Neste último período, em que lutas finais decisivas são iminentes no mundo inteiro, o problema mais importante do socialismo, a questão candente da atualidade, era e é não esta ou aquela questão de detalhe da tática, e sim a capacidade de ação do proletariado, a energia revolucionária das massas, a vontade do socialismo de chegar ao poder. Nesse sentido, Lênin, Trótski e seus amigos foram os *primeiros* a dar o exemplo ao proletariado mundial, e até agora continuam sendo os *únicos* que, como Huten, podem exclamar: eu ousei! [...] Na Rússia, o problema só podia ser colocado. Ele não podia ser resolvido na Rússia. Ele só pode ser resolvido internacionalmente. E, *nesse sentido*, o futuro pertence, por toda parte, ao "bolchevismo".[1]

Levando adiante essa mesma tarefa de resolver o problema em escala internacional, Rosa fundou a Liga Spartakus e em seguida o Partido Comunista Alemão, em 1918, sendo ativa participante dos acontecimentos de 1919. Foi perseguida por essas ideias pela própria direção social-democrata, que temia sua poderosa influência revolucionária. Esses são alguns dos capítulos pelos quais

---

[1] Rosa Luxemburgo, "Sobre a Revolução Russa", em Jörn Schütrumpf (org.), *Rosa Luxemburg ou o preço da liberdade* (trad. Isabel Maria Loureiro, São Paulo, Expressão Popular/Fundação Rosa Luxemburgo, 2006), republicado em Ivana Jinkings e Emir Sader (orgs.), *As armas da crítica: antologia do pensamento de esquerda* (São Paulo, Boitempo, 2012), p. 248.

passa a história dessa que terá sido a maior dirigente revolucionária mulher do último século.

A obra de Paul Frölich chega ao Brasil em um ano de enorme mudança nas estruturas políticas brasileiras, com o início de um governo de extrema direita que ecoa a voz da ditadura para perseguir justamente as ideias do comunismo. Mais do que nunca, é preciso afiar as armas da crítica para servir de contraponto às ideologias que estão a serviço da perpetuação da dominação e da espoliação capitalista, buscando contribuir para a resistência e a organização da classe trabalhadora e da juventude. Por isso, *Rosa Luxemburgo: pensamento e ação* é um instrumento de combate contra toda forma de exploração e opressão que fortalece a luta pelas ideias revolucionárias e socialistas também no Brasil.

É preciso dizer que a força de Rosa irrompeu enquanto os espaços de direção política, inclusive das organizações revolucionárias, eram vistos como uma tarefa quase exclusiva dos homens. Rosa enfrentou isso, não sem percalços e infortúnios, por parte de figuras que estavam na mesma trincheira, mas conseguiu, com a força de suas ideias, não somente ser uma das maiores dirigentes revolucionárias do século XX, como protagonizar, com personalidade ímpar, inúmeras lutas políticas. Não obstante, o stalinismo como reação burocrática dos estados operários buscou apagar da história de Rosa Luxemburgo todo o seu combate justamente contra esse fenômeno histórico que distanciava os revolucionários da batalha pela verdadeira emancipação da humanidade. Por isso, em homenagem a Rosa Luxemburgo e seu grande parceiro Karl Liebknecht, Leon Trótski escreveu: "[...] eles já não estão mais em nosso mundo, mas seguem entre nós; viveremos e lutaremos animados pelas suas ideias, sob influência de sua grandeza moral, e juramos que se chegar nossa hora morreremos de pé frente ao inimigo, como vocês morreram, Rosa Luxemburgo e Karl Liebknecht"[2].

A história e a luta de Rosa nos inspiram a seguir de pé diante do inimigo: tanto as novas gerações, que precisam resistir à crise capitalista internacional sempre disposta a descarregar suas mazelas em nossas costas, como toda a classe trabalhadora que carrega em si o poder social de ser a classe revolucionária de nossa época. Imagino o efeito que teria, para milhares de mulheres e meninas de todo o mundo que agora se levantam como uma força imparável contra o patriarcado, saber que Rosa ainda era uma estudante secundarista quando se uniu ao movimento revolucionário clandestino na Polônia, passando a partir daí a exalar energia comunista em cada uma de suas ações e discursos, buscando atingir a todos como uma trovoada.

---

[2] Leon Trótski, "Karl Liebknecht y Rosa Luxemburgo", em Juan Ignacio Ramos (org.), *Bajo la bandera de la rebelión: Rosa Luxemburgo y la revolución alemana* (Madri, Fundación Federico Engels, 2014), p. 434.

Que esse livro chegue a milhares de jovens e trabalhadores, para que as lutas da nossa época se conectem com a única estratégia capaz de nos libertar verdadeiramente, a estratégia da revolução operária e socialista da qual Rosa foi uma das grandes expoentes em nossa história. E que chegue às mulheres que se levantam em todo o mundo contra o patriarcado, para que abracem das mãos de Rosa Luxemburgo seu feminismo socialista e operário, podendo transformar-se, assim, em uma força avassaladora para construir o novo mundo.

Nas palavras de uma de suas grandes amigas da vida, Clara Zetkin:

A ideia socialista foi para Rosa Luxemburgo uma poderosa paixão – da mente e do coração – que dominava tudo, uma paixão que se consumia e se materializava criativamente. Preparar a revolução que abria o caminho para o socialismo foi a missão e a grande ambição da vida dessa mulher rara. Viver a revolução, participar de suas batalhas, era a felicidade suprema que lhe acenava. Com força de vontade, abnegação e dedicação tais que palavras não conseguem expressar, Rosa Luxemburgo empenhou ao socialismo tudo o que ela era, tudo o que levava dentro de si. Ela ofereceu a si mesma em sacrifício a ele, não só com sua morte, mas a cada dia, a cada hora de um trabalho e de uma luta de muitos anos. Por isso podia exigir dos demais que também se entregassem totalmente, sua vida inclusive, pela causa do socialismo. Ela foi a espada, a chama da revolução, e seu nome ficará gravado nos séculos como o de uma das mais grandiosas e célebres figuras do socialismo internacional.

Diana Assunção
São Paulo, novembro de 2018

Prefácio

A primeira edição deste livro veio a público em Paris, no final de agosto de 1939, poucos dias antes da irrupção da Segunda Guerra Mundial. O livro é filho da emigração e carrega as marcas de seu nascimento. O autor deixou a Alemanha no início de 1934, logo depois de ser libertado do campo de concentração. Naquela época, acreditava que o material que ele passara anos coletando para a elaboração das *Obras reunidas de Rosa Luxemburgo* estivesse em segurança. No entanto, este se perdera ou fora parar nas mãos de quem não quis cedê-lo. Eram manuscritos e cartas de Rosa Luxemburgo, de quase todos os trabalhos publicados por ela em alemão, polonês ou francês, do quinto volume das *Obras reunidas*, já composto e pronto para impressão com os trabalhos dela sobre política imperialista, cartas políticas e privadas dirigidas a ela, grande quantidade de notas etc. Essa perda só pôde ser parcialmente compensada no exterior e foi preciso renunciar a algumas coisas que teriam sido úteis para o delineamento do pano de fundo e a caracterização de personagens.

Apesar desses pressupostos desfavoráveis, era preciso escrever o livro. O nome de Rosa Luxemburgo se tornara um símbolo para o movimento internacional dos trabalhadores. No entanto, seus contemporâneos sabem muito pouco sobre a sua atuação. Mesmo os que têm familiaridade com a literatura socialista conhecem apenas fragmentos de suas obras. A publicação de seu legado literário enfrentou diversos entraves e – em virtude das lutas entre facções na Internacional Comunista – uma resistência resoluta, ainda que jamais admitida. Por essa razão, não pôde ser levada a termo e, assim, extraviaram-se campos inteiros de sua produção, cujo conhecimento era importante para compreender suas concepções. Na briga entre partidos e tendências dentro do movimento dos trabalhadores, muitas teorias da mestra foram mal compreendidas e outras maldosamente desfiguradas. A literatura socialista que foi retirada dos esconderijos após a superação da dominação nazista não passava de escombros. Havia o risco de que, de toda a realização histórica de Rosa Luxemburgo, só restassem uma pálida memória e uma lenda enganadora.

Os trabalhos biográficos já publicados sobre Rosa Luxemburgo serviram a um escopo restrito, como, por exemplo, o de Luise Kautsky*, ou tiveram de desconsiderar partes essenciais da obra de Rosa, como é o caso da biografia de Henriette Roland Holst**. As duas autoras eram bastante próximas de Rosa e retrataram sua personalidade com muito afeto e compreensão. Ambas, no entanto, defendiam opiniões decididamente diferentes daquelas da biografada, por isso não conseguiram expor corretamente suas ideias nem fazer jus a sua atuação política.

Uma pessoa teria a vocação de fazer ressurgir a vida e a obra de Rosa Luxemburgo: Clara Zetkin. As duas mulheres trabalharam décadas juntas. Cada qual possuía uma personalidade forte, de estatura e valores próprios. Provinham de ambientes diferentes e foram influenciadas por experiências distintas. Não obstante, nos conflitos intelectuais e nas lutas políticas, chegaram às mesmas concepções e decisões. Das lideranças socialistas que sobreviveram ao tempo de Rosa, Clara Zetkin foi a que a conheceu melhor como ser humano e lutadora, sua arena, as circunstâncias históricas, os amigos e inimigos nas batalhas; ela conhecia as motivações específicas de muitas de suas resoluções, que permanecem ocultas para aquele que só tem os documentos para formar seu juízo. Pode-se intuir o que teria sido uma biografia de Rosa escrita por Clara Zetkin a partir dos ensaios e brochuras que ela escreveu em memória da amiga. No entanto, até a sua morte, em 1933, Clara Zetkin se entregou de corpo e alma à luta cotidiana; e reiteradamente assegurou que era dessa maneira que cumpria a obrigação que sentia ter para com a companheira de luta que tombara.

Após a vitória do fascismo alemão, quando se iniciou a análise das causas da grave derrota do proletariado, não foram somente os socialistas alemães que se sentiram motivados a estudar mais a fundo as teorias de Rosa Luxemburgo. Houve o que se pode chamar de uma renascença de Luxemburgo no movimento internacional dos trabalhadores. E quanto maior o interesse por seus trabalhos, mais se sentiam as lacunas do material disponível. Não bastava, contudo, republicar o que havia se extraviado, à medida que se tornava acessível. Era preciso tentar uma exposição global de seu pensamento e de sua atuação a partir do terreno de suas concepções próprias. Por isso, a tarefa principal que este autor se propôs foi a de elaborar da maneira mais nítida possível as ideias de Rosa Luxemburgo. Com esse intuito, deixou intencionalmente que a própria Rosa tomasse a palavra sempre que houvesse ensejo, ainda que a fluidez da exposição fosse prejudicada.

---

* Luise Kautsky, *Rosa Luxemburg: ein Gedenkbuch* (Berlim, Heptagon, 2015). (N. T.)

** Henriette Roland Holst, *Rosa Luxemburg: haar leven en werk* (Roterdã, W. L. & J. Brusse's Uitgeversmaatschappij N.V., 1935). (N. T.)

Esperava que desse modo pudesse servir sobretudo aos leitores que, durante a elaboração deste livro, estiveram sempre diante de seus olhos, a saber, os socialistas interessados nos problemas ativos, tanto teóricos quanto táticos.

O fato de este livro ter sido escrito se deve especialmente ao meritório editor e incansável defensor dos espezinhados e sem direitos Victor Gollancz. Foi por sua editora que veio a público, no início de 1940, a edição inglesa, na excelente tradução de Edward Fitzgerald. Essa edição alcançou um êxito admirável na Inglaterra em meio à guerra.

O livro transporta o leitor para uma época que já não existe mais. Nas três décadas após a morte de Rosa Luxemburgo, o mundo se modificou cruelmente. Naqueles dias de janeiro de 1919, quando a revolução alemã sofreu um golpe decisivo, encerrou-se de fato a época do movimento dos trabalhadores, que tivera início com a revogação das Leis Antissocialistas* e se caracterizara por um crescimento quase ininterrupto. Mesmo em épocas de forte comoção interna, como a Primeira Guerra Mundial, esse crescimento continuou, pois com o processamento intelectual das novas experiências e dos novos problemas galgamos novos píncaros do conhecimento e, nas batalhas mais duras, adquirimos uma nova força moral. Desde então, as condições sob as quais os socialistas têm de atuar se tornaram cada vez mais complexas e difíceis. É certo que, em toda parte, as organizações dos trabalhadores tiveram um crescimento imponente e, em algumas lutas, obtiveram êxitos significativos. No entanto, uma ruptura profunda cindia o movimento dos trabalhadores. As violentas lutas internas o paralisaram e debilitaram a sua força moral para a luta. A evolução geral foi do fracasso às derrotas e, por fim, à terrível catástrofe que a vitória do fascismo alemão representou para todo o proletariado. Naquele momento de declínio, os antigos companheiros de luta de Rosa Luxemburgo sentiram com intensidade cada vez maior quanto o movimento carecia de seu conselho, liderança e exemplo. Ponderando hoje as dificuldades com que se depara a classe trabalhadora em todos os países, especialmente na Alemanha, procurando apreender os perigos do presente para toda a humanidade, tomamos consciência do quanto seria necessário, em nossa época, alguém com a clareza e a ousadia de Rosa Luxemburgo.

Mereceria investigação como tornar fecundas, nas condições tão revolucionariamente alteradas em que vivemos, as ideias de Rosa Luxemburgo e, em especial, suas teorias táticas. Não é possível fazer isso em um prefácio, nem mesmo como esboço. O primeiro pressuposto de tal empreendimento consistiria em uma análise profunda de todos os fenômenos sociais e políticos essenciais do nosso tempo.

---

* "*Sozialistengesetz*" significa literalmente "lei dos socialistas". O nome por extenso da lei é *Gesetz gegen die gemeingefährlichen Bestrebungen der Sozialdemokratie* (lei contra as perigosas aspirações da social-democracia), daí a preferência pela denominação "Lei Antissocialista". (N. T.)

Enfatizando-se, contudo, que Rosa Luxemburgo jamais encarou os resultados de seu trabalho intelectual como verdades últimas nem como moldes táticos que deveriam ser prensados sobre condições modificadas. Em um discurso diante dos sindicatos em Hagen (outubro de 1910), ela disse o seguinte:

> A classe proletária não trava a sua luta de acordo com um esquema pronto, registrado em um livro, em uma teoria. A moderna luta dos trabalhadores é parte da história, parte do desenvolvimento social. E é em meio à história, em meio à luta, que aprendemos como devemos lutar. [...] O primeiro mandamento dos combatentes políticos é acompanhar o desenvolvimento da época e, a cada momento, prestar contas a si mesmos tanto da transformação no mundo quanto da transformação de nossa estratégia de luta.

Para ela, não havia dogma nem autoridade aos quais se deveria submissão cega. E o simples pensamento de que suas próprias ideias não fossem submetidas a crítica a teria deixado perplexa e indignada. Para ela, o pensamento crítico sempre desperto era o fôlego de vida do movimento socialista, o pressuposto número um da ação conjunta. Sem a verificação constante e conscienciosa das teorias tradicionais, sem a investigação minuciosa dos fatos e a identificação de novas tendências do desenvolvimento não havia como acompanhar a marcha da história, não havia possibilidade de dar conta das tarefas do tempo presente. E acrescentamos um aspecto que, após experiências de vários anos, tornou-se importante: Rosa sabia que, tanto na vida de uma organização quanto na prática política, os acordos são inevitáveis para se chegar à unanimidade na ação em prol de um objetivo comum. No entanto, quando se tratava de conhecimentos, ela não admitia acordos e muito menos subordinação a vontades alheias. Engajar-se ao extremo por convicção era a seu ver o imperativo moral óbvio para o socialista; o pressuposto para isso era o ímpeto inabalável de ir ao fundo das coisas.

Em sua obra, há um número suficiente de constatações científicas e princípios táticos que resistem a qualquer exame. Há conclusões que eram válidas nas circunstâncias específicas da sua época, mas que podem nos estimular e guiar na solução de problemas do nosso tempo. Algumas concepções de Rosa devem continuar sendo objeto de debates intelectuais; no entanto, passar toda e qualquer palavra da mestra pela sonda crítica significa assimilar o seu legado para tomar posse dele.

Nas experiências das últimas décadas, surgiram dúvidas a respeito de certas ideias de Rosa Luxemburgo também por parte dos adeptos do marxismo. É imperativo delinear com mais precisão o ponto de vista de Rosa sobre essas questões e examinar sua razão de ser. A teoria de Marx culmina na afirmação de que, no capitalismo, a produção assume um caráter progressivamente social, ainda que se mantenha a propriedade privada dos meios de produção. Em virtude dessa e de outras contradições e, portanto, do efeito das leis do seu próprio desenvolvimento, a sociedade capitalista deveria ruir. Rosa Luxemburgo estava profundamente convencida dessa necessidade histórica. Enunciou-a em muitos de seus trabalhos e, em sua obra principal, *A acumulação do capital*, dedica-se a provar que a desintegração da ordem social capitalista é inevitável. Sua convicção foi confirmada pela história. Pois o que vivenciamos nas últimas décadas, esse turbilhão de crises, guerras, revoluções e contrarrevoluções com todos os seus efeitos terríveis, são as convulsões da sociedade em desagregação. São consequência de contradições que já estavam em ação na sociedade capitalista, mas que hoje atingiram uma explosividade de tal potência e magnitude que é como se o globo terrestre fosse acometido de um tremor ininterrupto.

Os marxistas e, com eles, Rosa Luxemburgo, supuseram que esse processo de desintegração desembocaria diretamente no socialismo. Pois, com o desdobramento das contradições capitalistas, tem de crescer também a contradição principal: a contradição entre a burguesia e o proletariado. Marx disse: "Aumenta a massa da miséria, da opressão, da servidão, da degeneração, da exploração, mas também a insurreição da classe trabalhadora, que, cada vez mais numerosa, é instruída, unida e organizada pelo próprio mecanismo do processo de produção capitalista"*. Fato foi que, na época em que o sistema capitalista se desenvolvia e alçava a técnica de produção a patamares cada vez mais elevados, o movimento dos trabalhadores também ganhou amplitude e força. A geração de Rosa Luxemburgo viu esse processo transcorrer com consistência, quase como se fosse regido por uma lei. Por isso, Rosa Luxemburgo não duvidava de que, em situações de catástrofe iminente, a classe dos trabalhadores teria vontade e ímpeto para cumprir sua missão histórica. No entanto, depois de vivenciar, durante a Primeira Guerra Mundial, a derrocada da Internacional e a passagem dos partidos socialistas para o campo do imperialismo, quando as massas de trabalhadores fizeram cada vez mais sacrifícios à ordem capitalista e até os proletários alemães em uniforme de soldado se deixaram manipular contra a Revolução Russa, Rosa repetiu em tom cada vez mais enfático a seguinte advertência: as catástrofes nas quais a sociedade capitalista é lançada não dão por si sós a certeza da substituição do capitalismo pelo socialismo. Se a classe dos trabalhadores não encontrar forças para realizar a sua própria libertação, toda a sociedade e, com ela, a classe dos trabalhadores poderão se consumir em lutas encarniçadas. A humanidade se defronta com a seguinte alternativa: socialismo ou barbárie! Ela manteve essa alternativa mesmo depois da ruína das potências centrais e do poderoso avanço da revolução na

---

* Karl Marx, *O capital: crítica da economia política*, Livro I: *O processo de produção do capital* (trad. Rubens Enderle, São Paulo, Boitempo, 2013), p. 832. (N. T.)

Europa central. No ensaio sobre o programa da Liga Spartakus (*Die Rote Fahne*, 14 de dezembro de 1918), ela escreveu: "Ou perduram o capitalismo, as novas guerras e em breve o caos e a anarquia, ou acaba a espoliação capitalista".

A autoafirmação da Revolução Russa e os espasmos revolucionários de longa duração na Europa e nas colônias deram novo alento ao otimismo dos quadros mais ativos do movimento socialista. O desenvolvimento parecia – mesmo que passasse por lutas violentas com ocasionais reveses – rumar irresistivelmente para uma reconfiguração socialista da sociedade. A advertência de Rosa Luxemburgo para os perigos de um afundamento na barbárie chegou a ser repetida em discursos e escritos, mas sua seriedade não foi captada. Não havia uma representação clara do que poderia significar um afundamento na barbárie. Foi a vitória dos bárbaros hitleristas que, pela primeira vez, mostrou com clareza brutal que o grito de alerta de Rosa Luxemburgo não fora uma simples frase de efeito retórico. A destruição do movimento dos trabalhadores, a atomização dos estratos socialistas, as queimas de livros, o estrangulamento da vida intelectual da nação, os horrores dos campos de concentração, o extermínio de parcelas inteiras da população, o controle total da sociedade pelo aparelho estatal, a guerra total com a inevitável derrota completa e suas terríveis consequências – tudo isso foi a efetivação da barbárie.

O movimento socialista dos trabalhadores, que se desenvolvera de modo tão poderoso com o modo de produção capitalista, foi arrastado para a catástrofe por não ter sido capaz de detê-la. O abalo que a esperança socialista no futuro sofreu entre as massas talvez tenha sido o fenômeno mais perigoso no caminho rumo à barbárie. Os eventos na Rússia, cuja revolução dera novo alento a essas esperanças, acabaram provocando um abatimento ainda maior no movimento socialista internacional. Diante do atrofiamento dos órgãos democráticos na Rússia, do controle do povo por uma burocracia onipotente, do assassinato dos companheiros de luta de Lênin e, por fim, da aliança com Hitler, só mantiveram a fé em uma política socialista do Estado russo aqueles que estavam dispostos a sacrificar o seu senso crítico. Desse modo, surgiram novos problemas para os que mantiveram resolutamente as metas socialistas. As controvérsias não giravam em torno apenas dos meios e dos caminhos para o socialismo, mas da certeza do desenvolvimento rumo ao socialismo. O que é necessidade histórica? Esta se tornou uma questão candente da política.

Segundo a análise marxista do capitalismo, necessidade histórica é a socialização [*Vergesellschaftung*] cada vez maior do processo de produção, o surgimento dos cartéis e dos trustes, o desenvolvimento na direção de um capitalismo de Estado. Isso representa a formação dos pressupostos para a organização socialista da economia. Necessidade histórica é a dissolução da ordem social capitalista em violentas crises econômicas e políticas, nas quais a luta de classes se agudiza e a classe dos trabalhadores tem a possibilidade de conquistar o poder político e realizar o socialismo. Historicamente condicionada é, em boa parte, a força relativa do proletariado nas lutas de classes. Nas últimas décadas, determinados fenômenos tiveram um efeito devastador sobre essa força, como, por exemplo, a forte diferenciação da classe dos trabalhadores, sua cisão política em vários partidos, o desgaste da pequena burguesia devido à crise econômica e sua adesão ao fascismo, o emprego mais inescrupuloso do poder estatal na luta de classes e, por fim, o efeito de toda a complexidade dos conflitos políticos globais, com sua profusão desconcertante de fenômenos contraditórios.

A intervenção de uma classe, de seus diversos estratos e de suas organizações no processo histórico não é só fruto de conhecimento e vontade. Ela é fortemente condicionada por fatores sociais e políticos que incidem de fora sobre a classe. Todavia, classes e partidos constituem fatores dentro dos multiformes paralelogramos de forças. O que eles fazem e deixam de fazer influencia as condições sob as quais eles próprios têm de lutar. Conhecimento e vontade dos indivíduos, das organizações e, por meio deles, da própria classe têm, nesse processo, um peso significativo e serão decisivos para a vitória quando as coisas chegarem à maturação. Conhecimento e vontade decidem qual curso a história seguirá nos pontos de virada. Isso está na concepção marxista da história, que é descaracterizada quando o fatalismo lhe é atribuído. A relação entre, por um lado, fatos objetivos e tendências de desenvolvimento e, por outro, a ação consciente das pessoas foi exposta diversas vezes por Rosa Luxemburgo, por exemplo, nas frases lapidares de sua *Brochura de Junius*:

> A vitória do proletariado socialista está ligada a leis pétreas da história, a milhares de rebentos de um desenvolvimento precedente doloroso e demasiado lento. Mas ela jamais se consumará se da substância das precondições materiais reunida pela história não saltar a centelha incendiária da vontade consciente das grandes massas populares.

Essa vontade consciente se origina de um longo processo de experiência, treinamento e luta, de um desenvolvimento do conhecimento e da moral. Nesse ponto, as teorias e o exemplo de Rosa Luxemburgo podem e devem se tornar fecundos. Nem todos têm o dom de reconhecer com sua noção científica e sua força visionária as grandes correntes históricas que se movem por baixo dos fenômenos casuais do cotidiano. Todavia, sem medo e sem esquivar-se das consequências, todos podem agir como ela agiu: encarar a realidade e tentar reconhecer o essencial nos acontecimentos da época e, desse modo, encontrar o caminho que deve ser trilhado. Cada qual reexaminará suas concepções e, desse modo, terá a certeza e a força para engajar-se por convicção. Para Rosa Luxemburgo, a lealdade a si mesma constituiu o pressuposto óbvio da lealdade à causa dos oprimidos. Toda a sua vida atesta isso.

Porém, o que era o socialismo para ela? Essa pergunta é feita numa época de conceitos políticos ambíguos e de abuso de muitos deles para fins de engano consciente. Rosa Luxemburgo enfatizou seguidamente que o alvo estratégico da luta dos trabalhadores, o que deve determinar todas as medidas táticas, é a conquista do poder político. Esse é o objetivo da luta na sociedade de classes. Mas o poder é apenas um meio para entregar todos os meios de produção nas mãos da coletividade e organizar a produção social. Mas também isso é apenas um meio. O objetivo do socialismo é o ser humano, é uma sociedade sem diferenças de classe, na qual os seres humanos constroem seu destino em comunidade, livres de tutela. Segundo as palavras de Marx, o socialismo é "uma associação na qual o livre desenvolvimento de cada um é a condição para o livre desenvolvimento de todos"*. Nela não há lugar para um socialismo em que os meios de produção são socializados e se põem em movimento de acordo com um plano, mas em que uma classe ou um estrato social dispõe autocraticamente dos meios de produção e tutela, priva de direitos e oprime as massas trabalhadoras. Nenhum socialismo é realizado em um país assaltado por um poder estatal que elimina as antigas classes dominantes e as antigas relações de propriedade, mas, ao mesmo tempo, submete o povo a uma ditadura implacável, negando à classe dos trabalhadores toda e qualquer ação própria e consciente. No Programa da Liga Spartakus, Rosa Luxemburgo diz: "A essência da sociedade socialista consiste em que a grande massa trabalhadora deixe de ser uma massa governada e, em vez disso, viva por si mesma toda a vida política e econômica, conduzindo-a com autodeterminação livre e consciente". O socialismo é democracia consumada, é o desenvolvimento livre da personalidade individual na atuação conjunta de todos pelo bem de todos. Onde o poder do Estado é usado para reprimir as massas trabalhadoras, a luta socialista ainda não atingiu o seu alvo.

O processo histórico se tornou mais intrincado e mais cruel do que se esperava pelas experiências de épocas anteriores. As condições de vida e de luta da classe trabalhadora alemã nunca foram tão difíceis como no presente e não existe poção mágica para escapar das convulsões ocasionadas pela maior crise social da humanidade. Todavia, o movimento socialista pode abreviar o período de declínio e dilaceração da humanidade e orientar o curso da história para uma nova ascensão. O legado de Rosa Luxemburgo o auxiliará a obter a força, a autoconfiança e a coragem para essa tarefa.

Outono de 1948

---

* Karl Marx e Friedrich Engels, *Manifesto Comunista* (trad. Álvaro Pina e Ivana Jinkings, 1. ed. rev., São Paulo, Boitempo, 2010), p. 59. (N. T.)

Juventude

Na casa dos pais

Zamość é uma cidadezinha de interior localizada no distrito polonês de Lublin, perto da antiga fronteira entre a Polônia e a Rússia. As condições são apertadas e pobres, o nível cultural da população é baixo. Mesmo com a grande reforma agrária que o tsarismo realizou após sufocar a insurreição da nobreza em 1863 na Polônia, jogando os camponeses contra a *schlachta* (a aristocracia rural [*Junkertum*]), os efeitos da dependência, dos tormentos e da penúria das camadas mais baixas advindos da época da servidão perduraram ainda por muito tempo. A economia monetária que se infiltrava nessa região distante dos centros industriais trazia quase só os sofrimentos e as consequências da destruição da antiga ordem social, mas não as vantagens da nova.

É sobretudo pesada a sorte da numerosa população judaica. Ela compartilha toda a pressão e toda a miséria de seu entorno, o regime duro e arbitrário do absolutismo encarnado pelo Império Russo, a dominação estrangeira sobre a Polônia e a pobreza do campo. Além da infelicidade de ser uma raça proscrita. Nesse Império, cada qual é o cachorro de seu superior ou do estrato social superior, e o judeu é o cachorro até do mais miserável e todo pontapé dado no alto da pirâmide social o acerta. Ele é espreitado, intimidado e golpeado por um antissemitismo virulento. O judeu não goza nem sequer do mínimo dos direitos civis que o absolutismo concede ao restante da população. A grande massa do povo judeu é cerceada por leis de exceção, excluída da maioria das profissões, exposta às arbitrariedades e extorsões da todo-poderosa burocracia. Tentava se manter penosamente à custa de barganhas e profissões desprezadas. Diante das hostilidades, recolhe-se atrás dos muros do gueto religioso. Nessa obscuridade iluminada pelo tremeluzir das velas sabáticas, aninha-se o fanatismo soturno, nutrido pelo orgulho de um passado remoto e pela fé messiânica no futuro, e impõe usos absurdos. Um mundo afastado e retrógrado de abstinência, escuridão, sujeira e penúria.

Um estrato muito fino de grandes comerciantes e intelectuais logrou guindar--se para fora dessa miséria material e intelectual. Ele e quase só ele foi liberado, na década das reformas (1856-1865) que se seguira à salutar derrota na Guerra da Crimeia, ao menos das piores leis de exceção. A geração jovem desse estrato tenta sair da estreiteza opressiva da escolástica hebraica. Avidamente estende a mão para apanhar os frutos proibidos da cultura ocidental. Entusiasma-se com a liberdade de pensamento, o darwinismo e o socialismo e busca vincular-se ao movimento libertário russo, que teve um enorme crescimento na década de 1860 e cujos mestres e propagandistas foram Tchernichévski, Lavrov e Herzen. Na Polônia, esses jovens se lançaram de corpo e alma na insurreição de 1863, arrastando com eles – apesar da postura reservada dos líderes poloneses da insurreição – parcelas consideráveis da população judaica e assumindo os pesados sacrifícios da derrota. Essa juventude intelectual da década de 1860 foi o primeiro contingente da grande força de combate que os judeus russos ofereceram ao movimento liberal e, sobretudo, ao movimento socialista no império tsarista.

Na numerosa população judaica da cidadezinha de Zamość também se encontram, na segunda metade do século XIX, os dois estratos culturais. Destacam-se da multidão famílias que têm afinidade com a cultura ocidental e o pensamento progressista. Na década de 1870, atua ali o poeta Leon Perez, um dos primeiros iluministas entre os judeus poloneses: em seus primeiros contos, ele se insurge contra a tirania da tradição patriarcal e, ao mesmo tempo, revela as mazelas sociais, a espoliação dos trabalhadores, a terrível penúria dos pobres nas províncias polonesas. A família Luxemburgo provavelmente cultivou relações estreitas com Perez. Pois em Zamość nasceu Rosa Luxemburgo em 5 de março de 1870 [1871], e a família Luxemburgo era uma das ilhas culturais da cidade. O avô já conhecera uma prosperidade considerável. O comércio de madeira não só o colocava em contato com a *schlachta*, mas também o levava a viagens de negócio pela Alemanha, o que o destacou do ambiente limitado. Ele proporcionou a seus filhos uma educação moderna, enviando-os a escolas de comércio em Berlim e Bromberg. O pai de Rosa trouxe de lá concepções liberais, interesse pelo que acontecia no mundo e em especial pela literatura da Europa Ocidental. Ele se tornou estranho ao gueto rigoroso e à fé judaica ortodoxa, mas serviu a seu modo ao seu povo mediante a promoção de aspirações culturais. Inimizade ao tsarismo, convicção democrática e amor à poesia polonesa completavam o que pode ter faltado ao seu pai para que assimilasse completamente o polonismo. Certamente suas simpatias estavam com os movimentos nacionalistas revolucionários da Polônia, mas ele não era politicamente ativo, dedicando-se, também nesse quesito, às tarefas culturais, especialmente ao sistema escolar polonês. Era um homem cheio de energia, seguro de si mesmo em virtude da prosperidade e da formação e que, para além de família e de profissão, sentia-se motivado a agir a favor da coletividade. Ele pertenceu ao estrato do qual provém o tipo do intelectual judeu que chega ao seu desdobramento máximo nos grandes artistas, pesquisadores e combatentes.

Escassas são as informações sobre a infância de Rosa. Ela própria pouco falou a respeito, como de resto geralmente guardou para si os assuntos pessoais. Somente na prisão, quando as recordações a assaltavam e ela desejava romper o silêncio plúmbeo, conversava ocasionalmente por carta a respeito das vivências juvenis. Trata-se, nesse caso, de episódios artisticamente formatados de forte teor emocional. O conteúdo material é, em sua maior parte, insignificante demais para nos oferecer um quadro das condições de vida durante a sua infância; e é difícil decidir o que, dentre as considerações que envolvem esse núcleo material, faz parte do mundo das ideias e dos sentimentos da criança e o que pertence à artista madura. Ela narra um episódio desse tipo em uma carta a Luise Kautsky, escrita no outono de 1904 na prisão de Zwickau. Conta que, quando era criança, esgueirou-se até a janela na primeira hora da manhã e de lá observou o despertar do espaçoso pátio, e que o "comprido Antoni", o criado da casa, pôs-se a trabalhar depois de um cismar sonolento e de um ruidoso bocejo.

> Naquela época eu acreditava firmemente que a "vida", a vida "verdadeira", estava em algum lugar distante, lá longe, por cima dos telhados. Desde então viajo em seu encalço. Mas ela sempre se esconde por detrás de um telhado qualquer. Não terá sido tudo no fim das contas apenas um jogo perverso comigo, não terá a vida verdadeira ficado justamente lá no pátio [...].*

Quem saberá dizer se aquela fé da criança na vida que existia além dos telhados não terá sido mais do que a interrogação sobre o mundo desconhecido lá fora que move toda criança, se nela já não estavam contidos embrionariamente a inquietação, a ânsia e o impulso que levaram a adulta Rosa Luxemburgo a ir além da estreiteza do cotidiano e das pequenas coisas deste mundo e foram para ela a instigação constante para que agisse? Para o faro psicológico, tais autorreflexões, cheias de fina ironia, podem facilmente levar a sedutoras digressões aventureiras e, dessa forma, a grandes equívocos.

Por isso, dependemos quase exclusivamente do que os irmãos e irmãs de Rosa contam sobre sua juventude. Em geral, foi um período feliz. Os pais decerto passavam por apertos financeiros e, certa vez, Rosa acendeu o lampião com um pedaço de papel que acabou se revelando como a última nota de dinheiro que

---

* Carta a Luise Kautsky, Zwickau, set. 1904, em Isabel Loureiro (org.), *Rosa Luxemburgo*, v. 3: *Cartas* (trad. Mário Luiz Frungillo, São Paulo, Editora da Unesp, 2011), p. 65-6. (N. E.)

havia na casa. De resto, porém, a vida era cômoda e segura, inserida naquela intimidade confiante que costuma reinar nas famílias judaicas.

Rosa era a mais nova de cinco crianças. Um problema nos quadris logo cedo, equivocadamente tratado como tuberculose óssea, deixou-a com uma sequela permanente e prendeu-a à cama por um ano inteiro. Não é de se admirar que, já por causa disso, o amor de todos se concentrou nela. Mas ela era uma criança alegre, incomumente vivaz e ativa, que rapidamente conquistava o coração das pessoas. Com cinco anos de idade, já sabia ler e escrever. No afã de se igualar aos mais velhos, não demorou para começar a escrever cartas ao pai e à mãe, aos irmãos e às irmãs, sobre tudo que ocupava seu espírito e fazia questão de receber respostas que lhe mostrassem que a brincadeira estava sendo levada a sério. Enviou seus primeiros "ensaios literários" a um jornal infantil. A veia pedagógica também se manifestou na infância. Mal aprendeu a ler, as criadas da casa tiveram de se tornar suas alunas.

Quem exerceu forte influência sobre o desenvolvimento intelectual das crianças, principalmente de Rosa, foi a mãe. Em termos de formação e interesses, ela estava muito acima da média das mulheres judias. Entusiasmava-se não só pela Bíblia, mas também pela poesia clássica alemã e polonesa. Em casa, praticava-se um verdadeiro culto a Friedrich Schiller. Mas aparentemente Rosa apostatou dele já muito cedo e só bem mais tarde, por influência de Franz Mehring, voltou a apreciá-lo. Essa rejeição foi explicada, com base na teoria freudiana, como um protesto inconsciente à mãe. Porém, a indiferença aos "poetas aforísticos [Sentenzendichter]" clássicos é um fenômeno muito frequente entre a juventude alemã; e o que suscitou o protesto de Rosa, que muito cedo despertara para o pensamento político crítico, foi justamente o *páthos* libertário idealista de Schiller, que tinha a cabeça nas nuvens e evidentemente teve ressonância sobre a família Luxemburgo. Mas ela se manteve fiel aos poetas poloneses clássicos, especialmente Adam Mickiewicz, o qual algumas vezes colocou acima até de Goethe. Não sabemos quando encontrou o caminho para a arte poética russa, sobre a qual se pronunciou mais tarde com grande entusiasmo. Em todo caso, o lar dos Luxemburgo era repleto de cultura polonesa e alemã e de amor por sua poesia. Rosa as absorveu fervorosamente. A magia do verso e da rima tomou conta dela já nos anos da infância e poemas próprios jorravam de dentro dela. O desenvolvimento precoce das faculdades intelectuais de Rosa naturalmente fez dela o orgulho do pai e da mãe, que não conseguiam resistir à tentação de apresentar a criança prodígio aos visitantes. Uma aversão instintiva a qualquer tipo de pose imunizou a jovem Rosa contra os perigos de tais experimentos. Nessas ocasiões, ela frequentemente se mostrava renitente, recorrendo à veia irônica que lhe era inata e ao dom de rapidamente detectar os pontos fracos dos outros. Assim, gostava de cutucar visitantes de fora, que pareciam não ser lá muito inteligentes, com uma poesia que desembocava na seguinte moral: nem viajando o tolo fica mais inteligente!

Começa a luta

Quando Rosa tinha cerca de três anos de idade, a família Luxemburgo se mudou para Varsóvia. O pai quis assegurar às crianças uma formação escolar melhor do que a que Zamość podia oferecer. Para a menina vivaz e autoconfiante, que encarava o aprendizado como uma brincadeira, a escola pouca dor causou; é claro que ela sempre se sentava na primeira fila. Porém, certamente o regime escolar na Polônia oprimida ajudou a direcioná-la para a via da luta que se tornou a finalidade de sua vida. A tendência russificadora do tsarismo se impôs sem nenhum escrúpulo no sistema escolar. O Primeiro Ginásio em Varsóvia, tanto para rapazes quanto para moças, era quase todo reservado para os russos, para filhos e filhas de funcionários e oficiais. Eram admitidos apenas poucos poloneses, membros de famílias russificadas de renome, mas nunca judeus. Mesmo no Segundo Ginásio para moças, frequentado por Rosa, havia um *numerus clausus* [número restrito] estrito para judias.

O uso da língua polonesa era estritamente proibido na escola, inclusive entre os alunos, e, visando essa proibição, o corpo docente russo se prestava a dedurá-lo. Essas medidas tacanhas de repressão não deixaram de despertar um espírito de resistência nos alunos. Eles eram francamente hostis aos professores e davam demonstrações de rebeldia, especialmente quando lá fora a luta política se avivava. As escolas superiores eram foco de conspirações políticas, em geral de conteúdo romântico infantil, mas das quais partiam conexões para organizações políticas reais. Por essa via, a oposição polonesa – inicialmente nacionalista – às tendências de russificação na escola levou ao movimento revolucionário socialista, que, naquela época, era sustentado quase exclusivamente pela juventude intelectual. O espírito liberal e a consciência nacionalista polonesa da família Luxemburgo, o ódio despertado desde cedo contra o absolutismo e o obstinado senso de independência levaram a jovem Rosa a ingressar nessa oposição dos alunos. Um fato eloquente atesta que Rosa não foi alguém que simplesmente acompanhava o movimento, mas que esteve à frente dele; ao mesmo tempo, esse fato nos permite supor que, já em seus últimos anos escolares, ela estava ligada ao movimento revolucionário real: a medalha de ouro que, por seu desempenho, cabia inquestionavelmente a ela na conclusão do ginásio, foi-lhe negada "por sua postura oposicionista em relação às autoridades". Mesmo que hoje não possamos mais constatar se essa oposição era conscientemente socialista e tinha ligação com uma organização ilegal, o certo é que, logo depois de sair do ginásio, em 1887 [1886], Rosa Luxemburgo passou a atuar no Partido Socialista Revolucionário Proletariat e cooperava estreitamente com o trabalhador Marcin Kasprzak, que naquela época era líder do partido em Varsóvia.

Rosa Luxemburgo se lançou na luta política em uma época na qual o movimento revolucionário na Rússia e na Polônia passava por uma grave crise e

26 Paul Frölich

acabara de chegar ao ponto mais baixo de uma de suas depressões. Ela própria descreve a situação em seu ensaio *A acumulação do capital*:

> Na Rússia, [...] as décadas de 1870 e 1880 representaram, em todos os aspectos, uma época de transição, um período de crise interna com todos os seus tormentos. A grande indústria estava celebrando seu triunfo em consequência do período de alto protecionismo alfandegário. [...] A "acumulação primitiva" do capital medrava esplendidamente na Rússia graças a todo tipo de subsídios, garantias, prêmios e encomendas do Estado, auferindo lucros que, no Ocidente, naquele tempo já pertenciam ao domínio da fábula. Nesse tocante, as condições internas da Rússia mostravam um quadro atraente e promissor. No campo, o declínio e a desagregação da economia camponesa sob pressão do esgotamento fiscal e da economia monetária sazonaram condições pavorosas, fome e agitação dos camponeses. Em contrapartida, nas cidades o proletariado fabril ainda não havia se consolidado social e intelectualmente como classe moderna dos trabalhadores. [...] As formas primitivas da espoliação clamavam por expressões primitivas de resistência. No início da década de 1880, tumultos espontâneos em fábricas do distrito de Moscou, nos quais máquinas foram destruídas, dariam o primeiro impulso para os rudimentos de uma legislação fabril no império tsarista. Assim, enquanto o aspecto econômico da vida pública na Rússia evidenciava as dissonâncias gritantes de um período de transição, correspondia-lhe uma crise também na vida intelectual. O socialismo russo "populista"[1] autóctone, que se baseava teoricamente nas peculiaridades da constituição agrária russa, falira politicamente após o fiasco de sua expressão revolucionária extrema, a saber, o partido terrorista Naródnaia Vólia [Liberdade Popular] (após o atentado bem-sucedido contra Alexandre II em 1881). Em contrapartida, os primeiros escritos de Gueórgui Plekhánov, que franqueariam a entrada do pensamento marxista na Rússia, vieram a público somente em 1883 e 1885 e, por cerca de uma década, aparentemente tiveram pouca influência. Nas décadas de 1880 e 1890 adentro, a vida intelectual da *intelligentsia* russa [...] foi dominada por uma curiosa mescla de resquícios autóctones do populismo com elementos tomados da teoria marxista, uma mescla cujo traço mais marcante consistia no ceticismo em relação às possibilidades de desenvolvimento do capitalismo na Rússia [...].

Rosa Luxemburgo descreveu a constituição psíquica da *intelligentsia* russa daquela época em sua introdução à *História do meu contemporâneo*, de Vladímir Korolienko:

---

[1] Os populistas (*naródniki*) compunham uma tendência socialista que rejeitava o marxismo e defendia a ideia de uma revolução camponesa e de um socialismo agrário utópico. A intenção era poupar a Rússia de passar pelo capitalismo. Essa tendência deu origem, mais tarde, ao Partido Socialista Revolucionário (PSR).

Na década de 1880, após o atentado a Alexandre II, abateu-se sobre a Rússia um período da mais estrita falta de esperança. As reformas liberais dos anos 1860 foram revogadas na jurisdição, na autogestão rural, em toda parte. Uma paz de cemitério reinava sob os telhados de chumbo do governo de Alexandre III. Um estado de abatimento se apossou da sociedade russa, desanimada tanto pelo malogro de todas as esperanças de reformas pacíficas quanto pela aparente ineficácia do movimento revolucionário. Nessa atmosfera de apatia e desalento, despontaram na *intelligentsia* russa correntes místico-metafísicas [...]. As influências de Nietzsche foram claramente sentidas; as belas-letras foram dominadas pelo tom pessimista e desesperançado das novelas de Garchin e dos poemas de Nadson. Porém, o que mais correspondia àquele clima era o misticismo de Dostoiévski, no modo como ganha expressão em *Os irmãos Karamazov*, e principalmente as teorias ascéticas de Tolstói. A propaganda da "não resistência ao mal", a desaprovação de todo e qualquer uso de violência na luta contra o reacionarismo dominante, ao qual só se poderia contrapor a "depuração interior" do indivíduo, essas teorias da passividade social se tornaram, no clima da década de 1880, um sério perigo para a *intelligentsia* russa, principalmente porque esta pôde recorrer a meios tão fascinantes como a pena e a autoridade moral de Liev Tolstói.

A Polônia era economicamente mais desenvolvida, e intelectualmente mais afim com o Ocidente. Porém, havia sobre ela o peso plúmbeo da depressão generalizada. O movimento revolucionário nacionalista sustentado pela aristocracia rural polonesa, a *schlachta*, estava morto. A burguesia dançava em torno do bezerro de ouro, condenava todas as ideias que não pudessem ser convertidas diretamente em lucro e submeteu-se ao absolutismo por calculismo mesquinho. O partido Proletariat, precursor promissor do movimento socialista moderno, fora engolido pela derrota do Naródnaia Vólia. O encarceramento de seus líderes em Shlisselburg e a prisão em massa dos membros quase o extinguiu; o partido também decaiu intelectualmente. Após as primeiras grandes ações grevistas, a classe trabalhadora polonesa rastejara de volta para a antiga apatia. A jovem *intelligentsia* se intimidou. Fazia alguns anos que o afluxo de novas forças desse estrato para o movimento revolucionário cessara quase por completo. Mas exatamente na época em que Rosa Luxemburgo deixou o ginásio houve um redespertar, e isso deu início a uma regeneração do movimento que cerca de cinco anos mais tarde seria manifesta.

A passagem da rebeldia na escola para o socialismo revolucionário estava predestinada para Rosa. O jugo das condições russas pesava de três maneiras sobre ela: como integrante da comunidade russa de povos agrilhoada pelo tsarismo, como integrante do povo polonês subjugado pela dominação estrangeira e como integrante da raça judaica espezinhada. Ela estava sempre pronta a se engajar ao lado dos sofredores e oprimidos, sentia duplamente cada golpe que atingia os outros; o sofrimento com todos os humilhados e ofendidos constituía o substrato mais profundo de sua ação e pulsava em cada uma de suas palavras até o píncaro de suas abstrações teóricas. Mas esse sofrimento coletivo não podia se satisfazer apenas com ajuda individual ou paliativos. Sua aguda sensibilidade foi domada desde muito cedo por sua inteligência penetrante. Ela reconheceu já bem cedo o que escreveu ao amigo Hans Diefenbach após a irrupção da [Primeira] Guerra Mundial: quando as dimensões crescentes convertem uma desgraça em drama da história mundial, tem lugar a avaliação histórica objetiva, diante da qual tudo o mais tem de passar para segundo plano. A avaliação histórica era, para ela, a busca pela origem comum de todos os fenômenos individuais, pelas forças motrizes do desenvolvimento e pela síntese que traz a solução dos conflitos. Nos pequenos círculos do partido Proletariat, o que Rosa Luxemburgo tinha como talento natural precisava ser intensamente fomentado. Ela encontrou ali uma pequena elite de trabalhadores esclarecidos que guardavam o legado teórico do "proletariado". Ela tomou conhecimento da literatura clandestina, da qual com certeza faziam parte os escritos de Marx e Engels que se tornaram a base de suas visões sobre a vida. No final de sua estadia em Varsóvia, um sopro de ar fresco voltou a circular no movimento dos trabalhadores. Novos círculos se formaram nas fábricas. Provavelmente Rosa Luxemburgo participou da fundação de uma nova organização, a Liga de Trabalhadores Polonesa; em todo caso, ela era especialmente próxima dessa Liga desde o seu surgimento em 1889.

Nesse ano, porém, ela teve de deixar a Polônia. Sua atividade nos círculos revolucionários fora descoberta pela polícia. Ela corria o risco de ser presa e eventualmente deportada para a Sibéria. Ela estava sempre pronta para assumir as consequências do que fazia. Seus companheiros, no entanto, acharam mais acertado que, em vez de permitir que a mandassem para o gelo da Sibéria, ela fosse estudar no exterior e, de lá, servisse ao movimento. Marcin Kasprzak organizou a fuga. Contrabandistas deveriam passar Rosa Luxemburgo pela fronteira entre a Rússia e a Alemanha. Na localidade fronteiriça, houve dificuldades para executar o plano. Então Kasprzak recorreu a um ardil de guerra. Ele procurou um padre católico e lhe confidenciou que uma moça judia nutria o desejo ardente de se tornar cristã, mas só conseguiria realizá-lo no exterior, porque seus parentes se opunham com veemência à conversão. Rosa Luxemburgo assumiu a fraude piedosa com tanta habilidade que o padre resolveu ajudar. Ela atravessou a fronteira rumo à liberdade escondida debaixo de palha, numa carroça de camponeses.

Pelo destino da Polônia

Zurique

De Varsóvia a Zurique foi o trajeto que a levou do cárcere do absolutismo ao país mais livre da Europa, dos baixios enevoados e pestilentos às alturas onde sopra ar fresco e se divisam amplos panoramas. Zurique foi o mais importante ponto de confluência da emigração polonesa e russa; a universidade da cidade era uma escola superior para jovens revolucionários. Tratava-se em geral de pessoas que, apesar de sua juventude, já possuíam experiências de vida muito sérias, haviam sido encarceradas, exiladas e arrancadas de suas famílias e da esfera social de que provinham. Viviam longe da juventude estudantil burguesa, cujo objetivo de vida era um cargo, uma subsistência. Esses jovens emigrantes trabalhavam seriamente por sua especialidade, mas pensavam mais no futuro da humanidade do que no pão do futuro. Entre eles, homem e mulher eram igualmente respeitados. Reinavam concepções livres e, ao mesmo tempo, uma moral rigorosamente ascética. Havia muita penúria e uma solidariedade natural e não sentimental. Esses estudantes não matavam o tempo em bares. Eles debatiam incansavelmente, sem jamais chegar a um fim: filosofia, darwinismo, emancipação das mulheres, Marx, Tolstói, o destino da *obschina*, esse resquício do comunismo agrário russo, as perspectivas e o significado histórico do desenvolvimento capitalista na Rússia, os resultados do terror do Naródnaia Vólia, Bakúnin e Blanqui e os métodos da luta revolucionária, a desmoralização da burguesia ocidental, a queda de Bismarck e a luta vitoriosa da social-democracia alemã contra a lei de exceção, a libertação da Polônia, as teorias de Lavrov e de Tchernichévski e a "traição" de Turguêniev em seu romance *Pais e filhos*, Spielhagen e Zola, milhares de "questões" e sempre o mesmo tema: a revolução. Pouco pão e muito chá, sótãos frios sob a densa fumaça de tabaco, cabeças quentes, grandes gestos, empolgação e romantismo. Muitos dessa juventude definhariam nos cárceres do tsar e nos ermos da Sibéria. Outros estavam destinados a tornar-se, depois de experimentar o êxtase das alturas da emigração suíça, elementos de sustentação do Estado em algum canto da Rússia como industriais, advogados, médicos, professores ginasiais e redatores de jornais. Apenas poucos vivenciariam ativamente as tormentas revolucionárias com que todos sonhavam.

Rosa Luxemburgo vivia na periferia dessa boêmia de refugiados. Reagia com um sorriso irônico a esses debates que não levavam a nada. Estava tomada por uma avidez pelo trabalho. Hospedou-se com a família do social-democrata alemão Lübeck, que se defendia a duras penas como escritor. Ele fomentou os conhecimentos dela sobre o movimento dos trabalhadores na Alemanha e ela o ajudou com seu trabalho literário, às vezes escrevendo algum artigo no lugar dele. Em pouco tempo passou a governar o lar um tanto desordenado de Lübeck.

Na universidade de Zurique, Rosa Luxemburgo se matriculou primeiro em ciências da natureza. Era mais do que interesse, era quase uma paixão o que sentia pelo mundo das plantas e das aves, e durante toda a sua vida este foi o seu refúgio quando buscava se distanciar da luta. Sua vocação, porém, era a política e em pouco tempo passou a estudar as ciências políticas. O currículo oficial da universidade não pôde lhe oferecer muita coisa. A economia política possui uma ligação demasiado estreita com os interesses de classe para ser uma ciência livre de pressupostos como outras áreas de pesquisa podem sê-lo. A economia política alemã, que teve início somente depois do florescimento da doutrina clássica, já veio ao mundo aleijada, e o temor diante das consequências sociais de conclusões científicas definitivas manteve seus corifeus sempre nas baixadas da economia vulgar. Julius Wolff detinha a cadeira de economia política em Zurique. Ele era o tipo do professor alemão que processava com incansável diligência montanhas de material individual, mas nunca deixou de ser eclético e jamais conseguiu chegar a visões e exposições unitárias e coesas sobre a sociedade. Rosa Luxemburgo, ao contrário, buscava sempre a síntese, o conhecimento da conclusão última. Ela estudou intensamente os clássicos Smith, Ricardo e Marx e, por essa via, passou a desprezar profundamente o professor alemão, o "burocrata teorizador que desmembra a matéria viva da realidade social em suas mínimas fibras e partículas, reordenando-as, rubricando-as de acordo com pontos de vista burocráticos e fornecendo-a, assim sem vida, como material científico para a atividade administrativa e legislativa dos conselheiros privados". Ela não pôde deixar de mostrar ao valente professor a superioridade que ela não demorou a adquirir. Um amigo e colega de estudos, Julian Marchlewski, descreveu em suas memórias (que infelizmente não foram publicadas) como a zombaria da jovem estudante dificultou a vida do professor Wolff. Antes dos seminários, ela insuflava pequenas conspirações: estipulavam-se perguntas que seriam feitas ao mestre com toda a candura; quando Wolff parecia irremediavelmente enredado,

Rosa Luxemburgo se levantava e demonstrava ponto por ponto a insuficiência professoral. Pelo visto, Julius Wolff aceitou o jogo maldoso com o necessário humor; em um esboço autobiográfico, ele se lembra de sua melhor aluna com grande reconhecimento.

Ao lado dos estudos universitários, Rosa Luxemburgo atuou no movimento dos trabalhadores de Zurique e participou da intensa vida intelectual nos píncaros da emigração política. Teve contato com as lideranças marxistas russas, como Pavel Akselrod, o nestor da social-democracia russa, que na época existia apenas em forma de ideia, com Vera Zassúlitch e com Gueórgui Plekhánov, o mais inspirado dos alunos de Marx daquele tempo. Mesmo que visse Plekhánov com admiração, ela sempre foi ciosa de suas opiniões. Também conheceu Párvus Gelfand, que estudava na Basileia e com quem tinha muita afinidade pela imaginação vivaz e produtiva, o senso para a política real e a intensa atividade. Tinha ligação mais estreita com alguns colegas de estudo que já haviam angariado méritos no movimento socialista polonês e ficariam firmes ao seu lado até a sua morte; entre eles especialmente Julian Marchlewski-Karski e Adolf Varszavski-Varski.

Leo Jogiches

Da maior importância para seu desenvolvimento intelectual e político, e para sua vida pessoal, foi Leo Jogiches, que se instalou em Zurique em 1890. A vida desse homem extraordinário, que teria um papel de destaque no movimento dos trabalhadores poloneses e russos e, por fim, assumiria a liderança da Liga Spartakus na Alemanha e nela tombaria, permaneceu na obscuridade conspirativa mesmo para aqueles que agiam sob sua liderança. Esse homem reservado nunca falou de seu passado. Assim, nada se sabia de sua juventude. O pouco que se tornou conhecido provém quase exclusivamente de Z. Rejzin, que entrevistou companheiros de juventude de Jogiches sobre suas origens políticas.

Leo Jogiches, nascido em Vilna em 1867, era de uma família judaica rica. O avô era considerado um grande conhecedor do Talmude, mas o pai era esclarecido e fortemente russificado. A família praticamente não falava o iídiche. Já no ginásio, Leo começou a fazer propaganda revolucionária entre os colegas. Abandonou a escola antes do tempo para dedicar-se inteiramente ao trabalho político. Por volta de 1885, fundou os primeiros círculos revolucionários em Vilna. O bundista* A. Gordon o vê como o primeiro líder e verdadeiro fundador do movimento

---

* Os bundistas eram membros da União Judaica Trabalhista da Lituânia, Polônia e Rússia, denominada em iídiche *Algemeyner Yidisher Arbeter Bund in Lite, Poyln un Rusland*, mais conhecida como Bund. Tratava-se de um movimento político de operários judeus surgido entre as décadas de 1890 e de 1930. (N. T.)

dos trabalhadores de Vilna. Todavia, os grupos ainda eram muito fracos, pois os trabalhadores eram poucos e o declínio do Naródnaia Vólia sufocou fortemente os movimentos oposicionistas da juventude intelectualizada. E, no entanto, desse pequeno movimento de Vilna saiu toda uma série de líderes conhecidos. Entre eles Charles Rappoport, que se tornou um teórico renomado no Partido Socialista Francês, e Józef Piłsudski, o posterior ditador polonês. O irmão de Lênin, enforcado em 1891 por ser membro da organização terrorista russa Naródnaia Vólia, tinha ligação a partir de Petersburgo com os círculos estudantis de Jogiches. Entre seus adeptos, Jogiches gozava de alta reputação. Um de seus alunos diz: "Ele era um debatedor muito inteligente e capaz. Em sua presença, sempre tínhamos a impressão de não estarmos diante de uma pessoa qualquer. Ele dedicava sua vida ao trabalho como socialista e seus alunos o idolatravam". Com grande rigor, ele se obrigava a fazer o que julgava necessário para o trabalho revolucionário. Dormia no assoalho duro para estar preparado para o catre da prisão. Trabalhava como serralheiro. E não fazia isso por um impulso de auto--humilhação, como fez a geração precedente de revolucionários, que "iam para o meio do povo", mas para entender melhor os trabalhadores e poder influenciá-los de maneira mais efetiva. Ao mesmo tempo, procurou ter acesso aos militares e organizou um círculo de oficiais russos. Desenvolveu muito cedo a propensão à mais rigorosa conspiração, o que dominaria toda a sua vida. Aprendeu gravura e tipografia. Ele próprio seguia a mais rígida disciplina e a impunha aos seus companheiros de luta, dos quais exigia estrita observação das regras conspirativas. Tinha um conhecimento abrangente, tornou-se professor de seus camaradas e exigiu deles que estudassem avidamente. Mais tarde, Karl Radek contou que, na turbulência da revolução de 1905, Leo o obrigara a estudar velhos autores cujos nomes eram praticamente desconhecidos.

A polícia suspeitou logo dele: foi preso pela primeira vez no outono de 1888 e trancafiado na cidadela de Vilna. Em 1889, ficou detido novamente de maio a setembro e, mesmo após a soltura, permaneceu sob a vigilância da polícia. Em seguida, pensou em se tornar soldado. Ponderou que, como suspeito político, não teria possibilidade de atuar entre os militares. Além disso, temia seu próprio temperamento. Já no local de recrutamento, decidiu fugir. Dizem que foi levado para fora da cidade em uma carreta, coberto de barro. No inverno de 1890, chegou à Suíça.

Jogiches dispunha de recursos financeiros consideráveis e os colocava a serviço da propaganda socialista. Sugeriu a Plekhánov a fundação de uma revista e este aceitou a oferta com alegria, pois uma revista poderia ser uma alavanca para um movimento social-democrata real na Rússia, e o próprio Plekhánov poderia se libertar da penosa faina pelo pão de cada dia (ele ganhava a vida escrevendo mensagens) e desenvolver seu grande talento como cientista e propagandista. Eles elaboraram um contrato que foi por água abaixo quando tiveram de decidir quem seria o chefe político da revista. Plekhánov tinha uma personalidade autoritária, como poderia deixar uma arma tão importante nas mãos de um frangote rico que ainda não tinha provado seu valor? Porém, Leo Jogiches tinha consciência de seu valor e não podia entregar sua obra nas mãos de um estranho, não podia ser um subordinado; além disso, ele próprio era autoritário até as raias da tirania. Portanto, ele abandonou o movimento pan-russo e se lançou no movimento polonês, no qual se tornou imediatamente organizador e líder incontestе, uma personalidade de igual importância ao lado dos grandes líderes operários russos.

Pouco depois de sua chegada a Zurique, ele conheceu Rosa Luxemburgo e o trabalho conjunto se transformou em aliança de vida. Causa estranheza essa aliança entre a alegre Rosa, de temperamento intempestivo e talento genial generosamente distribuído, e esse Leo feito de rigor e disciplina, que para si e para os demais só tinha ciência do dever, ao ponto do pedantismo, sacrificava a sangue frio a si e aos outros em nome da causa e apenas em instantes raros e fugazes permitia a intuição da profundidade de seus sentimentos. Para a missão de vida de ambos, esse contraste de caráter e essência constituiu o maior dos incentivos, e depõe a favor da grandeza de ambos que a aliança tenha durado sem que se desgastassem um ao outro, mas, ao contrário, incrementassem suas forças. Clara Zetkin, que foi a pessoa mais próxima dos dois, atesta que Leo Jogiches foi o juiz crítico incorruptível de Rosa Luxemburgo e de sua obra, sua consciência teórica e prática, aquele que enxergava mais longe e a incentivava, enquanto Rosa tinha a visão mais penetrante e maior capacidade de apreensão. E é profundamente verdadeiro o que Clara Zetkin diz sobre Jogiches: "Ele foi uma dessas personalidades masculinas ainda hoje tão raras que conseguem conviver, em camaradagem fiel e gratificante, com uma grande personalidade feminina, sem ver o crescimento e o vir-a-ser dela como entraves ao seu próprio eu". Essa camaradagem não diminuiu nem mesmo nos anos posteriores, quando os sentimentos recíprocos arrefeceram.

O partido Proletariat

Certamente muito do que Jogiches tinha de melhor está na obra da vida de Rosa Luxemburgo. Não há como delimitar essa parte. Também não sabemos qual dos dois deu o impulso e o incentivo decisivo para a visão de mundo política que eles elaboraram naquele momento e que determinaria a atuação futura de ambos. Porém, mesmo que Leo tenha se forçado a permanecer em segundo plano e renunciado conscientemente à sua parcela na esfera pública, a segurança pessoal de Rosa nas questões teórico-científicas atesta que, nesse campo, ela era a mais forte, generosa e criativa.

Exatamente no momento em que se conheceram eram necessárias uma revisão do ideário socialista e a fixação de seus pontos de vista. O socialismo internacional se encontrava no limiar de uma nova fase de desenvolvimento. A fundação da nova Internacional em 1889, em Paris, foi a expressão da consolidação interna do movimento socialista. Na França, o período caótico que se seguiu à derrota da Comuna estava terminado, ainda que meia dúzia de tendências diferentes continuassem se digladiando. Na Inglaterra, ao lado das velhas *trade unions* fossilizadas, despontavam novos sindicatos que abrangiam os trabalhadores não qualificados, se despediam da tradição liberalista, que apregoava a paz econômica, e retomavam a luta de classes. Na Alemanha, o movimento dos trabalhadores voltou a ser reconhecido no terreno jurídico burguês, caíram as barreiras da expansão organizacional e duas tendências extremas atacaram a política partidária tradicional, os "jovens" radicais com tendências semianarquistas à esquerda e o reformismo à direita. Ao mesmo tempo, o movimento sindical fortalecido levantava novas questões e tarefas.

O socialismo entrara em crise também na Polônia. O movimento socialista polonês surgiu em 1877, num tempo em que o capitalismo polonês, alimentado pelo tsarismo, estava em êxtase: lucros de 100% sobre o capital acionário não eram raros e, em média, obtinham-se lucros de 45% a 50%. Essa orgia da "acumulação primitiva" era celebrada em cima do lombo de um proletariado que cumpria uma jornada de trabalho servil de catorze, quinze horas, não tinha a proteção do Estado contra a espoliação nem possuía meios de defesa. Os jovens estudantes levantaram a bandeira socialista. Quem os liderava era Ludwik Waryński, um homem ousado, de visão política ampla e talento organizacional. Ao lado dele estavam, entre outros, Kazimierz Dłuski, Stanisław Mendelson e Simon Dickstein. Eles atuaram junto dos trabalhadores, criaram pequenos círculos, fundaram caixas para financiar a resistência e servir de ponto de partida para a formação de sindicatos ilegais, organizaram as primeiras greves e difundiram o pensamento socialista na vanguarda da classe dos trabalhadores. As dificuldades eram gigantescas. Os grupos foram reiteradamente dispersados. Às ondas de prisões seguiram-se processos em massa. Em quatro anos, 120 pessoas foram presas e deportadas, uma sangria grave para uma organização ilegal, que operava sob o absolutismo russo. Ainda assim, o movimento se impôs. Em 1882, os diversos círculos e comitês de trabalhadores foram condensados no Partido Socialista Revolucionário Proletariat. Em 1883, ele foi a alma de um poderoso movimento de massas, provocado por um decreto vergonhoso do chefe de polícia que equiparava as trabalhadoras das fábricas às prostitutas e as obrigava a passar por exames humilhantes. Uma conclamação do Proletariat agitou as massas de trabalhadores. Na tecelagem de Żyrardów, 6 mil trabalhadores fizeram greve. É verdade que foram violentamente reprimidos pelos militares, mas o vergonhoso decreto teve de ser retirado e os trabalhadores tiveram consciência de sua primeira vitória contra o regime absolutista. Em seguida, Waryński estabeleceu contato com o Naródnaia Vólia em Petersburgo, o que, em março de 1884, levou a uma aliança formal. Antes, porém, ele foi preso e uma série ininterrupta de prisões quebrou a espinha dorsal do partido Proletariat. Em dezembro de 1885, o partido foi levado ao tribunal de guerra. Waryński fez um discurso programático de defesa com uma força e uma ousadia arrebatadoras. Dos acusados, 4 foram condenados à morte, 23 a muitos anos de trabalhos forçados e cerca de 200 foram deportados por via administrativa. Em 28 de janeiro de 1886, os primeiros mártires do movimento socialista da Polônia foram enforcados: Piotr Bardowski, Stanisław Kunicki, Stanisław Ossowski e Jan Pietrusiński. Waryński, que fora condenado a dezesseis anos de trabalhos forçados, definhou lentamente em Shlisselburg. O partido se desagregou. Quando Rosa Luxemburgo entrou no movimento, cerca de um ano depois do grande processo, havia apenas restos da organização.

Desde o início, em termos de princípios de programa, o Partido Socialista Revolucionário Proletariat tinha uma grande vantagem em relação ao movimento revolucionário russo. Ele surgiu na época em que o Naródnaia Vólia chegou ao auge e obteve seu maior triunfo, despertando esperanças tão fantásticas que até Marx esperava que eles conseguissem derrubar o tsarismo. No entanto, o Naródnaia Vólia não era o partido do proletariado nem em ação política nem em consciência. No movimento revolucionário russo ainda se discutia se a Rússia teria de percorrer o caminho pelo capitalismo, como fizera o Ocidente "degenerado e corrompido", e se a comunidade camponesa, já fortemente desagregada, seria terreno fértil para uma organização socialista da sociedade russa. Como Rosa Luxemburgo disse certa vez, "a existência física da classe dos trabalhadores na Rússia ainda precisava ser depreendida da linguagem insípida das estatísticas oficiais da indústria, cada proletário como número estatístico ainda precisava ser, por assim dizer, conquistado por meio de acaloradas polêmicas". O Naródnaia Vólia era um movimento de intelectuais, sem ponto de apoio nas massas populares, sem noção do processo social, sem nem mesmo um programa claro sobre a futura configuração da Rússia. Era um pequeno grupo de pessoas que, com temeridade magnânima, se apresentou para o duelo com o absolutismo e, empunhando revólver e bomba, quis conquistar em combate a liberdade de um povo de 100 milhões de pessoas. Tudo que pode haver de idealismo, entrega, sacrifício e vigor estava concentrado em pureza resplandecente em Cheliabov, Kibáltchitch, Sófia Peróvskaia, Vera Eigner e seus companheiros de luta. No entanto, do mesmo modo que o próprio Kibáltchitch explodiu pelos ares com o tsar, o dia do triunfo do Naródnaia Vólia foi o dia de sua derrota decisiva. O método se mostrou equivocado. O maior heroísmo de um indivíduo não pode levar a cabo o que só a massa do povo pode conquistar em combate, a saber, a libertação.

36   PAUL FRÖLICH

Em conhecimento da realidade social e dos pressupostos da luta de libertação, o partido Proletariat era tão superior ao Naródnaia Vólia quanto o desenvolvimento social da Polônia em relação ao da Rússia central. Ele reconheceu o fato do capitalismo e se declarou em seu nome e em suas concepções fundamentais como partido da classe dos trabalhadores. Quis travar a luta de libertação como luta das massas de trabalhadores. Deu forte ênfase ao seu caráter internacional, rompeu com as tradições do movimento revolucionário polonês e rejeitou a meta política da independência da Polônia: "Não queremos uma Polônia da *schlachta* nem uma Polônia da democracia. Não só não queremos isso, como estamos convencidos de que essa exigência é um absurdo". Porque, segundo a concepção do líder do Proletariat, o patriotismo polonês inevitavelmente converteria a classe dos trabalhadores num penduricalho das demais classes. Mas o que importava era justamente desprendê-la das demais classes, despertar nela a consciência de sua própria missão. Em uma conclamação programática de novembro de 1882, consta o seguinte:

> Visto que não há maneira de coadunar os interesses dos espoliados com os dos espoliadores e sob nenhuma circunstância ambos poderão trilhar o mesmo caminho de uma unidade nacional fictícia, visto que, em contraposição, os interesses dos trabalhadores urbanos são comuns aos da população trabalhadora do campo, o proletariado polonês se separa completamente das classes privilegiadas e entra na luta como classe distinta quanto a suas aspirações econômicas, políticas e morais.

O companheiro de luta mais próximo das classes trabalhadoras não se encontraria na sociedade polonesa, mas no movimento revolucionário russo. E a questão nacional da Polônia seria resolvida durante a revolução socialista internacional. Essa revolução derrubaria, com o tsarismo, a dominação burguesa e alçaria ao poder o proletariado, que realizaria o socialismo. Portanto, o partido não reconheceu a revolução burguesa na Rússia como uma etapa no caminho para o socialismo. Apenas Waryński, de longe o pensador mais avançado do partido, apreendeu tateantemente a necessidade de conquistar liberdades democráticas para que a classe dos trabalhadores pudesse se desenvolver cultural e organizacionalmente.

O partido Proletariat atuou cerca de cinco anos entre os trabalhadores. Criou círculos de formação e comitês de trabalhadores em diversas localidades da Polônia, liderou greves, dentre as quais a grande greve dos tecelões em fevereiro de 1883, e deu os primeiros passos para o movimento sindical. Os trabalhadores poloneses já eram capazes de golpes potentes, mas ainda eram muito retrógrados para criar uma organização abrangente. O partido só conseguia atrair uma pequena camada elitizada. Somam-se a isso os repetidos golpes da polícia, que deixaram o partido sem liderança e não só o desorganizaram, mas também o desorientaram. A aliança com o Naródnaia Vólia se mostrava como uma fatalidade. As concepções fundamentais do Proletariat se encontravam em contradição inconciliável com a tática terrorista do Naródnaia Vólia. Para que a aliança não se convertesse em letra morta, o Proletariat teria de reconhecer os meios terroristas e a tática blanquista, que pretendia fazer a revolução por uma conspiração em favor da classe dos trabalhadores e não mais por ações de massa da classe dos trabalhadores. O partido degenerou para uma organização de conspiradores que, em cooperação com o Naródnaia Vólia, organizou atos terroristas sem jamais pô-los em prática. Ao mesmo tempo, afundou com o colapso do Naródnaia Vólia, do qual só se salvaram os pequenos círculos, nos quais Rosa Luxemburgo passou seus anos de aprendizado político.

Contra o blanquismo

Houve uma nova ascensão do movimento dos trabalhadores em 1888. O partido Proletariat se reorganizou. Voltou-se novamente para as massas de trabalhadores. Caixas para financiar a resistência foram criadas pelos trabalhadores das fábricas como um novo ponto de partida para a formação de sindicatos. Desses esforços se originou também a Liga Operária Polonesa. Esta se restringia quase exclusivamente às questões econômicas da classe dos trabalhadores, rejeitando em parte a ação política. Era parecida com aquela corrente "economicista" que, uma década mais tarde, despontou no jovem movimento socialista russo. Houve lutas conjuntas, sobretudo a celebração de maio de 1892, durante a qual 8 mil trabalhadores fizeram greve em Varsóvia e 60 mil em Lodz. Nessa cidade, a greve terminou em carnificina. Os cossacos fizeram 46 mortos e mais de 200 feridos. A perseguição da polícia e, por fim, a aproximação programática levaram, em 1893, à fusão do partido Proletariat com a Liga Operária Polonesa e mais dois grupos menores no Partido Socialista Polonês. O órgão de divulgação do partido era a *Sprawa Robotnicza* (Causa dos Trabalhadores). Seu fundador foi Leo Jogiches, o redator era Adolf Warski e a mentora intelectual, a jovem Rosa Luxemburgo.

A fundação do novo partido urgiu uma revisão do ideário herdado dos precursores. Em Zurique, Rosa Luxemburgo havia estudado, com a paixão e persistência que a caracterizavam, a história da Polônia, seus movimentos revolucionários nacionalistas e socialistas, bem como os fundamentos teóricos do movimento internacional dos trabalhadores. Os resultados desse trabalho, feito para o movimento dos trabalhadores poloneses, ficaram registrados no primeiro documento significativo que temos dela, a saber, um relatório abrangente do Partido Socialista Polonês no congresso internacional de 1893, realizado em Zurique.

De início, trata-se da fundamentação de uma tática "social-democrata", isto é, marxista, do movimento dos trabalhadores poloneses. Para isso, Rosa Luxemburgo teve de travar uma luta em duas frentes: contra o blanquismo-anarquismo e contra o reformismo, contra as tradições do Proletariat e contra as inclinações economicistas da Liga Operária Polonesa. Ela atacou a ideia blanquista de que a subjugação do tsarismo seria idêntica à revolução socialista e a tática de promover o solapamento do absolutismo por meio de conspiração, pretendendo apoiar-se nas massas em caso de necessidade, mas na verdade querendo substituir as massas pelo grupo de elite que toma a iniciativa. As próprias massas devem travar a luta. Porém, como ganhá-las para a luta? Manifestamente generalizando seu conhecimento além da conta, Rosa Luxemburgo escreveu:

> Finalmente foi compreendido que o papel do partido social-democrata se baseia na liderança consciente da luta das massas contra a sociedade vigente, uma luta que tem de contar com as necessidades vitais no interior da sociedade capitalista. Compreendeu-se que lutas econômicas por interesses cotidianos da classe dos trabalhadores, a luta pela forma democrática de governo, são uma escola que o proletariado precisa cursar sem falta antes de ter condições de derrubar a atual ordem social.

Ela explicou como, em sua luta por melhores salários, contra a duração desumana da jornada de trabalho, contra o vergonhoso sistema punitivo vigente nas fábricas, a classe dos trabalhadores necessariamente se depararia com obstáculos e resistência da parte do regime absolutista e teria de lutar pelas liberdades democráticas. Ao fazer isso, levou em consideração com rigorosa objetividade a constituição real da classe dos trabalhadores. Quando os sociais-democratas poloneses afirmaram que, na Polônia prussiana, não era possível haver sindicatos, mas apenas um partido político da Polônia, ela escreveu ao seu amigo russo Krichevski, no dia 27 de setembro de 1893: "Você compreende? Em um país de indiferença e mudez completa das massas, que só se põem em movimento por interesses imediatos e por lutas salariais!". E queixou-se de que até Bebel cedera a essas ideias equivocadas. Negava-se a tomar desejos por realidade. Estava disposta a usar as mínimas iniciativas para começar um movimento. Porém, não queria que o partido afundasse na luta cotidiana, mas que todo o percurso do desenvolvimento futuro estivesse diante de seus olhos como resultado do conhecimento histórico e que cada passo da ação prática fosse ditado pelo pensamento voltado para o alvo final. Para ela, a revolução burguesa não se apresentava somente como uma etapa objetivamente inevitável do desenvolvimento geral da Rússia: os direitos democráticos a serem conquistados nessa revolução e a própria luta por esses direitos eram, para ela, os meios que fariam com que a classe dos trabalhadores amadurecesse intelectual, moral e organizacionalmente para a luta pelo poder estatal.

Hoje essa concepção pode parecer óbvia. Naquela época não era. Anos mais tarde, os adversários de Rosa Luxemburgo no movimento polonês, os que ela chamava de social-patriotas, ainda consideravam a luta sindical organizada na Polônia pura utopia, como uma empresa que levaria qualquer partido a se esboroar. Eles, em compensação, corriam atrás de utopias reais. A importância da concepção luxemburguiana para aquela época pode ser depreendida do fato de que até hoje há combates acirrados dentro do movimento dos trabalhadores em torno do significado da guerra cotidiana em pequena escala e sua relação com o objetivo final. Para a década de 1890, Rosa Luxemburgo forneceu pura e simplesmente a fundamentação teórica de certa estratégia da luta socialista. Caso necessário, tal teoria poderia até ser formulada a partir de indicações ocasionais, pouco consideradas, de Marx e Engels. De fato, porém, toda a atividade sindical e parlamentar da social-democracia da Europa ocidental se baseava no puro empirismo, cujos perigos não demoraram a se manifestar no movimento reformista. Admirável é essa realização de uma mulher de 23 anos que luta contra o absolutismo a partir do exílio, em uma posição na qual facilmente abundam ideias românticas. Sua realização é fruto de estudos sérios acerca das teorias revolucionárias e da história, mas, ao mesmo tempo, é manifestação de um instinto político certeiro.

A questão nacional como problema estratégico

Ela teria de passar por uma segunda prova de força. A questão nacional da Polônia tinha de ser resolvida pelo movimento dos trabalhadores. O partido Proletariat havia rejeitado a independência da Polônia como meta imediata da luta socialista. Porém, na crise pela qual passava o movimento dos trabalhadores polonês, os antigos companheiros de luta de Waryński, Mendelson, a senhora Janowska, Daszyński e outros, voltaram a erguer a bandeira da Polônia independente. Sem dúvida, o partido Proletariat fundamentara insatisfatoriamente sua posição, pois sua concepção estava assentada mais sobre uma base cosmopolita do que sobre uma base internacional-marxista. E a opinião de que a questão nacional da Polônia seria resolvida pela iminente revolução socialista já havia sido rejeitada por Rosa Luxemburgo, dado que ela reconheceu como inevitável a etapa da revolução burguesa. Portanto, o que teria de ser examinado é se era correto o movimento socialista na Polônia se recusar terminantemente a fazer da liberdade nacional do país o eixo em torno do qual giravam suas aspirações. Se esse princípio tático se mostrasse correto, disso resultaria a ruptura com a política sustentada por Marx e Engels, os velhos mestres do socialismo científico, as autoridades supremas de Rosa Luxemburgo, uma política que Marx defendera até o fim e Friedrich Engels ainda defendia, e que se tornara um dogma da social-democracia na Europa ocidental.

No referido relatório para o congresso de Zurique, Rosa Luxemburgo expôs em poucas frases seu ponto de vista, revelando os elementos de sua concepção global sobre a questão nacional polonesa. Ela, porém, retomou seguidamente o problema, investigou a relação entre a luta proletária e a luta nacionalista de libertação sob aspectos sempre renovados e defendeu suas conclusões em numerosos trabalhos abrangentes e polêmicos. Para elucidar essa questão, fez estudos amplos. Durante décadas, trabalhou em uma história da Polônia que foi concluída provavelmente na prisão, durante a guerra. Porém, o manuscrito se perdeu com outros trabalhos importantes durante as convulsões da revolução alemã, ou talvez tenha sido destruído pela soldadesca. Só possuímos o esqueleto desse trabalho. Franz Mehring usou o manuscrito de Luxemburgo para escrever o comentário a sua edição dos ensaios de Marx e Engels em 1848-1849[1], e desse trabalho é possível identificar sem dificuldade a propriedade intelectual de Rosa Luxemburgo. Além disso, existe um estudo feito por ela sobre o capitalismo na Polônia[2] que se tornou fundamental para a pesquisa subsequente sobre a história da economia polonesa. Rosa Luxemburgo se valeu dessas investigações históricas para elaborar sua posição sobre a questão nacional polonesa.

O apoio ao movimento nacional de libertação da Polônia era algo óbvio para a democracia da Europa ocidental desde a insurreição polonesa de 1830-1831, enquanto existiu uma democracia militante progressista. E, para o movimento social-democrata, o restabelecimento da Polônia teve, até o aparecimento de Rosa Luxemburgo, a força de um dogma, para o qual a postura de Waryński e seus amigos constituía a manifestação de uma heresia incompreensível. Esse dogma se apoiava na política que Marx e Engels haviam coerentemente sustentado desde a década de 1840. Para eles, o movimento revolucionário nacionalista da Polônia foi o aríete lançado contra a muralha do reacionarismo europeu, contra a Rússia tsarista. O tsarismo havia constituído o núcleo da Santa Aliança que, durante décadas, sufocou toda e qualquer manifestação libertária no continente. Era o esteio de todas as potências feudais dominantes na Europa central. Contra as fronteiras do império tsarista abateu-se em 1848 a onda revolucionária. A potência dos tsares impeliu o rei da Prússia a seus atos contrarrevolucionários. As tropas russas liquidaram a revolução em 1849 com a subjugação do exército húngaro de libertação. Nos anos seguintes, o tsar interferiu nas questões internas da

---

[1] Franz Mehring, *Aus dem Literarischen Nachlaß von Karl Marx, Friedrich Engels und Ferdinand Lassalle* (Stuttgart, Dietz, 1902), v. 3.

[2] Rosa Luxemburgo, *Die industrielle Entwicklung Polens* (tese de doutorado, Leipzig, 1898).

Alemanha e, no desonroso Acordo de Olmütz, obrigou Frederico Guilherme IV, sob ameaça de usar de meios violentos, a renunciar à tentativa de unificar a Alemanha. A pressão reacionária do tsarismo chegou a tal ponto que forçou até mesmo alguém como Humboldt a solicitar da França a extradição de Karl Marx. Parecia impossível haver qualquer reforma democrática de peso no continente enquanto essa sombria potência do Oriente estivesse disposta a recorrer à força com seus exércitos de cossacos.

Por isso, Marx e Engels estavam de olhos fixos na Rússia. Forçar seu recuo e debilitá-la era para eles o pressuposto de todo e qualquer progresso político decisivo no Ocidente. Em 1848, pregaram a guerra contra a Rússia como única garantia da vitória da revolução, e a vitória da ideia nacionalista na Polônia significou para eles o mesmo que a vitória da democracia na Alemanha. Após a derrota da revolução, a restauração da Polônia continuou sendo para eles um postulado da política democrática e proletária. Em carta dirigida ao congresso internacional de 1872, em Haia, Marx respondeu por que os trabalhadores da Europa estavam interessados na questão polonesa:

> Porque tanto os aristocratas quanto a burguesia veem a sombria potência asiática como o último baluarte contra a linha de frente da classe dos trabalhadores. Aquela potência só poderá ser neutralizada com sucesso pela restauração da Polônia sobre uma base democrática. Em vista da atual situação da Europa central e, principalmente, da Alemanha, é mais do que necessário que tenhamos uma Polônia democrática, dado que *sem* ela a Alemanha é um forte avançado da Sagrada Aliança, enquanto *com* ela será um aliado da França republicana. O movimento da classe dos trabalhadores será sempre interrompido, paralisado e detido enquanto essa grande questão não tiver sido resolvida.

Certamente a opinião de Marx era que nenhuma nação que oprime outras pode ser realmente livre. Mas não são ideias nacionalistas gerais que o movem ao tomar posição na questão polonesa. A exemplo de Engels, ele era muito cético em relação ao direito de autodeterminação dos povos; e via o movimento nacionalista tcheco como uma vertente do pan-eslavismo reacionário. Sua defesa de uma Polônia democrática autônoma era determinada por estratégia política.

Rosa Luxemburgo também abordou a questão a partir do ponto de vista da estratégia política. Ela derrubou os postulados de Marx e Engels em relação à política externa, que entrementes haviam se ancorado tão firmemente na cabeça dos marxistas que eram aceitos como se fossem determinados por leis naturais e não eram mais revistos criticamente. Reagrupamentos europeus e processos moleculares da sociedade haviam modificado profundamente os pressupostos da política marxista. Exatamente naqueles anos em que Rosa Luxemburgo chegou a um entendimento próprio a respeito dessa questão, firmou-se a aliança entre a república francesa e o absolutismo russo. Só isso já mostrava que a França não era mais o altar que guardava a chama sagrada da revolução e a Rússia não era mais o reduto do reacionarismo em sentido antigo. É verdade que todas as forças reacionárias na Europa ainda procuravam se apoiar na Rússia. No entanto, não era mais a ameaça imediata da baioneta russa que assegurava sua influência, e sim a diplomacia, contra a qual um Estado-tampão não podia nada e que só poderia ser rompida pela derrubada do tsarismo. O rublo russo não fluía mais para as chancelarias europeias, mas o franco e o marco fluíam para a indústria bélica russa. As bases do reacionarismo tinham de ser escoradas por todos os lados. Justamente quando o tsarismo se encontrava mais fortemente ameaçado pelo Naródnaia Vólia, Bismarck firmou com ele o tratado de resseguro, o que deu cobertura à diplomacia russa na política internacional. O tsarismo extraiu energias de fontes francesas e alemãs para se fortalecer para a luta contra a revolução iminente.

A razão mais profunda da política marxista era o caráter aparentemente inabalável do absolutismo na Rússia, cujas relações sociais pareciam estáticas havia séculos. O tsarismo se apoiava principalmente na economia de subsistência do campo e na servidão a ela associada. Enquanto essa economia de subsistência permaneceu intocada, as grandes insurreições camponesas fracassaram. No entanto, em função de sua política de poder, o tsarismo teve de fomentar o desenvolvimento capitalista na Rússia. A sociedade russa se desagregou e a consequência inevitável foi a libertação dos camponeses em 1861. O camponês foi lançado na economia de mercado. Ao mesmo tempo, foi arruinado pela política fiscal. Quando a concorrência norte-americana ingressou no mercado europeu de cereais, provocando a primeira crise agrária internacional, o latifúndio – já bastante avariado – naufragou. A terrível fome e a peste dos anos 1891-1893 constituíram o fator decisivo que colocou em evidência o processo de putrefação do regime absolutista. O castelo feudal estava ruindo. Uma nova classe se formou, o proletariado, que na Rússia ainda não havia subido ao palco como ator, mas que, como reconheceram os marxistas e com eles Rosa Luxemburgo, demoliria os muros do absolutismo. Na Europa ocidental, não havia mais potências democrático-burguesas que quisessem sacudir o jugo do reacionarismo russo. Mas ganharam vida aquelas forças que, na própria Rússia, desfeririam o golpe de misericórdia contra essa potência tenebrosa. É por isso que a estratégia também teria de ser redirecionada.

O alvo da estratégia marxista não existia mais, contudo também não havia o meio decisivo para alcançá-lo, a saber, a revolução nacionalista da Polônia. Quem patrocinava as insurreições nacionalistas era a nobreza. A baixa nobreza polonesa, em particular, estava fortemente imbuída das concepções democráticas do Ocidente e seus representantes mais progressistas lutaram, no século XIX, até a Comuna de Paris, em todos os campos de batalha como os oficiais mais capacitados. Porém, distinta dos seus representantes é a classe. Ela não pode passar por cima de sua própria sombra. Sua meta não estava no futuro, mas no passado – como a de Sickingen e de Hütten na Reforma alemã. Ela tinha uma mentalidade anticapitalista porque, no fundo, queria restaurar o velho domínio da nobreza feudal, razão pela qual suas insurreições fracassaram. Estas só teriam levado à vitória se a nobreza tivesse sido capaz de ganhar o apoio dos entusiasmados contingentes de camponeses. Somente uma revolução agrária poderia ter conseguido isso. Desde 1846, essa revolução agrária foi seguidamente anunciada pelos líderes democráticos do partido da nobreza, mas nunca realizada. Foi levada a cabo pelo tsarismo após a insurreição de 1863, mediante a eliminação dos últimos resquícios da servidão na Polônia. Desse modo, foi aniquilada também nesse país a economia de subsistência. A nobreza tombou de sua supremacia social. O capitalismo medrou como semente em viveiro.

A burguesia assumiu a liderança da sociedade polonesa. Assumiu também como legado o programa nacionalista – para primeiro tirar-lhe a vida e depois enterrar o cadáver. Pois a burguesia devia sua existência à intensa promoção do capitalismo pelo tsarismo. O império tsarista foi o único mercado que encontrou para vender seus produtos. Para a burguesia, a separação da Rússia, o restabelecimento da Polônia independente era como uma sentença de morte. Assim, sua meta não era a da burguesia de outros países, isto é, a unidade e a independência nacionais. Ela aspirava dominar o absolutismo submetendo-se a ele. É verdade que milhares de integrantes da burguesia polonesa eram contrários à russificação da Polônia, mas não a classe burguesa como tal. Ela se tornou tanto mais leal ao opressor da nação quanto mais aumentavam seus lucros e mais enérgica era a atuação da classe dos trabalhadores. A ideia nacionalista subsistiu em apenas uma camada da população, na da *intelligentsia*. Esta, porém, não era uma força, fornecendo, na melhor das hipóteses, oficiais, mas não tropas, e sua impotência acabou lançando-a politicamente no puro aventureirismo.

E a classe dos trabalhadores? Como poderia assumir o legado nacionalista, ela que via a "condutora da nação", a burguesia, como sua inimiga mortal, contra a qual tinha de lutar por cada polegada de espaço vital? E como poderia a classe dos trabalhadores construir um Estado nacional polonês burguês contra os interesses vitais da própria burguesia, ainda por cima nessa Polônia rasgada em três pedaços e submetida a um triplo domínio estrangeiro?

> Para conquistar a independência da Polônia, o proletariado não só teria de quebrar o poder dos três governos mais poderosos da Europa, mas também deveria ter força suficiente para sujeitar as condições materiais de vida de sua burguesia.

Em outras palavras, a despeito de sua posição como classe escravizada, teria de simultaneamente assumir a posição de uma classe dominante e usar essa dominação para produzir um instrumento de sua opressão ulterior mediante a criação de um novo Estado classista.

Se ele tivesse força para isso, também a teria para a revolução socialista; e só ela oferece os pressupostos para uma solução da questão nacional da Polônia pela qual a classe dos trabalhadores pode se engajar.

Assim, segundo a concepção de Rosa Luxemburgo, a independência nacional não poderia ser a meta atual do proletariado polonês. Pois a classe dos trabalhadores não tem de propor metas que sejam desejáveis, mas metas que correspondam ao andamento objetivo daquele desenvolvimento social para o qual estão dados os pressupostos materiais. A classe dos trabalhadores não tem de andar à caça de utopias, mas deve praticar a *Realpolitik*. *Realpolitik* não no sentido tradicionalmente estreito e pusilânime do filisteu político, mas como uma política que busca a meta final revolucionária com coerência inflexível.

Quando Rosa Luxemburgo apresentou em público pela primeira vez essas ideias, ela se defrontou inicialmente com a resistência furiosa dos nacionalistas poloneses e dos integrantes do movimento dos trabalhadores que se aferravam às tradições marxistas. Karl Kautsky, que naquela época era considerado a maior autoridade marxista, concordou com ela em pontos essenciais, mas não na conclusão a que ela chegara. A principal objeção levantada por ele foi que a tendência antinacional da burguesia polonesa que Rosa Luxemburgo constatara não passava de fraseologia. Exatamente nessa década de 1890 começou uma luta acirrada entre a indústria russa e a polonesa, e o Estado interferiu nesta última com todos os meios político-econômicos de que dispunha. Por meio dessa luta, a burguesia foi forçada a retomar o lema nacionalista, reuniu em torno de si a pequena burguesia citadina, os camponeses e a *intelligentsia*. "Sobre o túmulo do antigo movimento feudalista pela restauração da Polônia começa a surgir, após um breve intervalo, um novo movimento nacionalista polonês, um movimento alvissareiro e vigoroso que brota do desenvolvimento moderno." Em seu trabalho de doutorado, Rosa Luxemburgo submeteu essa expectativa a um exame minucioso e revelou que era um sonho. Ela demonstrou ali que uma forte solidariedade de interesses unia o capitalismo russo e o capitalismo polonês, que os dois dependiam um do outro e lucravam um com o outro. No entanto, também aí reina o *bellum omnium contra omnes* [guerra de todos contra todos], como ocorre em toda economia capitalista. Uma parte dessa guerra generalizada era a disputa entre os barões do fustão de Lodz e os reis do algodão de Moscou, na qual naturalmente "o objeto algodoeiro trivial da disputa é envolto em um manto ideológico, nacionalista". Porém, as medidas que comprovariam a política econômica antipolonesa do tsarismo visavam impedir que a indústria polonesa adquirisse matérias-primas estrangeiras e faziam questão da aquisição de matérias-primas russas. E, por fim, a política expansionista russa vinculou a indústria polonesa ainda mais fortemente com o tsarismo do que a indústria russa, porque ela própria estava mais bem equipada para a expansão do mercado. E assim morreram as últimas esperanças de uma regeneração da ideia nacionalista na Polônia.

Entretanto, havia um meio capaz de promover a transformação da utopia da Polônia da utopia em realidade política e que acabou logrando fazer isso. Esse meio era a guerra. Porém, para a estipulação das metas políticas de Rosa Luxemburgo, esse meio estava fora de cogitação. Não foram razões pacifistas que a motivaram a excluir a guerra desse cálculo político. Ela sabia muito bem que guerras são inevitáveis enquanto houver dominação de classe. Mas declarou que não seria possível antever a constelação de forças em uma guerra futura e, por essa razão, certas expectativas poderiam até determinar a tática a ser usada durante a guerra, mas de modo algum o programa proposto para a luta cotidiana em tempos de paz. Mais tarde, na época dos conflitos imperialistas das grandes potências, ela considerou a especulação em torno da guerra como a forma mais perigosa de aventureirismo, mediante a qual o proletariado polonês seria obrigado a servir como tropa de mercenários para uma das frentes imperialistas.

Quando Rosa Luxemburgo, por todas essas razões, se declarou contrária ao lema da restauração da Polônia, por uma pseudológica facilmente se poderia chegar à conclusão de que ela não dava importância à liberdade nacional do povo polonês, que aceitava despreocupadamente a opressão nacional do povo polonês. Essa acusação foi feita de fato e uma ou outra frase muito toscamente formulada no calor da polêmica parecem lhe dar sustentação. No entanto, como ela poderia pensar dessa forma, logo ela, cujo espírito rebelde fora despertado pela política de russificação do tsarismo? Ela não se cansou de combater a opressão nacional da Polônia tanto no Império Russo quanto na Alemanha e na Áustria. No entanto, quando reconheceu que a revolução nacional polonesa se convertera em utopia, ela descobriu a libertação da nação polonesa em uma meta mais elevada. A tarefa não era mais livrar a Polônia da Rússia, mas derrubar o próprio absolutismo russo. Isso não era só uma meta mais abrangente. O olhar se alçou do plano nacional para o plano internacional e social. Em 1905, tornou-se evidente que a tarefa mais elevada, a superação do tsarismo, era ameaçada pela meta mais restrita, a restauração da Polônia. Rosa contrapôs, então, a unidade aparente, na realidade impossível, entre o proletariado e a burguesia da Polônia à unidade do proletariado de todas as nações na Rússia. A realização da liberdade polonesa deveria ser buscada na república democrática russa, na integração voluntária da comunidade dos povos livres da Pan-Rússia. A revolução vitoriosa traria a todos os povos oprimidos pela Rússia a autonomia cultural, o direito à ampla autogestão, a escola polonesa, o idioma oficial polonês, a jurisdição no idioma oficial polonês, isto é, o fim de todo e qualquer prejuízo imposto ao povo polonês pela dominação estrangeira e a certeza do florescimento livre da cultura polonesa. Desse modo, a solução efetiva e realista da questão nacional da Polônia estava incluída na grande meta estratégica que Rosa Luxemburgo estabeleceu para a classe trabalhadora polonesa, e essa fixação estratégica de metas foi reconhecida no decorrer do tempo por todos os teóricos marxistas importantes.

Em contraste gritante com essa "negação dos interesses nacionais poloneses", Rosa Luxemburgo empreendeu outra revisão da tradição marxista, também na década de 1890, em razão da qual foi difamada como inimiga obstinada do povo polonês. Quando a insurreição dos gregos em Creta, em 1896, voltou a tornar premente a questão turca, ela defendeu resolutamente a libertação nacional dos povos subjugados pelos turcos – gregos, sérvios, búlgaros, armênios. De fato, uma contradição de causar estranheza em relação a sua postura na questão polonesa. Como ela pôde ser conciliada?

Tratava-se da inversão da mesma contradição contida na política de Marx e Engels e que, tanto nesse caso como naquele, tem sua solução em uma estratégia política unitária. Para a política marxista, também nos Bálcãs e nas fronteiras da Rússia com a Ásia Menor, a criação ou a manutenção de uma muralha de proteção contra o absolutismo russo era fundamental para a avaliação das questões nacionais. No extremo sudeste da Europa e no Oriente Próximo, a Turquia se mantinha vigilante. Seus interesses vitais a obrigavam a opor-se ao avanço russo. Na concepção de Marx, era de interesse geral da democracia europeia conservar o Império turco, tanto mais porque as correntes nacionalistas dos Bálcãs estavam intoxicadas pela ideia reacionária do pan-eslavismo e os Estados nanicos não passavam de postos avançados e instrumentos dóceis do poder tsarista. Assim, durante a Guerra da Crimeia, Marx se posicionou resolutamente a favor dos turcos e denunciou a fraca campanha bélica da França e da Inglaterra. Em 1878, ele defendeu a integridade da Turquia, "porque a derrota dos russos aceleraria a revolução social na Rússia, cujos elementos estavam presentes em massa, e, desse modo, a reviravolta em toda a Europa".

Segundo a concepção de Rosa Luxemburgo, não era mais necessário que as potências servissem de parteiras para a Revolução Russa. Ela contava com as forças revolucionárias internas e estas só precisavam de tempo para se desenvolver. Porém, cada vez mais a Turquia se tornava um perigoso fator de instabilidade para a Europa. Sua permanência como potência opressora mantinha viva a monarquia austro-húngara em decadência. A dominação estrangeira turca paralisava o desenvolvimento dos povos balcânicos culturalmente superiores e economicamente avançados e a burguesia desses povos realmente representava a aspiração nacionalista por liberdade. Mas e a influência do tsarismo nos Bálcãs?

Rosa Luxemburgo estava segura de que ela não aumentaria caso eles se livrassem do jugo turco. Pelo contrário! Ela seria forte enquanto os povos balcânicos estivessem sendo oprimidos; mas assim que se tornassem Estados nacionais livres, eles seriam impelidos pelo próprio interesse nacional e estatal a compor uma frente contra a Rússia.

Assim, para Rosa Luxemburgo não havia um dogma, não havia para a questão nacional uma solução única para todos os casos. "Estado-nação e nacionalismo são cápsulas vazias, nas quais cada época e as relações de classe de cada país injetam seu conteúdo material específico." Em sua concepção, cada movimento nacionalista na Alemanha e na Itália na era da revolução burguesa, na Polônia, nos Bálcãs, na Irlanda ou na Índia devia ser analisado cuidadosamente. Dependendo das relações sociais e da constelação internacional, dependendo da essência e dos interesses da classe que promove o movimento nacionalista, este poderia ter um caráter historicamente progressista ou reacionário. Desse modo, modificava-se também a postura dos partidos socialistas em relação às correntes nacionalistas. Em cada caso, porém, o interesse da revolução proletária estaria acima de qualquer outra ponderação. Foi por isso que Rosa Luxemburgo rejeitou também a fórmula geral do direito de autodeterminação dos povos no mundo capitalista.

Na questão do direito de autodeterminação dos povos, mais tarde Rosa Luxemburgo entrou num conflito acirrado com Lênin e por muito tempo esse conflito impediu a realização de uma de suas esperanças para a luta contra o tsarismo: a vinculação organizacional do partido polonês à social-democracia russa. No fundo, o antagonismo surgiu de posições distintas a que os dois grandes líderes operários foram levados por suas relações. Rosa Luxemburgo atuou pela classe dos trabalhadores de um povo oprimido, atentando para que a luta da classe proletária não fosse falsificada e encoberta por aspirações nacionalistas, e atribuindo um peso maior à comunidade de luta da classe dos trabalhadores polonesa e russa. Lênin, em contraposição, atuou no ambiente da grande Rússia, como integrante de um povo que oprime "cem povos". Se quisesse fundir as forças revolucionárias de todos esses povos numa unidade contra o absolutismo, teria de reconhecer sem ambiguidades os interesses nacionais dos povos oprimidos pelos grão-russos, inclusive o direito à completa separação política da Rússia. Por isso, ele insistia com veemência na fórmula do direito de autodeterminação dos povos, que Marx e Engels jamais reconheceram, e que Rosa Luxemburgo demonstrou com argumentos de peso que não tinha serventia para a práxis imediata, mas que para a social-democracia russa se tornaria um fator psicológico importante. Rosa Luxemburgo ignorou o aspecto psicológico da questão. Preocupada com a linha mestra de sua estratégia na Polônia, ela subestimou o papel que a questão nacional pode desempenhar em grandes movimentos populares. O quanto Lênin concordava com a solução luxemburguiana para o problema estratégico da Polônia ficou evidente no grande debate que ele travou em 1916 com alguns adversários do direito à autodeterminação (Radek, Gorter, Henriette Roland--Holst). Sobre a questão polonesa, ele escreveu o seguinte:

> Ser a favor de uma guerra europeia única e exclusivamente por causa da restauração da Polônia – isso significaria ser uma nacionalista da pior espécie e pôr os interesses do pequeno número de poloneses acima dos interesses de centenas de milhares de pessoas que sofrem por causa da guerra. É o que fazem, por exemplo, os adeptos da ala direita do PSP [Partido Socialista Polonês], que são socialistas só da boca para fora e em confronto com os quais os sociais-democratas poloneses estão cobertos de razão. Levantar o lema da independência da Polônia agora, no atual estado das relações entre os Estados imperialistas vizinhos, significa correr atrás de utopias, incorrer no nacionalismo mesquinho e esquecer as precondições das revoluções europeias, inclusive da russa e da alemã. [...] Não se trata de um paradoxo, mas de um fato: o proletariado polonês como tal só poderá servir ao socialismo e à liberdade, incluídos aí o socialismo polonês e a liberdade polonesa, se lutar ao lado do proletariado dos países vizinhos contra os nacionalistas poloneses. Não há como negar os grandes méritos históricos dos sociais-democratas poloneses na luta contra estes últimos. [...] A situação, sem dúvida, é muito confusa, mas há uma saída que permitiria a todos os envolvidos permanecer internacionalistas: esse seria o caso se os sociais-democratas russos e alemães exigissem para a Polônia a "liberdade da separação" incondicional e os sociais-democratas poloneses lutassem pela unidade da luta proletária nos países pequenos e nos países grandes, sem levantar o lema da independência da Polônia.[3]

A despeito de algumas ressalvas que é preciso fazer em relação a argumentos isolados de Lênin nas discussões sobre o direito à autodeterminação, ele está correto em seu juízo global de que os adversários nacionalistas de Rosa Luxemburgo na Polônia repetiam as palavras de Marx sem apreender seu espírito, e que Rosa tinha toda a razão em sua política polonesa, mas generalizou a solução para a questão nacional da Polônia. Esse é um destino do qual pioneiros no campo teórico dificilmente logram escapar.

Porém, a sua solução era mesmo correta? Rosa Luxemburgo não foi refutada pela história? Ela declarou que a independência da Polônia sob condições capitalistas era utópica e a Polônia independente está aí. Ainda assim, ela tinha razão. Pois o que lhe pareceu utópico e fatal para a classe trabalhadora polonesa era tão somente a ideia de obter a independência da Polônia pela via

---

[3] Vladímir Lênin e Gueórgui Zinoviev, *Gegen den Strom* (Hamburgo, Verlag der Kommunistischen Internationale, 1921), p. 407-9.

revolucionária. Ela não tinha como prever as novas condições estatais que se originariam da ruína de metade da Europa e precisou rejeitar fundamentalmente essa solução e os meios para alcançá-la. Ela tinha razão ao predizer que a corrente nacionalista do movimento socialista polonês seria necessariamente desmoralizada por sua postura política. Isso se evidenciou na revolução de 1905 e se revelou na ditadura reacionária de Piłsudski e seus "coronéis" a partir de 1921. E ela tinha razão quando dizia que a estratégia revolucionária internacional não deveria propor um objetivo que fizesse da Polônia uma muralha de proteção da Europa capitalista contra o Oriente revolucionário. Ela foi "refutada" pela história, do mesmo modo que os democratas radicais em 1848, que aspiravam à grande república alemã pela inclusão da Áustria e foram "refutados" pela criação de uma Prússia-Alemanha semiabsolutista por Bismarck, o que impediu o progresso histórico na Europa central por meio século e levou à Guerra Mundial e à derrota alemã.

Com sua solução para a questão nacional da Polônia e dos povos subjugados pelos turcos, Rosa Luxemburgo derrubou postulados da política externa de Marx. Desse modo, demonstrou ser uma autêntica aluna de Marx. Pois o que diferencia os epígonos dos sucessores criativos de grandes pensadores é que, enquanto os primeiros assumem fielmente os resultados do trabalho intelectual de seus mestres como se fossem fórmulas fixas e os defendem a despeito das condições, os segundos apreendem o real espírito de seus grandes modelos sem perder o olhar crítico livre e aplicam, eles próprios na condição de mestres, o método daqueles às novas condições. Essencial para esse método foi, nesse caso, a negação de todos os meros desejos e meras esperanças, a apreensão do processo histórico objetivo e a intervenção da classe dos trabalhadores em sua configuração, do mesmo modo que o físico procura controlar a natureza estudando suas leis e submetendo-se a elas. Essa primeira grande realização política de Rosa Luxemburgo foi tanto mais significativa porque ela não só odiava do fundo de sua alma o absolutismo russo, mas também estava ligada à cultura do povo polonês com todas as fibras de seu coração. Mesmo sendo internacionalista *par excellence*, seguidamente prorrompia de dentro dela a patriota polonesa, claro que nunca em um sentido nacionalista tacanho. Por essa razão, sua revisão da questão polonesa representou uma vitória do intelecto crítico incorruptível sobre o sentimento.

A fundação da social-democracia polonesa

Rosa Luxemburgo certamente tinha consciência da força de seu intelecto. Cartas do início da década de 1890 já evidenciam a segurança pessoal que, mais tarde, causou estranheza a muita gente, provocando e aprofundando hostilidades políticas contra ela. Ela necessitava urgentemente dessa autoconfiança incondicional, que não faz nenhum tipo de concessão em matéria de conhecimento, para impor-se nas batalhas em que foi lançada imediatamente após sua primeira aparição pública.

A união dos socialistas poloneses no Partido Socialista Polonês (PSP) durou pouco. Em Paris, constituiu-se no outono de 1892 uma Liga Estrangeira dos Socialistas Poloneses. Ela era integrada pelos antigos líderes do partido Proletariat, os quais retomaram o lema da restauração da Polônia que haviam rejeitado até aquele momento. Eles não lograram impor-se aos quadros poloneses com sua nova concepção. O antagonismo entre a perspectiva política e a postura tática determinada por ela foi tão profundo que não era possível manter as duas coisas juntas em um mesmo partido. No entanto, a luta não foi travada por meio da discussão objetiva das questões polêmicas. Mesmo depois que a separação organizacional entre a corrente social-democrata de Rosa Luxemburgo e os "social-patriotas" tornou o antagonismo inconciliável, não chegou a haver nenhuma discussão profunda.

Em contraposição, as concepções sobre a questão nacional não eram unitárias, eram pouco refletidas, determinadas quase exclusivamente pelo sentimento. Num primeiro momento, contentaram-se com a repetição dos argumentos de Marx e Engels, mas, no longo prazo, estes não tiveram efeito nem entre os trabalhadores poloneses nem na Internacional. Em busca de uma melhor posição teórica, houve quem defendesse a restauração da Polônia como um lema que se realizaria pela vitória da revolução socialista. Desse modo, eles se aproximaram bastante da posição de Rosa Luxemburgo, mas o lema perdeu completamente o caráter de eixo central da luta na Polônia. Outros pensaram que a debilidade do movimento dos trabalhadores russos convertia em ilusão toda e qualquer esperança de conquista da liberdade política na Rússia, razão pela qual a aliança com a social-democracia russa não teria nenhum valor e somente sobre uma base puramente nacional o proletariado polonês poderia se fortalecer. Outros ainda recorreram a formulações extremamente intrincadas da perspectiva histórica e da tática a ser adotada. Quase todos olhavam para os russos e outros povos oprimidos na Rússia do alto de sua presunção nacionalista. Tão precariamente armados, era difícil subir à arena para enfrentar uma esgrimista como Rosa Luxemburgo.

Por essa razão, a luta contra a jovem tendência social-democrata foi travada na obscuridade das intrigas, das suspeitas e das difamações. Começou em 1893 com a perseguição a Kasprzak, o primeiro mentor de Rosa Luxemburgo, que durante anos alternou entre prisões alemãs e prisões russas e nelas perdeu a saúde e, não obstante, foi acusado pelo líder galego Daszyński e seus amigos de ser agente da Okhrana. Por duas décadas, ele foi estigmatizado com essa acusação; de nada adiantou ter sido completamente reabilitado por tribunais internacionais, até que provou sua lealdade à causa morrendo na forca[4]. O método celebrou triunfos no congresso internacional em Zurique, em 1893. A Liga Estrangeira e, portanto, a organização dos refugiados, estudantes etc. poloneses, foi representada por dez delegados, entre os quais, Mendelson, Janovska, Perl, Daszyński, que já tinham renome internacional e cultivavam relações estreitas com as lideranças da Internacional. A delegação social-democrata pertencia à geração jovem, era quase desconhecida nesse círculo internacional e, por essa razão, já se apresentava inferiorizada. O mandato de Karski, embora fosse o único designado pela organização real na Polônia russa, foi cassado. Rosa Luxemburgo foi designada como delegada pela *Sprawa Robotnicza* com o nome Kruszynska. Seus adversários fizeram insinuações contra ela e, sobretudo, contra o redator do jornal, Warski (Michalkovski), para colocá-los sob suspeita. Criou-se uma atmosfera sufocante de mentira e incitação. Rosa Luxemburgo se interpôs. Sem o menor acanhamento diante dos insignes líderes dos partidos socialistas do mundo, a jovem desconhecida defendeu sua causa, partindo para o ataque. Com um movimento de mão, pôs de lado todas as intrigas mesquinhas sobre questões de mandato, explicitou a controvérsia política e obteve um primeiro êxito moral. Mais tarde, Émile Vandervelde reproduziu de memória a impressão causada por esse discurso:

> Rosa, naquela época com 23 anos de idade, era totalmente desconhecida, exceto em alguns círculos socialistas da Alemanha e da Polônia. [...] Seus adversários se viram em situação difícil contra ela. Ainda a vejo, como se levantou de um salto no meio dos delegados e subiu numa cadeira para poder ser ouvida com mais clareza. Baixa, franzina, delicada num vestido de verão que cobria habilmente seu defeito físico, ela defendeu sua causa com tal magnetismo no olhar e com palavras tão inflamadas que o congresso em massa, conquistado e fascinado, levantou a mão a favor de sua admissão.

A impressão geral foi passada corretamente por Vandervelde por mais de quatro décadas, mas quanto a um fato ele se engana. Não foi nesse plenário que se decidiu o mandato de Rosa Luxemburgo, mas numa comissão que o rejeitou por nove votos a sete. A decisão se torna compreensível quando se considera o fato de que, no congresso, os "social-patriotas" poloneses foram socorridos por duas grandes autoridades: Gueórgui Plekhánov e Friedrich Engels. Plekhánov tinha muitas desconfianças em relação ao grupo de Luxemburgo, por um lado por causa de seu antigo conflito com Leo Jogiches, mas especialmente porque o grupo de Luxemburgo proviera do partido Proletariat. Era um assunto antigo,

---

4   Martin Kasprzak foi pego numa gráfica clandestina, no verão de 1905, pela polícia de Varsóvia. Ele se defendeu de arma na mão, foi condenado à morte e executado em novembro de 1905.

na verdade superado havia muito tempo. Plekhánov se separou do Naródnaia Vólia em 1877, quando este adotou o terror contra o tsarismo e, desde então, o combatera. Porém, o partido Proletariat firmou uma aliança com o Naródnaia Vólia e, desse modo, entrou em oposição com o grupo de Plekhánov, chamado Libertação do Trabalho, o precursor da social-democracia russa. Engels, que participou do congresso, dava muito valor à opinião de Plekhánov e obviamente desconfiou de uma tendência que rejeitava a independência da Polônia, que ele ainda buscava resolutamente.

A intolerância dos velhos líderes poloneses no congresso e sobretudo a rejeição do mandato de Karski levaram à divisão do PSP. A organização como um todo na Polônia se desligou dele e criou a Social-Democracia do Reino da Polônia, liderada por Rosa Luxemburgo e Leo Jogiches. O insucesso não intimidou os líderes do agora PSP social-patriótico, mas reforçou sua ira. No congresso de Londres, em 1896, eles tentaram novamente manobrar a questão dos mandatos. As suspeitas contra Warski, que entrementes haviam sido refutadas por um tribunal de arbitragem sob a presidência do velho revolucionário russo Piotr Lavrov, voltaram a ser levantadas. Contra Rosa Luxemburgo espalhou-se o boato de que ela contava com o favor especial de Andriej Markgrafski, o chefe da gendarmaria de Varsóvia. Cego de raiva, Daszyński vociferou diante do congresso:

> Não podemos tolerar que nosso movimento sofra por causa de canalhas como Rosa Luxemburgo, Urbach etc. Lutaremos com todos os meios contra essa vergonha que mancha o nosso movimento; vamos desmascará-los e derrotá-los. Temos de livrar nosso exército internacional desse bando de salteadores publicitários que quer aniquilar nosso movimento libertário.

Mas, dessa vez, nem as palavras grosseiras fizeram efeito. Rosa Luxemburgo obteve um triunfo: uma resolução proposta pelos líderes do PSP sobre a restauração da Polônia foi rejeitada e, no lugar dela, foi aceita uma resolução sobre o direito à autodeterminação, formulado de tal maneira que pudesse ser acatada pelos sociais-democratas poloneses. Em 1900, em Paris, ainda se tentou expulsar Luxemburgo do congresso internacional, uma iniciativa deplorável, visto que ela tinha mandatos não só de Posen e da Alta Silésia, mas também dos trabalhadores de Varsóvia, com 218 assinaturas, 27 das quais de dentro da prisão, e a ela havia sido confiado pela liderança do congresso o importante relatório sobre o militarismo.

As suspeitas inventadas gratuitamente e as palavras grosseiras a respeito da "intrigueira ambiciosa", da "histérica", constituíam a música de fundo da política de Rosa Luxemburgo na Polônia, como expressão tanto do orgulho nacional ferido quanto da consciência da própria inferioridade intelectual dos adversários.

Depois que Luxemburgo publicou seus artigos sobre a questão oriental, até mesmo o velho Wilhelm Liebknecht a atacou em uma epístola em que nenhum de seus argumentos foi refutado, mas uma aljava inteira de impropérios foi atirada contra ela, a ponto de ser acusada de modo muito pouco dissimulado de que teria sido comprada pela Okhrana russa. Até mesmo depois de sua morte em sacrifício, Daszyński ainda trouxe à baila o velho rancor contra a "pessoa seca (!), briguenta", "que queria que o marxismo fosse aplicado de modo totalmente mecânico". Nada disso afetou Rosa Luxemburgo. Ela sabia debater objetivamente, com extrema precisão e muitas vezes com cáustica ironia, mas sempre se atendo ao assunto. A sujeira não chegava até ela, tanto que, em toda a sua obra escrita, não se encontra nem mesmo um vestígio de autodefesa. Ela fazia como Goethe: "Redemoinho e bosta seca,/ Deixe que rodem e virem pó!".

Ela era sensível no fazer e tolerar quando se tratava de amigos. Com o adversário, estava sempre em luta e, diante dele, sua única preocupação era se manter no topo da arte de esgrimir.

Maior amargura causaram-lhe outras experiências. O movimento dos trabalhadores da Polônia, que era encabeçado por ela e teve um desenvolvimento muito favorável no início, teve de suportar toda a injustiça que recaía sobre os partidos ilegais. Os encarceramentos aconteciam em tal proporção que, em 1896, restava muito pouco da organização e até o jornal *Sprawa Robotnicza* teve de ser fechado. Foi só em torno de 1899 que teve início um novo florescimento, fornecendo ocasião especialmente ao jovem Feliks Dzierżyński de liberar energia e desenvolver suas capacidades organizacionais. Ele havia promovido os princípios de Rosa Luxemburgo no movimento lituano e unido a social-democracia lituana à polonesa na Social-Democracia do Reino da Polônia e Lituânia.

Rosa Luxemburgo usou os difíceis anos de estagnação na Polônia sobretudo para estudar e concluir sua tese de doutorado sobre *O desenvolvimento industrial da Polônia*. Ao mesmo tempo, atuava no movimento dos trabalhadores da Suíça. Em 1896-1897, viveu durante alguns meses na França, onde entrou em contato com os refugiados russos de lá, como o velho Lavrov, mas sobretudo com os líderes do movimento dos trabalhadores da França, como Jules Guesde, Édouard Vaillant, Jean Allemane e outros. Ela estreitou relações de amizade especialmente com Vaillant, o combatente da Comuna que estudara na Alemanha e conduzira o movimento blanquista francês ao marxismo.

Pintura de Rosa Luxemburgo, 1908.

Pelo legado de Marx

Nas fileiras da social-democracia alemã

Os anos de aprendizado e andança de Rosa Luxemburgo haviam terminado. Ela fundara um partido e estabelecera um roteiro para ele, derrubara tradições marxistas ultrapassadas e concluíra seu primeiro trabalho científico de peso. A práxis política a atraía poderosamente. Não lhe bastava o penoso trabalho de formiguinha no movimento polonês, que ainda estava engatinhando e era tolhido pela ilegalidade. O reino da Polônia era pequeno demais para ela. Ela foi atraída para o ponto focal do movimento internacional dos trabalhadores, onde era mais vivo o interesse por questões teóricas e táticas e para onde se deslocava com nitidez cada vez maior o centro de gravidade da política mundial: a Alemanha. Recorrendo a um falso casamento com Gustav Lübeck, filho de seu velho amigo, ela obteve a cidadania alemã e assim se resguardou dos serviços de carrasco que a polícia alemã costumava prestar ao tsarismo perseguindo os revolucionários russos. Em 1897, ela se mudou para a Alemanha.

Ela conquistou em pouco tempo o seu lugar entre os quadros de liderança da social-democracia alemã. A jovem se movimentava entre os barbas brancas com tanta segurança e autoconfiança como se tivesse integrado pessoalmente as fileiras que lutaram na época da Lei Antissocialista, um pressuposto sem o qual ninguém era considerado membro pleno pelo partido naquela época. Com Kautsky, o "papa do marxismo", ela já tinha um contato literário, que agora se consolidava em uma amizade sólida. Ela se sentiu em casa no círculo de August Bebel, Paul Singer e Franz Mehring. Ela se sentiu especialmente atraída por Clara Zetkin, que já conhecia dos congressos internacionais, pela semelhança de espíritos e temperamentos. Na condição de jovem professora, Clara aderira ao socialismo pouco antes da Lei Antissocialista. Ela atuara um longo tempo no movimento dos trabalhadores da França, fundara a organização internacional das mulheres proletárias e na época dirigia o jornal das mulheres alemãs, o *Gleichheit* [Igualdade]. Rosa e Clara firmaram uma aliança que se manteve firme em todas as lutas. Havia rancor apenas entre ela e o velho Wilhelm Liebknecht. No entanto, pouco antes da morte do "soldado da revolução", ele também lhe deu seu reconhecimento e simpatia. Como redator do *Sächsische Arbeiterzeitung* [Jornal dos Trabalhadores da Saxônia] em Dresden, Párvus lhe franqueou o caminho para a imprensa diária do partido alemão. Fortes interesses intelectuais e um temperamento militante a uniram sobretudo a Bruno Schoenlank, que fundara a *Leipziger Volkszeitung* [Gazeta Popular de Leipzig] e, desse modo, libertara a imprensa social-democrata da estreiteza dos jornaizinhos de clubes e lhe dera um alto nível cultural. Formado em economia e história, e de uma atividade incansável, ele reagia com fina sensibilidade a todos os fenômenos da vida social, era um jornalista nato. Ela, porém, era teoricamente mais sólida, seu olhar, abstraindo dos fenômenos cotidianos, estava mais voltado para as grandes interconexões e tendências do desenvolvimento, era mais segura nas decisões táticas; justamente por isso ele tentou levá-la para o seu jornal.

Entre os "pais do partido", Rosa Luxemburgo pode ter provocado mais estranheza do que confiança com seu temperamento incomum para percepção alemã, com sua língua afiada e suas ideias que tiravam o pó dos olhos, iluminavam e ampliavam os horizontes. Era evidente que ela não era um clarão ofuscante, um meteoro de brilho fugaz, e sim séria, cônscia de sua responsabilidade e ligada ao movimento dos trabalhadores com todas as fibras de seu ser. Ela se impôs e inequivocamente exerceu forte influência sobre a maioria das lideranças do partido; na ação conjunta, ela dava mais do que tomava. Algumas vezes, Mehring alterou uma opinião política precipitadamente formulada depois de Rosa Luxemburgo publicar sua opinião. Ela instigou Kautsky a entrar na arena para defender os princípios do partido; e sabemos, por exemplo, que as concepções pró-bolcheviques de Kautsky a respeito das grandes questões da Revolução Russa de 1905 tomaram forma fundamentalmente nas conversas com ela. Schoenlank, que nos primeiros tempos se desgarrara algumas vezes, foi trazido de volta por ela. Ela colheu reconhecimento e admiração. Schoenlank expressou a opinião de todos que tiveram estreito intercâmbio com ela, ao afirmar que a jovem Rosa possuía, em todos os casos, um juízo político tão certeiro e uma capacidade tal de identificar as artimanhas e emboscadas dos adversários que normalmente só se adquirem com uma longa experiência política. Essa capacidade era surpreendente porque até aquele momento Rosa não havia ido muito além dos círculos da emigração russo-polonesa e praticamente desconhecia as engrenagens de um grande partido e suas lutas internas; na verdade, ela estava apenas começando a atuar na política cotidiana. O instinto para a política era-lhe inato.

Agora ela também podia se apresentar diante das massas. Para seu divertimento, muitos moderadores decerto foram tomados de espanto e avaliaram o tamanho do fracasso ao receber aquela pessoa de pequena estatura na estação de trem. No entanto, cada discurso seu se converteu em triunfo. E ela nem era propriamente uma agitadora. Ela evitava todo e qualquer *páthos*, apelava mais para a razão do que para o sentimento. Mas tirava o ouvinte do círculo estreito das ideias costumeiras e o levava para fora, para a perspectiva ampla, arrebatando-o com seu fogo e com toda a força de sua personalidade. Em cada uma dessas turnês, ela podia dizer: *Veni, vidi, vici!* [Vim, vi e venci!]. Feliz, escreveu sobre seus êxitos a Leo Jogiches, na Suíça. Este reagiu com azedume, pois temia perdê-la.

Essa não foi a única gota de amargura em sua alegria. Alguns anos mais tarde, quando acabara de passar por uma experiência ruim criada por intrigas mesquinhas, ela disse em carta a Bebel que, desde o início, ela teria tido um "acolhimento peculiar" na social-democracia alemã e não só entre os adversários de suas concepções. Ela procurou a razão disso no fato de ser estrangeira, "não ser *de la maison* [da casa]". A razão provavelmente era mais perversa. A resistência era sobretudo contra a mulher, contra a mulher que ousava se intrometer num ofício de homens, a política, e, ao fazer isso, não perguntava modestamente a opinião dos "práticos", mas desenvolvia "com atrevimento" pontos de vista próprios e – o que era o mais grave – expunha argumentos que obrigavam o interlocutor a capitular, resmungando. Logo ela sofreria sua primeira derrota para esse espírito tacanho, com o qual no futuro teria de se digladiar constantemente.

Em setembro de 1898, Párvus e Marchlewski foram expulsos da Saxônia. Eles condicionaram sua colaboração com o *Sächsische Arbeiterzeitung* à entrega da direção do jornal a Rosa Luxemburgo. Ela assumiu uma herança complicada. Cansado dos conflitos com os colegas, Párvus escrevia diariamente seus editoriais e deixava a redação por conta própria. Rosa, porém, queria um jornal unificado. Como chefe, ela interveio nos departamentos e introduziu inovações, criando, por exemplo, um panorama econômico regular. A rotina habitualmente desleixada deveria ser substituída pelo espírito, pelo temperamento, pela atividade. Mas não foram apenas essas "barbaridades" que ela teve de enfrentar. No *Vorwärts* [Avante], Georg Gradnauer iniciou uma polêmica com palavras duras e argumentos deploráveis contra Rosa Luxemburgo. Ela ousou lhe responder em tom objetivo, mas não exatamente delicado. Acontece que Gradnauer era representante de Dresden no Parlamento, sendo, portanto, intocável, ao menos nesse distrito! A redação se rebelou contra a chefe incômoda. A instância do partido encarregada do jornal submeteu a diretora de redação à censura dos colegas e negou-lhe até mesmo o direito de se defender de ataques usando o próprio nome. Os bravos camaradas ficaram de queixo caído quando Rosa Luxemburgo lhes jogou a esmola aos pés.

Gradnauer não conseguiu silenciar sobre seu triunfo. Zombou do caso no *Vorwärts*, dizendo que a tentativa de Rosa Luxemburgo de dirigir um jornal do partido acabara em "pernas para que vos quero". Ela lhe deu uma resposta curta e grossa: o *Vorwärts* não poderia manifestar opiniões porque ele não tinha opiniões e, por vontade própria, nenhum dos redatores deixaria seu posto. "Pois existem dois tipos de seres vivos orgânicos: os que têm espinha dorsal e por isso andam e às vezes até correm, e há os que não têm espinha dorsal e por isso apenas rastejam e agarram-se." Rosa não suportava répteis na política.

Ela se mudou para Berlim e trabalhou principalmente para a revista científica *Neue Zeit* [Novo Tempo] e para o jornal *Leipziger Volkszeitung*. Schoenlank havia reunido em torno deste último uma equipe de escritores brilhantes. No entanto, foi especialmente Rosa Luxemburgo que lhe deu cunho marxista e lhe trouxe renome em toda a imprensa socialista.

O reformismo avança

Iniciou-se uma expansão do socialismo internacional quando Rosa Luxemburgo começou a atuar no movimento dos trabalhadores da Polônia e essa nova fase a estimulou a fazer suas primeiras investigações autônomas. Ao mesmo tempo, por volta dos anos 1890, começou uma virada na estrutura e na política dos grandes Estados capitalistas e suas características puderam ser claramente identificadas. Rosa Luxemburgo descreveu a situação mais tarde em sua *Brochura de Junius*:

O desenvolvimento capitalista, que ocorreu na Europa reconstituída após o período da guerra dos anos 1860 e 1870, especialmente depois de superada a grande depressão que se seguiu ao entusiasmo da fundação e ao crash de 1873, atingira um ápice sem precedentes na prosperidade dos anos 1890, inaugurando, como se sabe, um novo período de tempestade e ímpeto [*Sturm-und-Drangperiode*] entre os Estados europeus: estes entraram em competição ao expandir-se para os países e as zonas não capitalistas do mundo. Já desde os anos 1880 afirmou--se um novo ímpeto, particularmente enérgico, voltado às conquistas coloniais. A Inglaterra apodera-se do Egito e cria para si um poderoso império colonial na África do Sul; a França ocupa Tunis, no norte da África, e Tonkin, na Ásia Oriental; a Itália põe os pés na Abissínia; a Rússia completa suas conquistas na Ásia Central e penetra na Manchúria; a Alemanha obtém as primeiras colônias na África e no Pacífico; e, por fim, os Estados Unidos entram na dança obtendo, com as Filipinas, "interesses" na Ásia Oriental. Esse período de dilaceramento febril da África e da Ásia que, a partir da guerra sino-japonesa de 1895, desencadeou uma cadeia quase ininterrupta de guerras sangrentas, culminou na grande campanha da China e terminou com a guerra russo-japonesa de 1904.

Todos esses acontecimentos, que se sucederam sem interrupção, criaram, por todo lado, novos antagonismos fora da Europa: entre a Itália e a França na África do Norte, entre a França e a Inglaterra no Egito, entre a Inglaterra e a Rússia na Ásia Central, entre a Rússia e o Japão na Ásia Oriental, entre o Japão e a Inglaterra na China, entre os Estados Unidos e o Japão no Oceano Pacífico – um mar agitado, ondulando para lá e para cá, cheio de antagonismos virulentos e de alianças passageiras, de tensões e distensões, ameaçando de tempos em tempos a deflagração de uma guerra parcial entre as potências europeias, mas que sempre voltava a ser adiada. [...]

É na Alemanha que o advento do imperialismo, comprimido num curtíssimo espaço de tempo, pode ser observado na sua forma mais pura. A expansão sem igual da grande indústria e do comércio, desde a fundação do império, produziu aqui, nos anos 1880, duas formas particularmente características da acumulação do capital: o mais forte desenvolvimento de cartéis na Europa e o maior e mais concentrado sistema bancário do mundo. Aquele organizou a indústria pesada como o elemento mais influente no Estado, ou seja, organizou precisamente o setor do capital diretamente interessado nos fornecimentos ao Estado, nos armamentos militares, assim como nos empreendimentos imperialistas (construção de ferrovias, exploração de minas etc.). Este fez do capital financeiro uma força unida, dotada de uma energia cada vez maior e mais concentrada, uma força que autoritariamente põe e dispõe da indústria, do comércio e do crédito do país, também determinante na economia privada e na economia pública, capaz de expandir-se com agilidade e sem limites, sempre faminta de lucros e de atividade, impessoal e, por isso, de vistas largas, audaciosa e sem escrúpulos, internacional por natureza, talhada por todas as suas aptidões para fazer da cena mundial o palco de suas façanhas.

Acrescente-se a isso o mais forte e incoerente regime pessoal em termos de iniciativa política, e o mais fraco parlamentarismo, incapaz de qualquer oposição, além do fato de todas as camadas burguesas, entrincheiradas atrás do governo, estarem unidas na mais violenta oposição à classe trabalhadora, e se podia prever que esse jovem e pujante imperialismo – que apareceu na cena mundial com gigantesco apetite, sem ser incomodado por nenhum obstáculo, quando o mundo já estava praticamente dividido – iria tornar-se muito rapidamente o fator imponderável da perturbação geral.

Isso já se anunciava na mudança radical da política militar do império no fim dos anos 1890, com os dois projetos de lei sobre a frota naval, publicados um logo depois do outro, em 1898 e 1899; algo inédito que representava uma duplicação repentina da frota de guerra, um poderoso plano de armamento naval, calculado para quase duas décadas. Não se tratava apenas de uma ampla reorganização da política financeira e comercial do império – a tarifa aduaneira de 1902 sendo somente a sombra que sucedeu aos dois projetos de lei sobre a frota naval –, consequência lógica da política social e do conjunto das relações entre as classes e os partidos no plano interno. Os projetos de lei sobre a frota naval significavam, sobretudo, uma mudança clara no curso da política exterior do império em relação à que prevalecia desde a sua fundação. Enquanto a política de Bismarck se baseava no princípio de que o império era uma potência terrestre [...], agora era apresentado um programa totalmente diferente: a Alemanha devia tornar-se a primeira potência na terra e no mar. Com isso dava-se a guinada da política continental de Bismarck para a política mundial [*Weltpolitik*], da defesa para o ataque como objetivo da corrida armamentista.*

Essa descrição *post festum* naturalmente é mais arredondada do que o quadro dos anos 1890 que se apresentou aos contemporâneos. Porém, as características essenciais da nova época já estavam identificadas nesse tempo. O armamento das frotas, a guerra sino-japonesa, a guerra americano-espanhola, a guerra dos bôeres e o assalto das potências europeias à China levaram a um reexame de toda a situação social e política. Na social-democracia alemã, os novos fenômenos e suas forças motrizes foram explicitados com bastante clareza nos trabalhos de Kautsky, nas investigações de Párvus, nos panfletos de Wilhelm Liebknecht e em numerosos discursos de agitação de Clara Zetkin, anunciando que o mundo capitalista havia entrado em um novo período de catástrofes na política interna e externa e que uma guerra mundial despontava ameaçadoramente.

Outros, no entanto, não quiseram dar atenção às nuvens negras no horizonte; eles viam um sol brilhando cálido e pintavam um quadro idílico do futuro desenvolvimento social: o capitalismo deixara para trás a fase louca e predatória dos primórdios e se tornara manso e sensato. Mais de duas décadas haviam se passado sem as crises – excetuados os abalos menores – que, de acordo com Marx, deveriam arruinar a economia a cada dez anos. Estava em curso uma conjuntura ascendente cada vez mais forte. Em solo europeu, desde 1870 só houvera luta na zona de mau tempo dos Bálcãs. O ostracismo do movimento dos trabalhadores acabara. O jovem Guilherme II prometera um "império social" de política social e proteção dos trabalhadores. A democracia fazia progressos em toda parte. A social-democracia conquistava êxitos eleitorais cada vez maiores. Os sindicatos cresciam e os salários dos trabalhadores aumentavam. As cooperativas de trabalhadores se disseminavam pela economia como "ilhas socialistas". Esses fenômenos fizeram surgir, no movimento marxista dos trabalhadores, uma nova corrente, um reformismo consciente, formulado em um sistema teórico.

---

* Rosa Luxemburgo, "A crise da social-democracia", em Isabel Loureiro (org.), *Rosa Luxemburgo: textos escolhidos*, v. 2: *1914-1919* (trad. Isabel Loureiro, São Paulo, Editora da Unesp, 2011), p. 47-9. (N. E.)

Como sucedeu em todo movimento dos trabalhadores, no movimento alemão concepções radicais e reformistas coexistiram desde o início. Porém, a social-democracia alemã era de um tipo especial. O partido surgiu uma década e meia depois da semirrevolução de 1848 e, por isso, não tinha nenhuma experiência revolucionária. Toda a sua atividade foi direcionada para a conquista das reformas burguesas, que haviam sido abandonadas pela oposição burguesa; e essa práxis determinava sua essência de maneira mais intensa do que o credo socialista. Ao mesmo tempo, porém, ele estava às voltas com um Estado semiabsolutista, que se cobria apenas superficialmente de formas democráticas e perseguia o movimento dos trabalhadores com medidas policiais brutais. Esse Estado e a social-democracia se encontravam em um antagonismo inconciliável. Contudo, o partido atacava mais a aristocracia rural do que a burguesia. Por fim, ele recebeu numerosos elementos burgueses radicais que não tiveram chance de atuar nos partidos burgueses e reforçaram o reformismo na social-democracia. Essa situação contraditória determinou o caráter do partido: sendo radical em sua atuação política, ele era reformista em sua essência. Com o passar do tempo, esse radicalismo se tornou mais resoluto. A Lei Antissocialista aprofundara o antagonismo com o Estado e cada vez mais prevaleciam as ideias marxistas – tanto quanto permitia a situação global, ou seja, sem compreensão da essência revolucionária da concepção marxista. Para existir, o partido se deparou com a seguinte condição: visto que, sob as relações políticas dadas, qualquer acordo com o Estado seria uma capitulação, ele teve de preservar seu caráter como partido oposicionista radical. Por isso, tomava muito cuidado para não se comprometer com o reformismo por meio de declarações públicas.

Em 1895, morreu Friedrich Engels, o consultor do socialismo internacional e fiel guardião das ideias marxistas. Essa morte afastou uma grande barreira do caminho do oportunismo; de fato, o Engels "maduro e esclarecido" era a testemunha juramentada da política reformista. Seu último trabalho fora uma introdução ao escrito de Marx sobre a revolução francesa de 1848, *As lutas de classes na França**. Essa introdução é um dos documentos mais significativos da estratégia marxista. O "General", como Engels era conhecido por causa de seus conhecimentos militares, explicou ali que a velha tática de barricadas, baseada em uma estratégia defensiva de esgotamento das forças do exército, fora impossibilitada pelo desenvolvimento da técnica moderna de armas e do urbanismo moderno. Levantes futuros teriam um caráter diferente, teriam de ser efetuados por grandes massas em ofensiva impetuosa contra o poder militar. Isso exigiria

---

* Ed. bras.: Karl Marx, *As lutas de classes na França de 1848 a 1850* (trad. Nélio Schneider, São Paulo, Boitempo, 2012); para o prefácio de Engels, ver p. 9-31. (N. T.)

um esclarecimento muito mais profundo e uma organização mais sólida da classe dos trabalhadores do que os obtidos até aquele momento. Brincar com a ideia da insurreição era condenável. A social-democracia internacional teve de se limitar a tirar proveito das possibilidades legais e seguir o exemplo dos alemães, que fizeram do direito de votar um instrumento de libertação.

Para a direção do partido alemão, essa introdução parecia ser, em sua culminância revolucionária, um documento que poderia oferecer ao reacionarismo um novo pretexto para medidas de repressão, dado que acabara de ser apresentada ao Parlamento uma "lei contra a sublevação" com o objetivo de triturar os sociais-democratas. Por essa razão, a direção do partido riscou do manuscrito todas as frases e palavras que apontassem para futuras lutas armadas. Engels chegou a protestar contra essa castração, mas acabou cedendo às ponderações táticas. E foi assim que a "Introdução" de *As lutas de classes* entrou para a história como o "testamento de Friedrich Engels": uma sentença condenatória de toda violência e toda revolução futura, e a glorificação da legalidade, sob a qual o partido dos trabalhadores ganharia "músculos rijos e faces rosadas e [...] a aparência da própria vida eterna"*. Foi só em 1924 que Riazanov descobriu o manuscrito original e restabeleceu o teor original.

Livros têm suas fatalidades, livros se tornam fatalidades. Na forma em que foi publicado, o "testamento" de Engels conclamava a uma revisão da concepção de história de Marx. E como a direção do partido se calou obstinadamente sobre a manipulação do manuscrito, a "Introdução" se converteu em um argumento contundente nas mãos dos reformistas. Até os radicais foram pegos por ele. Kautsky soube por meio de Engels que alguma coisa estava errada, mas não chegou a conhecer toda a verdade. Até mesmo Párvus, com suas tentativas de radicalizar a política social-democrata, tomou como ponto de partida o terreno da não violência oferecido pelo "testamento". Rosa Luxemburgo foi a única que nunca reconheceu o documento falsificado e sempre se recusou a vê-lo, da forma como fora publicado, como a verdadeira opinião de Engels.

Eduard Bernstein, um homem do círculo mais próximo de Engels, consumou a "revisão do marxismo". Como redator do jornal *Der Sozialdemokrat* [O Social-Democrata], publicado por último em Londres, ele passara de socialista ético pequeno-burguês a socialista radical por influência de Engels. Ao mesmo tempo, porém, incidiram sobre ele o ambiente inglês, a democracia ampla, a política econômica pacífica das *trade unions* e as concepções sociorreformistas dos fabianos. O estudo da revolução francesa de 1848 abalou seu espírito essencialmente pequeno-burguês e ele reconheceu assustado que, em seus traços essenciais, a política dos clubes radicais (Auguste Blanqui) coincidia com a de

---

* Ibidem, p. 29. (N. T.)

Karl Marx. E, nessa política revolucionária, ele vislumbrou a derrota final da revolução de 1848. Então, de 1896 a 1898 ele escreveu uma série de artigos na revista *Neue Zeit* sobre os "Problemas do socialismo" nos quais atacou cada vez mais resolutamente os fundamentos do marxismo. Num primeiro momento, os ensaios não foram contestados. Foi o socialista inglês Belfort Bax quem lançou o grito de guerra: "Bernstein abriu mão do objetivo final do movimento socialista em favor do ideário do atual liberalismo e radicalismo burgueses". Na social-democracia alemã, houve rumores, mas, num primeiro momento, Bernstein foi defendido por Wilhelm Liebknecht, Kautsky e Schoenlank. Mas quando Bernstein pronunciou a frase fatal – "O objetivo final, ou o que quer seja isso, não é nada para mim, o movimento é tudo" – Párvus fez barulho na *Sächsische Arbeiterzeitung*. Assim começou o grande debate com Bernstein que manteve a social-democracia alemã em suspenso por muitos anos. Foi exatamente nesse período que Rosa Luxemburgo iniciou sua atividade no partido alemão.

O debate com Bernstein iniciou a crise mais grave e demorada da social-democracia internacional antes da guerra. Ele convocou todos os pensadores e práticos marxistas para o campo de batalha: na Alemanha, Párvus, Kautsky, Mehring, Bebel, Clara Zetkin; na Rússia, Plekhánov, que defendia o materialismo histórico, sobretudo no campo filosófico; na Itália, Antonio Labriola; na França, Jules Guesde e até mesmo Jean Jaurès, cujo temperamento impetuoso, inflamado pelas tradições da grande Revolução, o levou além das concepções de Bernstein, que para ele, apesar de aparentadas com seu pensamento político, eram muito sóbrias e pedantes.

Uma visão de mundo

Nessas pelejas intelectuais, Rosa Luxemburgo era a ponta de lança da falange. Ela, a mais nova, sobrepujava todos os seus companheiros de luta em termos de espírito militante aguerrido, segurança no uso das armas e profundidade das ideias. Ela ofuscou até mesmo Kautsky, que, após a morte de Engels, era considerado o guardião do legado de Marx, e de um só golpe tornou-se a figura central do movimento internacional dos trabalhadores. Até em seus adversários ela despertava admiração. Um tal Schippel, o qual ela deixou tão atordoado com questões econômicas e militares que ele, em sua confusão, foi se enredando cada vez mais em suas ideias equivocadas, assegurou que apreciava, nos trabalhos de Rosa, "a natureza militante vivaz, a convicção sincera e a dialética estimulante" e acompanhava "com admiração as conclusões que culminavam em um nível cada vez mais alto e em sucessão cada vez mais rápida". De fato, sua força residia em refletir sobre todas as questões até o fundo e estar disposta a ir até as últimas consequências. Um trunfo que ela usava repetidamente contra seus adversários era este: as coisas têm sua lógica mesmo quando as pessoas não a têm! Ela considerava que era sua tarefa principal fazer assomar à consciência a lógica das coisas e não desenvolver uma lógica formal do pensamento.

Em todas as discussões científicas e políticas, seu método é bem característico: ela nunca parte de frases prontas para as quais busca provas. É muito raro se reportar a concepções de autoridades reconhecidas, e desenvolver suas ideias dogmaticamente, a partir de citações dos mestres, é algo contrário a sua mentalidade. Sua maior aspiração era investigar, a partir da realidade, as tendências de desenvolvimento da sociedade, para poder aplicar a força do movimento dos trabalhadores ao processo histórico com a maior eficácia possível.

Rosa Luxemburgo era adversária resoluta de todo e qualquer empirismo, tanto na convicção quanto na ação política. De acordo com a sua vontade, toda a sua política, toda a política do partido deveria ser determinada pelo conhecimento científico. Sua ferramenta era o método de investigação de Marx. A exemplo de Marx, ela via na história um processo, no qual as forças classistas se digladiam por interesses e cuja configuração resulta do desenvolvimento das relações econômicas objetivas. Para ela, o marxismo não era um molde teórico, pelo qual todas as questões foram resolvidas de uma vez por todas. Muito pelo contrário, ela assumiu a tarefa de, em cada fase de desenvolvimento, voltar a examinar o curso da revolução econômica com suas repercussões nos interesses, nas concepções, nas metas e na ação política dos grupos sociais, para manter o domínio intelectual sobre o processo global e encontrar as decisões políticas corretas em cada situação. De acordo com a sua visão, também a postura moral e política da classe dos trabalhadores, nas situações individuais, seria determinada essencialmente por esse processo global. Inabalável era sua convicção de que estava comprovada, por meio da ciência marxista, a inevitabilidade, a necessidade histórica do socialismo. Era possível falar de socialismo científico justamente porque Marx havia provado o colapso inevitável do capitalismo por efeito de uma "lei natural" de cunho social.

Nessas concepções, alguns críticos de Rosa Luxemburgo quiseram ver um "objetivismo", uma concepção de história em que forças objetivas se impõem com poder fatalista e não há espaço para a vontade humana nem para classes. Isso não só é falso, como justamente nesse ponto Rosa Luxemburgo foi decididamente além da concepção – corriqueira na época – dos epígonos de Marx e Engels. Para estes, as "relações econômicas" haviam se convertido em um poder místico, sobrenatural, que se impõe com cega fatalidade, separadamente dos humanos e acima de sua vontade. Nesse mister, esquecia-se que as relações econômicas nada mais são que as relações que os humanos estabelecem na produção, que resultam do agir e do forcejar dos seres humanos. Dava-se uma interpretação obtusa e mecânica à palavra de Marx: "Os homens fazem a sua própria história; contudo, não a fazem de livre e espontânea vontade, pois não são eles que escolhem as circunstâncias sob as quais ela é feita, mas estas lhes foram transmitidas assim como se encontram"*. Rosa Luxemburgo não se cansava de inverter a frase:

> Os homens não fazem arbitrariamente a história, mas, apesar disso, fazem--na eles mesmos. A ação do proletariado depende do grau de maturidade do desenvolvimento social, mas o desenvolvimento social não é independente do proletariado. Este é, em igual medida, sua força motriz e sua causa, assim como seu produto e sua consequência. Sua própria ação faz parte da história, contribuindo para determiná-la. E embora não possamos saltar por cima do desenvolvimento histórico, assim como um homem não pode saltar por cima da própria sombra, podemos, no entanto, acelerá-lo ou retardá-lo.
> [...] É por isso que Friedrich Engels chama a vitória definitiva do proletariado socialista de salto da humanidade do reino animal ao reino da liberdade. Esse "salto" também está ligado às leis de bronze da história, aos mil elos do desenvolvimento anterior, doloroso e demasiadamente lento. Mas ele nunca poderia ser realizado se, do conjunto dos pré-requisitos materiais acumulado pelo desenvolvimento, não brotasse a centelha da vontade consciente da grande massa popular.)**

Marx cunhou sua frase contra os fazedores de sistemas e contra os fogos-fátuos da política. Rosa Luxemburgo inverteu a frase, enfatizando que os próprios homens fazem sua história para resistir à postura indolente de deixar o desenvolvimento correr solto, ao otimismo passivo e satisfeito consigo mesmo, e confrontar os trabalhadores, o partido e seus líderes com a responsabilidade de todos diante da história e de seu próprio destino. Do político ela exigia o empenho do cientista natural, que pesquisa as leis naturais para submeter-se a elas e, justamente por essa via, dominar as forças da natureza. Para ela, na condição de pessoa que age na história, valia a seguinte frase: no início, era o ato! Porém, o ato determinado pelo conhecimento do processo histórico. Ela delineou sua própria visão, seu princípio de vida e sua essência ao escrever certa vez a respeito de Karl Marx:

> Como no próprio Marx, o analítico histórico perspicaz e o revolucionário ousado, o homem da ideia e do ato estiveram lado a lado, inseparavelmente unidos, apoiando-se e complementando-se mutuamente; o marxismo enquanto doutrina socialista pareou, pela primeira vez na história do moderno movimento dos trabalhadores, o conhecimento teórico com a força do ato revolucionário do proletariado, reciprocamente iluminados e fecundados. Ambos pertencem igualmente

---

* Ed. bras.: *O 18 de brumário de Luís Bonaparte* (trad. Nélio Schneider, São Paulo, Boitempo, 2011), p. 25. (N. T.)

** Rosa Luxemburgo, "A crise da social-democracia", cit., p. 28. (N. E.)

à essência interior do marxismo; cada um por si, separado do outro, transforma o marxismo em uma triste caricatura de si mesmo. (*A Internacional*, 1915.)

Ela se manteve igualmente livre daquele tosco marxismo vulgar que se arroga explicar a rica vida social de um povo a partir de uma tabela econômica e tirar conclusões precipitadas a respeito do desenvolvimento futuro. Ela sabia "que sobre a velocidade do desenvolvimento burguês incidem, ao lado de fatores puramente econômicos, fatores políticos e históricos, e fazem isso de maneira tão proeminente que podem jogar por terra qualquer teoria sofisticada sobre o prazo de vida da ordem capitalista"[1]. Com força visionária, ela captou o grande processo histórico, no qual a técnica, a organização da produção e da distribuição, as tradições históricas, as conquistas científicas, as concepções e os preceitos jurídicos, as medidas estatais etc. incidem de maneira a tolher ou promover a luta ciclópica das classes, e no qual, contudo, com o passar do tempo os fatos econômicos se impõem e determinam a organização da sociedade. Por isso ela nunca aceitou acriticamente os fenômenos cotidianos, do modo que afloram na superfície da vida social, mas investigou as forças motrizes em profundidade e chegou muitas vezes a conclusões que, aos contemporâneos, pareciam anomalias da pura especulação, e que, no entanto, foram brilhantemente comprovadas pelo curso real da história.

Reforma e revolução

Esse modo de analisar a história reluz com especial intensidade em seu escrito "Reforma social ou revolução?". Ele veio a público em duas séries de ensaios, ambas publicadas na *Leipziger Volkszeitung*, a primeira em setembro de 1898, como resposta ao artigo de Bernstein na *Neue Zeit*, e a segunda em abril de 1899, contra o livro de Bernstein *Die Voraussetzungen des Sozialismus und die Aufgaben der Sozialdemokratie* [Os pressupostos do socialismo e as tarefas da social-democracia][2].

O debate com Bernstein tratou da essência do movimento socialista dos trabalhadores, em torno da qual ele lutou desde o início e em razão da qual o movimento se dividiu em dois grandes agrupamentos. O livro de Bernstein desembocou no conselho à social-democracia de ter a coragem "de se emancipar de uma fraseologia que de fato está ultrapassada e [...] mostrar o que ela é na realidade: um partido socialista democrático de reforma". Isso levantou a pergunta: "reforma ou revolução?" ou, mais acertadamente, a relação entre reforma e revolução. Esse é o tema não só do curto escrito com o qual Rosa Luxemburgo debutou na social-

---

[1] Rosa Luxemburgo, *Gesammelte Werke*, v. 3, p. 269.

[2] Eduard Bernstein, *Die Voraussetzungen des Sozialismus und die Aufgaben der Sozialdemokratie* (Stuttgart, Dietz, 1899).

-democracia alemã, mas também de todos os seus trabalhos mais importantes em meia década de luta intelectual. Os reformistas exaltaram a busca constante por novas reformas pela via legal como um método lento, mas seguro da *Realpolitik*, mediante o qual a sociedade se desenvolveria gradativamente para o socialismo, ao passo que a revolução lhes parecia um meio que talvez fosse necessário para enfrentar o absolutismo, mas que sob o regime da democracia só podia ser pregado por entusiastas perigosos. A essa visão Rosa Luxemburgo contrapôs a sua: tanto reforma quanto revolução! E tratou esse problema fundamental de um modo que evidenciou com especial intensidade a sua dialética e o seu jeito polêmico:

A legislação e a revolução não são, portanto, métodos diferentes do progresso histórico, que podemos escolher como nos apetece no bufê da história, assim como escolhemos salsichas quentes ou frias, mas sim *fatores* diferentes no desenvolvimento da sociedade de classes, que condicionam e complementam um ao outro igualmente, porém, ao mesmo tempo, excluem-se, assim como, por exemplo, o Polo Sul e o Polo Norte, a burguesia e o proletariado.

De fato, qualquer constituição legal é apenas um produto da revolução. Enquanto a revolução é o ato político fundador da história de classes, a legislação é a continuidade do vegetar [*Fortvegetieren*] político da sociedade. O trabalho de reforma legal não tem, em si, uma força motriz própria, independente da revolução; em cada período histórico ele apenas se movimenta sobre a linha, e pelo tempo em que permanece o efeito do pontapé que lhe foi dado na última resolução ou, dito de maneira concreta, apenas *no quadro* da forma social que foi colocada no mundo pela última transformação. Esse é o ponto crucial da questão. É basicamente errado e inteiramente a-histórico imaginar o trabalho legal de reforma apenas como a revolução estendida e a revolução como uma reforma condensada. Uma revolução social e uma reforma legal não são fatores diferentes por sua *duração*, mas pela *essência*. Todo o segredo das transformações históricas por meio do uso do poder político encontra-se justamente na reversão de mudanças apenas quantitativas em uma nova qualidade, dito de maneira concreta: na passagem de um período histórico, de uma ordem social a outra.

Quem, portanto, se manifesta pelo caminho da reforma legal *em vez de* e *em oposição* à conquista do poder político e à transformação da sociedade escolhe, de fato, não um caminho mais calmo, seguro e vagaroso para um mesmo *fim*, mas também um *outro* fim [...].

[...]

Em suma, a democracia é indispensável, não por tornar supérflua a conquista do poder político por parte do proletariado, mas, inversamente, por tornar essa conquista do poder necessária tanto quanto a única possível. Se Engels revisou a tática do atual movimento operário em seu prefácio às "Lutas de classe na França", e opunha a luta legal às barricadas, ele tratava – o que está claro em cada linha do prefácio – não da questão da conquista definitiva do poder político, mas da atual luta cotidiana; não do comportamento do proletariado diante do Estado capitalista no momento da tomada do poder de Estado, mas de seu comportamento no quadro do Estado capitalista. Em suma, Engels deu a diretiva ao proletariado dominado e não ao proletariado vitorioso. [...]

A própria necessidade da tomada do poder político pelo proletariado, tanto para Marx quanto para Engels, não gerava dúvida alguma. E, assim, coube a Bernstein considerar o galinheiro do parlamentarismo burguês o órgão destinado a levar a cabo a maior das mudanças histórico-mundiais: a passagem da sociedade das formas capitalistas para as socialistas.[3]

Assim, Rosa Luxemburgo absolutamente não é adversária das reformas. Ela vislumbra na luta por reformas, melhoria da condição de vida, proteção dos trabalhadores e ampliação dos direitos democráticos no âmbito do Estado burguês justamente o meio para preparar, treinar e organizar a classe dos trabalhadores para a revolução e, a partir da experiência, proporcionar-lhe o conhecimento de que o Estado capitalista tem de ser derrubado, caso se queira libertar o proletariado da escravidão assalariada. "Somente no mar alto da vida política, somente na luta ampla contra o Estado atual, na adaptação a toda a multiplicidade da realidade viva, o proletariado poderá ser treinado no rumo social-democrata. E é nesse rumo que ele é energicamente compelido pela vida"[4]. Porém, em sua opinião, o socialismo de modo nenhum resulta por si só, nem sob qualquer circunstância, da luta cotidiana por reformas. Ela concordava com a avaliação do "movimento espontâneo", isto é, da luta imediata dos trabalhadores, não conduzida por nenhuma teoria socialista, contra os efeitos do capitalismo, como foi defendida por Lênin no mesmo período contra o economicismo russo. Na política das *trade unions* inglesas, por exemplo, ela não só sentia falta da busca consciente e coerente do socialismo, mas via essa política como um caminho que se desviava desse alvo e levava ao extravio. E essa era sua avaliação de todo reformismo que pretendesse substituir a revolução por uma série interminável de reformas. Unicamente por meio do fim último socialista a luta dos sindicatos pela melhoria da situação da classe dos trabalhadores e reformas sociais e a luta parlamentarista por reformas democráticas adquirem caráter fundamental, socialista.

---

[3] Rosa Luxemburgo, *Gesammelte Werke*, cit., v. 3, p. 85-90 [ed. bras.: Rosa Luxemburgo, "Reforma social ou revolução? (Com um anexo: Milícia e militarismo)", em Isabel Loureiro (org.), *Rosa Luxemburgo: textos escolhidos*, v. 1: *1899-1914*, trad. Isabel Loureiro, São Paulo, Editora da Unesp, 2011, p. 68-74. – N. E.].

[4] Ibidem, p. 281.

Em 1893, em seu relatório para o congresso internacional de Zurique, ela fundamentou teoricamente a relação entre luta cotidiana e fim socialista, confrontando-os com as correntes blanquistas presentes no movimento polonês, a necessidade da ação diária em busca de fins modestos; agora ela dava mais nitidez e contundência a suas antigas ideias. Ela propôs o seguinte princípio estratégico: a luta proletária cotidiana tem de estar organicamente ligada com o fim último. Cada solução para uma tarefa cotidiana precisa ser encontrada de tal forma que aponte para o fim último e não se desvie dele. "Mais precisamente, não devemos entender por fim último esta ou aquela concepção do Estado futuro, mas aquilo que deve preceder uma sociedade futura, a saber, a conquista do poder político"[5]. Rosa Luxemburgo fundou toda a política proletária e suas próprias decisões táticas sobre essa ideia norteadora. Usou-a com frequência como pedra de toque para provar a inutilidade de certas propostas e medidas práticas. Exatamente naquele ano (1898), o deputado Wolfgang Heine tentara provar o valor prático da política de Bernstein, indicando o que a classe trabalhadora poderia ganhar se estivesse disposta a aprovar os canhões do governo em troca de direitos populares. Não havia a menor objeção a tal política, sendo ela exercida por um partido burguês. Porém, tendo em vista a tomada de poder, essa "política de compensação" estava condenada. Pois tudo que se poderia ganhar com ela taticamente, como êxito momentâneo, necessariamente se revelaria um presente de grego. Em favor dela, sacrificava-se ou se dificultava a vitória final. O inimigo teria os canhões com os quais poderia bombardear todas as conquistas democráticas. Mas, mesmo que se dissesse que o Estado não dependia da social-democracia para se armar, a presença dessa disposição na classe dos trabalhadores, e em seu partido, forçosamente turvaria a consciência do antagonismo fundamental a esse Estado, ao militarismo e à política capitalista de conquista, esvaziaria intelectualmente a classe e o partido e os incapacitaria para as lutas decisivas. O princípio estratégico de Rosa Luxemburgo foi confirmado por numerosas experiências, inclusive muitas negativas, quando foi desprezado.

No fim da década de 1890, a questão da reforma ou revolução ainda se apresentava como um problema teórico, visto que, por um tempo previsível, não havia como pensar em uma revolução na Europa ocidental; ainda assim, a investigação de Rosa Luxemburgo sobre a relação entre reforma e revolução levou a uma conclusão prática que foi decisiva para o conteúdo e a essência da luta proletária cotidiana. Ela a livrou do tatear e experimentar empírico e lhe forneceu um rumo e um fim.

---

[5] Ibidem, p. 127.

Capitalismo domesticado

Entretanto, Bernstein atacara o sistema marxista como um todo. Afirmara especificamente que a ideia do colapso necessário do sistema capitalista fora refutada pela experiência. O capitalismo se mostrara bastante adaptável. As crises econômicas já teriam se reduzido a leves oscilações na conjuntura. A anarquia no modo de produção capitalista estava sendo gradativamente substituída pelo sistema de crédito, cartéis e trustes. Nas sociedades por ações vigorava uma democratização do capital, o que era evidente especialmente nas ações de pequeno valor da economia inglesa. Por fim – assim complementou Konrad Schmidt, um renomado teórico socialista da economia, as concepções de Bernstein –, os sindicatos e as reformas sociais rebaixariam cada vez mais o proprietário do capital ao papel de mero administrador; ao fim e ao cabo, o capitalista se desgastaria e a direção da empresa lhe seria tomada.

Essas opiniões miravam diretamente o ponto central das concepções de Rosa Luxemburgo. Se as contradições do capitalismo não se agudizassem, "se ele, ao contrário, se adaptasse progressivamente às condições de vida", o socialismo deixaria de ser objetivamente necessário, não seria mais científico, teria apenas de ser fundamentado eticamente e, nesse caso, seria excluído o interesse vital que impele a classe dos trabalhadores à sublevação da ordem social. O socialismo se tornaria aquilo que era antes de Marx: uma utopia.

Em sua investigação, Rosa Luxemburgo descobriu que Bernstein analisava os fenômenos econômicos do ponto de vista da economia vulgar, isto é, do mesmo modo como faria o capitalista individual em sua empresa. Sob certas circunstâncias, o crédito de fato ajudava o capitalista a superar situações críticas. Porém, os efeitos sobre o capital global eram diferentes. As crises surgem da contradição entre a tendência constante de expansão da produção e a capacidade limitada de consumo. O crédito, porém, possibilita um aumento colossal da capacidade de expansão da produção e constitui a força motriz que a impulsiona permanentemente para além das barreiras do mercado. No entanto, ao primeiro sinal de desaceleração, o crédito encolhe e se mostra ineficaz e sem finalidade, justamente quando se precisa dele com urgência: ele insiste em ter sua cobertura e, desse modo, aguça a crise. Longe de servir ao capital como meio de adaptação, ele aumenta as contradições internas (promovendo, na forma de sociedades por ações como de crédito comercial, a concentração do capital), reduz a competitividade dos pequenos empresários e ajuda a arruiná-los, separa a produção da propriedade e põe cada vez mais em relevo o antagonismo entre o caráter social da produção e a propriedade privada capitalista. "O primeiro meio de adaptação para o capitalismo [...] teria de consistir, portanto, em abolir o crédito, revogá-lo. Assim como está, ele não constitui um meio de adaptação, mas um meio de aniquilação de efeito sumamente revolucionário."

E os cartéis e trustes? Rosa Luxemburgo admite que esses fenômenos foram muito pouco investigados – foi exatamente no fim do século XIX que eles conquistaram sua posição de poder na grande indústria. Porém, o que já se poderia dizer é que eles só poderiam restringir essencialmente a anarquia capitalista caso se tornassem o modo de produção universal. Momentaneamente sua função consistiria em elevar, por meio da redução da concorrência, as taxas de lucro em um ramo da indústria à custa de outro. Mas isso só funcionaria no comércio interno. No mercado mundial, a concorrência e a anarquia se intensificariam. Porém, a elevação das taxas de lucro é obtida por cartéis e trustes mediante um recurso desesperado, a saber, o pousio de uma parte do capital acumulado, o que de resto é providenciado pelas crises. "Um remédio como esse é tão parecido com a doença quanto um ovo se assemelha a outro." A discussão promovida por Rosa Luxemburgo culmina em uma ideia que seria abordada mais tarde no livro *A acumulação do capital*:

> Quando o mercado de vendas começar a diminuir, tendo o mercado mundial atingido o limite máximo de sua formação e sido esgotado pelos países capitalistas concorrentes – e, pelo visto, não há como negar que cedo ou tarde isso acontecerá –, então também o pousio em parte forçado do capital assumirá proporções em que o próprio remédio se converterá em doença e o capital já fortemente socializado pela organização voltará a se transformar em capital privado. [...] (Os cartéis e trustes) aguçam a contradição entre o caráter internacional da economia capitalista mundial e o caráter nacional do Estado capitalista, tendo como efeito colateral uma guerra aduaneira generalizada, e assim levam ao extremo os antagonismos entre os Estados capitalistas individuais.[6]

Em seguida, Rosa Luxemburgo investiga a história das crises, constata que todas as crises até 1873 foram consequência de uma expansão galopante da produção do mercado mundial e tira disso a conclusão de que elas ainda configuram o tipo de crise propriamente dito que Marx visualizou em sua teoria:

> No todo, esse esquema combina melhor com uma economia capitalista plenamente desenvolvida, na qual o mercado mundial é pressuposto como já dado. Só assim as crises podem se repetir a partir do movimento interior próprio do processo de produção e troca mecânica, sem o motivo exterior de um abalo repentino nas relações de produção e mercado, como é assumido pela análise marxista. Se atentarmos para a atual situação econômica, em todo caso, teremos de admitir que ainda não ingressamos na fase da plena maturidade capitalista pressuposta

---

[6] Ibidem, p. 45-6.

pelo esquema marxista da periodicidade das crises. O mercado mundial ainda se encontra em formação. [...] Por essa razão, se, por um lado, deixamos para trás as aberturas abruptas e repentinas de novas regiões para a economia capitalista que ocorreram periodicamente até os anos 1890, trazendo em sua esteira as crises que conhecemos até agora – as crises da juventude, por assim dizer –, por outro lado, ainda não avançamos até aquele grau de formação e esgotamento do mercado mundial que produziriam periodicamente choques fatais nas forças produtivas contra as barreiras do mercado, as reais crises de idade do capitalismo. [...] Porém, estamos nos aproximando irrefreavelmente do início do fim, do período das crises finais do capitalismo, o que decorre exatamente dos mesmos fenômenos que por ora (1873-1900) condicionam a ausência de crises. Quando o mercado mundial estiver formado em sua maior parte e não puder mais aumentar por expansões repentinas e, ao mesmo tempo, a produtividade do trabalho avançar irrefreavelmente, cedo ou tarde terão início conflitos periódicos das forças produtivas com as barreiras impostas à troca, que por si sós, devido a sua repetição, se tornarão cada vez mais violentos, duros e tormentosos. E se há algo especialmente capaz de nos aproximar desse período, a estabelecer rapidamente o mercado mundial e a esgotá-lo rapidamente, são exatamente aqueles fenômenos – o sistema de crédito e as organizações empresariais (cartéis e trustes) – que Bernstein conta como "meios de adaptação".[7]

Isso foi escrito em 1898. Dois anos depois irrompeu uma crise cujos efeitos mais devastadores se deram justamente naquelas indústrias – por exemplo, na indústria de eletricidade – em que o sistema de crédito e a cartelização estavam mais consolidados. Bernstein foi derrotado. Somente em um ponto a história tomou outro curso: a reconversão do capital cartelizado em capital privado em tempos de crise não passou de um fenômeno efêmero que levou exatamente à formação de trustes. No entanto, trinta anos depois se realizou o ousado prenúncio – na primeira terrível "crise de idade" – da fragmentação do mercado mundial, da guerra aduaneira permanente, da autarquia e do posicionamento de tanques das potências para uma nova distribuição do mercado de vendas e matérias-primas. Nesse ponto, comprova-se a genialidade de Rosa Luxemburgo, que associava o profundo conhecimento científico com a intuição visionária.

Registremos aqui que, na segunda edição de *Reforma social ou revolução?*, publicado em 1908, Rosa Luxemburgo riscou os parágrafos que falam da perspectiva do mercado mundial plenamente formado. Bastou-lhe que, nas debacles econômicas de 1900 e 1907, também rebentassem os pilares que sustentavam a teoria de Bernstein. E, pelo visto, sua consciência crítica não tolerava que uma hipótese

---

[7] Ibidem, p. 48-9.

concebida no calor criativo fosse mantida se não tivesse sido cuidadosamente verificada. Ela se propôs essa verificação em 1912, em *A acumulação do capital.*

"Trabalho de Sísifo"

Com a refutação da teoria da adaptação de Bernstein, foram destruídas também, no fundo, as esperanças de um constante enfraquecimento dos antagonismos de classes. Neste ponto, em que importam as ideias principais de Rosa Luxemburgo, podemos renunciar à argumentação contrária àquelas fantasias. Entrementes os próprios fatos fizeram crítica a fundo. Mais fundamentadas pareciam ser as esperanças de Bernstein e de seus adeptos numa superação progressiva da espoliação capitalista, na medida em que a esperavam da própria luta de classes. Os anos 1890 trouxeram, em todos os países capitalistas e principalmente na Alemanha, uma forte expansão do movimento sindical. Os trabalhadores alemães recuperaram em fortes ondas de greves o que haviam perdido nos tempos da Lei Antissocialista, em consequência da repressão quase completa do movimento de resistência; e, nessas lutas, os sindicatos alemães se converteram em potência. Foi Párvus, justamente um dos teóricos mais menosprezados pelos sindicalistas da *Realpolitik*, que enfatizou a grande importância dos sindicatos para a luta de classes socialista e se voltou contra a sua subestimação por parte de alguns líderes do partido. Certamente Rosa Luxemburgo concordava com esse companheiro de lutas, o mais próximo dela naquela época. Naquele momento, porém, era importante combater ilusões associadas à ascensão rápida dos sindicatos. Em seu livro, Bernstein assegurava que, na luta da taxa salarial contra a taxa de lucro, os sindicatos diminuiriam gradativamente esta última, de modo que, no final, não sobraria mais nenhum mais-valor e cessaria a espoliação capitalista. Agora se fazia necessário traçar os limites da luta sindical.

Rosa Luxemburgo constatou que, em sua essência, os sindicatos não são meios de ataque contra a espoliação capitalista como tal, mas, muito antes, uma defensiva organizada dos trabalhadores. Eles resistem à tendência de miserabilização constantemente em ação na ordem econômica capitalista, mesmo que nem sempre consiga se impor. São meios de realizar a lei salarial capitalista, isto é, a venda da mão de obra por seu respectivo preço de mercado, e não de revogar essa lei. Eles não podiam se iludir com êxitos momentâneos.

> Quando se têm em vista trechos maiores do desenvolvimento social, não há como se fechar para o fato de que, no todo, não estamos indo ao encontro de tempos de exercício vitorioso do poder, mas de dificuldades crescentes do movimento sindicalista. Quando o desenvolvimento da indústria tiver atingido seu ponto culminante, começará a "linha descendente", período em que a luta sindical será

duplamente difícil: em primeiro lugar, pioram as conjunturas objetivas do mercado para a mão de obra, na medida em que a demanda crescerá mais devagar e a oferta mais rápido do que é o caso agora; em segundo lugar, para compensar-se pelas perdas sofridas no mercado mundial, o próprio capital recorrerá mais obstinadamente à porção do produto que cabe aos trabalhadores. Pois a redução do salário constitui um dos meios mais importantes para deter a queda das taxas de lucro.[8]

Essas dificuldades começaram a ocorrer bem antes que o desenvolvimento econômico chegasse à linha descendente. Já antes da [Primeira] Guerra Mundial, a formação de trustes e associações de luta empresariais reduziram os sindicatos das indústrias mais importantes (indústria pesada, estaleiros, entre outros) à impotência quase completa; e foi somente a avidez do capital por mão de obra qualificada naquele período tempestuoso de expansão que impediu a rápida redução dos salários.

No entanto, Rosa Luxemburgo não se contentou com a constatação dessa tendência do desenvolvimento; seu senso teórico a impeliu para uma elaboração mais precisa dos limites da luta sindical:

> Em virtude de processos objetivos na sociedade capitalista, a luta sindical se transforma em uma espécie de trabalho de Sísifo. No entanto, esse trabalho de Sísifo é indispensável, caso se queira que o trabalhador de fato receba a taxa salarial que lhe cabe segundo a situação do mercado, caso se queira que a lei salarial capitalista seja efetivada e a ação da tendência rebaixadora do desenvolvimento econômico seja paralisada ou, mais exatamente, atenuada. Porém, caso se tenha a intenção de converter os sindicatos em meio para a diminuição gradativa do lucro em prol do salário, isso pressupõe como condição social sobretudo: em primeiro lugar, uma paralisação da proletarização dos estratos médios e da classe dos trabalhadores e, em segundo lugar, uma paralisação no crescimento da produtividade do trabalho e, portanto, nos dois casos, um retrocesso a relações anteriores ao grande capitalismo.[9]

Trabalho de Sísifo! Essa expressão provocou indignação nos líderes sindicais. Eles não examinaram seu sentido, não deram atenção à argumentação de Rosa Luxemburgo, o que naturalmente requereria conhecimento da teoria marxista. Eles simplesmente traduziram trabalho de Sísifo por trabalho inutilmente desperdiçado. Não reconheceram que o grande reconhecimento do trabalho sindical residia no fato de lhe ter sido atribuída a tarefa de proteger o sustento da classe

---

[8] Ibidem, p. 53.
[9] Ibidem, p. 78.

dos trabalhadores contra a tendência imanente de miserabilização do modo de produção capitalista, contra o naufrágio completo. Para eles, Rosa Luxemburgo se tornou a mais odiada e sempre difamada "inimiga dos sindicatos".

Quando Karl Kautsky, em 1908, assumiu em seu livro *O caminho do poder** a expressão "trabalho de Sísifo" no sentido dado por Luxemburgo, a Comissão Geral dos sindicatos respondeu com um escrito intitulado *Trabalho de Sísifo ou êxitos positivos*, no qual destilou ódio ressentido contra Kautsky e os "anarcossocialistas da laia de Rosa Luxemburgo" e, em suas exposições, mostrou que ainda não entendera nada de Marx nem do sentido daquela expressão. A inteligência limitada do especialista se recusava a reconhecer os limites de sua especialidade. Aliás, logo depois Kautsky também descarregou em Rosa Luxemburgo a parcela que lhe cabia na designação "anarcossocialista", mais precisamente quando começou a liquidar suas concepções revolucionárias.

Na primavera dos sindicatos alemães, surgiram ideias de todo tipo que não se coadunavam com as tarefas que Rosa Luxemburgo lhes atribuía. Sindicalistas e reformistas teorizadores tinham esperança de que os sindicatos tomassem pouco a pouco o poder na empresa, assumissem a administração primeiro com o empresário e, em seguida, no lugar dele e, desse modo, preparassem o terreno para o socialismo sem passar pela revolução. Após a Primeira Guerra Mundial, tendo o poder dos sindicatos alemães crescido enormemente, essas ideias tomaram forma nas comunidades de trabalho formadas pelo empresariado e pelos sindicatos, visando estabelecer uma "democracia econômica e empresarial". Para Rosa Luxemburgo, a direção da empresa sob o capitalismo era uma zona fechada aos trabalhadores. Quando os sindicatos tentavam influenciar o processo técnico, só conseguiam isso resistindo ao progresso técnico e, portanto, atuando de modo corporativo, reacionário. Porém, quando se aventuravam a regular os preços com os empresários, o resultado era um cartel de empresários e trabalhadores contra os consumidores. Nos dois casos, categorias individuais de trabalhadores podiam obter vantagens transitórias, mas o interesse da classe e sua capacidade de luta sofriam danos severos. A luta pelo poder na empresa só pode vir a acontecer durante a luta aberta pelo poder estatal, da qual ela própria é apenas uma parte.

Assim aos sindicatos restava constituir os quadros para brigar com o empresariado e a escola preparatória da classe trabalhadora para a luta decisiva. Desmancharam-se as esperanças de uma tomada pacífica dos altos postos de comandos na economia. Como último refúgio e, ao mesmo tempo, a mais forte esperança, restaram aos reformistas a democracia e o parlamento. A democracia não estava em constante marcha para frente? Não era a lei da própria história moderna, diante da qual a aristocracia rural e o absolutismo deveriam capitular

---

* Ed. bras.: São Paulo, Hucitec, 1979. (N. T.)

paulatinamente? E acaso os trabalhadores não sabiam como usar, em todos os países capitalistas, o parlamentarismo para obter vitórias cada vez maiores? O caminho para as reformas socialistas radicais estaria desimpedido assim que a social-democracia, enquanto maioria no parlamento, conseguisse pôr a mão na alavanca da máquina legislativa. Progresso e democracia se converteram em poderes sobrenaturais. À cédula de votação foi atribuída uma força mística, na qual as baionetas se quebravam e o poder do capital se dissolvia. E o destino do mundo dependia de combinações nos bastidores do parlamento e das formulações mais ou menos hábeis de um parágrafo legal. Ilusões sedutoras!

A conquista do poder político

Limites do parlamentarismo

Como fez com todos os fenômenos sociais, Rosa Luxemburgo investigou a democracia como produto do processo histórico. Ao fazer isso, descobriu que a "grande lei básica do desenvolvimento histórico rumo à democracia" era essencialmente falsa em sua forma absoluta e não passava de uma padronização superficial, pequeno-burguesa, dos resultados de um fiapo de desenvolvimento desde cerca de 1870; que não há como estabelecer uma conexão absoluta entre desenvolvimento capitalista e democracia; que cada forma política é o resultado da soma de todos os fatores políticos internos e externos e admite, dentro dos seus limites, toda a escala desde a monarquia absoluta até a república democrática[1].

E o parlamentarismo? Onde os reformistas esperavam seu apogeu, Rosa Luxemburgo via sinais claros de decadência, para a qual contribuíam tanto o impacto das forças das classes proletárias contra a burguesia quanto a política mundial, que "arrastam toda a vida econômica e social dos países capitalistas para um redemoinho de tumultos, conflitos e reconfigurações internacionais incalculáveis e incontroláveis, no qual os parlamentos burgueses são jogados de um lado para outro como vigas de madeira no mar revolto".

> Longe de ser um programa absoluto de desenvolvimento democrático, de progresso do gênero humano e de coisas belas como essas, o parlamentarismo é, muito antes, a forma histórica bem determinada da dominação de classe da burguesia e de sua luta contra o feudalismo. O parlamentarismo burguês só permanece vivo enquanto durar o conflito entre burguesia e feudalismo. Quando se apaga a chama que aviva essa luta, o parlamentarismo perde, do ponto de vista burguês,

---

[1] Rosa Luxemburgo, *Gesammelte Werke*, cit., v. 3, p. 80-1.

sua finalidade histórica. Porém, faz agora um quarto de século que a tendência geral do desenvolvimento político nos países capitalistas é chegar a um acordo entre burguesia e feudalismo. A indiferenciação entre *whigs* e *tories* na Inglaterra, entre os republicanos e a nobreza clerical e monarquista na França é produto e manifestação desse acordo. Na Alemanha, o acordo já se encontrava junto ao berço da emancipação da classe burguesa...[2]

As lutas partidárias burguesas deram lugar a querelas entre cliques e, desse modo, desapareceram também os fenômenos marcantes do parlamentarismo, as grandes personalidades e os grandes oradores. Pois "a batalha oratória como meio parlamentarista só tem utilidade para um partido militante que conta com respaldo do povo". Essa decadência do parlamentarismo burguês era bem visível naquela época para quem visualizasse o panorama do desenvolvimento histórico. Pode até ter ocorrido uma espécie de renascença do parlamentarismo após a Primeira Guerra Mundial; isso foi só um clarão que, na maioria dos países do continente europeu, se apagou no fascismo.

Isso é razão para que a social-democracia simplesmente negue o parlamentarismo? Para Rosa Luxemburgo, as eleições para o Parlamento ofereciam a oportunidade de explicitar a propaganda socialista e estimar sua influência nas massas populares – uma vez que o Parlamento é a tribuna amplamente audível e internacionalmente visível de agitação do povo. Ela, porém, não tinha a agitação como ideia fixa. A tarefa dos parlamentares é participar concomitantemente da legislação vigente, se possível com resultados práticos, uma tarefa que se torna tanto mais difícil quanto mais forte ficar a representação do partido no Parlamento. Ela poderá ser cumprida corretamente se a social-democracia se mantiver consciente de seu papel de partido de oposição e, ao mesmo tempo, encontrar o caminho do meio entre a negação sectária e o parlamentarismo burguês, sabendo que a base de seu ímpeto parlamentar está lá fora, nas massas proletárias. Porém, será imprescindível renunciar à ilusão de que um partido de trabalhadores, com o apoio da maioria no Parlamento, possa superar o Estado capitalista unicamente pelos meios parlamentares.

Um experimento de governo

As teorias reformistas não podiam ser submetidas a um teste prático digno de nota na Alemanha enquanto vigorasse a constituição semiabsolutista. Na França, porém, esse teste ocorreu no mesmo momento em que, na social-democracia alemã, a disputa teórica chegava ao auge e as concepções de Rosa Luxemburgo sobre o parlamentarismo tinham de se comprovar.

---

[2] Ibidem, p. 391.

Em junho de 1899, o socialista Alexandre Millerand ingressou ao lado de [Gaston de] Galliffet, o carniceiro que massacrou a Comuna, no ministério radical de [Pierre] Waldeck-Rousseau. Esse passo foi festejado como uma virada histórica global. Jaurès louvou a coragem dos socialistas franceses de "jogar na fortaleza do governo burguês" um dos seus e, em toda a Internacional, os reformistas concordaram com Jaurès quando este fundamentou teoricamente esse ato: o desenvolvimento da sociedade capitalista rumo ao socialismo produziria um estágio de transição, no qual o domínio político seria exercido conjuntamente pelo proletariado e pela burguesia, o que exteriormente se manifestaria como participação de socialistas no governo.

Rosa Luxemburgo acompanhou esse experimento com extrema atenção e o criticou com investigações minuciosas. Ao fazer isso, mostrou um conhecimento admirável da história política e das relações atuais da França. Avaliou a importância geral da grande crise política que se abateu sobre a França naquela época de modo bem mais tranquilo e certeiro do que qualquer dos líderes partidários diretamente envolvidos. E mesmo nos casos raros em que sua caracterização das condições não acertou o alvo, ela antecipou o desenvolvimento futuro. Tanto na análise quanto nas inferências táticas comprovou-se novamente seu conhecimento da anatomia da sociedade burguesa, das leis de seu desenvolvimento e dos pressupostos da luta proletária.

Desde meados dos anos 1860, a França vinha sendo sacudida por crises constantes, da crise de Boulanger, na qual um general estendeu a mão para a ditadura, até o caso Dreyfus, passando pelo grande escândalo de corrupção [relacionado à construção do] canal do Panamá. Algumas condições se assemelhavam às incitações fascistas dos nossos dias: nacionalismo baderneiro, excessos antissemitas, perseguição reles pela imprensa, pancadaria nas ruas, ocupação burlesca de um imóvel, o "Fort Chabrol", por ativistas anti-Dreyfus, até o ataque da juventude dourada* ao presidente da República. Parecia que a última hora da república havia chegado. Entretanto, Rosa Luxemburgo apontou que a balbúrdia caótica que dividia a França em dois blocos não estava relacionada à República, mas sim à disputa pelo poder da República entre o reacionarismo clerical e militar e o radicalismo burguês. Nunca, porém, ela aconselhou um distanciamento da luta. Ao contrário, condenou a passividade sectária do partido de Jules Guesde, que de saída divulgou o *slogan* "*Ni l'un, ni l'autre!*" (Não apoiaremos nem um

---

* O termo se refere aos jovens pós-revolucionários, reacionários, predominantemente, das camadas baixas da burguesia francesa, especialmente a parisiense, também chamados muscadins (os que cheiram a almíscar), da nobreza perseguida e também da camada de novos ricos fornecedores do exército, que após o fim do Terror e da execução de Robespierre (1794) se tornaram adversários dos jacobinos. (N. T.)

nem outro!), declarando que não se devia escolher entre a peste e a cólera, entre a corrupção de direita e de esquerda da burguesia. Ela saudou o fato de Jaurès se lançar intempestivamente na luta, mas lamentou que ele não tenha sabido manter a linha demarcatória entre o bloco burguês e o bloco proletário. Ela exigia do movimento socialista, em cada crise política, atividade e firmeza de princípios, atuação em prol de todo progresso político, assegurando o caminho para o objetivo final do movimento socialista.

Seu posicionamento em relação ao experimento de Millerand é típico. Imediatamente após o ingresso do socialista no governo, ela tratou, na *Leipziger Volkszeitung*, da questão do governo e do poder sob o prisma dos princípios marxistas gerais. Em seguida, examinou nos mínimos detalhes, em cada ponto de inflexão, as lições do experimento e, a partir delas, deduziu as conclusões táticas. E essas conclusões táticas extrapolaram em muito o significado do caso Millerand. Elas foram corroboradas de tal maneira pelas experiências da política de coalizão da social-democracia alemã, da política de governo de MacDonald e do governo francês da Frente Popular, que a crítica de Rosa Luxemburgo se revelou uma profecia dos eventos posteriores fidedigna em todos os pontos. Não faltava nenhum dos traços essenciais.

Aplaudido por toda a corrente reformista, e pondo em prática as ideias de Bernstein, Jaurès fundamentou a participação no governo, afirmando que o partido socialista deveria ocupar cada posição que lhe coubesse. Rosa Luxemburgo concordou, desde que se tratasse de posições a partir das quais fosse possível travar a luta de classes contra a burguesia e seu Estado. Uma posição desse tipo seria o Parlamento, pois nele o partido poderia defender os interesses de sua classe também como oposição. Porém, não há lugar no governo para uma oposição fundamental. Ele precisa agir como unidade a partir de uma base comum, que é a do Estado burguês. Por isso, dependendo das circunstâncias, o mais extremo representante do radicalismo burguês consegue atuar em conjunto com o mais antiquado reacionário. Contudo, alguém que se opõe por princípio ao governo vigente fracassa necessariamente em sua primeira tentativa de oposição dentro dele ou tem de cumprir as funções cotidianamente necessárias à manutenção e à continuidade da máquina estatal burguesa e, desse modo, deixa de ser socialista. Um social-democrata que, como membro do governo, aspira a reformas sociais enquanto apoia o Estado burguês reduziria seu socialismo, na melhor das hipóteses, a uma democracia burguesa ou a uma política operária burguesa.

Só há um caso em que os representantes da classe dos trabalhadores podem ingressar no governo burguês sem negar seu papel: para concomitantemente se apoderar dele e transformá-lo no governo da classe dominante dos trabalhadores. [...] Na sociedade burguesa, está pré-traçado para a social-democracia, por sua essência, o papel de um partido oposicionista, podendo atuar como partido regente somente sobre os escombros do Estado burguês.[3]

Esse conhecimento fundamental exclui toda e qualquer atuação conjunta com a democracia burguesa? De modo nenhum, diz Rosa Luxemburgo. A pequena burguesia que hoje é representada em essência pela democracia burguesa tem alguns objetivos em comum com a classe dos trabalhadores, graças a sua posição entre burguesia e proletariado. Porém, em cada aliança possível, a classe dos trabalhadores tem de garantir sua hegemonia.

No período atual, o proletariado é chamado a constituir o elemento dominante e de liderança, enquanto a pequena burguesia é o penduricalho incidental, não o inverso. Isso quer dizer que, mesmo onde certo trecho de seu caminho convirja com o caminho da democracia burguesa, o partido socialista tem a missão de não restringir sua luta ao terreno comum com o da pequena burguesia, mas, ao inverso, de sobrepujar sistematicamente as aspirações dos partidos pequeno--burgueses e levá-las às últimas consequências.[4]

Porém, isso é impossível no governo do Estado burguês. Neste, o radicalismo burguês pressionado pelas potências capitalistas dita o caráter e a dimensão da política aos ministros socialistas e, desse modo, ao partido socialista. E, em todas as questões sociais e democráticas, esse radicalismo não é nada confiável, mesmo do ponto de vista de seu próprio programa, sempre pronto a sofrer uma recaída reacionária e nunca disposto a fazer mais do que o necessário para tranquilizar as massas populares. Após as primeiras tentativas de Millerand para aprovar as reformas sociais, o governo anunciou primeiro uma "pausa" e, logo em seguida, deixou de lado até mesmo a aparência de estar fazendo concessões aos aliados socialistas e pôs em execução medidas reacionárias brutais. Toda tentativa de resistência dos socialistas foi sufocada pela ameaça de abandonar o governo de coalizão e franquear o terreno para o reacionarismo. Assim, o princípio do "mal menor" determinou toda a política socialista e forçou o partido a um comprometimento cada vez mais grave. Ele se tornou cada vez mais dependente do governo e, desse modo, tornou o governo independente dele, e a crítica dos socialistas se transformou numa exposição dos "amplos horizontes" do socialismo – sem nenhuma influência sobre a política concreta do governo.

Jaurès e seus amigos exultaram com as reformas sociais propostas por Millerand como ministro do Comércio. Para eles, eram "sementes socialistas, plantadas

---

[3] Ibidem, p. 273.

[4] Ibidem, p. 336.

em solo capitalista, que trarão frutos maravilhosos". Até os discursos do ministro se converteram "nos maiores e mais frutíferos momentos registrados pela história do socialismo e da república". Rosa Luxemburgo resumiu os comentários a essa política de reforma na seguinte manifestação de júbilo: "De um salto o país clássico do manchesterismo se colocou na vanguarda do progresso; a classe trabalhadora francesa, a gata-borralheira de ontem, apresenta-se de súbito diante de nós como altiva princesa. É claro que só um ministro socialista poderia ter tirado da cartola um milagre assim". Porém, um exame dessa iniciativa revelou que o propósito principal era obscurecer os antagonismos sociais. "A proteção simultânea dos interesses dos trabalhadores e dos empresários, os daqueles por meio de concessões ilusórias, os destes por meio de concessões materiais, tem sua expressão concreta na simultânea elaboração apenas em papel de medidas que trazem satisfação aos trabalhadores e a blindagem do capital com a realidade metálica da baioneta"[5]. Assim, uma iniciativa que visava à redução da jornada de trabalho resultou no aumento da jornada de trabalho para as crianças e numa mera esperança para o futuro; a pretendida garantia do direito de greve resultou em sua imobilização por meio dos grilhões legais. E a era da reforma culminou na matança de trabalhadores em greve.

Em seu conjunto, a política do gabinete de coalizão apresentou o mesmo quadro. A luta contra os que cometeram o crime judiciário [*Justizverbrecher*] no caso Dreyfus, que deveria ser a tarefa primordial do gabinete, desembocou em uma vergonhosa anistia geral para a vítima e para os autores do crime. A luta a favor da laicização do Estado se converteu em doações à Igreja católica. A política externa se caracterizou pela participação na expedição das potências europeias contra a China, por uma expedição contra a Turquia para impor as exigências dos bancos franceses e, por fim, por um frenesi republicano, monarquista e imperialista por ocasião da visita do sanguinário tsar Nicolau.

Rosa Luxemburgo tirou as seguintes conclusões das experiências do ministerialismo francês: a tão celebrada política prática se revelou a menos prática possível, porque a classe dos trabalhadores, imobilizada pela participação do partido socialista na política de governo, não podia fazer valer o seu próprio poder. A oposição "infrutífera" se revelou a verdadeira *Realpolitik* da classe dos trabalhadores, pois: "longe de impossibilitar conquistas práticas e palpáveis, reformas progressistas imediatas, a oposição por princípio é, antes, para todo partido minoritário em geral, mas especialmente para o partido socialista, o único meio real de obter conquistas práticas". A participação no governo levou à total desorganização e paralisia do movimento dos trabalhadores e empurrou grandes parcelas da classe trabalhadora para o mais ferrenho antagonismo a

---

[5] Ibidem, p. 327.

toda e qualquer política e ao parlamentarismo em geral, para as ilusões de um sindicalismo ultrarradical. Jaurès foi o esteio mais firme e defensor entusiasta dessa política de coalizão diante da crítica de Rosa Luxemburgo. No entanto, dez anos depois da *ouverture* da política de coalizão, ele execrou Millerand e outros dois ministros socialistas (Briand e Viviani), dizendo que eram "traidores que se deixam usar a favor do capitalismo".

Os ensaios de Rosa Luxemburgo sobre o experimento de Millerand figuram entre os panfletos mais imponentes da literatura socialista – escritos em uma linguagem na qual a indignação diante da miséria política é contida, jamais explode[6], e mostra extrema precisão em suas antíteses, na confrontação de aparência e realidade, de juras heroicas e capitulação deplorável. A lógica política baseada em fatos impede toda e qualquer evasiva, e a sentença global tem força universal contra todas as tentativas de servir ao socialismo com os meios de poder estatal capitalista. A crítica de Rosa Luxemburgo não impediu a repetição de tais experimentos. Se, no caso Millerand, a política apenas trouxe grandes dificuldades para o movimento dos trabalhadores, mas não foi uma catástrofe, isso se deu graças ao fato de que o capitalismo ainda se encontrava em ascensão naquela época e a classe dos trabalhadores teve tempo de se recompor. Porém, o que na França começou como triste farsa, terminou na Alemanha como tragédia. Que visão ampla, que força de intuição de Rosa Luxemburgo! Em 1901 ela reconhece que tal política cria os pressupostos sociais para especuladores cesaristas e resume essa ideia na frase: "Jaurès, o incansável defensor da república, é quem prepara o terreno para o cesarismo – soa como piada de mau gosto. Porém, são essas piadas que constituem a seriedade cotidiana da história".

Trinta e dois anos mais tarde, como fruto de uma política ao feitio de Millerand, apareceu, em solo alemão, Hitler!

Ultima ratio

Nas controvérsias com Bernstein e Jaurès, Rosa Luxemburgo trouxera à tona não só a insuficiência e o caráter utópico das ideias e da política dos reformistas, mas também o perigo que representavam para o movimento dos trabalhadores. Mas então o que restava para a realização do socialismo, o que restava para a conquista do poder político senão a violência, perguntaram os reformistas? Rosa Luxem-

---

[6] Kautsky, que naquela época defendia praticamente as mesmas concepções de Rosa Luxemburgo, atacou Millerand e Jaurès com muito mais força. Mas isso não o impediu, duas décadas mais tarde, de defender a política de coalizão da social-democracia alemã com os mesmos argumentos e, muitas vezes, com as mesmas palavras que Jaurès usou para defender a política de coalizão francesa, embora a coalizão alemã fosse muito mais perigosa.

burgo concordou serenamente. Afinal, é na questão da violência que desemboca toda investigação profunda sobre a tática. Por isso, esse problema perpassa todas as controvérsias com o reformismo. O tratamento mais abrangente dado por Rosa Luxemburgo a essa questão foi por ocasião de uma polêmica com Émile Vandervelde em torno da greve geral belga de 1902.

Na social-democracia alemã, a renúncia à violência na luta política já quase se convertera em dogma. Wilhelm Liebknecht, cuja língua muitas vezes foi mais rápida que o pensamento, declarara certa vez que a violência servia apenas a fins reacionários. Essa frase era oportuna e entusiasticamente repetida. Considerava-se que ela confirmava a introdução de Engels em *As lutas de classes*. Bernstein considerava a supervalorização da violência criadora, como meio de transformação da sociedade, um rudimento blanquista incrustado no marxismo. Na França, Jaurès usou toda a sua eloquência a favor da ação dentro da legalidade como o único meio de conquistar o poder. Mais forte do que a propaganda dessas autoridades era o efeito da práxis cotidiana da organização das eleições e da ação parlamentar, à qual a social-democracia internacional se restringia havia décadas. E, com referência à última grande insurreição proletária, Vollmar declarou, em um duelo oratório com Rosa Luxemburgo, que os trabalhadores parisienses teriam feito melhor se tivessem ido dormir, em vez de pegar em armas e criar a Comuna.

Em um primeiro momento, Rosa Luxemburgo mostrou o mal-entendido filisteu e superficial que se ocultava na teoria da legalidade. Ela, que constantemente era tachada de fantasiosa por todos os "defensores da *Realpolitik*", provou seu senso insubornável da realidade e, ao mesmo tempo, seu talento pedagógico. Ela escreveu contra Vandervelde:

> Em que consiste a função da legalidade burguesa? Se um "cidadão livre" trancar outro cidadão à força e contra a sua vontade em um cubículo apertado e desconfortável e o mantiver ali por certo tempo, cada qual entenderá que isso é um ato de violência. Contudo, quando a operação é respaldada por um livro impresso chamado Código Penal e o cubículo se chama "Prisão ou Penitenciária Real Prussiana", ela se transforma em um ato de legalidade pacífica. Quando um ser humano é forçado a matar sistematicamente contra a sua vontade seres humanos que vivem no seu entorno, trata-se de um ato de violência. Contudo, quando a mesma coisa se chama "serviço militar", o bom cidadão imagina respirar, em plena paz, o ar da legalidade. Quando uma pessoa priva a outra contra a vontade desta última de parte de suas posses ou de seus ganhos, ninguém duvida de que está diante de um ato de violência, mas se esse procedimento se chamar "cobrança indireta de impostos" ocorre o simples cumprimento das leis.
>
> Em suma: o que se apresenta a nós como conformidade burguesa com a lei não passa de violência da classe dominante, alçada de antemão à condição de norma

obrigatória. Uma vez estabelecida essa fixação dos atos de violência individuais como norma obrigatória, a questão pode se espelhar de cabeça para baixo no cérebro dos juristas burgueses e dos oportunistas socialistas: a "ordem legal" como criação autônoma da "justiça" e a violência coercitiva do Estado meramente como consequência, como "sanção" das leis. Na realidade, é o inverso: a própria legalidade burguesa (e o parlamentarismo como a legalidade em seu devir) é apenas uma forma social da manifestação da violência política burguesa que brota da base econômica.[7]

Assim, a violência, longe de ser destronada pela "legalidade", aparece ao mesmo tempo como sua base e seu patrono. E o desejo benévolo de superar a violência dominante pela legalidade nada mais é que a ideia fantasiosa de converter em arma mortal contra a burguesia exatamente aquela legalidade pela qual a violência da burguesia é chancelada como norma social, norma vigente. Por trás do delírio da legalidade está, segundo Rosa Luxemburgo, a ideia de que a revolução se faz a bel-prazer, a concepção de que se pode fazer ou deixar de fazer revoluções, apenas por considerá-las úteis, supérfluas ou prejudiciais. Só no cérebro de policiais e de certos historiadores a história aparece como se os movimentos populares violentos fossem produto da decisão de líderes ou partidos. A revolução é uma questão de desenvolvimento histórico. Certamente cabe à social-democracia alemã o mérito de ter banido a crença na revolução violenta como o único método da luta de classes, como um meio sempre aplicável para introduzir a ordem socialista. Com isso, porém, não estariam eliminadas por decreto nem a violência em geral nem a revolução violenta como meio de luta proletária. A luta miúda cotidiana pelo Parlamento e no Parlamento só será bem--sucedida se, por trás dela, estiver a violência latente da classe dos trabalhadores.

> A violência é e continua a ser a *ultima ratio* também da classe dos trabalhadores, a lei suprema da luta de classes, atuando ora em estado latente, ora em estado ativo. E, se revolucionamos as cabeças, tanto por meio da atividade parlamentar como por meio de qualquer outra, é para que, no final, em caso de necessidade, as revoluções saiam da cabeça e vão para os punhos.

Também nesse ponto, Rosa Luxemburgo reflete sobre as visões reformistas até as últimas consequências e torna-se a Cassandra que conjura em tom de advertência o fantasma do fascismo:

> Se a social-democracia realmente fizer como os oportunistas lhe sugerem, a saber, renunciar de antemão e de uma vez por todas ao uso da violência e fizerem as

---

[7] Rosa Luxemburgo, *Gesammelte Werke*, cit., v. 4, p. 361-2.

massas de trabalhadores prestar juramento à legalidade burguesa, cedo ou tarde toda a sua luta parlamentar e qualquer outra luta política colapsará miseravelmente e entregará o campo de batalha à dominação irrestrita da violência do reacionarismo.[8]

Prazer na luta

Em suas controvérsias com o reformismo, Rosa Luxemburgo apresentou os elementos decisivos de sua visão acerca do desenvolvimento histórico da sociedade capitalista, da essência da luta de classes travada pelo proletariado e de suas exigências estratégicas e táticas. É lamentável que ela nunca tenha tentado expor essa cosmovisão que determinava seu agir em um todo coeso. No entanto, ainda que tenha sido uma grande cientista, ela nunca chegou a ser professora, nunca quis escrever compêndios para proveito de alunos esforçados. Ela era, acima de tudo, uma lutadora sujeita às ordens do dia e às condições da batalha. Para ela, a polêmica era concomitantemente arma e meio de exposição de suas ideias, e seu espírito atingia os píncaros da criatividade quando tinha o adversário sob o fio da espada. Ela apreciava a escaramuça intelectual. Quando certa vez, de dentro da prisão, instigou Karl Kautsky a promover um ataque, ela escreveu o que sentia ao criar: "Deves fazê-lo com desejo e alegria, não como se fosse um *intermezzo* incômodo, pois o público sempre sente o estado de ânimo dos contendores e a alegria de pelejar confere à polêmica o tom límpido e a superioridade moral". Essa alegria de fato resplandece em todos os seus embates dessa época, especialmente em seu escrito *Reforma social ou revolução?*.

Certa vez, quando ainda flertava com o marxismo, o professor Sombart escreveu que toda vez que se lia o *Manifesto Comunista* descobriam-se novas belezas e ideias profundas inesperadas. É exatamente isso que acontece com o escrito *Reforma social ou revolução?*. A cada releitura surgem novas ideias que na leitura anterior passaram despercebidas, encontram-se soluções para problemas que, vinte ou até trinta anos depois da redação, são considerados completamente novas, profecias se realizam. E poucos pontos foram corrigidos pelo tempo ou por novas experiências. Sem dúvida, a necessidade de acompanhar as vias argumentativas dos adversários impediu que o escrito recebesse a estrutura classicamente unitária do *Manifesto*. Algumas partes não foram desenvolvidas, em outras foi preciso entrar em muitos detalhes. Ademais, a autora teve de interrompê-lo duas vezes, primeiro para responder aos ensaios que Bernstein publicou na revista *Neue Zeit* e, meio ano depois, para responder aos seus *Pressupostos do socialismo*. Ainda assim, *Reforma social ou revolução?* cresceu livre como uma árvore de dois troncos que se desenvolveram da raiz de uma concepção rigorosamente coesa.

---

[8] Ibidem, p. 366.

Não há dúvida de que o escrito foi fortemente influenciado pelo *Manifesto Comunista* quanto ao fluxo ousado das ideias, às perspectivas amplas e à monumentalidade do estilo. No entanto, como ocorre com um grande artista que absorveu a arte dos mestres, todas as influências e todos os estímulos foram sublimados em uma nova criação. Isso também caracteriza a relação de Rosa Luxemburgo com a visão de mundo marxista. Esta impregnara seu ser, por isso ela podia criar como mestra, independentemente da autoridade de Marx e Engels. Ela captara a essência revolucionária dessa visão de mundo mais intensamente do que os marxistas alemães, que, naquela época, eram tidos como os herdeiros legítimos do espírito marxista. Isso se evidencia em uma comparação entre *Reforma social ou revolução?* e *Bernstein e o programa social-democrata*, de Kautsky. Neste, uma verificação pedante de cada uma das afirmações, uma simples confrontação com o presente, a justificação da veneranda tradição; no livro de Rosa Luxemburgo, o domínio intelectual do processo histórico com a visão constantemente aberta para os grandes abalos por vir, sustentada pela vontade indomável do ato revolucionário. Isso não é nenhum acaso. Pois para que a concepção marxista de história pudesse ser concebida não bastava a genialidade dos autores; era necessária também a situação histórica específica, na qual a aproximação da Revolução de 1848 exigiu que se desse conta dos problemas teóricos sob novos pontos de vista revolucionários. Os epígonos de Marx e Engels no Leste Europeu formularam suas visões em uma época de desenvolvimento sub-reptício, na qual a história fluía como um rio de águas mansas e as distantes cataratas permaneciam ocultam aos olhos acostumados com a planície. Faltava ao seu marxismo a pulsação revolucionária. Nem mesmo Mehring, que superou todos os outros em termos de temperamento combativo e compreensão histórica, conseguiu ir além de certa barreira imposta ao seu conhecimento, como prova sua justificação acrítica de Lassalle. Rosa Luxemburgo, porém, como revolucionária russo-polonesa, também se encontrava em "pré-Revolução de Março": a revolução se aproximava, já determinava a política do momento e levantava problemas que não podiam ser resolvidos com os moldes disponíveis. Por isso, ela estava capacitada para identificar o princípio revolucionário no marxismo e também via as questões da Europa ocidental sob uma luz muito diferente daquela dos entendidos nativos. A partir dessa situação histórica, também se explica o porquê de, desde os anos 1890, os russos terem avançado mais entre as fileiras dos marxistas e, por fim, terem assumido a liderança da teoria.

Quando começou a luta contra o reformismo, Rosa Luxemburgo tinha a mesma idade que Marx e Engels tinham ao concluir sua "autocompreensão", a elaboração de seu materialismo histórico – às portas do trigésimo ano de vida. É a idade em que a personalidade estabelece seus traços básicos e o ser humano cria sua imagem do mundo. A consciência da maturidade e do vigor toma forma nos trabalhos que Luxemburgo produziu nessa época com o frescor juvenil com que ainda hoje vêm ao nosso encontro, com seu espírito combativo e a autoconfiança ousada que não hesita diante de nenhuma inferência.

Escaramuça

"Quem não aprendeu nada pode exaltar o princípio; não é preciso saber alguma coisa para fazer isso", assegurou Vollmar durante essas controvérsias. Expressava-se aí toda a altivez do prático em relação ao teórico alheio ao mundo e eternamente restritivo. Os experimentos práticos demonstraram já naquele tempo que conhecimentos e sabedoria são necessários para conduzir o navio do movimento dos trabalhadores e quão insuficiente é a teoria. Rosa Luxemburgo reconheceu igualmente que a calmaria na política favorece a disseminação do reformismo. Por essa razão, quis matar o perigo no embrião. Em vários artigos, exigiu a exclusão de Bernstein e acusou a direção do partido de lhe dar muitas esperanças, embora os líderes mais próximos vissem com muito mais clareza a situação de Bernstein. Em carta de 31 de outubro de 1898 a Bebel, ela escreveu:

> Naturalmente está claro para mim, pelas exposições que fez até aqui, que Bernstein não está pisando mais no chão do nosso programa; no entanto, é doloroso que se tenha de perder toda esperança depositada nele. O que me admira, todavia, é que o senhor e o companheiro Kautsky, caso vejam as coisas dessa maneira, não tenham querido aproveitar o clima favorável que se criou no congresso do partido para um debate imediato e enérgico, mas levaram Bernstein a escrever uma brochura que fará a discussão se arrastar. [...] Se Bernstein realmente está perdido, o partido terá de se acostumar – por mais doloroso que seja – a tratá-lo, a partir de agora, como um Schmoller[9] ou outro reformador social qualquer.

Contudo, os líderes do partido não estavam dispostos a adotar medidas enérgicas. Estavam cuidando de preservar a "antiga tática vitoriosa", mas, ao fazer isso, tinham mais medo do que confiança quando pensavam nos futuros abalos anunciados por Rosa Luxemburgo. E nove décimos dos membros do partido apoiavam os radicais, mas não eram capazes de reconhecer a profundidade dos antagonismos. Ademais, as coisas pareciam evoluir muito bem. Após o congresso do partido em Dresden, em 1903, Rosa Luxemburgo acreditou que a névoa revisionista se dissipara, mas, por isso mesmo, insistiu na "depuração do partido de todas as manifestações de desagregação que se instauraram em consequência de seus cinco últimos anos de história". No entanto, provavelmente o momento certo para essa operação já havia passado. O reformismo recrutava quadros

---

[9] Referência ao professor liberal Gustav von Schmoller.

fortes no corpo de oficiais do partido e ocupava o alto comando dos sindicatos. Qualquer intervenção poderia levar à divisão. Isso, porém, era impensável, pois, apesar dos profundos antagonismos, ainda era possível haver uma práxis unitária. As condições constitucionais alemãs impediam experimentos reformistas, como se faziam nos países democráticos. Os reformistas tinham de se contentar em desafiar o partido por meio de compromissos inúteis com os liberais nacionalistas do grande capital ou com o centro católico, mediante aprovação orçamentária, cafés da manhã reforçados com monarcas no Sul da Alemanha e futilidades desse tipo. Por essa razão, todo verão ocorriam debates insuportáveis na imprensa do partido e nos congressos do partido. Eles, porém, não levavam a nada.

Rosa Luxemburgo só participava dessas batalhas retóricas quando davam ensejo à elaboração de pontos de vista gerais. De resto, trabalhava intensamente pelo movimento polonês, que desde 1898 tomara um novo impulso. A vida pessoal ficou em segundo plano em relação ao trabalho autoral, à participação em congressos do partido e congressos internacionais e à agitação verbal. Não houve momentos dramáticos. Em novembro de 1899, a direção do partido lhe propôs integrar a redação do *Vorwärts*. Ela recusou. As experiências que tivera em Dresden lhe bastavam por ora. Além disso, sua relação com o redator-chefe, o velho Liebknecht, ainda era tensa e, evidentemente, ela não demoraria a entrar em conflito com sua política fortemente impressionista. Isso seria bem mais sério do que uma querela com um Gradnauer, não só pelas consequências objetivas que teria, mas porque, apesar de tudo, ela sentia profundo respeito pelo "soldado da revolução". Quando o velho lhe estendeu a mão em sinal de paz no último ano de sua vida, ela aceitou com alegria.

Em 1902, faleceu Bruno Schoenlank, o redator-chefe da *Leipziger Volkszeitung*. A organização do partido em Leipzig passou a direção da folha a Rosa Luxemburgo. Naquela época, ela angariara fama no mundo político alemão, inspirada tanto por simpatia como por ódio. Quando saiu a notícia de sua nomeação, a imprensa burguesa fez um alarde. A extrema direita chamou a polícia para que despachasse a incômoda pessoa para além da fronteira. A *Vossische Zeitung* [Gazeta de Voss], jornal da burguesia esquerdista, exigiu que a direção do partido social-democrata expulsasse "a dona Rosa Luxemburgo, que acredita ter sido convocada para carregar o estandarte da revolução vermelha". O pastor Naumann, imperialista cristão, trombeteou em coro com a *Frankfurter Zeitung* [Gazeta de Frankfurt] contra a "sanguinária Rosa", e os irmãos reformistas acompanharam o concerto com um rufar de tambores nem um pouco discreto. De qualquer modo, tiveram a alegria de ver Rosa Luxemburgo deixar a direção da *Volkszeitung* alguns meses depois. A comissão editorial não quis atribuir a ela – uma mulher! – as competências exercidas por Schoenlank, competências que possibilitaram que a folha de Leipzig se tornasse o órgão mais respeitado da imprensa socialista internacional e que Rosa Luxemburgo via como pressuposto indispensável para um jornal militante certeiro em suas respostas e impregnado de um só espírito. De resto, os bravos companheiros de Leipzig, mesmo estando extraordinariamente orgulhosos de sua bandeira radical, ainda sentiam arder no fundo de seu coração a esperança silente de um bravo soldado Švejk* num "progresso moderado, dentro dos limites da ordem partidária". Em outubro de 1902, Rosa Luxemburgo interrompeu por algum tempo sua colaboração com a folha. As razões não estão bem claras. De fato, muitos de seus artigos foram jogados no lixo e ela acusou Franz Mehring, seu sucessor na chefia da redação, de não ter defendido seus interesses. Ela escreveu uma gélida carta de despedida ao companheiro de lutas. Essa, aparentemente, foi a primeira grande desavença entre eles. Mais tarde ela a cita em tom jocoso numa carta ao amigo Diefenbach, ao lhe contar como conheceu a obra do poeta Hebbel:

> Oh, Hanneselein, eu conheço Hebbel há mais tempo do que conheço você. Tomei-o emprestado de Mehring ainda naquele tempo em que a nossa amizade conhecia sua época mais calorosa e as cercanias entre Steglitz e Friedenau (onde eu morava então) representavam uma paisagem tropical na qual o *Elephas primigenius* pastava e a elegante girafa colhia a folhagem verdejante da palmeira-fênix. Naquela época [...], eu li *Agnes Bernauer, Maria Magdalena, Judith, Herodes und Mariana.* Mais longe que isso, no entanto, não pude ir, pois o clima tropical teve de dar lugar subitamente à primeira grande era glacial, e minha gorda Gertrud [Zlottko] teve de fazer uma peregrinação a Steglitz carregando um cesto cheio de presentes recebidos e livros emprestados, em resposta a uma carga similar que chegara a Friedenau, como costuma acontecer a cada rompimento de noivado nosso.**

Na amizade, Rosa Luxemburgo professava o lema "tudo ou nada!" – e Franz Mehring tinha uma sensibilidade mimada e rancorosa. Não é de admirar que frequentemente tenham entrado em choque e rompido relações. Nem mesmo o duro período de guerra transcorreu sem turvação. No entanto, o respeito recíproco pela realização intelectual de cada um, o temperamento semelhante e, por fim, o alvo e os inimigos comuns sempre voltavam a uni-los. Essa primeira desavença durou quase um ano. Foi só quando um grupo de revisionistas levantou suspeitas ignominiosas contra Mehring no congresso do partido em Dresden, em 1903, e ele quase foi proscrito do partido, que ela deixou de lado o rancor e colocou-se resolutamente ao seu lado.

---

* Persnagem do livro de Jaroslav Hašek, *O bom soldado Švejk*. (N. E.)

** Rosa Luxemburgo, carta a Hans Diefenbach, Wronke na P., 5 mar. 1917, em Isabel Loureiro (org.), *Rosa Luxemburgo*, v. 3, cit., p. 243-4. (N. E.)

Bem diferente era sua relação com Jean Jaurès, e isso refuta a afirmação de que ela não tinha compreensão para com os que pensavam diferente dela, só rejeição, ódio, veneno e fel. Ela era, sim, implacavelmente dura com aqueles que, por trás da altivez inflada, escondiam um vazio intelectual ou até uma mentalidade baixa. Porém, diante de um adversário equivalente, ela engolia uma palavra dita em tom exageradamente cortante e dizia a si mesma: *à la guerre comme à la guerre* [guerra é guerra]! Especialmente sobre Jaurès. Ela se opunha estritamente a seu modo de pensar e a sua política. Atacou-o muitas vezes. Porém, mesmo que não tenha diminuído a agudeza de sua argumentação nem diante dele, percebe-se em suas palavras um tom conciliador que, de resto, não lhe é habitual. Ela apreciava a personalidade de Jaurès, o voo alto de suas ideias e, até quando estava errado, o entusiasmo que brotava do fundo de seu coração e a entrega incondicional à causa do proletariado. Depois de um de seus discursos, ela disse, talvez para tranquilizar sua consciência crítica: "O que ele diz está errado, mas não adianta, temos de aplaudir. Ele é arrebatador!". No congresso internacional de Amsterdã, em 1904, eles tiveram uma disputa séria a respeito do ministerialismo, da "*collaboration des classes* [colaboração das classes]". Quando Jaurès se apresentou para discursar, não havia tradutor para ele. Rosa interveio e verteu para o alemão os dardos direcionados contra ela própria. Ao agradecer-lhe, Jaurès disse: "Estão vendo, companheiros, a luta nem sempre é impedimento para a colaboração". Rosa Luxemburgo estava sempre pronta para esse tipo de "*collaboration*", ainda mais com um Jaurès.

Naturalmente era inevitável que o promotor público se interessasse vivamente por essa mulher que adotara uma linguagem tão perigosa para o Estado. Em 1900, Rosa Luxemburgo publicou um texto em polonês, intitulado *Em defesa da nacionalidade*, no qual incitava energicamente a resistência contra as tendências de germanização na Polônia prussiana. Ela foi processada por ofender o ministro da Cultura prussiano. Não conseguimos constatar com que punição esse crime foi reparado. Em julho de 1904, Rosa foi condenada a três meses de prisão por supostamente ter ofendido Guilherme II com a seguinte observação: "O homem que fala da vida boa e segura dos trabalhadores alemães não tem noção dos fatos". Ela já havia cumprido boa parte da pena quando o rei Alberto da Saxônia morreu e ela foi contemplada com a graça da anistia geral. Ela se recusou terminantemente a deixar a cela que ocupava e ficou indignada que achassem que ela, uma republicana, fosse aceitar um presente de um rei. Por fim, teve de ceder à suave pressão e sair para a liberdade. Isso aconteceu três meses antes do início do primeiro grande ataque do povo russo contra a prisão do absolutismo.

Carta de Rosa Luxemburgo para Gertrud Zlottko, 7 de agosto de 1915.

A Revolução Russa de 1905

A Rússia desperta

O início da primeira Revolução Russa data do Domingo Sangrento, dia 22 de janeiro de 1905*. Ela fora prevista e prenunciada pelos marxistas russos e seu caráter foi determinado por eles. No congresso de fundação da Segunda Internacional, em 1889, em Paris, Plekhánov já havia anunciado que a futura revolução contra o tsarismo seria uma revolução de trabalhadores ou não seria nenhuma. Isso foi em uma época em que ainda se discutia se o capitalismo conseguiria mesmo se impor na Rússia, quando a classe trabalhadora russa mal surgira. Naquele tempo, havia somente um movimento de trabalhadores na Polônia, que economicamente era tida quase como um país estrangeiro. Na Rússia propriamente dita, o socialismo contava apenas com pequenos círculos de intelectuais que só esporadicamente englobavam elementos operários.

Em 1896, aconteceu a virada decisiva. A coroação de Nicolau II foi um ponto de partida casual. Nessa coroação, a história rabiscou um duplo *mene, tequel*** na parede da autocracia: a ruína próxima da fé que as massas depositavam no absolutismo e a primeira aparição do proletariado na arena histórica. No campo

---

* Nesta obra, o autor utiliza as datas do calendário gregoriano, promulgado em 1582 pelo papa Gregório XIII e em vigor até os dias de hoje na maioria dos países, mas é importante notar que, por discordância da Igreja Ortodoxa Russa, até 1918 a Rússia utilizou o calendário juliano. A diferença entre os dois calendários, no período da Revolução Russa, é de treze dias a menos para o calendário juliano, ou seja, para os russos de então, a data aqui referida como 22 de janeiro era, na verdade, 9 de janeiro. (N. E.)

** Referência a "*Mene, mene. Tequel. Parsim*", palavras que teriam sido escritas por Deus na parede de Belsazar, último rei da Babilônia; capítulo 5, versículos 25-28, do livro bíblico de Daniel. Essas palavras se tornaram historicamente um sinônimo de mau presságio, de prenúncio fatal. (N. T.)

de Khodynka, perto de Moscou, foram esmagadas e pisoteadas várias centenas de pessoas que vinham saudar o novo tsar. Em Petersburgo, porém, 40 mil trabalhadores entraram em greve porque não estavam dispostos a sacrificar o salário dos três dias de coroação no altar do tsarismo. A greve foi debelada. No entanto, já em janeiro de 1897, irrompeu uma nova greve que trouxe o primeiro êxito: a jornada de trabalho legalizada de onze horas e meia. Quebrou-se o encanto: a propaganda social-democrata penetrou nas massas proletárias. Lênin começou a atuar em Petersburgo e isso significou que, na Rússia, o socialismo passou da pura teoria para a ação, do sistema de círculos para o movimento de massas. Em 1898, um pequeno grupo de pessoas fundou a social-democracia russa.

Seguiram-se anos de trabalho subterrâneo em todo o país, cujo efeito veio à tona repentinamente, em 1902, em explosões violentas. Em março daquele ano foi deflagrada em Batum uma greve de massas, seguida de imediato de gigantescas manifestações em Níjni Nóvgorod e Sarátov. Em dezembro de 1902, a totalidade dos trabalhadores de Rostov-sobre-o-Don entrou em greve geral; pela primeira vez na Rússia, a liberdade de reunião e expressão foi conquistada por direito próprio das massas populares. Os anos 1903-1904 trouxeram abalos sociais que causaram tremores em todo o sul da Rússia. As greves gerais foram se alastrando de cidade em cidade, de Baku a Tiflis, Batum, Elisavetgrad, Odessa, Kiev, Nicolaiev, Ekaterinoslav. Essas lutas se distinguiam das greves da Europa ocidental pela espontaneidade, pela adesão em massa, pela rápida superação das barreiras profissionais e pela troca das metas econômicas pelas políticas. Tinham caráter revolucionário – não em seu respectivo ponto de partida, mas em seu ímpeto e na colisão com o poder estatal. A maior parte dessas greves terminou em batalhas de rua sangrentas. Elas repercutiram em inumeráveis insurreições de camponeses contra proprietários de terras. Os anos de 1902 a 1904 mostraram o devir da revolução.

A guerra russo-japonesa de 1904-1905 voltou a inflamar nas grandes massas a mentalidade chauvinista. O movimento dos trabalhadores foi relegado ao segundo plano. Então ocorreram as pesadas derrotas nos campos de batalha da Manchúria, revelando o adiantado estado de decomposição do regime absolutista. Elas fizeram com que a burguesia liberal se apresentasse: em banquetes e congressos, discursos, mensagens e manifestos, ela exigiu prolixa e fracamente mais liberdades. Fazendeiros, industriais e advogados pareciam ter assumido a liderança para forçar a introdução das reformas mais necessárias. Porém, em dezembro de 1904, quando o absolutismo fez ameaças bastante consistentes, a oposição da "sociedade" desabou. Concomitantemente, porém, a classe dos trabalhadores entrou em greve geral em Baku. Esta foi seguida, em meados de janeiro de 1905, de uma greve na fábrica Putilov, em Petersburgo, causada pela demissão de dois trabalhadores. Essa greve se alastrou rapidamente e, em 20 de janeiro, já contava 140 mil grevistas e assumia um caráter político claro.

A ironia da história quis que essa poderosa insurreição fosse promovida por uma organização sindical que fora fundada por Subatov, o chefe de polícia de Moscou, com o intuito de resguardar os trabalhadores da influência da social-democracia, e que fosse liderada não por um revolucionário conhecido, mas pelo padre aventureiro [Gueórgui] Gapon. Porém, na retaguarda de Subatov e Gapon, vinham os agitadores social-democratas, levando as ideias revolucionárias para a massa em fermentação, pressionando e empurrando para a frente.

Na consciência da massa dos trabalhadores, o tsar ainda era o pai do povo. Ele podia e devia ajudar. Queriam falar com ele, queixar-se de seu sofrimento e receber de sua mão paternal os direitos de que necessitavam para sobreviver. No domingo, dia 22 de janeiro, 200 mil trabalhadores partiram para o Palácio de Inverno carregando imagens do tsar e de santos. Descreviam em uma petição a penúria em que viviam, mostravam a opressão e a humilhação sob a qual o povo todo gemia. Pediram anistia, liberdades burguesas, separação da Igreja e do Estado, jornada de oito horas, salário mínimo, entrega da terra ao povo, uma constituinte baseada no sufrágio universal. Suplicaram crédulos, mas inopinadamente a súplica se converteu em ameaça, a mão em oração se transformou em punho fechado:

> Estes, senhor, são nossos principais desejos. Ordena e jura que os cumprirás e assim farás com que a Rússia seja feliz e gloriosa, imprimirás teu nome em nosso coração e no coração de nossos descendentes pela eternidade. Mas se não permitires, se não te voltares para as nossas súplicas, morreremos aqui, neste lugar, diante do teu palácio. [...] Que a nossa vida seja o sacrifício pela Rússia que já sofreu demais. Não lamentamos esse sacrifício e o fazemos de bom grado.

Eles fizeram o sacrifício. Marcharam para o palácio e caíram numa armadilha bem preparada: 2 mil fuzilados, 4 mil feridos. Porém, a sangria que deveria expurgar da classe trabalhadora russa a ideia da rebelião para todo o sempre se tornou o batismo de sangue da revolução. As salvas vindas da ilha de Vassíliev despertaram o proletariado russo. No fim de janeiro, espraiou-se por toda a Rússia uma onda de greves que atingiu mais de 1 milhão de trabalhadores. Era a revolução.

Sob a impressão ainda recente desses eventos, Rosa Luxemburgo escreveu sobre essa "Procissão rogatória do proletariado" (*Neue Zeit*, fevereiro de 1905):

> A história real é, a exemplo da natureza, muito mais bizarra e rica em ideias do que a razão classificadora e sistematizadora. [...] A humilde "súplica" das massas populares ao tsar consistia em nada menos que pedir a Sua Santa Majestade que, na qualidade de monarca de todos os russos, se decapitasse com as próprias mãos. Era uma súplica ao autocrata para que pusesse fim à autocracia. Era o moderníssimo ímpeto de classe de um proletariado maduro e sumamente sério

agarrado à ideia fantasiosa de uma rutilante história da carochinha. [...] Bastou que ocorresse à massa popular em ebulição a ideia formalmente infantil, mas de fato terrível, de ao menos uma vez encarar o pai da pátria e querer tornar realidade o mito do "reinado ou império social" para que o movimento se transformasse com necessidade imperiosa em um embate de dois inimigos mortais, no conflito entre dois mundos, na batalha entre duas eras.

Rosa Luxemburgo saudou com júbilo o despertar do povo russo que, acordado em sobressalto pelos tiros no Palácio de Inverno, atiçados pelas chicotadas dos cossacos, levantou-se aos milhões para realizar a primeira greve geral da Rússia. Tudo o que haviam feito até então, as investigações científicas, os debates intelectuais, o treinamento e a organização dos quadros revolucionários, a luta tenaz contra as forças estatais, para levar algum esclarecimento aos trabalhadores, tudo fora norteado pela ideia constante da revolução. Ela chegara. Rosa Luxemburgo se sentia poderosamente atraída para a frente de batalha, queria submergir na massa que fazia história no maior ponto de inflexão daquela época. Porém, mesmo que não estivesse, como estava, presa ao leito havia longas semanas por causa de uma enfermidade, ela sabia que não deveria ceder à tentação. Aprendera a domar seu temperamento arrebatado e a não ceder às inclinações românticas. Ela fazia parte do estado-maior do partido e as condições ainda não eram propícias para transferir o quartel-general para a Polônia. O que se esperava dela não podia ser feito nas trincheiras, onde os acontecimentos do momento encobrem a visão do panorama: interpretar o sentido dos acontecimentos, delimitar os próximos objetivos, verificar os meios e os métodos de luta empregados, ensinar aprendendo. Disso também fazia parte o exame das ideias norteadoras com que a social-democracia na Polônia e na Rússia havia preparado o terreno para a revolução, para a realidade revolucionária.

A organização do partido

A social-democracia russa desejara, aguardara e profetizara esse conflito entre dois mundos, essa batalha entre duas eras. Porém, não se preparara para ela nem em termos de organização nem em termos de estratégia política. De fato, justamente durante os combates preliminares, ela se dividiu em duas partes que nunca mais puderam se reunir, tornando-se dois grupos inimigos irreconciliáveis.

A proclamação da social-democracia russa, em 1898, ainda mal se dera a tarefa de criar um partido. Havia por toda a Rússia numerosos círculos com pouca relação entre si, totalmente autônomos e sem nenhuma solidez teórica ou unidade. Foi Lênin quem assumiu como objetivo mudar esse estado de coisas quando foi para o exterior. Em 1900, foi fundado o jornal *Iskra* (Faísca), cuja redação era formada pelos "velhos" Plekhánov, Akselrod e Zassúlitch, e pelos "jovens" Lênin, Martov e Potréssov. Mais tarde se juntou a eles Trótski, que fugira da Sibéria.

O *Iskra* serviu sobretudo para organizar um novo congresso do partido, com o propósito de criar um partido efetivo, bem organizado e com um programa marxista. Para isso, era necessário fazer primeiro um esclarecimento geral no campo teórico. Lutou-se até o fim contra os *naródniki* (populistas), que se opunham ao marxismo, negavam a inevitabilidade do desenvolvimento capitalista na Rússia e buscavam um socialismo utópico, fundado na comunidade camponesa. Entrementes, surgira nos círculos marxistas uma nova corrente que, das experiências das greves de 1896-1897, concluíra que a social-democracia devia se restringir a organizar a classe dos trabalhadores para a luta econômica, travar essa luta e engajar-se politicamente apenas em favor de reformas sociais no quadro do regime vigente. Só assim continuaria como puro movimento dos trabalhadores. Contudo, a luta política em geral e a execução da revolução burguesa, a social-democracia devia deixá-las para a burguesia e, depois da vitória desta, aproveitar a nova base em benefício de um movimento dos trabalhadores segundo os moldes europeus. Essa corrente foi denominada economicismo.

Os iskristas (isto é, o grupo em torno do *Iskra*) e principalmente Lênin se voltaram com muita força contra essa concepção. Eles a encaravam como renúncia à essência socialista e revolucionária da luta de classes, para a qual a luta cotidiana em torno das questões salariais e das reformas sociais é apenas um meio para um fim, apenas uma preparação da classe para tarefas mais elevadas. A social-democracia devia incutir na classe trabalhadora a consciência de ser a precursora de todas as classes oprimidas e do progresso histórico, indo além de seus interesses imediatos. Só a luta política com fins revolucionários daria ao movimento dos trabalhadores um caráter social-democrata.

Nessas controvérsias teóricas, Rosa Luxemburgo estava do lado dos iskristas, embora um dos líderes da corrente economicista, Krichevski, fosse de seu círculo de amigos mais íntimos em Zurique.

Ela, porém, se contrapôs com veemência a Lênin em relação à organização que a social-democracia russa deveria ter. Lênin tratara dessa futura forma de organização em alguns artigos e em *Que fazer?*, e parecia que todos estavam de acordo no grupo do *Iskra*. Porém, no II Congresso do Partido da Social-Democracia Russa, realizado no verão de 1903 em Bruxelas e Londres, fortes controvérsias sobre as concepções de Lênin acabaram levando à divisão do partido. Houve uma disputa homérica, travada em longos debates em torno do § 1 do Estatuto, que pode parecer absurda para o europeu ocidental que lê o protocolo e os artigos publicados depois do congresso. Dá a impressão de uma briga renhida em torno de meras palavras, num desperdício aterrorizador de sutilidades. Para entender esses debates, é preciso ter em mente o estado do movimento social-democrata naquela época, o

98 PAUL FRÖLICH

sistema inconstante e anárquico de círculos e as condições de organização partidária ilegais sob o absolutismo. Ao mesmo tempo, é preciso compreender que, nas
controvérsias sobre o estatuto, manifestavam-se antagonismos políticos profundos
que já se faziam notar, mas não haviam ainda aparecido com clareza em nenhum
dos pontos. Lênin farejava perigos sérios e queria resolvê-los com uma estruturação
estrita do partido; ele tinha consciência das tarefas portentosas com que o partido
se depararia na revolução e, por isso, quis moldá-lo como uma arma resistente;
por fim, ele reconheceu de maneira muito objetiva e impessoal que, de todos os
iskristas, era o único capaz de conduzir o partido com segurança e consciência a
respeito da meta que deveria alcançar. Essa é a razão de sua obstinação.

O teor literal das duas propostas de redação do § 1[1] do Estatuto não permite
intuir o antagonismo. Martov queria um partido de fronteiras abertas, como se
fossem definidas pelo estado do movimento, com forte autonomia dos grupos
individuais, um partido de agitação, que abrangesse ampla e vagamente tudo o
que se dissesse socialista. Para Lênin, porém, era importante superar a autonomia
e, desse modo, o isolamento dos grupos locais, para prevenir o perigo da sim-
plificação e da ossificação, bem como de uma involução política. Ele queria um
partido coeso, que, na qualidade de vanguarda da classe, estivesse ligado a ela,
mas também fosse claramente distinto dela, um partido organizado hierarqui-
camente, que tivesse diferentes órgãos (comitês partidários, células de empresas,
círculos de formação etc.), mas cujo núcleo fosse revolucionário por profissão.
Esse partido deveria ser organizado de cima para baixo, com um comitê central
no topo, que responderia somente aos congressos do partido e teria atribuições
políticas e organizacionais quase irrestritas. Essa onipotência do Comitê Central
foi reforçada pela comissão estatutária do congresso do partido, que o investiu
do poder de organizar e eventualmente dissolver os subcomitês, bem como de
decidir sobre a utilização dos membros (dos revolucionários por profissão). Por
essa via, a responsabilidade do Comitê Central perante o congresso do partido
poderia se converter em mera ficção.

No congresso do partido, Martov saiu vitorioso e Lênin se conformou. Porém,
depois que a concepção radical se impôs nas deliberações sobre o programa do
partido, diversos grupos reformistas deixaram a conferência e Lênin teve maioria

---

[1] Havia duas formulações para o § 1 do Estatuto:
 – proposta de Martov: "É considerado integrante do Partido Operário Social-Democrata Russo
 quem, mediante o reconhecimento de seu programa, trabalhar ativamente na execução de suas
 tarefas sob o controle e a liderança dos órgãos do partido";
 – proposta de Lênin: "É considerado membro do partido quem reconhecer seu programa e
 apoiar o partido tanto com recursos materiais quanto com colaboração pessoal em alguma
 das organizações partidárias".

para determinar os órgãos centrais. Houve, nessas instâncias, um reagrupamento – Plekhánov apoiou Martov e lhe deu a maioria – e o partido se dividiu. Após a votação final, as duas tendências foram batizadas bolcheviques (majoritários) e mencheviques (minoritários).

Depois da divisão do partido, Lênin publicou um livro intitulado *Um passo em frente, dois passos atrás*, no qual fez uma crítica veemente às deliberações do congresso e, em particular, tratou da questão da organização partidária. Lênin defendeu sua posição centralista de forma extremamente exacerbada. É como se quisesse irritar os oponentes com afirmações ousadas, como, por exemplo: "O 'burocratismo' em oposição ao democratismo é justamente o princípio de organização da social-democracia revolucionária em oposição ao princípio de organização dos oportunistas". Quem respondeu ao livro de Lênin foi Rosa Luxemburgo, simultaneamente no *Iskra* e na *Neue Zeit* (julho de 1904), com um ensaio intitulado "Questões de organização da social-democracia russa". O trabalho teve pouco impacto no movimento dos trabalhadores da Europa ocidental; quando muito, causaram estranheza as ideias esdrúxulas sobre as quais os russos se digladiavam. Maior foi sua importância nas controvérsias que, no movimento internacional dos trabalhadores, seguiram-se à conquista do poder pelos bolcheviques na Rússia.

Rosa Luxemburgo concordou com Lênin que o partido revolucionário é a vanguarda da classe dos trabalhadores, que deve se organizar de modo centralista e que, nele, a vontade da maioria se efetiva por meio de rigorosa disciplina ativa. Mas rejeitou seu ultracentralismo. Achava que o movimento social-democrata fora o primeiro na história a ser projetado, em todos os seus momentos, para a ação autônoma da massa. Por isso a social-democracia criou um tipo de organização muito diferente, por exemplo, das organizações conspirativas blanquistas. Quando descreve o social-democrata revolucionário como o "jacobino inseparavelmente ligado à organização do proletariado consciente de sua classe", Lênin esquece que estão egotados o antagonismo entre organização e consciência de classe do proletariado, por um lado, e a conspiração de uma reduzida minoria, por outro. O blanquismo se diferenciava da social-democracia antes pelo fato de que, entre sua atividade conspiratória e a vida cotidiana das massas populares, não existe um nexo interno. Foi por isso que ele teve de fechar hermeticamente sua organização para a massa popular. Concomitantemente a atividade dos blanquistas se baseava em um plano concebido de livre vontade, fixado de maneira arbitrária, pelo qual os membros da organização se convertiam necessariamente em instrumento de uma vontade predeterminada de um comitê central dotado de amplos poderes e ao qual todos os órgãos individuais deviam obediência cega.

> Radicalmente diversas são as condições da ação social-democrata. Esta nasce historicamente da luta de classes elementar. E move-se na contradição dialética de

que só na própria luta é recrutado o exército do proletariado e de que também, só na luta, as tarefas da luta se tornam claras. Organização, esclarecimento e luta não são aqui momentos separados, mecânica e temporalmente distintos, como num movimento blanquista, mas são apenas diferentes aspectos do mesmo processo. Por um lado, exceto quanto aos princípios gerais da luta, não existe um conjunto detalhado de táticas, já pronto, preestabelecido, que um comitê central possa ensinar aos membros da social-democracia, como se estes fossem recrutas. Por outro lado, o processo de luta que cria a organização conduz a uma constante flutuação da esfera de influência da social-democracia.

Disso resulta que a centralização social-democrata não pode fundar-se na obediência cega, na subordinação mecânica dos militantes a um poder central. [...] O centralismo social-democrata precisa, pois, ser de natureza essencialmente diferente do centralismo blanquista. Ele só pode ser a concentração imperiosa da vontade da vanguarda esclarecida e militante do operariado perante seus diferentes grupos e indivíduos. É, por assim dizer, um "autocentralismo" da camada dirigente do proletariado, é o domínio da maioria no interior da sua própria organização partidária.*

Na onipotência de um comitê central, Rosa Luxemburgo vislumbrava um perigo para o desenvolvimento da própria luta. A experiência da Rússia e de outros países mostrou que cada nova forma de luta não foi "inventada" pela direção, mas brotou da iniciativa criativa das massas. Também aqui o inconsciente precede o consciente, a lógica do processo histórico objetivo precede a lógica subjetiva de seus agentes. Ela observa de maneira muito significativa que, nesse processo, a liderança da organização desempenha, por sua natureza, um papel fortemente conservador. Essa liderança elabora o método de luta recém-adquirido até suas últimas consequências, mas, depois disso, converte-se em baluarte contra outras inovações. Isso se evidenciaria em especial na social-democracia alemã, na qual a liderança oferecia uma resistência quase insuperável a qualquer tentativa de ir além da minuciosa rotina parlamentar e chegar a novas formas de luta.

Essa inércia, entretanto, pode ser explicada em grande parte pelo fato de que é muito difícil expor, no ar rarefeito da especulação abstrata, os contornos e as formas claras de uma situação política ainda inexistente e, portanto, imaginária. É igualmente importante para a social-democracia, não a previsão nem a construção prévia de uma receita pronta para a tática futura, mas manter viva, no partido, a avaliação histórica correta das formas de luta vigentes, manter vivo o sentimento

---

* Rosa Luxemburgo, "Questões de organização da social-democracia russa", em Isabel Loureiro (org.), *Rosa Luxemburgo*, v. 1, cit., p. 157-8. (N. E.)

da relatividade da atual fase da luta e da necessária intensificação dos momentos revolucionários, a partir do ponto de vista do objetivo final da luta de classes proletária. Porém, atribuir à direção partidária tais poderes absolutos de caráter negativo, como faz Lênin, é fortalecer artificialmente, e em perigosíssimo grau, o conservadorismo inerente à essência de qualquer direção partidária.*

Sem dúvida, Rosa deu importância especial a esse argumento, justamente em relação a Lênin. Já naquela época, ela observou nele – e, mais tarde, nos bolcheviques – uma preocupante rigidez na argumentação, certo escolasticismo nas ideias políticas, uma propensão a ignorar o movimento vivo das massas e violentá-las com planos táticos preconcebidos. Isso ia totalmente contra seu senso dialético do devir político, e ela já identificara essa rigidez e estreiteza nos guesdistas franceses como um pesado entrave à ação política. Lênin estava suficientemente seguro de si para não sucumbir a esse perigo. Em um escrito posterior, no qual faz um retrospecto dos debates de 1903, confessa que escolheu aquela argumentação rígida e exagerada para incutir firmemente em seus adeptos as verdades decisivas. Em todo caso, ele demonstrou nas grandes decisões uma elasticidade tática que, a julgar por seus escritos, não se supunha que a tivesse. Seus auxiliares, em compensação, mostraram em cada virada da história (por exemplo, no surgimento dos conselhos de trabalhadores em 1905 e na deflagração da revolução em 1917) a referida inércia conservadora quando estavam por conta própria.

Para Rosa Luxemburgo, só estaria garantido que a tática socialista não se petrificaria em fórmulas se as forças se mantivessem vivas no partido, se a crítica pudesse se desenvolver com vigor no âmbito dos princípios marxistas e se houvesse um controle eficaz das instâncias do partido a partir de baixo. Por isso ela chegou à seguinte conclusão:

> Porém, o ultracentralismo preconizado por Lênin parece-nos, em toda a sua essência, ser portador, não de um espírito positivo e criador, mas do espírito estéril do guarda-noturno. Sua preocupação consiste, sobretudo, em *controlar* a atividade partidária e não em *fecundá-la*, em *restringir* o movimento e não em desenvolvê-lo, em importuná-lo e não em *unificá-lo*.**

Rosa Luxemburgo tinha um apreço extraordinário pelo papel criativo das massas, que se torna efetivo no partido pela liberdade irrestrita de crítica a todos os órgãos superiores. Essa liberdade de crítica era, para ela, o remédio contra toda e qualquer ossificação, a fonte viva a partir da qual podem ser corrigidas

---

* Ibidem, p. 162-3. (N. E.)
** Ibidem, p. 163. (N. E.)

todas as insuficiências do movimento. A direção do partido tem o dever de cumprir a vontade da maioria, influir na formação dessa vontade através do conhecimento mais elevado, mas não impor ditatorialmente sua vontade à organização. Diante da tentativa de se tomar o lugar da providência por meio de uma direção onipotente do partido, ela disse com toda a franqueza: "Equívocos cometidos por um movimento dos trabalhadores revolucionário real são, em termos históricos, imensamente mais fecundos e valiosos do que a infalibilidade do melhor dos comitês centrais".

Lênin e Luxemburgo

Dessa vez, Lênin respondeu às críticas de Luxemburgo a suas concepções em um artigo na *Neue Zeit*. Curiosamente ele não levou em conta o conteúdo positivo da crítica, apenas se limitou a contestar sua razão de ser. Ele não defendia nenhum centralismo absoluto, mas sim as regras elementares de qualquer organização partidária. Em sua análise, Rosa Luxemburgo teria ignorado o congresso do partido e os fatos da luta partidária. A parte principal da réplica foram as lutas internas na social-democracia russa, descritas de maneira totalmente incompreensível para o leitor não iniciado. Por isso é compreensível que Kautsky tenha se negado a publicá-la. O texto foi impresso duas décadas mais tarde na revista de Leninskii Sbornik.

Mais tarde, Lênin zombou várias vezes da ideia de "organização como processo" de Luxemburgo. Ele próprio, porém, teve de aprender que as formas de organização estão submetidas, em suas mutações, ao processo de desenvolvimento do movimento global. Depois que a liberdade de organização foi conquistada na Revolução Russa de 1905, ele deu ao partido uma forma que pouco tinha a ver com um centralismo exacerbado. Pressionado pelos membros do partido, que crescera enormemente, ele concordou com a restauração da unidade partidária, embora, nesse processo, a maioria tenha passado para as mãos dos oportunistas, a cujas resoluções ele se submeteu em questões muito importantes.

Isso nos leva diretamente a perguntar se as atuais formas de dominação na União Soviética e o estado em que se encontram os partidos da Internacional Comunista não se originam do princípio leninista de organização. Sobre esse tempo, temos de fazer algumas constatações. O próprio Lênin declarou que, em *Um passo atrás...*, ele teria exagerado o centralismo para se contrapor à anarquia que vigorava no partido russo naquele tempo. Depois que as teses de organização para os partidos da Terceira Internacional foram estabelecidas, ele disse muito enfaticamente que elas eram demasiado "russas" para se adaptar às relações com a Europa ocidental. E, de fato, essas teses se baseavam em um "centralismo democrático", com liberdade de crítica e controle da direção a partir de baixo. No Partido Comunista dominante de Lênin, de fato recorreu-se com muita intensidade ao centralismo, mas a guerra civil exigia uma organização em formas acentuadamente militares. E, não obstante, nos anos em que Lênin esteve à frente da potência soviética, as grandes resoluções políticas nunca foram ditadas de cima, mas conquistadas em acirradas disputas intelectuais. E Lênin, que escrevera a palavra frívola do burocratismo como princípio da social-democracia revolucionária, passou a encarar a luta contra a burocracia do Estado e do partido como sua missão mais nobre. Numa visão panorâmica de todo o processo a partir de 1903, pode-se dizer o seguinte: as antigas concepções ultracentralistas de Lênin naturalmente tiveram influência sobre a práxis dos bolcheviques, na medida em que ajudaram a esclarecer dúvidas e quebrar resistências quanto ao centralismo exacerbado. No entanto, essas concepções foram modificadas constantemente e em várias direções pelas tarefas e condições da luta. Também nesse ponto a realidade se mostrou mais forte do que a teoria. E as grotescas formas de vida das atuais organizações comunistas têm sua origem menos em uma teoria criada há mais de uma geração e mais no declínio da Revolução Russa, cuja característica mais importante é a formação de uma burocracia partidária que domina irrestritamente o Estado e que é guiada por interesses e ideias sociais específicos.

Superestima-se e deturpa-se, portanto, o papel sintomático das concepções organizacionais de Lênin, quando simplesmente se vincula os escritos de 1902 e 1904 aos resultados de três décadas de desenvolvimento. Em contrapartida, não se pode opinar que Rosa Luxemburgo concebeu o partido como um agrupamento solto de pessoas de mesma mentalidade. Na medida em que considerava a liberdade de opinião e crítica dentro do partido uma necessidade vital, o único meio de enfrentar o perigo do enrijecimento e da degeneração, ela também enfatizou que essa liberdade deveria ser limitada pelos princípios marxistas comuns. Ela tinha em alta conta a unidade do partido e do movimento dos trabalhadores e saudou o fato de haver espaço para concepções amplamente divergentes na social-democracia alemã. "Um partido grande e sério não se divide por causa de artigos de jornais ou infidelidades políticas isoladas." Porém, como fundamento da unidade do partido não bastava haver concordância quanto ao objetivo final: era preciso somar-se a isso a práxis política conjunta. Ela se voltou resolutamente "contra a indefinição dos limites entre o contingente central cônscio do objetivo e a massa não organizada". Ela levava muito a sério o centralismo do partido, combatia na Internacional todas as tentativas de isenção das bancadas parlamentares por meio de certa autonomia, controle e determinação de sua política pelo partido, e ela própria soube impor de modo muito enérgico a vontade do Comitê Central no partido polonês.

Contudo, a primeira controvérsia com Lênin revelou – mesmo quando levamos em consideração todos os fatores citados – diferenças características entre essas duas personalidades de liderança. Luxemburgo subestimava o poder da organização, principalmente quando a direção estava em poder de seus oponentes. Ela se baseava de maneira muito crédula na correção da política advinda da pressão das massas revolucionárias. A concepção política global de Lênin antes de 1917 mostra evidentes resquícios blanquistas e um voluntarismo exacerbado, que ele, no entanto, superava rapidamente quando confrontado com situações concretas. Com a necessária precaução, podemos dizer que Rosa se sentia mais fortemente ligada ao processo histórico, e derivava dele as decisões políticas; Lênin, por sua vez, tinha o olhar concentrado no objetivo e buscava meios de realizá-lo. Para ela, o elemento decisivo era a massa; para ele, era o partido, o qual queria moldar como ponta de lança do movimento global. Ele aparece como o chefe do estado-maior de um exército bem formado, ela como porta-estandarte diante da ampla linha de frente do exército da classe.

A essência da Revolução de 1905

A social-democracia russa dividiu-se em 1903, aparentemente por causa de rivalidades pessoais e diferenças fortemente exageradas quanto à questão da organização. Porém, quando a revolução se tornou realidade, ficou evidente que, na base da cisão, havia antagonismos profundos que até ali foram apenas vagamente pressentidos. Era preciso ter clareza quanto à essência, ao objetivo e à estratégia da revolução.

De modo bem genérico, para além da social-democracia, havia a concepção de que a Revolução Russa seria uma revolução burguesa, que seu objetivo seria a derrubada do absolutismo e a realização das liberdades democráticas burguesas. Porém, sob esse postulado geral ocultavam-se diferenças de opinião muito profundas. Os diferentes agrupamentos democráticos burgueses, o Partido Socialista Revolucionário e alguns teóricos do PSP deixaram-se levar pelos acontecimentos sem analisar mais profundamente as relações sociais. A maioria dos líderes mencheviques tirou da fórmula geral a seguinte conclusão: já que se trata de uma revolução burguesa, compete à burguesia a liderança e o poder de governar. A classe dos trabalhadores deve se limitar a apoiar a burguesia em sua busca de poder, além de "exercer uma pressão revolucionária sobre a vontade da burguesia liberal e radical", "forçar as classes superiores da sociedade a conduzir a revolução burguesa até sua conclusão lógica" (Martinov, *Duas ditaduras*, 1904). Para eles, portanto, a tarefa da social-democracia consistia em empurrar para a frente a burguesia radical, mas ela própria deveria permanecer no quadro da política burguesa, não lutar com seus meios para os fins próprios do proletariado nem arrebatar da burguesia a liderança na portentosa luta. Toda tentativa de passar dos limites seria forçosamente funesta, conduziria a burguesia para o campo do reacionarismo e, desse modo, levaria ao fracasso da própria revolução.

A esquerda social-democrata: os bolcheviques, Párvus, Trótski, Rosa Luxemburgo e Kautsky, fortemente influenciado por ela, consideravam essa tática utópica e reacionária. Examinaram as experiências de revoluções anteriores e descobriram que a grande Revolução Francesa só foi vitoriosa porque, na ditadura jacobina, o elemento plebeu, as massas populares pequeno-burguesas e proletárias, assumiu o poder e, contra a resistência, inclusive da burguesia, extirpou o feudalismo a partir de suas raízes mais profundas. A Revolução de 1848 fracassou na Alemanha justamente porque a burguesia, por temer o proletariado, que dava ainda seus primeiros passos vacilantes, aliou-se ao absolutismo logo depois do primeiro ataque e salvou-o. A burguesia russa faria esse movimento mais rapidamente porque, entrementes, a força do proletariado internacional e também do proletariado russo crescera enormemente.

Essa experiência histórica lhes dizia que a Revolução Russa só poderia ser vitoriosa se o proletariado tivesse a liderança, a hegemonia. Uma análise da situação concreta deveria confirmar essa concepção. O império tsarista abrigava as mais gritantes contradições sociais: na agricultura, toda uma escala de métodos de produção, desde a minúscula empresa camponesa tocada com arados medievais até a grande empresa moderna dos proprietários rurais "liberais"; uma pequena burguesia citadina, que jamais vira o florescimento da manufatura porque não era páreo para a laboriosidade doméstica dos camponeses; ademais, a indústria moderna, sumamente concentrada[2], que fora erguida pelo absolutismo como num viveiro de mudas. Já desse esboço da estrutura econômica resultam diferenças significativas entre a postura das classes nas revoluções passadas e a adotada na Revolução Russa. Ainda mais rapidamente do que no Ocidente, o liberalismo burguês desapareceu e a burguesia teve de buscar um acordo com os antigos poderes por causa de sua estreita relação com o regime absolutista e por temor da classe trabalhadora. A pequena burguesia citadina não podia de modo nenhum desempenhar o papel de liderança que tivera nas revoluções anteriores; ela estava destituída de toda vontade política, vegetava entorpecida e letárgica e, quando muito, poderia ser arrastada pelo ímpeto da revolução. O trabalho de educação

---

[2] A grande empresa industrial era proporcionalmente mais desenvolvida na Rússia do que na Alemanha, que liderava os países capitalistas da Europa. Isso fica evidente na seguinte comparação:

Empresas com:	Império alemão		Rússia	
	Censo 1895		Censo 1902	
	Quantidade de empresas	Quantidade de trabalhadores ocupados	Quantidade de empresas	Quantidade de trabalhadores ocupados
51-1.000 trabalhadores	18.698	2.595.536	6.334	1.202.800
mais de 1.000 trabalhadores	255	448.731	458	1.155.000

política que, em outros países e épocas anteriores, a pequena burguesia fizera na classe trabalhadora fora levado a cabo na Rússia pela inteligência revolucionária que se dispersou nos diversos partidos socialistas. O campesinato, faminto de terra e louco por libertar-se dos fardos opressivos do absolutismo, era revolucionário. No entanto, sua ação tinha necessariamente de se limitar à esfera local, não poderia liderar, mas precisava de um líder. E Rosa Luxemburgo previu que o campesinato, após satisfazer suas necessidades sociais mais prementes, cairia em poder do reacionarismo. Assim, a classe chamada para levar a cabo a revolução continuava a ser a classe dos trabalhadores. Em relação à população total, certamente era numericamente menor do que nos grandes países capitalistas. Porém, estava concentrada em grandes massas nos pontos politicamente decisivos e demonstrara sua força em lutas de dimensões colossais. Ademais, as relações sociais internacionais também tinham influência sobre a Rússia. O fato de a burguesia ocidental ter desistido da luta por suas ideias de liberdade, e em quase toda parte ter se bandeado para o campo do reacionarismo, só poderia abalar a determinação da burguesia russa; e, por sua postura, a classe trabalhadora russa refletia simultaneamente o poder e a maturidade do proletariado internacional. De tais ponderações, Rosa Luxemburgo tirou a seguinte conclusão:

> A Revolução Russa, que formalmente recupera para a Rússia aquilo que a Revolução de Fevereiro e a Revolução de Março trouxeram para a Europa ocidental e central há meio século, é, não obstante, de um tipo muito especial – justamente por ser uma espécie de retardatário das revoluções europeias. A Rússia sobe ao palco revolucionário mundial como o país mais atrasado em termos políticos. [...] Justamente por isso, contrariando todos os pontos de vista correntes, a Revolução Russa possui o mais pronunciado caráter proletário de classe de todas as revoluções ocorridas até agora. Todavia, os objetivos imediatos da insurreição na Rússia não vão além de uma constituição democrático-burguesa para o Estado, e o resultado final da crise, que poderá talvez e muito provavelmente se estender por anos, alternando maré alta e maré baixa, possivelmente nada mais será que um mirrado documento constitucional. E, no entanto, a revolução, condenada a parir essa criança política trocada no berço, é tão puramente proletária quanto nenhuma antes dela.[3]

Assim, Rosa Luxemburgo julgou o provável resultado da revolução de modo muito mais cético do que os mencheviques. No entanto, isso de modo nenhum paralisou sua determinação. Para ela, acima do resultado estava o próprio processo revolucionário, no qual, pela primeira vez, o proletariado desempenharia um

---

[3] *Neue Zeit*, jan. 1905.

papel de liderança decisivo, seus interesses e seus métodos de luta dariam cunho próprio à revolução. Por essa razão, ela conferiu à classe dos trabalhadores a tarefa de agir não como tropa auxiliar do liberalismo, mas como vanguarda do movimento revolucionário, como classe que define sua política em dependência de outras classes, mas que a deriva exclusivamente das tarefas e dos interesses de sua própria classe. Desse modo, na revolução formalmente burguesa, o antagonismo entre a sociedade burguesa e o absolutismo será dominado pelo antagonismo entre o proletariado e a sociedade burguesa.

O caráter da revolução também se expressa no objetivo estratégico em que o partido socialista teria de se fixar, ou seja, na questão do governo revolucionário. Para os mencheviques estava claro que, após a derrubada do tsarismo, esse governo só poderia ser um governo da classe burguesa. Na Conferência do Partido, em maio de 1905, eles declararam que teriam de assumir posições para não se dissolver na democracia burguesa, enquanto lutavam contra a política inconsequente e interesseira dos partidos burgueses. Por essa razão, a social-democracia não deveria fixar como objetivo tomar o poder no governo provisório nem compartilhá-lo com outros partidos, mas deveria permanecer como partido da oposição revolucionária radical. Eles acreditaram que, com essa posição, ficava marcada sua especial firmeza nos princípios marxistas e reportaram-se à resolução do congresso de Amsterdã de 1904, no qual se condenara o ministerialismo, o exercício do poder de governo no Estado burguês. Como advertência, citaram um trecho de Engels que diz que os socialistas, se chegassem ao poder precocemente, poderiam, "no interesse do próprio movimento, levar a cabo os interesses de uma classe que lhes é estranha e dispensar sua própria classe com fraseologias e promessas, asseverando que os interesses daquela classe estranha são seus próprios interesses. Quem fica numa posição assim torta está irremediavelmente perdido" (Engels, *Bauernkrieg**). Essa postura dos mencheviques e sua argumentação dão a impressão de um radicalismo ousado e de um rigor extremo de princípios. No entanto, ela é justamente um exemplo cabal de que um princípio tático que, em determinada situação histórica, confere à política um determinado caráter pode adquirir significado e efeito opostos em uma situação essencialmente diferente.

Lênin fez os mencheviques saírem da trincheira "marxista". Como se poderia jogar na mesma panela a participação da classe dos trabalhadores em um governo que se opunha à revolução socialista e a participação na revolução democrática e em seus órgãos de poder? A advertência de Engels era para que ninguém se iludisse a respeito da situação global, ajudava a delimitar os próprios objetivos e a propaganda em torno do que se podia alcançar. Ele via a possibilidade para isso em uma "ditadura democrático-revolucionária do proletariado e do cam-

---

* Friedrich Engels, *Der deutsche Bauernkrieg* (Berlim, Dietz, 1960), MEW, v. 7, p. 401. (N. T.)

pesinato", em um governo revolucionário formado por socialistas e um futuro partido dos camponeses, que lançaria ditatorialmente os fundamentos de um Estado democrático-burguês.

Párvus, Trótski e Rosa Luxemburgo estavam totalmente de acordo com Lênin em sua refutação dos mencheviques e de seu programa de abstenção. Porém, divergiam dele quanto ao objetivo. Eles viam a "ditadura democrática" de Lênin como uma tentativa de violentar o processo revolucionário. Párvus proclamou com a anuência de Trótski: "O governo revolucionário proletário será um governo da classe dos trabalhadores. Se a social-democracia estiver à frente do movimento revolucionário do proletariado russo, esse governo será social-democrata". Rosa Luxemburgo se posicionou em relação a essas questões em artigos fundamentais publicados na revista polonesa *Przeglad Socjaldemokratyczny* [Panorama Social--Democrata]. Opinou que a palavra de ordem de Lênin não poderia ser realizada devido a dois erros. Ele de fato tinha razão contra os mencheviques, que, escolástica e contrariamente a toda a experiência da realidade russa, consideravam os camponeses simplesmente uma classe reacionária. Porém, Lênin ignorava a forte diferenciação dessa classe e seu indubitável afastamento da revolução provavelmente a ser esperado para breve. Lênin se iludia sobretudo acerca da postura da classe dos trabalhadores. Nenhum poder na terra poderia impedir o proletariado de empregar o poder político em prol de seus próprios interesses sem levar em consideração os limites da ordem social burguesa. Um governo de socialistas que quisesse confinar a ação da classe dos trabalhadores nesses limites iniciaria necessariamente uma luta contra a própria classe e prepararia o terreno para a contrarrevolução.

Por essa razão, a social-democracia deveria buscar aliados no campesinato, apoiar-se em sua ação revolucionária para derrubar o absolutismo. Ela própria deveria assumir o poder governamental e armar imediatamente as massas populares revolucionárias, organizar os trabalhadores em agrupamentos militares. Deveria rápida e ditatorialmente adotar todas as medidas fundamentais para reconfigurar política e economicamente a sociedade e, feito isso, convocar uma assembleia constituinte escolhida por sufrágio universal. E, durante a elaboração da Constituição, o governo revolucionário deveria assegurar o poder ditatorial e as massas populares deveriam permanecer armadas, para evitar que o Parlamento descambasse para a via da contrarrevolução e eventualmente interferisse nele próprio. Ao dizer isso, Rosa Luxemburgo tinha em mente as experiências do Parlamento longo na Revolução Inglesa e da Convenção na Revolução Francesa. De modo geral, ela não se inclinava a comprimir em fórmulas rígidas objetivos políticos que, a seus olhos, eram resultado de um processo complexo. No entanto, ela cunhou, certamente para diferenciar-se da ditadura democrático-revolucionária do proletariado e do campesinato de Lênin, o lema: "ditadura revolucionária do proletariado, apoiada no campesinato".

Rosa Luxemburgo não tinha dúvida de que as relações russas ainda não estavam maduras para a afirmação duradoura do poder político nas mãos do proletariado. Porém, a derrubada do absolutismo só lhe parecia possível como vitória da classe proletária, que levaria inevitavelmente à tomada do poder pelo proletariado. E o absolutismo só poderia ser derrubado se a classe dos trabalhadores e seu principal partido tivessem esse objetivo como ponto norteador de toda a sua política. Sem dúvida, estando no poder, a classe dos trabalhadores imporia medidas para romper os limites da ordem social burguesa e, desse modo, se excederia e entraria em contradição com as "possibilidades" sociais. Com essa política, faria as demais forças sociais se voltarem contra ela e acabaria sucumbindo à contrarrevolução. Querer evitar esse destino significava renunciar a uma política revolucionária. Apenas submetendo-se as essas necessidades históricas com serena determinação, a social-democracia conduziria a revolução à vitória, livraria a sociedade russa de todo o atraso, promoveria o progresso histórico para além das fronteiras da Rússia e traria ganhos duradouros ao movimento internacional dos trabalhadores.

Escaramuça das etapas

Essa concepção ousada foi confirmada gradativamente pelos acontecimentos de 1905. Durante todo esse ano, a classe dos trabalhadores ditou às demais forças sociais a lei do comércio. Imediatamente após o Domingo Sangrento de 22 de janeiro, fortes ondas de greve política das massas abateram-se sobre toda a Rússia. Em nome de toda a sociedade, a classe dos trabalhadores levantou o punho contra o absolutismo. Em toda a parte, explodiu a palavra de ordem das liberdades burguesas e da Constituinte. Surpreendido, o poder estatal parecia totalmente impotente e a vitória parecia ao alcance da mão. Em Varsóvia, já se erguiam barricadas. Porém, foi apenas uma primeira investida. A gigantesca onda de greves políticas recuou repentinamente e se transformou em inúmeros pequenos riachos que não visavam mais aos grandes objetivos políticos, mas a salário, redução da jornada e melhores condições de trabalho. O antagonismo entre a sociedade burguesa e o absolutismo foi dominado pelo antagonismo entre proletariado e capital.

Em março, o movimento ganhou um novo impulso com as derrotas do Exército russo na Manchúria. A classe trabalhadora arrastava novos estratos da população para o redemoinho. Às greves dos trabalhadores que explodiam em todos os cantos do Império, somaram-se as greves estudantis. Os camponeses incendiaram as casas dos proprietários de terras. Em Tíflis, tropas se amotinaram pela primeira vez. Em abril, os marinheiros fizeram uma manifestação em Petersburgo; agitações de camponeses nas províncias do Mar Báltico; greves, manifestações, embates. No dia 1º de maio, houve suspensão do trabalho e manifestações nas cidades industriais. Naquele mês, houve luta contra os militares em Varsóvia e Kalisz; destruição da frota russa perto de Tsushima; fundação da "União do Povo Russo" (Centúrias Negras), *pogroms*. Em junho, greve geral e luta de barricadas em Varsóvia; insurreição do encouraçado *Potemkin*, motins de tropas em Libau, Riga e outros lugares, agitações de camponeses, atos terroristas. Em julho, motim em Cherson, greves de ferroviários, agitações de camponeses no Báltico. Em agosto, manifesto do ministro Bulyguin, anunciando uma Duma [Parlamento] com direitos extremamente limitados e um sufrágio que excluía a maior parte dos trabalhadores e camponeses. Em setembro, a social-democracia decidiu boicotar a Duma. Em outubro, greve geral política que começou em Moscou, envolveu milhões de pessoas e durante semanas paralisou a vida econômica e o aparelho estatal, culminando na primeira grande vitória: no dia 30 de outubro, um manifesto do tsar anunciava as liberdades burguesas e a convocação de uma Duma com sufrágio indireto, escalonado por cúrias.

Nesse período, todo o império tsarista era um único caldeirão borbulhante, no qual todas as forças sociais, a saber, proletários, camponeses, estudantes, militares, atingiram o ponto de ebulição. Porém, onde estava a burguesia, à qual se atribuiu a iniciativa e a liderança e se prometeu obediência nessa revolução burguesa? Ela andava a trote na retaguarda, cheia de medo e de esperança, com petições e alguns congressos, dos quais a crônica praticamente não tomou ciência. A classe dos trabalhadores foi a força principal que revolveu e arrastou tudo consigo, a greve geral foi a arma da revolução, e a hegemonia do proletariado manifestou-se na composição do Conselho de Deputados dos trabalhadores em Petersburgo (26 de outubro), que se tornou a direção central da luta e, embrionariamente, o órgão do poder público da revolução. Até esse ponto, as predições da esquerda haviam se cumprido com um dinamismo difícil de prever. E os mencheviques? Os céticos líderes se deixaram levar de arrasto. Porém, os membros atuaram ao lado dos bolcheviques nos milhares de comitês e, com eles, impulsionavam e faziam o movimento avançar.

Nessa época, Rosa Luxemburgo estava em Berlim. Apesar de sua enfermidade, trabalhava febrilmente no limite de suas forças. E, mesmo que certos planos mencionados em suas cartas não tenham se cumprido, sua produção naqueles meses é admirável. Ela estudou os acontecimentos para aprender com o próprio processo histórico. Em uma série de brochuras e artigos escritos em polonês, explicou o sentido da história para aqueles que a estavam vivenciando e fazendo. Pôs ordem em fenômenos caoticamente contraditórios, delimitou as etapas seguintes, polemizou com veemência contra as ilusões e os erros no campo revolucionário, refutou o romantismo e a impaciência e usou as experiências ainda escassas das primeiras lutas para dar soluções criativas a questões táticas candentes e para focar a vontade do partido nas tarefas mais urgentes.

Ao mesmo tempo, ela atuou com mais energia do que de costume no movimento internacional e no movimento dos trabalhadores alemães para mostrar a importância dos acontecimentos na Rússia ao proletariado como um todo. A Revolução Russa fortalecera a consciência revolucionária dos trabalhadores alemães e sua disposição para a ação. Os mineiros da região do Ruhr, que havia uma década e meia se sentiam indefesos e abandonados ao capital onipotente, haviam iniciado em janeiro uma greve gigantesca, que estipulara apenas objetivos econômicos, mas na verdade tinha caráter político. Indo além dos Stinnes e dos Thyssen, ela se voltou contra o Estado e, após quatro semanas, conseguiu ao menos a promessa de reformas sérias. Os trabalhadores alemães foram tomados de um ávido desejo de conhecimento a respeito da Revolução Russa. Em toda parte queriam ouvir Rosa Luxemburgo, e as numerosas reuniões em que falou tornaram-se para ela, a representante da Revolução Russa, uma marcha triunfal. Sob pressão das massas entusiasmadas, franquearam-lhe até mesmo a tribuna dos sindicatos, que até então lhe fora terreno proibido. Clara Zetkin foi quem mais colaborou para essa conquista, e foi ela também que se empenhou com a mesma energia, e antes de todos, na propaganda das ideias da Revolução Russa.

O antagonismo entre reformistas e radicais irrompera com mais intensidade e, dessa vez, os radicais estavam na ofensiva. A direita social-democrata mostrou uma sintomática falta de compreensão dos problemas da revolução. Naturalmente seus porta-vozes estavam entusiasmados, mas, por mais que usassem seu marxismo como trunfo, não eram capazes de explicar a revolução a partir das forças classistas. Viam-na como fruto da alma russa. Justificavam-na como uma luta contra um regime despótico, uma luta que não faria sentido em uma sociedade constitucional, com bases legais seguras. Para eles, a revolução seria um espetáculo que o europeu democrático assistiria com interesse, mas do qual não tiraria nenhuma conclusão para o seu futuro. A política da social-democracia russa, do partido irmão, era-lhe estranha. Eles eram partidários dos *kadets* liberais (democratas constitucionalistas) e dos terroristas do Partido Socialista Revolucionário. Praticamente ignoravam as poderosas ações das massas proletárias e entusiasmavam-se sobretudo com o efeito sonoro dos tiros disparados contra governadores e grão-duques.

Rosa Luxemburgo tinha uma percepção profunda do antagonismo entre essas concepções e sua orientação intelectual. Ela zombava daqueles que tentavam abordar a revolução:

> com frases feitas rompendo-se, estepes infindáveis, almas apáticas, chorosas e cansadas, e outras estrepitosas expressões beletristas de jornalistas burgueses cuja ciência sobre a Rússia provém das mais recentes representações teatrais de *Albergue noturno*, de Górki, ou dos romances de Tolstói; e eles planam com a

112 PAUL FRÖLICH

mesma ignorância uniformemente benevolente por cima dos problemas sociais dos dois hemisférios.

Ela sentia muita vergonha que tais tolices abundassem justamente nas colunas do *Vorwärts*. E, com certeza, alegrou-se muito quando a crítica despretensiosa, que havia feito de passagem, desencadeou um debate ao mesmo tempo sério e divertido sobre a concepção marxista de história e a concepção "ético-estética" de história, no qual seus amigos Mehring e Kautsky partiram para o ataque.

Para ela própria, no entanto, era mais importante tirar lições das experiências russas que pudessem se concretizar em um futuro previsível na luta proletária na Europa ocidental. A grande experiência da Revolução Russa, que Rosa Luxemburgo esperava que fosse fecunda na próxima etapa do movimento dos trabalhadores alemães e europeus ocidentais, foram as greves políticas de massas. Havia anos ela se esforçava para esclarecer esse tipo de luta, sem conseguir impressionar ninguém. Ainda em 1904, o congresso do partido alemão rejeitou o requerimento de Karl Liebknecht e Clara Zetkin para que essa forma de luta fosse examinada. Porém, o exemplo russo conquistou as massas de trabalhadores para essa ideia. Houve uma grande discussão sobre ela. Em vão, os líderes dos sindicatos tentaram impedir que "se brincasse com fogo". O congresso dos sindicatos em Colônia se pronunciou quase unanimemente contra a greve de massas. No entanto, o congresso do partido em Iena, no outono de 1905, sancionou a greve política como uma arma que, em determinadas condições, teria de ser usada pela classe trabalhadora alemã[4].

A resolução do congresso do partido em Iena foi uma vitória de Rosa Luxemburgo. Porém, ela ainda não estava satisfeita. Por mais que o avanço do partido tenha sido considerável, o conteúdo positivo da resolução, focado inteiramente no parlamentarismo e em sua asseguração, ficou aquém de suas expectativas, e bem pequeno era o círculo de companheiros afinados com seu espírito. Nem mesmo Bebel figurava entre eles. Em um discurso no congresso do partido, Rosa Luxemburgo disse entre outras coisas:

> Depois de ouvir os discursos proferidos até aqui sobre a questão das greves políticas de massas, devemos ser honestos e perguntar: estamos vivendo de fato o ano da gloriosa Revolução Russa ou nos encontramos dez anos antes dela? [...] As revoluções anteriores, principalmente a de 1848, provaram que, em situações revolucionárias, não são as massas que têm de ser levadas na rédea curta, mas os representantes parlamentares, para que não traiam as massas e a revolução. [...] Diante de toda a mediocridade, temos de dizer a nós mesmos que, para nós, as

---

[4] Sobre a disputa em torno da greve de massas, ver, neste volume, p. 139 e seg.

últimas palavras do *Manifesto Comunista* não são uma bela fraseologia para as assembleias populares, mas que estamos dispostos a dar nosso sangue quando clamamos às massas: os trabalhadores nada têm a perder a não ser os seus grilhões; têm um mundo a ganhar.

Essas palavras desagradaram tanto o líder do partido, Bebel, que ele ironizou: "Quando escutei isso, olhei involuntariamente para as minhas botas para ver se já estavam empapadas de sangue". Às vezes, por trás do velho soldado, ainda aparecia o torneiro. Aliás, o promotor público se valeu dessas mesmas palavras para acusá-la por incitação à violência e, um ano depois, Rosa Luxemburgo era condenada a dois meses de prisão.

Pelo menos a Revolução Russa suscitara um ânimo mais impetuoso na direção do partido. Sob pressão da organização partidária berlinense, que estava profundamente insatisfeita com a insustentabilidade do *Vorwärts*, eles ousaram, pela primeira vez, dar um golpe na direita. Seis dos redatores do *Vorwärts*, Kurt Eisner e Gradnauer à frente, foram demitidos. O lugar foi ocupado por radicais, entre eles Rosa Luxemburgo. Manifestando uma ligeira dúvida em relação à nova redação, Rosa escreveu a Leo Jogiches, que naquela época dirigia o movimento polonês a partir de Cracóvia:

A redação será composta por penas inferiores, mas, em compensação, "mais *kosher*". Desde que o mundo existe, essa é a primeira vez que o *Vorwärts* experimenta uma composição exclusivamente de radicais. Nesse caso, é preciso mostrar que a esquerda é capaz de governar [...].

Ela era demasiado "capaz de governar" para o gosto de Rosa, demasiado submissa às instâncias do partido. Porém, antes que isso se evidenciasse, Rosa passou para um campo de batalha bem diferente.

Imagem de Varsóvia por volta de 1900.

Na linha de fogo

Varsóvia

Rosa Luxemburgo, a valente heroína, que não acha certo se expor aos perigos da revolução proletária, praticará a revolução com frases estridentes. [...] Rosa Luxemburgo quer salvar sua pele, o que em si é totalmente compreensível e muito humano. Porém, é muito descaramento que uma polonesa que se esquiva dos perigos de sua pátria instigue os trabalhadores alemães à revolução! O que será que faria essa valente dama se seus discursos e artigos tivessem realmente ateado fogo na Alemanha? Ela aguentaria firme aqui ou continuaria a se volatilizar de modo "internacional"?

Foi o que escreveu, naqueles dias, o pastor Naumann, líder dos imperialistas democrático-monarquistas alemães, que, alguns anos antes, com esse mesmo espírito cristão profundo, só que bem longe do campo de batalha, atiçou os "portadores da cultura" alemães a lutar como hunos contra os chineses. Durante meses a imprensa alemã repetiu o refrão dos reformistas: "Vamos para a Polônia!", que ainda era assoviado e servia de mote para gracejos quando Rosa já se encontrava havia muito no *front* revolucionário.

Ela deixou a Alemanha assim que duas condições se apresentaram: a saúde de certo modo restabelecida e a exigência da presença da liderança do partido diretamente no campo de batalha. Ela fez isso contra a vontade de seus companheiros e sem o conhecimento da direção do partido alemão, que, por razões políticas e pessoais, dificilmente a teria deixado partir. Usando o nome e o passaporte da companheira berlinense Anna Matschke, ela cruzou ilegalmente a fronteira no fim de dezembro de 1905.

Foi uma viagem cheia de aventuras. Na Rússia, revolução e absolutismo travavam a batalha decisiva. Depois que ficara evidente que, por trás do manifesto de outubro do tsar, havia apenas o propósito de ganhar tempo para um novo ataque contra as massas revolucionárias, a classe dos trabalhadores recorreu pela última vez à greve geral. Em Moscou, estourou a insurreição. As ferrovias pararam. O regime do tsar mobilizou todas as tropas que ainda lhe pareciam fiéis e as posicionou contra as grandes cidades.

O trânsito ferroviário parou na fronteira entre a Alemanha e a Polônia. A tentativa de chegar a Varsóvia por linha direta, via Toruń e Aleksandrovo, malogrou. Rosa teve de fazer uma grande volta pela fronteira até Iłowo. Ali também a estrada férrea estava paralisada. Não havia possibilidade de continuar a cavalo, o que, além do mais, seria um empreendimento perigoso. Então Rosa soube de um trem militar que partiria para Varsóvia e decidiu embarcar nele. Ela era a única civil no trem, prensada entre os soldados e as armas que deveriam restabelecer a ordem na rebelde Varsóvia. No rigoroso frio de dezembro, o trem não possuía calefação. Não tinha luz, porque, dentro do possível, não poderia ser percebido pela população. Esgueirava-se com medo de descarrilar, pois a linha poderia ter sido destruída pelos trabalhadores. Ao passar pelas estações, os soldados se aprontavam para o combate. E, sob essa tensão constante, Rosa tinha de estar consciente de que poderia ser desmascarada. A viagem durou dois dias. E a contrarrevolução trouxe a líder da revolução para dentro do seu quartel-general com honras militares.

Em Varsóvia, fora declarado estado de guerra. O centro da cidade estava praticamente deserto. Por toda a parte, havia patrulhas de soldados. Os trabalhadores ainda estavam em greve geral. Mas ela terminou sem êxito. A insurreição em Moscou foi sufocada. No entanto, Rosa Luxemburgo estava cheia de confiança. Escreveu a Kautsky no dia 2 de janeiro: "Em toda parte, o clima é de hesitação e espera. Porém, a razão de tudo isso é o simples fato de que a mera greve geral esgotou o seu papel. Agora a questão só poderá ser decidida numa luta de rua direta e generalizada, mas para isso o momento certo precisa ser mais bem preparado". Ninguém, em nenhum dos lados das barricadas, reconheceu que justamente naquele instante a deixa da revolução ficara para trás. Todas as reuniões estavam proibidas. Porém, nas empresas, os trabalhadores se reuniam para ouvir os agitadores dos partidos sem ser importunados, pois a empresa era sua fortaleza. As organizações de trabalhadores estavam proibidas. No entanto, naquele exato momento os sindicatos pululavam. Os jornais revolucionários estavam proibidos. Porém, o jornal da social-democracia polonesa, o *Czerwony Sztandar* (Bandeira Vermelha), saía diariamente. Era impresso por equipes móveis de tipógrafos. A gráfica mudava com frequência. A impressão muitas vezes era obtida à força, com revólver em punho. Às vezes os proprietários de gráficas punham como condição o aviso "impresso a força". E, apesar da polícia e dos militares, diariamente os jovens proletários gritavam nas ruas: "*Czerwony Sztandar!*".

No entanto, as dificuldades aumentavam a cada dia. A greve sem resultados e a derrota da insurreição em Moscou deram novo ânimo ao reacionarismo. O aparelho estatal voltou a se consolidar. A polícia, que ficara insegura diante do clima geral, percebeu a hesitação dos trabalhadores e interveio mais energicamente. Foi atiçada pela imprensa burguesa, que se posicionou acintosamente contra a revolução até na Polônia. A organização social-democrata ficou acuada. Quase diariamente havia buscas nas gráficas e prisões. Os detidos eram ameaçados com fuzilamento. Um trabalho estafante pesava sobre os companheiros da liderança que, além da agitação nas empresas e nas casernas, além da publicação de meia dúzia de jornais, a todo instante tinham de dar conta de novas dificuldades e tomar medidas organizacionais para as mais diferentes necessidades do movimento. Nesse alvoroço caótico, Rosa Luxemburgo viu que era sua tarefa principal proporcionar ao movimento uma visão geral e uma compreensão do todo, clareza a respeito dos próximos objetivos. Escreveu uma brochura intitulada *A hora revolucionária: como prosseguir?*, a terceira de uma série publicada com esse título. As duas anteriores foram escritas em abril e maio de 1905 em Berlim.

Sobre a insurreição armada

Ainda mais impetuoso do que no restante da Rússia fora o início do movimento revolucionário na Polônia. A industrialização intensa do país dava o tom, e o antagonismo nacionalista à dominação tsarista tornava mais ativa a pequena burguesia citadina. As grandes manifestações começaram já em março de 1904 e cresceram mês a mês. Polícia e militares trataram o movimento com a brutalidade peculiar do domínio estrangeiro. No outono de 1904, o PSP decidiu oferecer resistência armada à polícia. No dia 13 de novembro houve intensos confrontos em Varsóvia. No início de janeiro de 1905, irromperam lutas em Lodz, Radom e Siedlce e, depois do Domingo Sangrento de Petersburgo, houve greves – muitas vezes com choques violentos – em Lodz, Vilna, Kovno, Bialystok, Dąbrowa, Zawiercie e Częstochowa.

O PSP se vangloriava de ter a iniciativa e a liderança desse movimento. Provavelmente tinha razão. Reuniu em torno de si fortes contingentes da classe trabalhadora e era superior à social-democracia em termos organizacionais. Sua estratégia de luta revolucionária pela independência da Polônia parecia, portanto, confirmada pela realidade. Ele já cantava vitória: "O PSP dará conta dos inimigos internos e externos. Dará conta também da claque de desorganizadores estrangeiros, que não foram chamados, nem sequer sabem falar direito a língua polonesa" (se dirigia diretamente a Jogiches, aliás equivocadamente) "e receberam proteção para entrar sorrateiramente na Polônia" (Ladislaus Gumplowicz, nos *Sozialistische Monatshefte* [Cadernos Socialistas Mensais], em março de 1905.)

Não faltou, portanto, aos homens do PSP nem autoconfiança nem ódio intenso. Contudo, eles eram políticos românticos, que enxergavam a realidade através dos óculos coloridos de seus desejos. Primeiro viram por décadas o povo polonês como a nação revolucionária *par excellence* e zombaram altivamente dos que esperavam feitos revolucionários dos bárbaros e servis russos, ucranianos e georgianos. Por isso consideraram que a derrubada do tsarismo era impossível e buscavam a salvação da Polônia pela separação à força da Rússia. Eles não contavam com as forças de classe no Império tsarista, imaginavam a libertação como uma ação militar aos moldes da insurreição de 1863 e especulavam apenas situações favoráveis na política externa. Foi por isso que, logo após a guerra russo-japonesa, Piłsudski viajou ao Japão para solicitar ao micado [imperador] auxílio em dinheiro e armas.

Quando, ao contrário do que se esperava, toda a Rússia se levantou contra o absolutismo, os líderes do PSP foram arrastados por um breve período para dentro do movimento geral. Porém, a essência dessa revolução lhes era estranha. Por isso, logo depois dos primeiros grandes acontecimentos, o revolucionarismo do PSP ferveu e transbordou. Na primavera de 1905, o jornal do partido, o *Robotnik* (Trabalhador) assegurou: "Já temos forças revolucionárias. Agora precisamos de meios revolucionários. Formemos unidades de combate, providenciemos armas e meios de luta e teremos as liberdades políticas". Viam como sua principal tarefa a organização militar de seus apoiadores e, na medida do possível, do povo inteiro, a compra de armas no exterior e a fabricação de bombas.

Rosa Luxemburgo vislumbrava nisso um grande perigo para a revolução e lhe dedicou a primeira brochura da série *Como prosseguir?*. Segundo ele, concepções como essa só poderiam surgir em partidos que aderiram apenas artificialmente ao movimento dos trabalhadores. A burguesia também via as lutas sociais apenas como uma questão de força física bruta. Pergunte a um fabricante mediano ou a um *szlachcic* [nobre] por que a reconstrução da Polônia é impossível e ele lhe responderá: de onde tiraremos a força para enfrentar os fortes exércitos dos conquistadores? O PSP, porém, considerava-se em condições de criar essa força militar. Ele simplesmente transpunha a visão dos círculos terroristas para a luta de classe dos trabalhadores e achava que, com um plano, poderia armar os trabalhadores e lançar-se ao ataque. Decerto o absolutismo só poderia ser derrubado por uma insurreição geral, mas as próprias massas deveriam conseguir armas desarmando os militares, atacando os arsenais etc. Tais ações, porém, só poderiam ocorrer como resultado de um longo movimento de massas revolucionário.

Nas revoluções populares, o líder genial todo-poderoso não é o comitê do partido, tampouco o pequeno círculo que se chama organização de luta, mas a ampla massa que derrama seu sangue. Contrariando os "socialistas", que acham que a massa do povo trabalhador deve ser instruída sob suas ordens para as lutas armadas, a própria massa encontra, em cada revolução, os meios de luta que mais correspondem às condições dadas.

A social-democracia deveria se limitar ao que é possível. O que se poderia fazer, na melhor das hipóteses, era armar trabalhadores do partido e grupos de trabalhadores para se defenderem dos atos de violência dos órgãos do governo, e todos os esforços deveriam ser feitos nesse sentido. Porém, tentar persuadir os trabalhadores de que o partido lhes forneceria armas suficientes para atacar os militares e enfrentar em combate o exército permanente equivaleria a enganar as massas de trabalhadores.

Deviam então esperar de braços cruzados a irrupção das lutas de rua e entregar à própria sorte milhares de vidas? De modo nenhum. Para Rosa Luxemburgo, porém, havia somente um meio de preparação para essas lutas: a agitação! Vindo dela, isso só podia causar estupefação, pois, naquela época, era tratada como blanquista, bakuninista, como a "Rosa sanguinária".

Agitação sobretudo no campo. Ganhar os trabalhadores rurais e os camponeses não para uma luta militar imediata, mas para conquistar sua cabeça para o socialismo e avivar em seu peito o fogo da rebelião e a vontade de se libertar.

> Temos de levar ao campo a bandeira da luta de classes sem ocultar as exigências políticas atrás de frases ambíguas e covardes de patriotismo. Temos de expor todas as facetas de sua existência proletária ou semiproletária, explicar todos os seus interesses, sobretudo aqueles que eles têm em comum com as massas de trabalhadores em toda a Rússia: a derrubada do absolutismo!

Desse modo, o movimento revolucionário se torna geral e o absolutismo será obrigado a distribuir suas forças por todo o Império, enfraquecendo-as.

A tarefa naquele momento não seria a formação de unidades de combate para o ataque frontal, mas a agitação entre os soldados. Exatamente nesse ponto se mostra a inépcia da solução social-patriótica, pois não se conseguiria abordar os soldados russos estacionados na Polônia com uma causa que não era a deles. Seria preciso apelar para seus interesses de classe como trabalhadores e camponeses. Por meio da agitação socialista, uma parte dos militares seria atraída para o *front* oposto, outra ficaria indecisa e assim se desgastaria a força e a disciplina do Exército. "Temos de armar tanto o proletariado que veste camisa de camponês quanto o que veste uniforme de soldado com as armas que podemos lhes dar: esclarecimento sobre seus interesses de classe econômicos e políticos". Não se devia mostrar entusiasmo por atos de violência de indivíduos.

120 PAUL FRÖLICH

Há duas vias para acelerar a revolução e desorganizar o governo. A guerra contra o Japão, os povos tungúsicos na Manchúria, a fome e a quebra de colheitas, a perda de crédito nas bolsas europeias estão desorganizando o governo. Esses fatores independem da massa popular. Lançar bombas é um ato do mesmo tipo. A outra via é a atuação não casual das massas populares: greve geral, greves parciais, inibição da indústria, do comércio e do transporte, insurreições militares, paralisação de trens pelos grevistas etc. Lançar uma bomba representa para o governo mais ou menos o mesmo perigo que matar uma mosca. [...] Só pessoas que não sabem pensar acreditam que atos terroristas com bombas podem causar mais do que apenas uma impressão momentânea.

Os meios de desorganização por ações de massa são os únicos que representam perigo para o absolutismo. Pois eles não só desorganizam o sistema dominante, como, ao mesmo tempo, organizam a força política que derrubará o absolutismo e criará uma nova ordem. Somente para essa via a social-democracia é vocacionada. A agitação conquistará o país. Ela solapa a disciplina do Exército, convoca as mais amplas massas para a luta franca e gera a força que constrói barricadas, obtém armas, conquista vitórias aqui e ali e, por fim, abarca e arrasta tudo com ela.

Rosa Luxemburgo não via a tarefa do partido revolucionário nos feitos heroicos de indivíduos nem nas proezas de pequenas minorias. Decisiva seria a agitação, a conquista de cabeças para o socialismo, para que a vontade socialista fosse da cabeça para os punhos e se concretizasse em ações de massa. Foi a mesma postura de Marx no início da Revolução de 1848, em Paris, quando se opôs à aventura de Herwegh, que queria levar a revolução para a Alemanha pela mão de grupos de guerrilheiros. A maior preocupação de Rosa Luxemburgo era fazer a revolução amadurecer organicamente, aproveitando e fomentando a dinâmica própria das coisas e cumprindo, assim, o dever da liderança. Ela sabia muito bem que, na preparação da insurreição, o partido tinha também de cumprir certas tarefas técnicas. Em janeiro de 1906, quando considerou que simples greves gerais não eram mais suficientes e acreditou que chegara o momento das insurreições de massas, ela escreveu sobre isso na terceira brochura da série *Como prosseguir?*:

A fase da luta aberta que começou agora impõe à social-democracia o dever de prover os combatentes mais avançados do melhor armamento possível, elaborar os planos e as condições para a luta de rua e, sobretudo, tirar as lições da luta de Moscou. Essa preparação técnica para a luta armada é tremendamente impor-tante e necessária, mas não é a principal garantia da vitória. Serão decisivas, no fim das contas, não as tropas de combate de uma minoria organizada, que tem uma tarefa especial na luta revolucionária, mas as amplas massas do proletariado.

Somente sua prontidão, seu heroísmo poderão garantir a vitória final na luta de rua. Porém, essas massas não podem ser organizadas como tropas de combate, só poderão ser preparadas e organizadas como base na luta de classes constante e diuturna, tanto econômica quanto política. Os sindicatos social-democratas e as associações social-democratas, a criação de uniões entre os militares são as principais tarefas para a vitória futura. A organização e o esclarecimento das massas trabalhadoras no campo de seus interesses gerais como classe e de suas tarefas específicas trarão a possibilidade de tornar permanentes os frutos da luta de classes. E ela dará à revolução um impulso de tal ordem que o retorno ao reacionarismo será impossível. Isso produzirá o espírito de luta das massas e a disposição para vencer a qualquer preço.

Rosa Luxemburgo não concebia a insurreição como ataque frontal aos militares. Em sua concepção, o pressuposto para a insurreição era a profunda desagregação das tropas, preparada pela agitação e consumada na própria luta. Da passagem de grandes contingentes de tropas para o lado do povo revolucionário dependeria a vitória da insurreição.

O conteúdo desses dois escritos está em gritante contradição com a imagem que a crítica "bolchevique" faz malevolamente das concepções de Rosa Luxemburgo sobre a insurreição[1]. Comparando trechos isolados de Lênin e de Luxemburgo, podemos concluir que eles concordavam em todos os pontos. Isso, contudo, seria falso. Eles abordam a questão a partir de uma postura interior diferente, o que se deduz, por exemplo, do seguinte enunciado de Lênin:

> É indubitável que temos de trabalhar ainda muitíssimo para educar e organizar a classe operária, mas atualmente toda a questão consiste em saber onde deve residir o centro de gravidade político principal dessa educação e dessa organização. Nos sindicatos e nas associações legais ou na insurreição armada, no trabalho de criação de um exército revolucionário e de um governo revolucionário?*

O mesmo mostra uma passagem de *Que fazer?*, na qual Lênin diz que o partido deveria criar uma rede de agentes militarmente organizados que, no momento da insurreição, garanta com seu trabalho a maior probabilidade possível de êxito:

---

[1] Ver, por exemplo, Jaroslawski, *Rosa Luxemburg zur Frage des Aufstandes* [Rosa Luxemburgo sobre a questão da insurreição], no qual o autor cita apenas ocasionalmente enunciados de Luxemburgo e tira conclusões precipitadas. Ele manifestamente desconhece esses dois escritos básicos.

* Vladímir Lênin, *Duas tácticas da social-democracia na revolução democrática*, em *Obras escolhidas* (Lisboa, Avante!, 1977). Disponível em: <https://www.marxists.org/portugues/lenin/1905/taticas/index.htm>. (N. E.)

Precisamente com base nesta obra, formar-se-ia a capacidade de avaliar acertadamente a situação política geral e, por consequência, a capacidade para escolher o momento adequado para a insurreição. [...] Precisamente este trabalho, por fim, habituaria todas as organizações revolucionárias, em todos os cantos da Rússia, a manter entre si relações mais constantes e ao mesmo tempo conspirativas [...]; sem estas relações não é possível discutir coletivamente um plano de insurreição nem adotar em vésperas desta última as medidas preparatórias indispensáveis, medidas que devem ser mantidas no mais rigoroso segredo.*

No entanto, a exemplo de Rosa Luxemburgo, Lênin também aprendeu com a experiência da insurreição de Moscou. E, nesse processo, ambos evoluíram de modo convergente. Enquanto Rosa pôs de início toda ênfase na ação espontânea das massas e – ao que parece – só a partir da experiência reconheceu a grande importância da organização e da liderança conscientes, Lênin partiu primeiramente de uma concepção conspirativa para, depois, reconhecer seus limites. Antes da experiência, pareceu-lhe que a tarefa da liderança era criar uma organização que pudesse escolher o momento certo para o levante, "que não poderia esperar ajuda de nenhum lado, mas teria de providenciar tudo por si mesma". Agora ele via o fato de os trabalhadores terem passado por cima da organização e ido da greve para a insurreição como "a maior das conquistas da Revolução Russa". Portanto, os dois pensadores se aproximaram tanto que parece não haver mais diferença entre suas concepções. Porém, eles vieram de pontos de partida distintos e esse fato é sintomático para diferenças bem determinadas, bem essenciais, de seu pensamento político.

A história deu seu veredito sobre as duas concepções de insurreição armada. Em todas as revoluções, as unidades de combate conspirativamente organizadas dos partidos revolucionários atuaram, quando muito, apenas como um esqueleto da massa combatente. Em todas, elas comportavam o risco de desencadear ações golpistas ou se alçar a donas do partido, por isso eram dissolvidas quando a situação extrema demorava a acontecer. As revoltas de 1905 e 1906 se aproximaram do quadro imaginado por Rosa Luxemburgo. A revolta de dezembro em Moscou foi iniciada espontaneamente pelas massas. A liderança exerceu fundamentalmente um papel de conselheiro militar. Em 1917, o levante de fevereiro foi uma ação totalmente espontânea dos trabalhadores e dos soldados de Petersburgo. Em contraposição, a insurreição de 7 de novembro de 1917 foi planejada e organizada pelo Partido Bolchevique, e tinha uma data marcada. Foi realizada quase exclusivamente por tropas regulares. Isso foi possível porque parte considerável da massa de soldados – em Petrogrado, a parte preponde

---

* Idem, *Que fazer?*, em *Obras escolhidas* (Lisboa, Avante!, 1977). Disponível em: <https://www. marxists.org/portugues/lenin/1902/quefazer/fazer.pdf>. (N. E.)

rante – já se encontrava a favor da revolução e desejava entrar em ação, e os velhos poderes não confiavam mais no restante das tropas. Houve uma evolução parecida na Revolução Francesa: uma ação espontânea em 14 de julho de 1789 abalou o absolutismo e uma ação planejada em 10 de agosto de 1792 trouxe a vitória decisiva. É evidente que, em um movimento revolucionário ascendente, a importância da organização e a iniciativa da liderança crescem e, no auge do movimento, a vitória depende essencialmente delas.

A maneira como Rosa Luxemburgo trata esse problema mostra uma peculiaridade recorrente nela. Ela só examinou realmente a questão da insurreição quando e na medida em que esta adquiriu relevância prática na Revolução Russa. Mais tarde, quando elaborou a experiência da revolução para os partidos ocidentais, entrou profundamente na questão das greves de massas porque era uma questão atual ali. Ela só mencionou a insurreição de passagem. Em seu caso, não há dúvida de que analisava até as últimas consequências cada uma de suas decisões táticas. No entanto, estava consciente de que cada nova experiência trazia novos conhecimentos, cada nova situação, novas possibilidades e necessidades. Por isso, em sua propaganda, geralmente se limitava a esclarecer o próximo passo tático. Desse modo, preservava para si e para o movimento a elasticidade na ação política.

A social-democracia polonesa e o PSP

Na segunda brochura da série *Como prosseguir?* (publicada em maio de 1905), Rosa Luxemburgo tratou de um fenômeno curioso: a primeira grande greve política de massas, ocorrida em janeiro de 1905, pulverizou-se em um sem-número de greves econômicas que se manteve durante meses no campo de batalha. Rosa Luxemburgo formulou a pergunta que, na época, preocupava todos os revolucionários conscientes:

> Essa passagem para as greves econômicas não significa um declínio transitório da energia revolucionária, um recuo? As greves econômicas não se tornaram uma escaramuça sem propósito com o capital e, por essa razão, no futuro, não se deveria agir contra tal fragmentação da greve geral, sendo preferível interrompê-la rapidamente enquanto ainda tem a força de uma manifestação política?

Ela via a solução para essas dúvidas na compreensão do caráter duplo da revolução. Trata-se de revolução burguesa enquanto diz respeito às liberdades políticas, à república, ao governo parlamentarista. Mas, ao mesmo tempo, tem caráter proletário, porque nela a classe dos trabalhadores é a líder e a mais forte promotora das ações, seus métodos de luta dominam as controvérsias e ela própria se torna o fator social mais significativo. Essa força recém-adquirida tinha de se materializar na luta imediata contra o capital e em prol da melhoria de condições, sem se preocupar com os efeitos que isso teria sobre a postura política da burguesia. Na opinião de Rosa Luxemburgo, a social-democracia não deve de modo nenhum se opor às greves econômicas, mas deve tentar guiá-las para o caudal geral da revolução. Ela também via na irrupção dessas greves uma prova de que a classe trabalhadora não poderia ser mantida dentro dos limites da ordem econômica burguesa caso esta chegasse ao poder no decurso da revolução.

Ao mesmo tempo, Rosa Luxemburgo advertiu para que não fosse aplicado esquematicamente a todas as greves econômicas o mesmo critério. A febre de greves que repentinamente tomou conta de grandes massas de trabalhadores tem um significado diferente da greve em uma única fábrica. Bem mais significativo do que a melhoria das condições econômicas diretamente conquistadas é que, pela primeira vez, essas greves arrastaram para a luta estratos totalmente novos: os trabalhadores da indústria nas cidades provinciais, o exército de empregados em cargos de chefia, os pertencentes a profissões intelectuais e a grande massa do proletariado rural com o campesinato proletarizado. Assim, para Rosa Luxemburgo, houve nessas greves econômicas uma enorme ampliação do campo de batalha que, de fato, se tornaria avalista da revolução. A tarefa da social-democracia seria a de reunir as reivindicações dessas greves em torno do eixo central da jornada de oito horas e, assim, criar um movimento unitário de massas, que voltaria organicamente à luta política.

Essa discussão, uma vez mais, tinha como endereço o PSP, que participou a contragosto das greves econômicas só para não perder totalmente a influência sobre as massas. O PSP, contudo, se queixava que a revolução se degenerara em mero movimento por melhores salários. Comportava-se como se fosse muito mais revolucionário do que a social-democracia, que estaria desencaminhando a classe dos trabalhadores. Na realidade, já se tratava da grande prova histórica pela qual passariam essas duas concepções básicas que, desde 1893, se digladiavam no movimento socialista polonês: a visão do PSP, cujo objetivo era a restauração da Polônia, e a de Rosa Luxemburgo, que proclamava a derrubada do absolutismo por uma revolução na qual o proletariado polonês teria de se aliar ao proletariado russo e assim conquistar a hegemonia sobre todas as forças revolucionárias. Depois se demonstrou que a primeira concepção era uma fantasia de intelectuais nacionalistas pequeno-burgueses, e a segunda a expressão de um processo histórico real, do ponto de vista da classe dos trabalhadores.

O PSP teve de reconhecer que a revolução real não consistia em bombas nem em intervenções *putschistas* de pequenas unidades de combate, mas em ações de massa de milhões de pessoas. Contudo, ele resistiu a reconhecer isso e, assim, perdeu rapidamente a liderança da luta. Num primeiro momento, foi totalmente arrastado pela social-democracia polonesa. Os apoiadores proletários do PSP simplesmente obedeceram às palavras de ordem social-democratas e forçaram os líderes a submeter-se. O resultado foi uma cisão profunda na liderança do próprio PSP.

Os nacionalistas puros, os "social-patriotas", viram com estupefação suas esperanças de uma Polônia autônoma desaparecerem, à medida que a Revolução Russa progredia. E assim passaram a fazer oposição incisiva à própria revolução.

Já em junho de 1905, a liderança do PSP se voltou abertamente contra a greve geral que irrompera em Varsóvia e em Lodz e levara a lutas de barricada. Bradou que a social-democracia estava empurrando as massas para a greve para inescrupulosamente fazer propaganda do partido. Reconhecia desse modo que perdera para a social-democracia a influência sobre a classe dos trabalhadores, o que, nesse caso, queria dizer: até sobre os proletários do próprio partido. As coisas ainda piorariam. Depois da grande greve geral pan-russa de dezembro de 1905, Daszyński, líder e deputado do partido socialista galiciano e chefe reconhecido do PSP em todas as três regiões do país, publicou uma "Carta aberta" no jornal *Naprzod* (Avante), da Cracóvia. Nessa carta, ele atacou violentamente toda e qualquer greve geral no território polonês. No momento em que a ideia russa de Estado passava por sua maior crise, os poloneses deveriam buscar objetivos próprios com métodos próprios de luta. Deveriam viver sua vida e abandonar movimentos que haviam nascido em outro contexto, tinham outras metas e necessariamente prejudicariam ou destruiriam a vida polonesa. O objetivo próprio era a independência da Polônia. A possibilidade de uma luta vitoriosa estava cada vez mais clara. Era preciso preparar-se para essa luta, o povo polonês não podia desperdiçar prematuramente suas forças com objetivos estranhos, ou seja, com a vitória da revolução pan-russa. No Império tsarista, a greve geral até poderia ser adequada a seus fins, talvez até permanentemente vitoriosa, mas seria funesta na Polônia. Qual o sentido de uma greve na linha férrea Varsóvia--Viena, que não era propriedade do Estado, mas estava em poder de capitalistas poloneses? Pela quimera da libertação nacional, Daszyński negou os interesses da classe trabalhadora. Em contradição com os fatos, assegurou que "quem está em luta na Rússia não são classes, mas povos". Ele sonhava com a união de todo o povo polonês na busca da independência nacional; e esse sonho era ainda mais fantástico, tendo em vista que a grande burguesia polonesa nem por um instante vacilou em sua fidelidade ao absolutismo russo e até o partido nacionalista burguês, o Democracia Nacional, desistira da ideia de uma insurreição nacionalista e da independência polonesa. A realidade mostrava com clareza suficiente que a revolução nacionalista só podia ser concebida no quadro da revolução social; o interesse de classe suplantou o interesse nacionalista. A liderança do PSP se aferrou à ideia da independência nacional e a pôs acima de tudo. Daszyński, Piłsudski e seus companheiros se agarraram a uma última possibilidade para alcançar seu objetivo: separar-se incondicionalmente da Revolução Russa e promover a insurreição nacional quando essa revolução fosse vitoriosa. Assim, os líderes do PSP, que um ano antes ainda se vangloriavam de ser os verdadeiros líderes do proletariado polonês, foram impelidos por necessidade fatalista a separar-se do proletariado e abandonar o socialismo. No instante da grande prova, sua concepção nacionalista os lançara em total confusão e impotência política.

A "Carta aberta" de Daszyński, que Rosa Luxemburgo analisou com argúcia em um volumoso trabalho, provocou uma crise no PSP. No congresso do partido em 1906, aconteceu a cisão. A esmagadora maioria do partido apoiou a esquerda do PSP, que deixou de lado a palavra de ordem da independência da Polônia e aceitou, em essência, o programa da social-democracia. As "organizações de combate" se separaram do partido sob a liderança de Piłsudski e adotaram a sigla "PSP – Fração Revolucionária". A estratégia de Rosa Luxemburgo conquistara todo o movimento dos trabalhadores da Polônia; após doze anos de luta intelectual, era a vitória completa. Uma vitória conquistada mediante a percepção profunda e incorruptível do processo histórico e a firmeza de caráter que soube sustentar inabalavelmente a verdade reconhecida em sua política.

Na época do reacionarismo, a "Fração Revolucionária" descambou para a pura aventura. As organizações de combate cometiam "expropriações", assaltos a ferrovias, correios e estabelecimentos autorizados de venda de álcool etc., asselvajaram-se e desceram ao nível do banditismo. Em um ensaio cheio de indignação e ira e, ao mesmo tempo, profunda compreensão humana, Rosa Luxemburgo descreve em 1909 a profunda degeneração desse movimento, revelada em 1907 e 1908 nos tribunais marciais:

> Bandidos comuns figuram ao lado dos trabalhadores revolucionários nos tribunais marciais. Eles se agarram ao movimento de classe do proletariado, fazem parte de uma estatística comum das vítimas da contrarrevolução, estão juntos nas mesmas celas e morrem na forca cantando a "Bandeira vermelha". Grande parte dos bandidos é constituída por ex-trabalhadores revolucionários e membros dos diferentes partidos socialistas. Por fim, algo bem pior: banditismo, provocação, espionagem e atividade revolucionária às vezes estão mesclados no mesmo processo e atingem os mesmos círculos de trabalhadores. Como pôde haver essa comunhão entre o drama da revolução proletária e a luta partidária do lumpemproletariado contra a propriedade privada, que atuou em sentido oposto àquela?

Rosa Luxemburgo encontra a resposta a essa pergunta na necessidade profunda de massas incontáveis durante o período de revolução, na insustentabilidade política da "Fração Revolucionária" e no seu descambar no terror político das organizações de combate.

Depois da degeneração total desse tipo de ação revolucionária, Piłsudski, seu inspirador e chefe, resolveu alcançar a independência da Polônia por outras vias. Em 1909, após a anexação da Bósnia, quando a guerra entre Áustria e Rússia entrou na ordem do dia, Piłsudski fez um acordo com o governo austríaco, fundou associações de franco-atiradores para uma futura legião polonesa e as subordinou ao estado-maior do Exército habsburgo. Isso representou a separação definitiva entre o social-patriotismo e o movimento dos trabalhadores, o ingresso no *front* dos conquistadores imperialistas.

Já no início de sua campanha contra a liderança do PSP, Rosa Luxemburgo predisse que o socialismo nacionalista polonês se bandearia totalmente para o lado dos poderes reacionários. Sua teoria não poderia ter sido mais enfaticamente justificada. A consequência imediata desse desenvolvimento foi a adesão da social-democracia polonesa ao partido russo na primavera de 1906. Agora a proclamação do direito de autodeterminação dos povos pela social-democracia russa não representava mais um perigo para a estratégia na Polônia; aquele princípio e essa política passaram a compor uma unidade dialética.

No cárcere

No decorrer de 1905, a social-democracia polonesa se tornou a líder inconteste da classe trabalhadora polonesa. Na revolução, a própria Polônia marchou na frente, superada apenas temporariamente por Petersburgo e Moscou. Naturalmente a razão principal era a forte industrialização da Polônia. Porém, essa liderança foi promovida pela coesão do partido social-democrata e assegurada pela superioridade intelectual de Rosa Luxemburgo. Leo Jogiches, que viera para Varsóvia com o nome Otto Engelmann (seu nome no partido, naquela época, era Jan Tyszka), desenvolveu grandes capacidades organizacionais e manteve o partido sob rigorosa disciplina. Um grupo de excelentes revolucionários o acompanhava: Dzierżyński, que coordenava a organização militar com os russos Petrienko, Varski, Karski, Radek, Áussem, Hanecki, Malecki, Domski, Irene Semkovska, Unschlicht, Leder, Brodóvski – pessoas que realizaram coisas extraordinárias na Revolução Russa após 1917. O partido que, em 1901, mal contava com mil membros, cresceu em 1905 para 25 mil e, em 1907, chegou a cerca de 40 mil membros. Ele lançou uma série de jornais em polonês, alemão e hebraico, distribuiu panfletos russos no Exército, organizou sindicatos, dirigiu greves e lutas de barricada.

Naturalmente esse trabalho cobrou vítimas. Principalmente depois da greve de dezembro, as perseguições policiais se tornaram mais intensas e as prisões mais frequentes. No dia 4 de março, Rosa Luxemburgo e Leo Jogiches foram presos na casa da condessa Walewska. Orientada por espiões alemães, a polícia de Varsóvia encontrou sua pista e, depois de prendê-los, artigos de incitação da imprensa reacionária alemã, e principalmente do jornal conservador *Post* [Correio], forneceram material para a acusação da promotoria. Rosa e Leo foram primeiramente mantidos em prisão preventiva sob os pseudônimos de Matschke e Engelmann.

128 Paul Frölich

No entanto, a polícia já intuía quem era a mulher que prendera. Uma semana depois, quando encontrou uma fotografia na casa da irmã de Rosa, esta teve de tirar o "véu". Somente em junho, novamente por denúncia direta do *Post*, a polícia chegou à identidade real de Leo e, em agosto, descobriu seu pseudônimo. De início, Rosa foi trancafiada na prisão da prefeitura de Varsóvia. As condições eram tão terríveis quanto podiam ser em tempos de reacionarismo incipiente, quando a polícia se dedica a caçadas humanas e de hora em hora despeja nas prisões tudo que cai em suas redes. Em carta a Kautsky, Rosa descreve o "idílio":

> Encontraram-me numa situação bastante desconfortável, mas vamos passar uma borracha sobre isso. Estou detida aqui no paço municipal, onde se amontoam presos "políticos", pessoas comuns e doentes mentais. Minha cela, uma preciosidade nesta guarnição (uma cela simples comum, destinada em tempos normais a uma só pessoa), abriga catorze hóspedes, por sorte todos políticos. Junto da nossa há ainda duas grandes celas duplas, com cerca de trinta pessoas em cada, todas misturadas. [...] Agora dormimos todos como reis em camas de tábuas, de través, uns ao lado dos outros, como arenques, e tudo corre muito bem – desde que não se acrescente uma música extra, como ontem, por exemplo, quando recebemos uma nova colega, uma judia colérica que nos manteve tensos em todas as celas por 24 horas com seus gritos e suas andanças, e levou uma série de presos políticos a um choro convulsivo. Hoje finalmente ficamos livres dela e temos apenas três *myschuggene* [loucas] mansas conosco. Não sabemos aqui o que são passeios no pátio, em compensação as celas ficam abertas durante o dia e podemos passear o dia todo no corredor, zanzar no meio das prostitutas, ouvir suas belas cançõezinhas e seus belos ditos e desfrutar da fragrância do [toalete] igualmente escancarado.[*]

A saúde de Rosa já estava abalada pelo excesso de trabalho dos últimos meses. Naquelas celas entupidas de gente, mal ventiladas, ela adoeceu seriamente. Somavam-se a isso as greves de fome, a única arma dos presos para conseguir condições mais suportáveis; e, por fim, havia o sofrimento psíquico. No dia 11 de abril, Rosa foi transferida para o famigerado Pavilhão X da Fortaleza de Varsóvia, onde as condições externas eram um pouco melhores. Porém, Rosa conta como sofreu naquelas condições em uma carta escrita em fevereiro de 1917 a Sonia Liebknecht, esposa de Karl:

> Há muito que nada me abalava tanto quanto o breve relato de Marta [Rosenbaum] sobre a sua visita a Karl, sobre como você o encontrou atrás das grades

---

[*] Rosa Luxemburgo, Carta a Karl e Luise Kautsky, Varsóvia, 13 mar. 1906, em Isabel Loureiro (org.), *Rosa Luxemburgo*, v. 3, cit., p. 83-4. (N. E.)

e o estado em que isso a deixou. Por que não me falou sobre isso? Eu tenho o direito de partilhar de tudo o que a faz sofrer e não deixo que ponham limites ao meu direito de propriedade! O caso, aliás, me lembrou vivamente meu primeiro reencontro com meus irmãos, há dez anos, na cidadela de Varsóvia. Lá somos literalmente expostos em uma dupla gaiola de fios de arame trançados, quer dizer, uma pequena gaiola fica solta dentro de outra gaiola maior, e tem-se de conversar através das redes de ambas, que turvam a visão. Como isso aconteceu justamente depois de uma greve de fome que durou seis dias, eu estava tão fraca que o capitão de cavalaria (o comandante da nossa fortaleza) quase teve de me carregar até o parlatório, e eu tive de me segurar firme com as duas mãos no arame da gaiola, o que certamente acentuou a impressão de um animal selvagem no zoológico. A gaiola foi colocada num canto muito escuro da sala, e meu irmão comprimia o rosto contra o arame. "Onde está você?", perguntava a todo momento e limpava as lágrimas que lhe caíam nas lentes e o impediam de ver. Como eu me sentiria satisfeita e feliz se pudesse estar agora na gaiola de Luckau e poupar isso a Karl!*

Coisas piores tiveram de ser suportadas. Havia dias em que se armavam forcas no pátio da fortaleza, um silêncio angustiante se abatia sobre toda a prisão, até que se ouviam os passos dos condenados e a ordem de execução e de todas as celas ressoava a marcha fúnebre. E com frequência os revolucionários eram chamados para fora das celas com uma seriedade que indicava cerimônias especiais. Eles não retornavam. A vida deles era apagada sem julgamento e sem sentença, "pela via administrativa". Certa vez o mesmo destino pareceu se acercar de Rosa – Leo Jogiches, um sujeito fechado, que não demonstrava emoções, contou isso depois que ela foi morta. Vendaram os olhos dela e a levaram, mas era apenas um interrogatório. O procedimento inabitual foi ou um engano ou uma crueldade sofisticada. Quando mais tarde Rosa foi inquirida sobre o que sentiu naquele momento, ela disse: "Eu me envergonhei por sentir que empalideci!".

Seria um grande equívoco acreditar que toda a injustiça e todas as coisas assustadoras que sofreu a abateriam. Rosa sabia que a coisa era "bastante séria" – ou, em sua linguagem, diabolicamente séria; ela estava doente e o cabelo começava a branquear. Porém, as cartas que escreveu naquela cripta prisional transpiram um bom humor genuíno, estão cheias de anedotas divertidas e zombaria sobre si mesma. Pois ela amava o perigo. Mesmo que o corpo estivesse fraco e ameaçasse sucumbir, o perigo tensionava as energias de seu espírito e de sua alma e a elevava acima de todos os sofrimentos e ameaças do destino. Ela se obstinava contra os opressores e se alegrava com cada peça que conseguia pregar neles. Ela via as visitas

---

* Idem, Carta a Sophie [Sonia] Liebknecht, Wronke na P., Fortaleza, 18 fev. 1917, em Isabel Loureiro (org.), *Rosa Luxemburgo*, v. 3, cit., p. 239-40.

através da trama de arames da gaiola. Os guardas não podiam falar com os presos e, se aceitassem incumbências deles, eram transferidos sem apelação para o batalhão de punição [*Strafbataillon*]. A prisão era cercada pelas muralhas da fortaleza. O isolamento do mundo exterior era efetuado com cuidado e brutalidade. E, no entanto, Rosa mantinha um contato dinâmico com a luta lá fora. Ela não só teve conhecimento do que estava sucedendo no partido polonês, não só interferiu em seu conselho e orientações, como também recebeu notícias autênticas do "Polo Norte", isto é, dos processos internos da social-democracia em Petersburgo: notícias que infelizmente reportaram um grande caos e uma total falta de determinação e brio. "É para lá que eu gostaria de ir o mais rápido possível! [...] Raios e trovões, acho que eu tiraria na mesma hora o sossego de todas aquelas pessoas!".

Não era só de fora que vinham notícias e não eram só mensagens secretas de Rosa que passavam de mão em mão e acabavam encontrando o caminho da liberdade. Após quatro anos de detenção, ela anunciou que concluíra a terceira brochura, já contrabandeara duas para fora da prisão e as enviara para a impressão. Além disso, escrevia artigos para o jornal. A Kautsky promete que fará todos rolarem de rir se um dia puder narrar suas "experiências de viagem". "Em especial, alegro-me em segredo com todas as 'indecências' que despacho todos os dias para fora daqui e com as que recebo de volta, 'preto no branco', um ou dois dias depois." A produção era tanto maior porque, com todo o tumulto das discussões, brigas dos presos "comuns" e acessos de raiva dos "*myschuggene*" [loucos], Rosa só conseguia trabalhar tranquilamente das nove horas da noite até as duas horas da madrugada. Dado que o espetáculo infernal dos demais recomeçava às quatro horas da manhã, o trabalho era feito à custa do sono.

Havia algo que afligia Rosa na prisão. Seus familiares naturalmente fizeram de tudo para libertá-la. Procuraram a direção do partido alemão e esperavam que o governo alemão tomasse providências em seu favor, como cidadã alemã. Rosa se queixou: "Infelizmente uma pessoa presa é considerada imediatamente incapaz não só pelas autoridades, mas também pelos próprios amigos". Em todo caso, ela quis que o chanceler imperial Bülow ficasse de fora, pois, do contrário, ela não poderia mais falar sobre ele e o governo tão livremente como tinha de ser. Sua cidadania alemã provocou muita dor de cabeça ao promotor em Varsóvia, pois a diplomacia internacional ainda não estava inteiramente morta naquela época. Por fim, decidiu-se com base em pareceres jurídicos que o casamento de Rosa com Lübeck tinha validade legal na Alemanha e lá ela era alemã, mas, visto que o casamento não fora celebrado por um rabino, não tinha validade na Rússia e Rosa ainda era russa para os russos. Em junho, uma comissão médica constata que "Luxemburgo tem anemia, manifestações de histeria e neurastenia e catarro gastrointestinal com dilatação do fígado e necessita de tratamento à base de água mineral e banhos sob condições higiênicas e dietéticas correspondentes". No dia

28 de junho, ela foi solta com base nesse diagnóstico, mas obrigada a permanecer em Varsóvia. Uma fiança de 3 mil rublos teve de ser paga[2]. Novas intervenções tiveram início. Um novo parecer médico declarou que Rosa necessitava sem falta de tratamento no exterior e, no dia 31 de julho, foi-lhe permitido deixar Varsóvia.

Essa libertação surpreendente, contudo, teve outras razões além das registradas nos autos. O aparelho policial já estava fortemente desmoralizado na revolução. Altos funcionários haviam sido subornados e a organização de combate do partido social-democrata fizera chegar ao conhecimento da *okhrana* que saberia como vingar qualquer injustiça que acontecesse a Rosa.

Rosa foi primeiro para Petersburgo, onde se encontrou com Akselrod e teve debates acalorados sobre tática na revolução. Em seguida, passou um mês em Kuokkala, na Finlândia. De lá, visitou Párvus e Leo Deutsch na Fortaleza de Pedro e Paulo, onde se preparavam para o degredo na Sibéria. Em Kuokkala, Rosa escreveu *Greve de massas, partido e sindicatos**, em que faz a síntese da Revolução Russa para a classe trabalhadora da Alemanha. Ela estava ansiosa para se lançar na luta intelectual alemã, mas havia um impedimento. Pairava sobre ela uma acusação motivada por seu discurso no congresso do partido em Iena, em 1905. Chegara ao seu conhecimento que havia um acordo entre a polícia russa e a polícia alemã: ela seria conduzida à fronteira alemã, e isso ainda antes do início da sessão parlamentar. O que queria dizer prisão imediata. Ela, porém, não estava ansiosa para voltar a ser hóspede do Estado. Em setembro, viajou para a Alemanha e quase sem se deter foi ao congresso do partido em Mannheim. Algum tempo depois, desfrutou do repouso urgentemente necessário em Maderno, às margens do Lago de Garda: "Sol, repouso e liberdade – as mais belas coisas da vida, com exceção de sol, tempestade e liberdade".

Entrementes, Leo Jogiches continuava preso no Pavilhão X da Fortaleza de Varsóvia. Até agosto, ele conseguira se manter incógnito. A soltura mediante fiança fora aprovada, mas revogada... No dia 14 de novembro de 1906, foi decidida a acusação contra ele e Rosa em nome de Skalon, o mal-afamado comandante do distrito militar de Varsóvia, um verdadeiro cão de caça:

> Consoante investigação feita pela gendarmaria faz-se contra o pequeno-burguês Leo Jogiches (aliás, Otto Engelmann) e a filha de comerciante Rosalie Luxem-

---

[2] Provavelmente essa fiança foi paga pela direção do partido da social-democracia alemã. Em todo caso, mais tarde, em círculos mais fechados do partido, mas algumas vezes também em público, imputou-se uma ingratidão abismal a Rosa Luxemburgo, porque ousava atacar a direção do partido em controvérsias táticas!

* Ed. bras.: "Greve de massas, partido e sindicatos", em Isabel Loureiro, *Rosa Luxemburgo*, v. 1, cit. (N. E.)

burgo (aliás, Anna Matschke) a acusação de que, no ano de 1906, ingressaram na organização de combate da Social-Democracia do Reino da Polônia e Lituânia, organização que tem por objetivo derrubar mediante insurreição armada a forma de governo monarquista constitucionalmente estabelecida na Rússia e, desse modo, alcançar a autonomia da Polônia – crime previsto no Artigo 102 do Código Penal. Em razão de tal ação criminosa, o pequeno-burguês Leo Jogiches (aliás, Otto Engelmann) e a filha de comerciante Rosalie Luxemburgo (aliás, Anna Matschke) [...] são por mim entregues ao Tribunal Distrital Militar de Varsóvia.

No dia 10 de janeiro de 1907, teve início o processo contra Jogiches. Rosa Luxemburgo recusou-se a comparecer. Logo de início houve um incidente que determinou o comportamento de Leo. O presidente, um general, dirigiu-se a ele como "tu", como era de praxe em relação a um "pequeno-burguês", de acordo com a antiga ordem estamental. Leo e os defensores protestaram. O tribunal decidiu que Jogiches era súdito russo, indeferiu a demanda dos defensores e ameaçou destituí-los da defesa se voltassem a levantar questões de disciplina. Em vista disso, Leo recusou-se a fazer qualquer declaração e manteve-se em silêncio durante a audiência de três dias. A sentença por deserção (no ano de 1891) e alta traição foi de oito anos de trabalhos forçados. Essa era a sentença que se esperava também para Rosa Luxemburgo; teria sido uma sentença de morte para ela. No dia 5 de abril de 1907, antes de ser despachado para a Sibéria, Jogiches fugiu da prisão. A fuga foi um golpe de mestre. Com a ajuda de Hanecki, e seu jeito habilidoso de lidar com as pessoas, Leo logrou ganhar um gendarme para a sua causa.

Crítica da revolução

Quando Rosa Luxemburgo fez o balanço do primeiro ano da revolução, estava cheia de confiança. Ela previu uma intensificação continuada da atividade proletária, esperava uma decomposição mais profunda do aparelho estatal e militar tsarista, insurreições na cidade e no campo culminando em uma insurreição geral das massas forte o suficiente para desferir o golpe de morte no absolutismo. De fato, os acontecimentos de 1906 pareciam confirmar essa perspectiva. Manifestações, greves, agitações de camponeses, insurreições e revoltas militares irrompiam repetida e renovadamente e provavam que a chama da revolução não tinha se apagado. No entanto, no mesmo ritmo se intensificou o terror do poder absolutista: *pogroms*, expedições de punição especialmente nas províncias bálticas, fuzilamentos em massa, cortes marciais, execuções; era cada vez mais volumoso o fluxo de degredados para a Sibéria. No confronto com o capital, os trabalhadores perderam as posições conquistadas no ataque revolucionário e, por fim, as greves deram lugar a grandes locautes.

Ficou claro que o ponto alto da revolução foi dezembro de 1905, quando houve a greve geral e a insurreição de Moscou. Mesmo que as massas revolucionárias ainda fossem capazes de golpes fortes, estava claro que perdiam cada vez mais a iniciativa; o centro de gravidade passou da ação de massas para a luta parlamentar. Apesar da lei eleitoral reacionária, o Partido dos *kadets* (KD: Partido Constitucional-Democrata [Конституционно-демократическая партия/ *Konstituitsionno-demokratítcheskaia pártiia*]), de cunho liberal, obteve uma grande vitória nas eleições, e sua tentativa de arrancar o absolutismo pela raiz com meios parlamentaristas fez brotar novas esperanças na ala direita dos partidos socialistas da Rússia. Rosa Luxemburgo profetizara que a Duma seria a folha de figueira que cobriria a nudez do absolutismo, que seria uma Duma de cossacos. De fato, a ação parlamentarista refletia apenas a agonia da revolução. O absolutismo fez o respectivo balanço a partir das forças classistas, dissolvendo em julho de 1906 a primeira Duma, governando até março de 1907 sem Parlamento, escorraçando em junho de 1907 a segunda Duma e, em seguida, criando a terceira Duma com base em um direito eleitoral piorado, na qual predominava o reacionarismo empedernido. A contrarrevolução estendeu a mortalha sobre toda a Rússia.

Mais tarde, em sua *Brochura de Junius*, Rosa Luxemburgo explicou o declínio da revolução:

> Duas causas podem explicar a derrota da rebelião russa em 1905-1906, apesar de seu dispêndio de energia revolucionária, clareza de objetivos e tenacidade extraordinários. A primeira consiste no caráter interno da própria Revolução: em seu enorme programa histórico, na massa de problemas econômicos e políticos que levantou, tal como fizera um século antes a grande Revolução Francesa e dos quais alguns, como a questão agrária, são absolutamente insolúveis no quadro da atual ordem social; na dificuldade de criar uma forma de Estado moderna para a dominação de classe da burguesia contra a resistência contrarrevolucionária do conjunto da burguesia do império. Desse ponto de vista, a Revolução Russa fracassou justamente por ser uma revolução proletária com tarefas burguesas ou, se quisermos, uma revolução burguesa com métodos de combate proletário-socialistas, uma colisão entre duas épocas em meio a relâmpagos e trovões, um fruto, tanto do desenvolvimento atrasado das relações de classe na Rússia, quanto de seu superamadurecimento na Europa ocidental. Assim, também a derrota em 1906 não é sua bancarrota, mas simplesmente a conclusão natural do primeiro capítulo, ao qual, com a necessidade de uma lei natural, outros devem seguir-se. A segunda causa era, mais uma vez, de natureza externa: ela residia na Europa ocidental. A reação europeia novamente corria em ajuda de seu protegido em apuros.*

---

* Rosa Luxemburgo, "A crise da social-democracia", cit., p. 90. (N. E.)

A derrota da revolução provocou grandes distúrbios no movimento socialista da Rússia; não tanto na social-democracia polonesa, que sempre mostrou forte unidade de concepções e firme coesão. Era natural que, na nova ilegalidade, as organizações encolhessem e as massas de trabalhadores voltassem à indiferença. Porém, altamente preocupante foi a defecção da política levada a termo por grandes segmentos da *intelligentsia*. Ao mesmo tempo, a social-democracia cometeu todo tipo de equívocos. Entre os bolcheviques, alguns grupos se refugiaram em especulações filosóficas (machianismo)* e até místicas (busca de Deus), em teorias que teriam levado ao aventureirismo, caso tivessem se materializado (o otzovismo**, isto é, política de retirar a bancada da *duma* e boicotar essa instituição por princípio). Os mencheviques, que nos tempos áureos da revolução não tiveram oportunidade de pôr em prática suas visões táticas, caíram no derrotismo. Declararam a revolução definitivamente encerrada e recomendaram que todos se instalassem comodamente nas relações recém-criadas. Uma corrente forte exigiu a liquidação da organização ilegal, o que significava a própria dissolução do partido.

Controvérsias acaloradas sobre questões fundamentais da revolução foram retomadas; começaram pelas velhas teorias, mas estas foram enriquecidas com as experiências de 1905 a 1907. Rosa Luxemburgo participou mais ativamente do que exigiam as necessidades do próprio movimento polonês.

Dos mencheviques, foi principalmente Tcherevanin quem examinou a revolução em dois escritos. Ele achou que a classe dos trabalhadores e, com ela, a social-democracia não teriam respeitado o caráter burguês da revolução, mas por suas ações intempestivas e ataques diretos ao capital teriam empurrado a burguesia para os braços do reacionarismo e, desse modo, derrubado a própria revolução. Contudo, não pôde negar que a classe trabalhadora, dadas as relações de classes, não poderia ter sido forçada a segurar o estribo para a ascensão da burguesia nem a desistir dos interesses de sua própria classe. Por essa razão, uma tática menchevique "correta" também teria fracassado. Ele chegou à curiosa conclusão de que,

---

* De Ernst Mach (1838-1916), físico e filósofo idealista austríaco. A filosofia idealista subjetiva de Mach concebe as coisas como complexos de elementos da experiência, carentes de base material, e a matéria como uma série física de fenômenos derivados da série psíquica primária. O próprio Mach começou a desenvolver, como físico, a teoria filosófica idealista, em parte movido pela incapacidade própria dos eruditos burgueses de tirar conclusões pertinentes das descobertas mais modernas da física e em parte por razões de classe, por causa do ódio burguês ao socialismo e à classe trabalhadora. A filosofia de Mach teve forte repercussão entre os "marxistas" da Europa Ocidental, como, por exemplo, Friedrich Adler e Otto Bauer, e na Rússia, como, por exemplo, Bogdánov, Bazárov, Lunatchárski, Yuchkiévitch, Valentínov e outros. Uma exposição minuciosa e uma crítica demolidora da teoria de Mach e dos seus adeptos foi feita Por Lênin, em seu livro Materialismo e empiriocriticismo.

** Em russo, отозвать/*otozvat*, retirar. (N. E.)

nas circunstâncias dadas, uma política operária correta seria impossível, pondo a descoberto, desse modo, a impotência e a inutilidade da concepção menchevique.

Lênin defendeu coerentemente, também nesse período, seu ponto de vista acerca da ditadura democrática do proletariado e do campesinato. Trótski continuou a elaborar sua teoria da revolução permanente, sobretudo em artigos publicados em 1908 na revista da social-democracia polonesa. Ele chegou à conclusão de que a revolução se encontrava diante de objetivos diretamente burgueses, mas de modo nenhum poderia deter-se neles. A revolução não poderia resolver suas próximas tarefas burguesas, a não ser mediante a tomada de poder pelo proletariado. Se isso viesse a acontecer, o proletariado não poderia se restringir à revolução burguesa. Para assegurar seu objetivo, a vanguarda proletária seria obrigada a intervir não só na propriedade feudal, mas também na propriedade burguesa. Nesse caso, entraria em conflito não só com a burguesia, mas também com fortes estratos do campesinato. As contradições em que se encontra um governo de trabalhadores em um país retrógrado só poderiam ser resolvidas internacionalmente, na arena da revolução proletária mundial. Quando, por necessidade histórica, o proletariado vitorioso tivesse explodido a moldura democrático-burguesa da Revolução Russa, ele será obrigado a romper sua moldura estatal nacionalista, isto é, aspirar conscientemente a fazer da Revolução Russa um prelúdio da revolução mundial.

Rosa Luxemburgo se posicionou sobre essas questões e esses pontos de vista em trabalhos extensos, nos quais analisa o curso da revolução e da contrarrevolução. Ela combateu as visões mencheviques especialmente em dois grandes discursos proferidos no congresso do partido russo, em maio de 1907, em Londres, duas obras-primas da oratória polêmica. A síntese mais plástica de seu parecer foi feita em um discurso proferido por Leo Jogiches em 1908, no congresso do partido da social-democracia polonesa. Após uma breve refutação das visões mencheviques, ele expôs o seguinte sobre os pontos de vista de Lênin:

Na opinião dos bolcheviques, os interesses das duas classes, do proletariado e do campesinato, são coincidentes na revolução. Seguindo coerentemente esse caminho, deve-se buscar, pelo menos por certo tempo, um partido proletário--burguês. Nesse caso, porém, em determinado estágio da revolução, a "ditadura do proletariado e do campesinato" pode transformar-se em uma arma contra o proletariado e a revolução. Os bolcheviques ocupam uma posição superior à dos mencheviques porque têm senso para os fatos históricos e provam que não são doutrinários por respeitarem a grande força potencial do campesinato. O erro dos bolcheviques reside no fato de verem apenas a face revolucionária dos camponeses. Nesse aspecto, eles são a antítese dos mencheviques, que para fundamentar seu esquema da revolução – com a burguesia à frente – veem apenas a face reacionária dos camponeses.

A história não toma ciência de nenhum esquematismo morto. Na realidade, nós, os bolcheviques, e uma parte dos mencheviques, lutamos pela ditadura do proletariado – os mencheviques, apesar de suas visões errôneas. É difícil conceber essa questão de modo mais abstrato e menos dialético do que aparece nos bolcheviques. Na base de suas concepções reside algo como uma marcha para a guerra segundo um plano preconcebido. Porém, o conteúdo vivo do processo é determinado por seu próprio decurso, por seus próprios resultados e, portanto, por sua meta objetiva, apesar e independentemente das metas subjetivas dos participantes. O caráter das classes e dos partidos se transforma até sob influência das consequências momentâneas e das novas situações. Não temo que as visões dos bolcheviques levem a concessões ruins ao campesinato. Acredito no saudável espírito proletário que permeia sua visão de mundo.

Somos positivamente a favor da ditadura do proletariado que se apoia no campesinato. Sem dúvida, a posição de Párvus e Trótski tem muita afinidade com as visões predominantes em nosso partido. Porém, não somos a favor da revolução permanente que não constrói sua tática sobre a Revolução Russa, mas sobre as suas consequências no estrangeiro. Não se pode fundar a tática sobre combinações que ainda não podem ser aquilatadas. Esses horóscopos são determinados de maneira demasiado subjetiva.

Leo Jogiches e também Rosa Luxemburgo eram, portanto, mais cautelosos em suas perspectivas do que Trótski. Porém, Rosa reconhecia muito bem que a ditadura proletária que ela tinha em vista só poderia ser assegurada pela vitória da classe dos trabalhadores nos grandes países capitalistas. Caso contrário, ela necessariamente daria lugar a uma contrarrevolução.

O posicionamento de Rosa Luxemburgo sobre o campesinato é importante, especialmente porque certos antiluxemburguistas afirmaram repetidamente que ela teria subestimado ou até desprezado a importância do campesinato para a revolução. Isso é absolutamente falso. Rosa Luxemburgo destacou com muita ênfase, em numerosos trabalhos, a questão agrária como o ponto crucial da revolução, bem como a importância do movimento dos camponeses para a conquista do poder pela classe dos trabalhadores. Especialmente no congresso do partido na Rússia, em 1907, ela combateu as concepções de Plekhánov e dos mencheviques a respeito da questão camponesa como estéreis e esquemáticas. Ainda que muitas vezes tenha comparado os bolcheviques aos guesdistas franceses, e tenha considerado suas concepções teóricas muito estreitas e rígidas em certas nuanças, na política prática ela concordou com eles em cada passo, inclusive nas perspectivas mais amplas sobre a revolução. Ela sempre enfatizou que uma revolução tão poderosa como a da Rússia não poderia ser levada a termo em uma só investida. Contava com um longo período revolucionário, no qual derrotas e marés baixas seriam inevitáveis. Mas sabia e sublinhava que o reacionarismo após 1905-1906 não restaurara o antigo poder do absolutismo, com o antigo estado de classes, nem solucionara as grandes questões, possibilitando um desenvolvimento tranquilo. Para ela, a revolução não estava morta. Ela se reergueria e assumiria dimensões ainda mais poderosas. Ela pôde constatar o novo impulso revolucionário já em 1912: num primeiro momento, ele foi sufocado pela grande guerra, mas depois foi impelido até seu objetivo com ímpeto ainda maior.

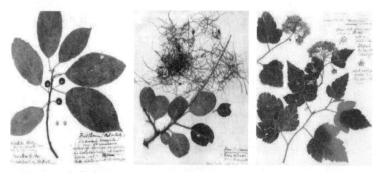
Registros do herbário montado por Rosa enquanto esteve presa em Berlim.

UMA NOVA ARMA

Decepção

Ardo de vontade de trabalhar e, de resto, penso na alegria com que me lançarei aos debates sobre a greve geral. [...] Quanto às últimas discussões do partido tive de... rir. Oh, os acontecimentos que provocaram toda uma tempestade conseguiram abalar até mesmo o mundo entre a Lindenstraße [Rua das Tílias][1] e a Engelufer [margem do rio Engel][2]! Como é a tempestade quando observada daqui? Estamos vivendo tempos magníficos. Chamo de magnífico um tempo que confronta as massas com problemas, grandes problemas, que estimulam as ideias, que despertam "crítica, ironia e um sentido mais profundo", que inflamam paixões e que, antes de tudo, são frutíferos, que a cada hora criam coisas novas e não param de criar e que não dão à luz ratos mortos nem moscas mortas, mas grandes acontecimentos, grandes crimes (ver o nosso governo), grandes fogueiras (ver a Duma estatal na Rússia) etc. Estremeço de alegria quando me ocorre que terei oportunidade de esboçar um quadro desses gigantescos acontecimentos.[3]

Depois que saiu da prisão em Varsóvia, Rosa Luxemburgo se preparou para voltar à Alemanha, entusiasmada com a intensa vivência que tivera e pelo trabalho por fazer. O ânimo durou enquanto ela pensava e atuava em prol da Revolução Russa. No entanto, quanto mais se aproximava de sua segunda pátria, da social-democracia alemã, maior era o frio na espinha. Foi saudada na Finlândia com um exemplar do *Vorwärts*: a tacanhice das escrevinhações, a estreiteza dos pontos de vista, a falta de dinamismo das ideias que saíam daquelas penas de

---

[1] Sede da direção do partido alemão.
[2] Sede da Comissão Geral dos Sindicatos.
[3] Carta a Emanuel e Mathilde Wurm, Varsóvia, 17 jul. 1906.

140 Paul Frölich

esquerda "*kosher*" e lhe batiam na cara arrancaram-lhe um suspiro: "Me sinto mal em Plevna!". Contudo, quando chegou à Alemanha e respirou com toda a intensidade a atmosfera que envolvia a liderança do movimento dos trabalhadores alemães no congresso do partido em Mannheim, ela se sentiu como um peixe que havia sido jogado da crista da onda para a areia da praia.

De fato, a brisa fresca do Oriente que ventilara a casa do partido já havia parado de soprar. Propensa de antemão ao derrotismo, a liderança do partido, como um barômetro muito sensível, registrara de imediato a tendência retrocessiva da Revolução Russa após as lutas de dezembro. Movimentos mais fortes da classe trabalhadora a favor do sufrágio universal no "reino vermelho" da Saxônia[4] e em Hamburgo haviam sido sufocados de cima. Uma grande manifestação a favor da Revolução Russa, em homenagem ao aniversário do Domingo Sangrento de Petersburgo, foi esvaziada de seu conteúdo revolucionário pela direção do partido, depois que o governo desembainhou a espada. Em fevereiro de 1906, a direção do partido, em conluio com a comissão geral dos sindicatos, depurou de tal maneira a resolução sobre as consequências da greve de massas de Iena que a dita resolução se converteu em palavra vazia e a direção dos sindicatos assumiu de fato a tutela do partido. O congresso do partido em Mannheim confirmou a palavra de ordem geral: recuar!

Rosa Luxemburgo fez um balanço sério desse desenvolvimento. Em Iena, sentiu que os velhos líderes do partido estavam imbuídos de um espírito bem diferente do dela. Pois, em Mannheim, August Bebel dissera com todas as letras que a social-democracia alemã não mexeria um dedo se Guilherme II pusesse o Exército alemão em marcha contra a Revolução Russa vitoriosa. Rosa reconheceu que não se tratava de um erro passageiro e que, no futuro, teria de considerar Bebel e a grande maioria do corpo de oficiais do partido como adversários. Quando, no início de 1907, Clara Zetkin lhe expressou preocupações a respeito da futura política social-democrata, ela respondeu:

> Desde que voltei da Rússia, sinto-me bastante só. [...] A pusilanimidade e tacanhice do sistema do nosso partido me vieram à consciência de maneira brusca e dolorosa, como nunca ocorrera antes. Porém, isso não é razão para me irritar com essas coisas como fazes tu, porque percebi com clareza assustadora que essas coisas e essas pessoas não mudarão enquanto a situação não tiver mudado completamente e, mesmo nesse caso – e eu já disse isso a mim mesma ao refletir friamente e isso é assunto resolvido para mim –, simplesmente temos de contar

---

[4] Nas eleições de 1903 para o Parlamento, a social-democracia conquistara todos os distritos eleitorais da Saxônia, exceto um. Na Saxônia, vigorava desde 1896 um sufrágio de três classes que excluía a social-democracia do Parlamento Territorial.

com a inevitável resistência dessa gente, se quisermos continuar conduzindo as massas. A situação é simplesmente esta: August (Bebel) e os outros mais ainda do que ele se exauriram pelo parlamentarismo e no parlamentarismo. Eles fracassam completamente diante de qualquer reviravolta que ultrapasse os limites do parlamentarismo; e, não só isso, eles tentam torcer tudo até caber dentro da forma parlamentarista e, portanto, combaterão ferozmente, como "inimigo do povo", qualquer um que quiser ir além. As massas e, sobretudo, a grande massa dos companheiros estão saturadas do parlamentarismo, essa é a sensação que tenho. Eles saudariam com júbilo uma lufada de ar fresco em termos de tática; mas as velhas autoridades ainda são um peso para elas, e em especial o estrato mais alto dos redatores oportunistas, deputados e líderes sindicais. Nossa tarefa agora é agir contra o enferrujamento dessas autoridades, protestando da maneira mais incisiva possível, mas, a julgar pelo estado de coisas, teremos contra nós tanto os oportunistas quanto a direção e August. Enquanto se tratou da defensiva contra Bernstein e companhia, August e companhia gostaram da nossa presença e ajuda – porquanto eles próprios foram os primeiros a sujar as calças. Porém, na hora da ofensiva contra o oportunismo, os velhos se alinham com Ede (Bernstein), Vollmar e David contra nós. Essa é a minha concepção da situação, e agora o principal: vive com saúde e não te irrites! Essas são tarefas planejadas para muitos anos!

Na luta para a qual se armava, ela contava com as massas de trabalhadores e com o desenvolvimento político objetivo interno e externo. O clima no congresso de Iena era reflexo do clima que predominava nas massas social-democratas. E ele não se extinguira na base do partido do mesmo modo que nas camadas superiores, o que Rosa Luxemburgo pôde constatar em muitas reuniões ao ver o interesse e o entusiasmo com que foram recebidos seus discursos sobre a Revolução Russa e suas lições para a Europa ocidental. Na Áustria, a revolução desencadeara um potente movimento de massas; e, justamente naquele momento, em torno do fim de 1906, o proletariado austríaco amealhou seu primeiro grande êxito: o sufrágio universal. É certo que Rosa Luxemburgo era mais reservada que Trótski ao avaliar os efeitos da Revolução Russa sobre os grandes países capitalistas. Porém, ela tinha a convicção inabalável de que, com o levante do proletariado russo, tivera início um novo período histórico. As catástrofes, cuja aproximação ela identificara ao analisar as forças motrizes da sociedade capitalista em *Reforma social ou revolução?*, haviam amadurecido enormemente. Os anos de 1905 e 1906 não abalaram somente o Império tsarista. Pela primeira vez, na disputa entre França e Alemanha por Marrocos, a cabeça de Medusa da guerra europeia se erguera. A política imperialista internacional mostrou sua verdadeira natureza. Despontava a era das guerras e revoluções. Desse modo, estava encerrado também

Greve política de massas

Antes de tudo, era preciso tirar as lições das experiências da Revolução Russa, na medida em que podiam ter significado, no atual quadro histórico, para o proletariado europeu ocidental e, principalmente, para o alemão. Ela se diferenciou de todas as revoluções anteriores pela atuação das grandes massas com a arma típica do proletariado, a greve, a greve de milhões, não mais por salário e pão, apenas, mas por grandes metas políticas. Rosa Luxemburgo já havia atuado a favor da greve política de massas. Agora, porém, ela havia reconhecido toda a sua importância: o meio específico do proletariado em tempos de fermentação revolucionária.

A ideia da greve geral é bem antiga. Os cartistas ingleses a encaravam como um meio – sob a palavra-chave do "mês sagrado" – para arrancar o sufrágio universal da burguesia e assim abrir caminho para o socialismo. A Primeira Internacional proclamou no congresso em Bruxelas, em 1868, a "greve dos povos contra a guerra". A Aliança Internacional dos Bakuninistas anunciou em seu congresso, também em Genebra, em 1873, que a greve geral seria o meio para matar de fome e derrubar a sociedade burguesa; bastaria paralisar o trabalho por dez dias para fazer ruir a sociedade atual. Os sindicalistas franceses promoveram a greve geral à condição de arma principal do proletariado; a vitória da classe trabalhadora não virá pela luta de barricadas da revolução burguesa, não pelo parlamentarismo dos politiqueiros, mas pela ação pacífica dos braços cruzados. Tudo isso foi apenas nobre ilusão, caracterizada pela avaliação equivocada da relação entre a força que deveria ser empregada e o objetivo, e fundada na esperança de que, pela simples propaganda, a greve geral poderia ser realizada e sustentada até que a burguesia capitulasse.

Entrementes a greve de massas fora realizada de outro modo. Em 1891, na Bélgica, 125 mil trabalhadores pararam de trabalhar, não para derrubar a ordem burguesa por meios puramente econômicos, mas para conquistar, dentro dessa ordem, liberdade política por meio do sufrágio universal. Mesmo que essa intenção tenha sido malsucedida num primeiro momento, uma segunda investida, em 1893, com 250 mil grevistas, conquistou uma melhoria do direito eleitoral e o caminho para o Parlamento ficou liberado para os trabalhadores belgas. Ainda não havia sido alcançado o sufrágio igualitário. Para conquistá-lo, o partido dos trabalhadores da Bélgica, em aliança com os liberais, iniciou em

1902 uma nova greve geral. Participaram 350 mil trabalhadores. No Parlamento, porém, os liberais abandonaram seus parceiros e a greve ruiu. No mesmo ano, os trabalhadores suecos fizeram uma grande greve com manifestação pelo direito de votar. Na França, 160 mil mineiros fizeram greve e atraíram outras categorias para a luta. Em 1903, os ferroviários holandeses começaram uma greve de caráter político que levou à proclamação de uma greve geral. Em setembro de 1904, um movimento grevista impetuoso e de proporções gigantescas varreu a Itália; em uma série de cidades, transformou-se em lutas de rua. Portanto, antes de revelar toda a sua importância na Revolução Russa, a greve política já havia passado por todo tipo de experiências.

Nos dois países capitalistas mais importantes da Europa, no entanto, a posição em relação à ideia de greve geral caracterizou-se por muito tempo pela mais absoluta frieza. Na Inglaterra, parecia que a ideia se extinguira de todo depois do declínio do movimento cartista. Na Alemanha, após o grande teste belga de 1893, Bernstein e Kautsky viam a greve como um meio para defender direitos políticos. Quando, em 1896, instalou-se um clima de golpe de Estado entre os reacionários alemães, Párvus propagandeou a greve política como meio de passar da defensiva para a luta ofensiva pelo poder. Porém, essas abordagens eram puramente acadêmicas. Para a esmagadora maioria dos líderes social--democratas valia o axioma: greve geral é um absurdo geral! Quando julgavam necessário apresentar argumentos, reportavam-se às palavras de Friedrich Engels, que rejeitara resolutamente a greve geral propagada pelos anarquistas. Em 1873, no artigo "Os bakuninistas em ação", Engels refutou a ideia de dobrar as classes possuidoras pela fome ou apelar para a violência e, desse modo, dar aos trabalhadores o direito a um levante armado. Ele apontou para o fato de que os próprios bakuninistas consideravam necessário dispor de organização e caixa cheio para fazer esse experimento. Nesse ponto surge o erro, pois nenhum governo permitiria que tal preparação se consumasse:

> em contrapartida, os acontecimentos políticos e os ataques das classes dominantes levariam à libertação dos trabalhadores muito antes de o proletariado conseguir criar para si essa organização ideal e esse fundo de reserva colossal. Mas, se os tivesse, não necessitaria do desvio pela greve geral para alcançar seu objetivo.[5]

---

[5] Por muito tempo, essa declaração foi considerada o parecer definitivo de Engels sobre a greve geral. Isso é desmentido pelas cartas – publicadas entrementes – que ele escreveu em 1893 a Victor Adler e Karl Kautsky. Naquela época, havia no partido austríaco uma forte corrente em defesa da greve geral a favor do sufrágio universal. Tendo em vista as relações vigentes na Áustria, Engels foi decididamente contra essa prova de forças. Mas não rejeitou fundamentalmente esse meio.

A maioria dos sociais-democratas alemães que se ocupavam das questões táticas viu confirmar-se tal parecer quando a greve geral belga de 1902 terminou em derrota. Até os radicais explicavam o experimento como último rescaldo da tática bakuninista, tais demonstrações de força seriam absurdas, levariam a confrontos armados, ao abandono da via legal, e – desfigurando as ideias de Engels – já se teria tomado o poder muito antes de se ter força para uma greve geral vitoriosa. Rosa Luxemburgo tinha opinião bem diferente. Já no início da luta belga, ela criticou incisivamente as condições em que fora empreendida e, com base em uma análise profunda, tirou conclusões que ninguém mais ousou propor. O erro não fora apelar para a greve geral, mas permitir que os liberais prescrevessem a forma como deveria ser levada a cabo. Por essa via, os trabalhadores em greve teriam sido convertidos em meros figurantes de uma ação no Parlamento. Quando se renunciou a toda e qualquer aglutinação de grevistas, a toda e qualquer manifestação, mandando os trabalhadores em luta de volta para casa por causa da legalidade, eles foram privados do senso e da força da massa e ficaram inseguros. A essência da greve geral seria que ela aparecesse como prenúncio, como primeiro estágio de uma revolução das ruas. Porém, exatamente esse caráter lhe teria sido diligentemente tirado.

> Uma greve geral presa de antemão aos grilhões da legalidade equivale a uma guerra com canhões em que a carga é jogada na água à vista do inimigo. Uma ameaça "com as mãos no bolso", como recomendou com toda a seriedade o jornal *Peuple* aos grevistas, não assusta nem uma criança, quanto mais uma classe travando uma luta de vida ou morte por domínio político. Por isso, em 1891 e 1893 bastou o proletariado belga decretar um simples e tranquilo descanso do trabalho para quebrar a resistência dos clericais, porque temiam que a tranquilidade se convertesse em agitação, a greve em revolução. Por isso, também dessa vez, talvez nem fosse preciso apelar para o uso da força, desde que os líderes não descarregassem as armas de antemão, não fizessem da marcha bélica um desfile dominical, do trovão da greve geral um tiro de advertência.[6]

A posição de Rosa Luxemburgo em relação ao problema se caracteriza já aqui, quando se defronta com ele pela primeira vez, por não assumir simplesmente a concepção corrente, fundada sobre uma palavra do mestre. Ela examinou conscienciosamente a concepção de Engels e descobriu que ela "fora modelada inteiramente tendo em vista a teoria anarquista da greve geral, isto é, da teoria da greve geral como meio para encaminhar a revolução social, em oposição à luta política diária da classe dos trabalhadores". Para ela, as duas coisas andam

---

[6] Rosa Luxemburgo, *Gesammelte Werke*, cit., v. 4, p. 341-2.

juntas, complementam-se em determinada situação. Em segundo lugar, a greve geral lhe parece um instrumento de caráter fortemente revolucionário. Pressupõe uma disposição renovada das massas trabalhadoras para a luta, não pode ser tratada segundo as regras da luta miúda, mas é portadora de consequências revolucionárias que só podem ser evitadas sob pena de uma derrota desmoralizante.

O aumento da percepção revolucionária que começou como efeito psicológico da Revolução Russa e o exemplo imediato da gigantesca greve de massas na Rússia destruíram, para a maior parte da social-democracia alemã, a barreira intelectual que até aquele momento a impedira de sentir qualquer simpatia pela greve política. Disso resultou uma constelação muito interessante de opiniões.

Os líderes sindicais, com bem poucas exceções, rejeitaram por princípio a greve política. Até aquele momento, vislumbravam na ideia de greve geral apenas uma excrescência do espírito romântico da raça românica, a qual merecia bem pouca consideração. Porém, quando os trabalhadores alemães pareceram perder a imunidade contra essas ideias destrutivas, os líderes sindicais iniciaram uma ofensiva barulhenta contra os "apóstolos da greve de massas" e os "românticos das revoluções". Essa ofensiva chegou ao auge no congresso dos sindicatos em Colônia, em 1905, que se reuniu sob a divisa: "O que os sindicatos mais precisam é de calma!" e condenou até mesmo a discussão da questão, porque achava que era brincar com fogo. As motivações estavam claras. Eles temiam perder sua independência tática para o partido, temiam que o grande tesouro que juntaram para a guerra fosse consumido, temiam até mesmo que o poder estatal destruísse as organizações, caso desse prova de força. De resto, eram contra qualquer "experimento" que pudesse atrapalhar seu engenhoso sistema de guerra miúda diária contra o empresariado. Ao lado deles havia um grupo relativamente pequeno de líderes reformistas que, por trás da greve de massas, sentiam o cheiro da revolução e não queriam de modo nenhum que os limites da legalidade se rompessem. Um de seus porta-vozes, o jurista Wolfgang Heine, após investigar minuciosamente o Código Penal, declarou que a greve de massas era ilegal, porque violava tanto o parágrafo referente à quebra de contratos quanto o parágrafo referente à alta traição, ou seja, era ao mesmo tempo um pecado venial e um pecado mortal contra a ordem burguesa.

Em contraposição, outros políticos reformistas defenderam animadamente a greve política de massas. Viam-na como um meio para defender o sufrágio universal, constantemente ameaçado pelo Parlamento alemão, e, dependendo das circunstâncias, conquistar o direito de voto para as dietas provinciais. Alguns alimentavam a esperança de estabelecer o regime parlamentarista através desse meio e, assim, realizar seus sonhos mais ousados: a conquista gradativa do poder político por intermédio da política de coalizão. Entre eles figuravam Eduard Bernstein, Friedrich Stampfer e Kurt Eisner. Eles se entusiasmaram pela greve política especialmente porque a viam como uma arma que poderia substituir a luta de barricadas e parecia um meio pacífico.

Tinha muita afinidade com eles a maior parte dos deputados, redatores e funcionários que se agrupavam em torno da direção do partido e mais tarde se denominariam "centro marxista". É verdade que rejeitavam a cooperação com os partidos burgueses e a adesão a um governo de coalizão, mas tinham esperança de obter a maioria no Parlamento por meio de uma democracia real e, com sua ajuda, levar a cabo a revolução socialista. Também para eles a greve de massas poderia substituir a insurreição. Já em outubro de 1903, Rudolf Hilferding expressara a concepção do grupo na revista *Neue Zeit*: a paralisação da produção seria o único meio de coerção à disposição do proletariado para enfrentar a violência coercitiva do Estado, desde que a luta de barricadas se tornara inviável. Para que a tática parlamentar não fosse repentinamente impossibilitada pelos adversários, por trás do direito de votar deveria estar a vontade de fazer greve geral. A greve geral deveria ser a ideia reguladora da tática social-democrata – reguladora na medida em que cada proletário estaria ciente de defender suas conquistas exercendo poder sobre o processo vital da sociedade; também, além disso, na medida em que não substitui o parlamentarismo, mas antes protege a capacidade de ação política do proletariado contra sua limitação; e, por fim, na medida em que, dentro do possível, permanece simples ideia. Nesse caso, portanto, a greve geral se limitava a um recurso puramente defensivo, servindo a uma política do punho fechado, da qual se esperava receosamente que nunca conduzisse a uma situação em que fosse preciso entrar em confronto.

Os defensores da ideia de greve de massas imaginavam uma ação decidida pacificamente pelas direções das organizações e levada a termo segundo regras claras por um exército de trabalhadores em marcha cadenciada, rigorosamente disciplinado e subordinado à vontade dos líderes.

A concepção de Karl Kautsky parecia se diferenciar fundamentalmente de todas essas ideias. Ele não acreditava que na Prússia-Alemanha, com seu poder estatal estritamente organizado, fosse possível obter concessões políticas ou rechaçar ataques reacionários por meio da greve de massas. Caso se lance mão dessa arma, deve-se estar disposto ao tudo ou nada e estender a mão para tomar o poder do Estado. A greve geral é um instrumento revolucionário e só pode ser empregada em situação revolucionária. Quando elaborou pela primeira vez essas ideias (*Neue Zeit*, fevereiro de 1904), Kautsky também considerava que a greve deveria substituir a insurreição. Porém, as experiências da Revolução Russa o convenceram de que a insurreição não devia ser deixada de lado, que a greve geral poderia culminar no levante armado. Essas visões pareciam se coadunar totalmente com as de Rosa Luxemburgo. Na verdade, elas foram fortemente influenciadas por ela. Mais tarde, porém, evidenciou-se uma profunda diferença. Kautsky estava disposto a tirar conclusões revolucionárias quando se tratava de outros países, do passado ou do futuro distante. Sua tese sobre a greve geral como arma revolucionária significava esperar até que o *fatum* histórico trouxesse a revolução.

Greve de massas, partido e sindicatos

No congresso do partido em Iena, em 1905, Rosa Luxemburgo estava profundamente decepcionada com o espírito limitado, estereotipado e impassível dos debates. Não concordava com a resolução de restringir a greve de massas à defesa do sufrágio universal nem que fosse empregada no caso de um ataque ao sufrágio. Ainda assim, ela e a esquerda votaram a favor da resolução de Bebel. Em carta de 2 de outubro de 1905 a Henriette Roland-Holst, ela explicou sua posição:

> Estou totalmente de acordo contigo que a resolução de Bebel concebe a questão da greve de massas de modo muito unilateral e raso. Quando tomamos conhecimento dela em Iena, alguns de nós se propuseram a discutir para combatê-la, no sentido de defender a greve de massas não como receita mecânica própria de defensiva política, mas como forma revolucionária elementar. Só que o discurso de Bebel deu outro viés ao assunto e, mais ainda, à postura dos oportunistas (Heine etc.). Como já ocorreu algumas vezes, nós, a "extrema esquerda", vimo-nos obrigados a combater não Bebel, apesar de importantes diferenças em relação a ele, mas, aliados a ele, combater os oportunistas. Opor-se diretamente à resolução de Bebel na discussão em Iena teria sido um erro tático da nossa parte. Era preciso, muito antes, solidariamente com Bebel, discutir e conferir à resolução um matiz revolucionário, e isso certamente se logrou. [...] De fato, a greve de massas foi tratada, na discussão e também por Bebel, talvez até sem que ele se desse conta disso, como uma forma de luta revolucionária das massas, e o fantasma da revolução preponderou claramente em todo o debate e no congresso do partido. [...] Do ponto de vista tático, podemos estar plenamente satisfeitos com o resultado [...].

Ela esperava que, pela continuação da discussão na imprensa, o mote da greve de massas explicitaria sua lógica interna. Essa expectativa, no entanto, foi frustrada quando a Revolução Russa deixou de exercer um efeito estimulante. A ideia se diluiu cada vez mais no amplo debate que se seguiu pelos jornais. Os acordos entre a direção do partido e a comissão geral dos sindicatos transformaram a resolução de Iena em uma faca sem cabo nem lâmina. Diante disso, quando já se encontrava na Finlândia, imediatamente após sua partida de Varsóvia, Rosa decidiu desenvolver uma concepção própria do assunto, contrapondo as formulações mecanicistas que assombravam todas as cabeças às experiências vivas das lutas russas. Redigiu *Greve de massas, partido e sindicatos*, que foi publicado bem a tempo do congresso do partido em Mannheim, no outono de 1906.

Esse escrito revela de que maneira Rosa Luxemburgo formou sua opinião sobre formas de ação e métodos, sobre a tática multiforme de luta da classe trabalhadora e por que logrou solucionar questões, como a da relação entre a luta cotidiana e a realização do socialismo, em uma época em que mal havia pressupostos elementares para isso. No debate sobre a greve de massas ficou claro que a maioria dos teóricos imaginou um esquema em que todas as dificuldades esperadas eram superadas da maneira mais acertada possível e as regras estabelecidas garantiam o êxito. Rosa Luxemburgo não calculou nem imaginou uma solução-padrão para o futuro. Ela tirou da experiência concreta, investigando todas as minúcias do processo formador da história dos conflitos de classes e mantendo-o sempre em mente como unidade. Ao fazer isso, ela se alçou com força visionária acima do cotidiano, excluiu o que era dado pela situação específica e sintetizou o que tinha validade geral para uma determinada fase da história, de tal maneira que o retrato da realidade ainda era pulsante.

Esse escrito nasceu da vivência na frente de batalha. O estrondo da revolução ecoa nele. As lutas das massas que sacudiram a Rússia naquela última década, a alternância bizarra das situações, o avanço impetuoso e a quietude temporária do movimento, a curiosa desproporção entre os ensejos insignificantes e a dimensão grandiosa das lutas, a interconexão entre a greve econômica e a greve política, as vitórias e as derrotas ganham vida. É um afresco portentoso da luta das grandes forças sociais, um quadro composto com tal força de expressão, intensidade de cores e dinâmica de acontecimentos que não encontramos igual em nenhuma exposição da Revolução de 1905.

A análise dos acontecimentos levou Rosa Luxemburgo primeiro a conclusões gerais que foram fundamentais para sua concepção específica da greve de massas:

> Em vez do esquema rígido e oco de uma "ação" política seca, realizada com base em planos cautelosos provenientes de decisões das altas instâncias, vemos uma peça de uma vida vívida, de carne e osso, que não se deixa separar do quadro maior da revolução, ligada por mil veias a todo o movimento da revolução.
>
> A greve de massas, como nos é mostrada pela Revolução Russa, é um fenômeno tão mutável, que reflete em si em todas as fases da luta política e econômica, todos os estágios e momentos da revolução. Sua aplicabilidade, sua força de influência, os elementos que a produzem se alteram continuamente. Repentinamente ela abre novas e maiores perspectivas para a revolução onde esta já parecia encontrar-se num beco sem saída, e falha onde parece ser possível contar com ela com toda a certeza. Ora ela se estende como uma grande onda sobre todo o império, ora se divide em uma grande rede de pequenas correntes; ora borbulha como uma fonte fresca saída do subsolo, ora se perde completamente na terra. Greves políticas e econômicas, greves de massa e greves parciais, greves de protesto e greves de

luta, greves gerais de setores isolados e greves gerais de cidades isoladas, lutas salariais pacíficas e batalhas de rua, lutas de barricada – tudo isso se confunde, acontece paralelamente, se cruza, conflui; é um mar sempre em movimento, em alteração. E a lei do movimento desses fenômenos torna-se clara: não reside na greve de massas propriamente dita, em suas especificidades técnicas, mas na correlação entre as forças políticas e sociais da revolução. A greve de massas é apenas a forma da luta revolucionária, e todo deslocamento na correlação das forças em luta, no desenvolvimento do partido e na divisão de classes, na posição da contrarrevolução, tudo isso logo influencia a ação da greve por milhares de caminhos quase incontroláveis. Entretanto, a própria ação da greve quase não para. Ela apenas altera suas formas, sua extensão, seu efeito. Ela é o pulso vivo da revolução e, ao mesmo tempo, seu motor mais poderoso. Em suma: a greve de massas, como nos é mostrada pela Revolução Russa, não é um meio astuto, inventado para reforçar o efeito da luta proletária, mas é *o modo de movimentação da massa proletária, a forma de expressão da luta proletária na revolução.*[*]

Rosa Luxemburgo não generaliza em demasia a experiência da Revolução Russa? Não identifica injustificadamente greve de massas e revolução? Não mistura de modo arbitrário coisas essencialmente diferentes, como a greve econômica e a greve política? Naturalmente Rosa Luxemburgo sabe que as greves com manifestação e as greves de massas são importantes para se alcançar determinado objetivo político. Porém, uma greve com manifestação com duração previamente especificada não é a luta de classes amplamente desdobrada, do mesmo modo que a manifestação da frota não é a guerra. Assim como esta apoia os meios diplomáticos, aquela apoia os meios de pressão parlamentares e puramente econômicos da classe dos trabalhadores em determinado momento de grande tensão social. Porém, greves de massas isoladas, que não foram planejadas, mas simplesmente irromperam – por exemplo, as duas greves belgas de 1891 e 1893 e o grande movimento italiano de 1904 – ostentaram, em seu decurso, traços tipicamente revolucionários, originaram-se de uma situação revolucionária, que só não teve tempo de tomar a forma de uma revolução plena. Para Rosa Luxemburgo, elas foram os primeiros estágios das greves propriamente ditas e, como tais, tiveram uma importância muito grande. Em todo caso, para ela, a greve de massas não foi o produto artificial de uma tática intencional, mas um fenômeno histórico natural. Por isso, também para ela, "a greve pura de massas de cunho político, com a qual se opera preferencialmente, é um esquema teórico e sem vida". Também lhe pareceu equivocada a ideia de usar a greve de massas como alavanca para tirar

---

[*] Rosa Luxemburgo, "Greve de massas, partido e sindicatos", em Isabel Loureiro, *Rosa Luxemburgo: textos escolhidos*, v. 1, cit., p. 298-9. (N. E.)

o movimento de um beco sem saída. Quando estão ausentes os pressupostos para as ações elementares, toda tentativa de desencadeá-las artificialmente terá consequências fatais. Pois, "na realidade, não é a greve de massas que produz a revolução, mas é a revolução que produz a greve de massas".

Dessa concepção também decorreu a resposta à pergunta referente a origem, iniciativa e organização da greve de massas:

> Se a greve de massas não significa um ato isolado, mas todo um período da luta de classes, e se esse período é idêntico a um período de revolução, está claro que a greve de massas não pode ser livremente desencadeada, mesmo que a decisão para tanto parta da mais alta instância do mais forte partido social-democrata. Enquanto a social-democracia não tiver em suas mãos a capacidade de protagonizar e terminar revoluções de acordo com o seu desejo, nem o maior entusiasmo ou impaciência das tropas social-democratas é suficiente para gerar um verdadeiro período de greves de massas como um movimento popular vivo e poderoso. [...] Uma greve de massas nascida de muita disciplina e entusiasmo irá, no melhor dos casos, desempenhar um papel como episódio, como um sintoma da combatividade do operariado, após o que a situação volta à tranquilidade do cotidiano. De fato, também durante a revolução as greves de massas não caem inteiramente do céu. Dessa ou daquela maneira, elas precisam ser feitas pelos trabalhadores. A decisão e a resolução do operariado também desempenham um papel nisso, e é claro que a iniciativa bem como a direção posterior cabem ao núcleo social-democrata mais organizado e mais esclarecido do proletariado. Mas essa iniciativa e essa direção no mais das vezes apenas têm espaço de manobra no que se refere ao emprego de atos isolados, greves isoladas, quando o período revolucionário já existe, e com frequência apenas no interior das fronteiras de uma única cidade. [...] O elemento da espontaneidade desempenha, como vimos, um grande papel em todas as greves de massas russas, sem exceção, seja como elemento propulsor ou como elemento repressor. Mas isso não decorre do fato de, na Rússia, a social-democracia ainda ser jovem ou fraca, mas porque para cada ato isolado da luta concorrem incalculáveis elementos econômicos, políticos e sociais, gerais e locais, materiais e psíquicos, de modo que nenhum ato pode ser determinado e realizado como um exemplo aritmético. [...] Em suma, se nas greves de massas na Rússia o elemento espontâneo desempenha um papel tão importante, não é porque o proletariado "não é instruído", mas porque a revolução não admite instrutores.*

Se a greve de massas não pode ser artificial, se não pode ser decidida a bel--prazer, mas impõe-se por necessidade histórica com o ímpeto da espontaneidade

---

* Ibidem, p. 306-8. (N. E.)

das massas, então a preocupação com provisões e apoio a vítimas e combatentes é supérflua, porque a história não exige esses pressupostos.

> No momento em que começa um verdadeiro e sério período de greves de massas, todos os "cálculos de custos" se transformam na tentativa de esvaziar o oceano com um copo d'água. Com efeito, o que a massa proletária paga por cada revolução é um oceano de enormes sacrifícios e sofrimentos. E a solução que um período revolucionário dá a essa dificuldade aparentemente intransponível consiste em desencadear simultaneamente na massa uma soma tão enorme de idealismo, que ela se torna insensível aos maiores sofrimentos.*

Diante disso, o debate sobre a greve de massas, seus partidarismos e choques violentos teria alguma importância, além da acadêmica, se a irrupção da greve de massas depende tão pouco da vontade das organizações, se o seu curso é determinado por tantos fatores incontroláveis, e se ela própria é o produto da história não consciente? Na opinião de Rosa Luxemburgo, é absurdo responder a ameaças ao sufrágio universal com uma greve geral, porque não se pode saber como as massas reagirão. Para ela, restringir a greve de massas ao papel de puro meio defensivo só pode parecer uma retirada assustada diante da tarefa real com que se defronta o partido. Pois, em sua concepção, a decisão espontânea das massas depende de numerosos fatores que não podem ser previamente avaliados, mas um fator essencial precisa ser dado pelo partido: certa clareza sobre a essência da luta proletária e, em especial, da greve de massas e um cultivo da vontade de lutar. O partido deve trazer previamente à sua própria consciência e à consciência das massas as consequências prováveis e previsíveis dos acontecimentos históricos e planejar, de acordo com elas, suas próprias ações de longo prazo.

> A social-democracia é a vanguarda mais esclarecida, mais consciente do proletariado. Ela não pode e nem deve esperar, de modo fatalista e de braços cruzados, pela chegada da "situação revolucionária", esperar que o movimento popular espontâneo caia do céu. Pelo contrário, ela precisa, como sempre, *preceder* o desenvolvimento das coisas, procurar *acelerá-las*. Não o conseguirá lançando de repente a torto e a direito a "palavra de ordem" de greve de massas, mas antes explicando às mais amplas camadas do proletariado a irremediável *chegada* deste período revolucionário, os *fatores sociais* internos que a ele conduzem, e suas *consequências políticas*. [...]
> [...] Dar as palavras de ordem, uma direção à luta, estabelecer a tática da luta política de modo que em cada fase e em cada momento da luta toda soma

---

* Ibidem, p. 308. (N. E.)

do poder existente do proletariado, já deflagrado e mobilizado, se realize e se expresse na posição de luta do partido, que a tática da social-democracia, pela sua determinação e pelo seu rigor, nunca esteja abaixo do nível da verdadeira correlação de forças, mas antecipe essa correlação, eis a tarefa mais importante da "direção" no período das greves de massas. E essa direção transforma-se por si própria, por assim dizer, em uma direção técnica. Uma tática resoluta, consequente, que avança, por parte da social-democracia provoca na massa o sentimento de segurança, de autoconfiança e o desejo de luta; uma tática hesitante, fraca, baseada na subestimação do proletariado, paralisa e desorienta as massas. No primeiro caso as greves de massas eclodem "por si próprias" e sempre "no momento certo", no segundo os chamados da direção em prol da greve de massas não têm sucesso.*

Líderes sem vocação

Se pareceu que, de resto, Rosa Luxemburgo atribui um papel secundário à liderança da greve de massas pela classe dos trabalhadores, de acordo com essa última discussão ela adquire a maior importância. Pois, segundo a vontade de Luxemburgo, a liderança não entrava em ação visando à preparação técnica imediata da grande luta; para ela, o caráter e direção da política global do partido em todo o período recém-iniciado eram decisivos para a irrupção e o ímpeto das grandes lutas que se anunciavam. Os líderes, desgastados pela rotina da guerra econômica miúda e pelas escaramuças parlamentaristas, estariam à altura da missão? Rosa Luxemburgo não tinha ilusões quanto a isso. Precisamente nessa discussão, o primeiro plano fora ocupado pelo tipo do funcionário zeloso, que era seu inteiro oposto: pessoas que aliavam parcimônia intelectual, visão estreita e falta de combatividade com presunção ostensiva. No congresso sindical de Colônia, esses burocratas, que se consideravam os únicos especialistas habilitados mas que, no entanto, estavam muito abaixo do parâmetro da história, formaram colunas cerradas. Já naquele tempo, Rosa Luxemburgo atacou a "tacanhice autocomplacente, rutilante e segura de si, que sente grande alegria em si mesma, extasia-se em si mesma e presume estar acima de todas as experiências do movimento internacional dos trabalhadores". No último ano, esse estrato ganhara influência sobre os destinos do movimento dos trabalhadores alemães, subordinando a direção do partido. Quando Rosa Luxemburgo redigiu seu texto sobre a greve de massas, ela se sentiu compelida a impor limites a esses opositores encarniçados da política revolucionária, à altura do momento. Analisou o líder sindical típico e, embora tenha se contido, aqui e ali seu rancor aflorou impetuosamente.

---

* Ibidem, p. 323 e 309. (N. E.)

Seu interesse principal nessa discussão era aclarar questões que deveriam interessar sobretudo aos sindicatos, tendo em vista a greve de massas. Afora o medo da revolução, os líderes sindicais tinham duas objeções em especial: é possível levar a cabo uma greve de massas, mesmo que a grande maioria dos trabalhadores não esteja organizada e a execução disciplinada das resoluções não possa ser garantida? A organização sindical não ruirá sob o peso da gigantesca tarefa de uma greve de massas? Rosa Luxemburgo viu nessas perguntas, uma vez mais, a emanação daquela concepção esquemática de uma greve geral arbitrariamente decidida e comandada por regras caviladas com inteligência. Se o pressuposto da greve política é a organização quase completa da classe, ela jamais poderia ser cogitada, e todas as greves de mesmo caráter realizadas até aquele momento teriam ocorrido contra seus pressupostos básicos. Os sindicatos alemães tinham naquele tempo cerca de 1,5 milhão de membros, mais ou menos um décimo de toda a classe trabalhadora. A grande massa dos trabalhadores não qualificados praticamente não havia sido alcançada. Ademais, os sindicatos consideravam que categorias importantes da classe dos trabalhadores – a saber, funcionários públicos e servidores do Estado, trabalhadores rurais e outros – jamais seriam atraídos para a organização. Porém, Rosa Luxemburgo via justamente esses estratos como o grande exército que daria à greve de massas o ímpeto necessário. Todos os grandes testes realizados com esse meio de luta comprovaram que se tratava de um recurso poderoso de organização de massas, e, sobretudo, a Revolução Russa mostrara que, mediante a fermentação revolucionária, esses milhões de trabalhadores atrasados e parados despertaram para a consciência de classe e para a organização. Ela não hesitou em esperar esse efeito desestabilizador de uma situação revolucionária também nos grandes países capitalistas da Europa ocidental. Enquanto os guardiões dos sindicatos alemães temiam que as organizações se despedaçassem ruidosamente no redemoinho revolucionário como valiosa porcelana, ela estava convencida de que elas ressurgiriam rejuvenescidas e vigorosas, mais fortes do que nunca. E um período revolucionário na Alemanha também mudaria o caráter da luta sindical; ele a potencializaria de tal maneira que, em contraposição, a guerra de guerrilha que se praticara até ali seria brincadeira de criança.

Em seu escrito, Rosa Luxemburgo explicou as visões estreitas, esquemáticas, determinadas pela rotina, tanto dos parlamentares quanto dos líderes sindicais, com base na especialização destes, visando a tarefas cotidianas bem determinadas, frequentemente bem complicadas, que lhes tolhiam a visão para o horizonte amplo. A lição que Rosa lhes ministrava sobre uma concepção dialética da história com perspectivas mais amplas encontrou a mesma limitação à compreensão. Especialmente os líderes sindicais viram tudo o que, nas exposições de Rosa Luxemburgo, ia além de suas experiências apenas como a emanação de um romantismo revolucionário exacerbado ou de um ódio feroz contra os sindicatos. Por essa razão, atacaram ruidosamente a autora e o escrito, sem se preocupar seriamente com os problemas. O escrito de Rosa Luxemburgo sobre a greve de massas teve uma tiragem pequena a princípio, apenas para os delegados do congresso em Mannheim. A autora cedeu à pressão da direção do partido e eliminou expressões demasiado claras. E a imprensa reformista e sindical alardeou a "capitulação". O assunto é digno de menção porque deu oportunidade a Franz Mehring de dizer o que foi a pensadora Rosa Luxemburgo para o movimento internacional dos trabalhadores:

> Exatamente a mesma "nobre objetividade" (de que se gabam os reformistas) demonstrou a companheira Rosa Luxemburgo quando, apesar de todos os ataques acerbos e subjetivos que lhe foram dirigidos por uma parte da imprensa sindical, renunciou a toda palavra dura, ao ver que isso aumentava as chances de um entendimento objetivo. Por esse motivo está sendo novamente alvo de escárnio, não da parte da imprensa burguesa, cuja estupidez cretina tem predileção por entrar em atrito com ela, mas da parte de um membro da imprensa social-democrata. Isso realmente não é nada bom, tanto mais porque essas sangrias de mau gosto contra a cabeça mais genial que surgiu até hoje entre os herdeiros científicos de Marx e Engels, no final das contas, são motivadas pelo fato de ser uma mulher a carregar essa cabeça sobre os ombros.[7]

Teoria da espontaneidade?

Especialmente em seu escrito sobre a greve de massas, mas em outros também, Rosa Luxemburgo indicou enfaticamente que movimentos revolucionários não podem ser "feitos", não acontecem por resolução de uma autoridade do partido, mas irrompem espontaneamente sob determinadas condições históricas. Ora, essa concepção foi reiteradamente corroborada pela história, mas, sobre esse ponto, Rosa foi acusada de cometer um pecado grave. Essa concepção foi distorcida a ponto de virar uma caricatura e muitos afirmaram que Rosa Luxemburgo criara uma teoria da espontaneidade, fora vítima de uma mística da espontaneidade ou até mesmo de uma mitologia da espontaneidade. Gueórgui Zinoviev foi o primeiro a fazer essa afirmação, visivelmente para que o partido russo fosse a autoridade suprema na Internacional Comunista. Outros a reelaboraram e repetiram tantas vezes que ela acabou se tornando um axioma histórico-político que não necessita de verificação nem prova. Para esclarecer a posição da grande revolucionária em relação à atividade revolucionária, é necessário examinar mais de perto esses ataques desagradáveis.

---

[7] *Neue Zeit*, julho de 1907.

O teor da acusação é este: negação ou, pelo menos, diminuição condenável do papel do partido como líder na luta de classes, veneração acrítica da massa, superestimação dos fatores impessoais, objetivos, negação ou subestimação da ação consciente e organizada, automatismo e fatalismo do processo histórico. A conclusão de tudo isso é que, segundo a concepção de Rosa Luxemburgo, a existência do partido seria totalmente injustificada.

Ora, essas acusações chegam a ser grotescas, tendo em vista a lutadora imbuída de urgência irreprimível para a ação que sempre impulsionou as massas e os indivíduos para a atividade, que tinha como lema de vida "no princípio era a ação!" e manifestava sua contrição com as palavras de Hütten:

Arrependo-me de não ter entrado, em minhas contendas,
Com atos mais ousados e golpes mais contundentes!

Justo ela renderia homenagem a uma filosofia para a qual a história segue seu curso sem dar a mínima para a humanidade e, aos homens, só deixa o trabalho de se abandonar ao destino? Em uma daquelas cartas emocionadas nas quais revelou um pouco de sua essência (carta de 13 de julho de 1900 a Kautsky), ela relembra a sensação de desânimo que a tomava quando contemplava as cataratas do rio Reno e, em tom de malícia, escreveu:

Quando contemplo o terrível espetáculo, o borrifo de espuma, o alvo poço de água borbulhando e ouço o bramido ensurdecedor, meu coração fica apertado e algo dentro de mim diz: ali está o inimigo. O senhor se admira? De fato, é o inimigo... da vaidade humana, que de resto acha que é alguma coisa e repentinamente desaba no nada. Aliás, o mesmo efeito tem uma concepção de mundo que diz a respeito de todos os acontecimentos como em Ben Aqiba: "sempre foi assim", "vai suceder por si só" e coisas desse tipo, e em que o ser humano parece tão supérfluo com seu querer, poder e saber. [...] Por isso odeio tal filosofia, *mon cher Charlemagne* [meu querido Carlos Magno], e mantenho que é preferível se lançar nas cataratas do Reno e afundar nelas como uma casca de noz do que balançar sabiamente a cabeça e deixar que ele continue bramindo do mesmo modo que bramiu na época dos nossos antepassados e continuará bramindo depois de nós.

Melhor se lançar nas cataratas do Reno do que desistir de dominar o curso da história! Essa vontade irreprimível para o ato, no entanto, não podia ser ignorada pelos críticos, que ocasionalmente faziam a seguinte concessão: sim, mas a atuação política de Rosa Luxemburgo estava em gritante contradição com sua teoria. Objeção estranha em relação a uma mulher que pensava de modo tão preciso e cujo agir era inteiramente guiado e dominado por seu pensamento.

Um "erro", em todo caso, Rosa Luxemburgo cometeu. Ao escrever, ela não pensou nos grandes sábios que, depois de sua morte, corrigiriam seus conceitos. Assim, dúzias de citações extraídas a cinzel de seus escritos podem provar sua "teoria da espontaneidade". Ela escreve para a sua época e para o movimento dos trabalhadores alemães, no qual a organização deixara de ser um meio para se tornar um fim. Quando, em um congresso do partido, Rosa Luxemburgo disse que era impossível saber quando irromperia uma greve de massas, Robert Leinert lhe bradou: é claro que é possível, a direção do partido e a comissão geral sabem! Porém, no caso dele e dos demais que falavam assim, isso não era uma manifestação da vontade de agir. Eles tinham medo de arriscar a organização em uma grande luta. A vontade de evitar e impedir toda e qualquer luta desse tipo ocultava-se atrás da declaração – metade pretexto, metade convicção – de que primeiro a classe dos trabalhadores teria de estar completamente organizada. Rosa Luxemburgo sabia disso e, por essa razão, teve de enfatizar especialmente o aspecto espontâneo das lutas de caráter revolucionário para preparar o líder e as massas para os acontecimentos esperados. Ao fazer isso, ela deveria estar imune a interpretações equivocadas. Ela disse com clareza suficiente o que entende por espontaneidade. Para refutar a ideia de uma greve geral preparada pela direção do partido, executada metodicamente como uma greve comum por salário, despida de seu caráter impetuoso, ela citou certa vez as greves belgas de 1891 e 1893:

> A diferença reside em que as greves de massas de 1890 foram movimentos es-pontâneos, nascidos de uma situação revolucionária, da exacerbação da luta e da energia das massas dos trabalhadores em sua tensão máxima. Não espontâneos, por exemplo, no sentido de que teriam sido caóticos, sem planejamento, desenfre-ados e sem liderança. Pelo contrário, exatamente naquelas duas greves a liderança estava totalmente de acordo com a massa, marchando à frente, conduzindo e dominando completamente o movimento, justamente por estar inteiramente em contato com a pulsação da massa, adaptando-se a ela, não passando de porta-voz, expressão consciente dos sentimentos e das aspirações da massa.[8]

Portanto, a espontaneidade desses movimentos não exclui a liderança cons-ciente, mas a reclama. Mais do que isso! Na opinião de Luxemburgo, a espon-taneidade, que tão duramente lhe foi imputada como fatalismo, não cai do céu. Nós já mostramos isso (ver p. 150) e poderíamos acumular citações a seu favor. Em 1910, quando as massas de trabalhadores alemães se puseram em movimento em defesa do direito eleitoral prussiano, ela exigiu da direção do partido um plano para dar continuidade à ação e ela mesma apresentou sugestões. Condenou o

---

[8]   Rosa Luxemburgo, *Gesammelte Werke*, cit., v. 4, p. 380.

"esperar pelos acontecimentos elementares" e exigiu o prosseguimento político da ação no sentido de uma ofensiva enérgica. Durante a guerra, apontou, em sua *Brochura de Junius*, a importância que o Parlamento, a única tribuna livre, poderia ter para desencadear ações de massa, caso homens como Liebknecht a tomassem com vontade e um plano. E a esperança que depositava nas massas não obscurecia o papel e a missão do partido. Em 1913, quando combateu a "estratégia de desgaste" defendida por Kautsky, ela escreveu:

> Com certeza, líderes que relutam acabarão renegados pelas massas que atacam. No entanto, esperar calmamente esse resultado agradável como sintoma inequívoco do "tempo maduro" pode ser adequado para o filósofo solitário. Para a liderança política de um partido revolucionário, seria um atestado de pobreza, de falência moral. A tarefa da social-democracia e de seus líderes não é a de ser levada de roldão pelos acontecimentos, mas antecipar-se a eles conscientemente, ter uma visão geral dos rumos do desenvolvimento, encurtá-lo pela ação consciente e acelerar o andamento.[9]

Certamente Rosa Luxemburgo subestimou a influência inibitória que uma organização avessa à luta pode exercer sobre as massas e talvez tenha superestimado a ação elementar, esperando que acontecesse antes do que realmente aconteceu. Ela fez o que pôde para instigar a liderança social-democrata alemã. E a superestimação das massas é o "erro" inevitável de todo revolucionário real; ele decorre do impulso candente para a frente e do profundo conhecimento de que as grandes revoluções da história precisam ser consumadas pelas massas. Nesse tocante, sua confiança nas massas não era nada mística. Ela conhecia suas fragilidades e pôde observar seus vícios nos movimentos contrarrevolucionários. A relação íntima de Rosa com as massas é atestada por uma carta escrita da prisão em 16 de fevereiro de 1917 a Mathilde Wurm, depois de se torturar mais de dois anos com o pensamento do fracasso da massa:

> [...] a mim faltam todas essas qualidades secundárias e prejudiciais – temor, rotina, cretinismo parlamentar – que turvam o discernimento dos outros. Toda sua argumentação contra meu lema: aqui estou – não posso agir de outro modo! – desemboca no seguinte: muito belo, muito bom, mas as pessoas são covardes e fracas para esse tipo de heroísmo, ergo é necessário adequar a tática à fraqueza delas e à máxima *chi va piano, va sano* [Devagar se vai ao longe]. Que estreiteza de visão histórica, meu cordeirinho! Não há nada mais mutável que a psicologia humana. Principalmente a psique das massas esconde muitas vezes em si, como *Thalassa*, o mar eterno, todas as possibilidades latentes: calmaria mortal

---

[9]   Ibidem, p. 669.

e tempestade ruidosa, a mais baixa covardia e o heroísmo mais feroz. A massa é sempre aquilo que tem de ser, dependendo das condições do tempo, e está sempre pronta a tornar-se algo diferente do que parece. Que belo capitão seria aquele que orientasse seu curso apenas pela aparência momentânea da superfície das águas e não soubesse prever por sinais no céu e nas profundezas a tempestade vindoura! Minha menininha, a "decepção com as massas" é frequentemente a insígnia mais vergonhosa para o líder político. Um líder de grande estilo não orienta sua tática pelo humor momentâneo das massas, e sim pelas leis férreas da evolução; ele se apega firmemente à sua tática apesar de todas as decepções e deixa tranquilamente que no restante a história conduza sua obra à maturidade.*

Não existe nada que indique a suposta mitologia da espontaneidade de Rosa Luxemburgo. Essa teoria mesma é um mito, fabricado para fins políticos específicos e usada por suboficiais tacanhos, que são subservientes para com os de cima e acreditam poder comandar e chicanar impunemente um partido.

Nesse ponto, o que levou os crédulos a mal-entendidos foi a incapacidade de reconhecer a essência dialética da necessidade histórica. Para Rosa Luxemburgo, havia "duras leis do desenvolvimento". Porém, os executores dessas leis eram, para ela, seres humanos, massas de milhões, organizações e líderes com pontos fortes e fracos, seu fazer e seu fracassar. Conforme o modo de agir dessas massas e organizações (Estado, partido etc.), essas leis se cumprem mais rápido ou mais devagar, de forma direta ou por desvios. E, mesmo que o curso da história passe por abismos antes de rumar para o cume, ele cria relações que servem ao desenvolvimento em conformidade com essas leis. O próximo grande ponto de inflexão da história era, para Rosa Luxemburgo, a superação do capitalismo, uma necessidade histórica que a classe trabalhadora tem de apreender conscientemente como meta para cumpri-la. Rosa Luxemburgo tinha o temperamento de um Henrique Hotspur**, mas submetia-o à disciplina de seu conhecimento e, desse modo, conseguia reunir a paciência ativa para deixar as coisas amadurecerem, levar as pessoas a amadurecerem para os feitos decisivos.

Rosa Luxemburgo não demorou a reconhecer que o impulso internacional que a Revolução Russa de 1905 dera à classe trabalhadora havia se esgotado. E, embora o debate sobre a greve de massas tenha prosseguido, ela quase não participou mais dele. Ela não gostava de controvérsias puramente acadêmicas sobre questões táticas. Só quando as massas voltaram a se movimentar ela interveio novamente no debate para despertar a ação.

---

* Rosa Luxemburgo, carta a Mathilde Wurm, Wronke na P., Fortaleza, 16 fev. 1917, em Isabel Loureiro (org.), *Rosa Luxemburgo*, v. 3, cit., p. 235-6. (N. E.)

** Personagem de temperamento forte da tragédia *Henrique IV*, de William Shakespeare. (N. T.)

Sobre o fim do capitalismo

A escola do partido

No ano de 1906, a social-democracia alemã criou em Berlim uma escola do partido. Até a irrupção da guerra, a cada inverno, cerca de trinta companheiros eleitos pelas organizações distritais e pelos sindicatos se formaram em ciências sociais e nas disciplinas práticas da agitação. A escola foi a expressão do poder organizacional do movimento dos trabalhadores. Era necessária para assegurar uma nova geração qualificada de redatores, agitadores e outros agentes ligados ao movimento. Lecionaram ali, entre outros, Franz Mehring, Rudolf Hilferding, Hermann Duncker, Arthur Stadthagen, Emanuel Wurm, Gustav Eckstein, Hugo Heinemann, em geral membros da ala radical do partido. Parece que Rosa Luxemburgo foi vista desde sempre como docente. Do primeiro curso, no entanto, ela não participou, ou porque se recusou, ou porque os sindicatos fizeram objeção. A polícia prussiana interveio no quadro docente e ameaçou extraditar o austríaco Hilferding, caso continuasse a lecionar e, assim, a partir de 1907, Rosa assumiu o curso de economia política, isto é, introdução às teorias econômicas de Karl Marx.

Rosa Luxemburgo foi uma professora destacada, e não só pelo domínio absoluto de seu campo. Ela era um talento pedagógico de primeira grandeza. Como autora e oradora, esse talento foi responsável por parte de seu êxito e agora podia se desenvolver plenamente. A tarefa não era fácil. *O capital*, de Marx, constituía a base do curso, mas não era um livro didático popular; e a compreensão correta de suas teorias pressupunha sólidos conhecimentos no campo econômico e social. Porém, os alunos eram uma miscelânea de meios muitos diferentes: ao lado de jovens imaturos e sem experiência, mas que haviam chamado a atenção em algum momento, havia antigos e experientes membros do partido, pessoas das mais diferentes profissões, serralheiros, carpinteiros, tapeceiros, mineiros, secretários do partido, sindicalistas, donas de casa, intelectuais; a maioria havia sido preparada apenas por escritos de agitação, eram raros os que estavam habituados ao pensamento científico. Na primeira aula, a professora estabelecia contato com os alunos. Não ensinava nem apresentava resultados prontos. Ela obrigava os alunos a elaborar os conhecimentos por si mesmos.

Primeiro ela tratava das diferentes formas econômicas, suas características, mutações e causas. Em conexão com elas, examinava as teorias econômicas mais importantes antes e depois de Marx. Depois de elaborar durante semanas um quadro geral do desenvolvimento factual das relações de produção e troca e seu espelhamento na ciência burguesa, trabalhava as teorias de Marx com o auxílio de *O capital*. Durante todo o curso, restringia ao mínimo necessário o material que ela própria tinha de ensinar. Buscava dentro da cabeça dos alunos o que eles tinham de conhecimentos e concepções e submetia-os a uma verificação minuciosa com intervenções e perguntas sempre novas, até o quadro real da vida tomar forma. O processo cognitivo propriamente dito era tarefa dos próprios alunos. Nessa atividade, ela se ocupava dos mais talentosos. Sempre mantinha todos atentos. E, se algum sonhador lhe escapava, ela infalivelmente o despertava com uma pergunta bem direcionada, contornava seu embaraço com uma observação espirituosa e restabelecia o contato. Ela criava desse modo uma atmosfera eletricamente carregada, na qual as capacidades intelectuais de todos se desenvolviam e os alunos entravam em um espírito de entusiástica criação e emulação. Embora parecesse ir totalmente ao encontro das ideias dos alunos, obrigando-os a esquadrinhar essas ideias até o último recanto, imperceptivelmente ela conduzia o trabalho para a meta desejada. Depois desses torneios intelectuais, os alunos se deparavam surpresos com conhecimentos novos, captados com clareza e nitidez, que não haviam sido trazidos de fora até eles e não só lhes pareciam plausíveis na condição de teorias alheias, como constituíam um cabedal intelectual pessoalmente adquirido.

A grande arte do relacionamento humano, própria de Rosa Luxemburgo, efetivou-se nesse curso. Por mais que fosse superior aos alunos em termos de saber, força do pensamento, personalidade, isso passava para o segundo plano no trabalho comum, de modo que ninguém se sentia pressionado, nem sequer se dava conta disso, até que o curso terminava e o encanto se quebrava. Ela incutiu profundamente em seus alunos o desprezo ao diletantismo científico e à covardia de pensamento, ensinando-os a respeitar e entusiasmar-se com qualquer ato científico. O trabalho em conjunto proporcionou aos alunos um ganho não só intelectual, mas também moral. Certamente houve quem visse a escola do partido com desconfiança e pensasse: ela não vai conseguir me transformar num herege! Rosa Luxemburgo dobrou todos, e até aqueles que mais tarde se tornaram seus adversários no movimento dos trabalhadores tinham enorme gratidão e veneração por ela. Ela conquistou as pessoas e as preencheu com a riqueza das ideias marxistas e com a vontade de lutar pela realização dessas ideias.

Introdução à economia política

A atividade docente na escola do partido deu origem a duas obras de Rosa Luxemburgo: *Introdução à economia política* e *A acumulação do capital*. Do primeiro trabalho, infelizmente, restaram apenas alguns fragmentos. Por uma carta ao editor J. H. W. Dietz, escrita na prisão militar feminina de Berlim, no dia 28 de julho de 1916, conhecemos a estrutura integral da obra, que abrangia os seguintes tópicos:

1. O que é economia política?
2. O trabalho social
3. História da economia: sociedade protocomunista
4. História da economia: sistema econômico feudal
5. História da economia: a cidade medieval e as corporações de ofício
6. A produção de mercadorias
7. Trabalho assalariado
8. O lucro do capital
9. A crise
10. As tendências do desenvolvimento capitalista

No verão de 1916, os dois primeiros capítulos estavam prontos para impressão e já havia uma primeira redação dos demais. Contudo, no espólio luxemburguista, foram encontrados apenas os capítulos 1, 3, 6, 7 e 10. Paul Levi os publicou em 1925, infelizmente com muitos erros, alterações arbitrárias e omissão de notas importantes. Se a íntegra do livro estivesse disponível, teríamos diante de nós o material completo dos cursos. A estrutura dos capítulos nos permite constatar que a obra foi amadurecida num longo e reiterado processo de aclaração, no qual Rosa Luxemburgo identificou todas as dificuldades no objeto vivo e, por fim, superou todas as dificuldades que a matéria contrapõe à compreensão. O resultado é uma exposição cristalina do desenvolvimento econômico e de seus problemas. A linguagem é popular, mas não aquele popular que evita as dificuldades e torna os problemas rasos e simplistas: trata-se de uma simplicidade singela, para a qual apenas a intuição viva e o inteiro domínio intelectual das coisas podem capacitar. É um popular que leva facilmente o leitor de um conhecimento a outro e cativa quem está familiarizado com o objeto, revelando conexões novas e inesperadas e proporcionando soluções.

Pela estrutura e pelo tema dos capítulos é possível ver que o livro faz uma exposição condensada das teorias econômicas de Karl Marx. Porém, ao contrário dos divulgadores de Marx, Rosa Luxemburgo não parte das categorias econômicas elementares. Ela esboça as grandes etapas da história social e econômica da humanidade e a entretece com a crítica das teorias sociais, que são reflexo dessa história. E, decididamente, não procede "sem ira e zelo". Enquanto na escola do partido chegava à solução dos problemas malhando com os alunos os erros e as meias verdades, no livro ela se vale dos equívocos, das bobagens e das evasivas interesseiras dos grandes luminares da ciência. Era o ensejo sempre bem-vindo para tirar das cabeças as teias de aranhas com vigorosas espanadas. Com a mesma alegria com que Lassalle esfolou Julian Schmidt, ela esfolou os corifeus e mostrou que afirmações aparentemente profundas não passavam de fraseologia oca. Farejou por trás da insuficiência científica a debilidade moral do adversário de classe e bateu nele com vontade. Porém, os duros golpes no corpo científico não são firulas para animar a exposição ou simples excessos polêmicos. Eles estão estreitamente ligados ao tema. Se, por um lado, visam mostrar como os conhecimentos dos mestres das ciências sociais são influenciados e inibidos pelos interesses históricos de sua classe, por outro, pretendem mostrar que a ciência econômica sempre foi um instrumento de combate na luta de classes. Rosa Luxemburgo prova que a economia política se tornou necessária quando, em razão da economia anárquica do capitalismo, as relações econômicas se tornaram opacas e, graças à concorrência e à economia do dinheiro, apareciam como em um espelho deformador. Além disso, prova que a ciência econômica surgiu como uma arma da burguesia contra o feudalismo e, nessa condição, realizou façanhas, mas com o despontar do movimento dos trabalhadores converteu-se em cega defensora do *status quo* e seus representantes liquidaram pouco a pouco conquistas intelectuais decisivas até se converterem eles próprios – à medida que procuravam soluções teóricas universais – à mística econômica ou à bufonaria pseudocientífica (como Sombart). Por fim, prova que, em Marx, a "crítica da economia política" é a arma do proletariado na luta de classes e que uma economia socialista planejada não precisa da economia política como ciência. Partindo do protocomunismo, o leitor assiste ao surgimento, desenvolvimento, função e dissolução da ordem econômica e social até o capitalismo, do qual se evidencia o mecanismo interno e se mostra a inevitabilidade do colapso por suas contradições internas. Em estreita conexão com a história e a investigação dos problemas teóricos da economia, Rosa Luxemburgo apresenta ao mesmo tempo uma história das teorias sociais burguesas e socialistas à luz do materialismo histórico, um empreendimento que aqui foi tentado pela primeira vez de modo abrangente.

A acumulação do capital

Rosa Luxemburgo trabalhou vários anos em sua "economia política". A atividade docente na escola do partido, a agitação a favor da social-democracia alemã, as controvérsias táticas com oponentes no partido e os trabalhos abrangentes para os movimentos polonês e russo foram postergando a conclusão da obra. Quando, no início de 1912, ela quis concluir o trabalho pelo menos em suas linhas básicas, deparou-se com uma dificuldade inesperada:

> Eu não estava conseguindo expor com clareza suficiente o processo global da produção capitalista em suas relações concretas nem seu limite histórico objetivo. Examinando melhor, cheguei à conclusão de que não se trata apenas de uma questão expositiva, mas também existe um problema que está teoricamente em conexão com o conteúdo do volume II de *O capital* de Marx e, ao mesmo tempo, interfere na práxis da atual política imperialista, assim como de suas raízes econômicas.

Assim Rosa Luxemburgo descreve como redigiu sua principal obra, *A acumulação do capital*[1]. O problema teórico com que se deparou exige um conhecimento muito preciso da teoria marxista e não há como expô-lo em poucas palavras. Aqui só podemos tentar compreendê-lo de maneira aproximada. A época em que vivemos pode nos facilitar a compreensão. A partir de 1929, a economia mundial foi abalada por uma crise muito profunda, sem precedentes no capitalismo. Irrompeu logo após os prejuízos da Grande Guerra terem sido sanados, quando os fios rompidos do mercado mundial haviam sido reatados e um crescimento breve e forte despertara um novo otimismo. No entanto, já o período de crescimento de 1924 a 1928 teve traços preocupantes, que o diferenciou das conjunturas da época anterior à guerra. Em primeiro lugar, os países capitalistas mais importantes (Estados Unidos, Grã-Bretanha, Alemanha e outros) apresentavam no ponto mais alto da prosperidade um nível de desemprego muitas vezes maior do que antes da guerra, no ponto mais baixo da crise, e a capacidade de produção dos parques industriais não era plenamente utilizada. A crise de 1929 durou em anos o que as crises anteriores duraram em meses. Gerou um desemprego de dez a vinte vezes maior que o período anterior à guerra. Deixou segmentos inteiros quase totalmente improdutivos. Teve uma superprodução tão terrível que deu origem ao ditado "Morrer de fome com o celeiro cheio", e a desvalorização de produtos e capitais, que antes limpava os campos para um novo cultivo, não foi suficiente, e fez-se necessário recorrer a uma destruição colossal de mercadorias.

---

[1] Rosa Luxemburgo, *Die Akkumulation des Kapitals: ein Beitrag zur ökonomischen Erklärung des Imperialismus* (Berlim, Vorwärts, 1913) [ed. bras.: *A acumulação do capital. Contribuição para a explicação econômica do imperialismo*, trad. Marijane Vieira Lisboa e Otto Erich Walter Maas, 3. ed., São Paulo, Nova Cultural, 1988], e *Die Akkumulation des Kapitals oder Was die Epigonen aus der Marxschen Theorie gemacht haben: eine Antikritik* (Berlim, [s. ed.], 1919). As duas obras juntas compõem o volume VI das obras reunidas de Rosa Luxemburgo (*Gesammelte Werke*, Berlim, Dietz, 1923).

É certo que, depois de anos de estragos terríveis causados pela crise, houve uma retomada temporária da produção, mas ela não atingiu a totalidade do mercado mundial e foi causada sobretudo por uma produção fantástica de armamentos pelos governos fascistas. Nesse processo, os Estados se isolaram cada vez mais e começaram guerras de conquista com um ímpeto cada vez maior. O destino inevitável era a ameaça de uma nova guerra mundial.

Esse desenvolvimento catastrófico é casual, deve-se a erros dos capitalistas ou dos governos que poderiam ter sido evitados? Ou se realiza nele uma legalidade inerente à mecânica do capitalismo?

Rosa Luxemburgo, em companhia de muitos outros marxistas, estava convencida de que a Primeira Guerra Mundial e todas as guerras se originam da essência da ordem social capitalista. Além disso, ela descobriu que as mesmas causas que geram as guerras modernas também destroem as condições de existência da economia capitalista. E previu que o colapso do capitalismo ocorreria exatamente nessas crises econômicas e políticas de que somos testemunhas. Porém, ela não conseguia demonstrar essa legalidade histórica numa "economia política" baseada em *O capital*, de Marx. Sua convicção era errônea ou o que Marx ensinava não era suficiente? Essa era a pergunta; e, para a concepção global de Rosa, a resposta a essa pergunta era extremamente importante. Toda a sua atuação política se baseava nesse conhecimento científico. Tinha raízes profundas nela a ideia de que o socialismo só seria uma certeza se fosse comprovado cientificamente que o capitalismo será destruído pelas contradições imanentes a ele.

A dificuldade era resultado da pergunta: a economia capitalista, que se distingue dos demais sistemas econômicos por sua dinâmica crescente prodigiosa, poderá se desenvolver de modo constante e sem entraves? A ciência não contesta que essa possibilidade de desenvolvimento é a condição da existência do capitalismo. Em toda economia anterior, a produção era para uso imediato e o produto era consumido pelo senhor e pelo servo. Quebras de colheita, guerras e epidemias podiam provocar catástrofes. Porém, crises advindas da legalidade inerente à ordem econômica, crises causadas pela superprodução, massas com fome apesar dos celeiros cheios, destruição de produtos úteis para recuperar as condições "normais" de produção – esses fenômenos da nossa economia eram impensáveis. É certo que, na economia capitalista, a demanda social tem de ser bem ou mal atendida, mas o motivo que impulsiona a produção não é esse, e sim o lucro. O lucro provém do mais-trabalho que o trabalhador realiza além do trabalho necessário para satisfazer sua demanda vital – visando à reprodução constante da força de trabalho. Porém, o lucro só é "realizado" quando há compradores suficientes para as mercadorias produzidas. O capitalista que consegue produzir mais barato terá as melhores perspectivas de vender suas mercadorias, de realizar seu lucro. Portanto, a concorrência o impele a melhorar seus meios de produção, e ele naufraga se ficar para trás. Com cada progresso técnico, crescem as forças produtivas e a massa de mercadorias, mas diminui proporcionalmente o número de trabalhadores e, desse modo, o de clientes capazes de pagar. Quanto mais poderosas as forças produtivas, tanto maior o número de mãos supérfluas. Surgirá necessariamente um exército de desempregados que crescerá constantemente e pressionará os salários para baixo, dificultando ainda mais a venda. Sob o flagelo da concorrência, portanto, a economia capitalista exige que se produza cada vez mais, que ocorram crises periódicas nas quais sejam extintos métodos de produção incapazes de fazer frente à concorrência, que sejam destruídos valores capitais. Feito isso, a dança recomeça com uma maior desproporção entre as forças produtivas e a força de trabalho empregada, ou seja, o risco é maior do que antes.

Foi assim que Marx expôs o curso da economia capitalista; mais exatamente, apesar de algumas oscilações, o exército de trabalhadores cresce cada vez mais, os salários são pressionados para baixo até o simples mínimo para a subsistência, as crises se sucedem cada vez mais rápido e se tornam cada vez mais devastadoras. Todavia, esse conhecimento teórico contradizia a realidade. A partir da década de 1860, os salários dos trabalhadores europeus cresceram quase ininterruptamente. O exército de reserva diminuiu. As crises, esses acidentes vasculares cerebrais que fazem a economia capitalista ter consciência de seu fim, eram cada vez mais fracas e a prosperidade capitalista parecia crescer constantemente. Os marxistas começaram a atribuir às afirmações de Marx sobre a miserabilização progressiva da classe dos trabalhadores, a intensificação das contradições sociais e o iminente colapso da economia capitalista um sentido que elas evidentemente não tinham. Apesar desses fenômenos, Rosa Luxemburgo se ateve à teoria marxista. Contra Bernstein, afirmou que as crises a que Marx se referia só se iniciariam mais tarde, o crescimento atual era apenas um fenômeno transitório – que, de qualquer modo, estava durando mais de meio século. Ela estava convencida de que o capitalismo toparia com um limite ao seu desenvolvimento e se despedaçaria.

Então ela encontrou no Livro II de *O capital*, de Marx, uma demonstração que, se fosse concludente, jogaria sua concepção no lixo. Tratava-se da possibilidade de uma acumulação permanentemente progressiva de capital, um aumento ilimitado da produção. Aparentemente a acumulação do capital é uma questão bastante simples. O capitalista emprega uma parte do mais-valor que ele não consome pessoalmente para comprar máquinas, matérias-primas, força de trabalho adicional, e um novo capital é incorporado à economia. Se analisarmos a economia capitalista como unidade, trata-se de um processo complexo que escapa ao arbítrio dos capitalistas individuais. Em determinado momento da produção, é preciso produzir mercadorias múltiplas que sirvam ao consumo da população, à renovação dos meios de produção ultrapassados e à sua reimplantação. Ao mesmo tempo, é preciso que haja determinada relação de valor entre as diferentes categorias de mercadorias e a demanda capaz de pagá-las. Assim, os produtores de máquinas, matérias-primas etc. deverão produzir mercadorias que eles e os produtores de bens de consumo usarão no novo período de produção. Contudo, os produtores de bens de consumo precisam vender suas mercadorias para poder comprar os meios de produção e pagar a mão de obra que empregarão no novo período. Na sociedade capitalista, anárquica e sem planejamento, essas e outras relações necessárias são produzidas por meio de novos capitais em determinadas indústrias ou por queda de preços, desvalorização de capital, falência e crises.

Ora, Marx ilustrou com esquemas muito perspicazes as relações de valor em seus múltiplos cruzamentos, nas quais ocorre a expansão da produção capitalista, a acumulação de capital. Para isso, partiu de uma abstração que está na base de todas as suas investigações econômicas, a saber: uma sociedade que produz de modo puramente capitalista, que não tem relação com nenhum tipo de sistema pré-capitalista e que consiste somente de capitalistas (e uma comitiva que os ajuda a consumir o mais-valor) e trabalhadores. Segundo esses esquemas, cada mercadoria encontra seu comprador e a acumulação funciona nesse capitalismo puro em *perpetuum mobile*, sem qualquer impedimento ou limitação. Isso torna incompreensível a profecia marxista de intensificação das crises. Parecia justificar-se a opinião de Bernstein de que os trustes poderiam superar as crises pela regulação da produção. Desde 1815, os grandes economistas políticos entraram em acirradas controvérsias sobre a possibilidade do desenvolvimento irrestrito do capitalismo, sobretudo se seria possível encontrar demanda para mercadorias em número sempre crescente. No último *round* do debate sobre essa questão, antes da intervenção de Rosa Luxemburgo, os que tinham uma visão otimista do desenvolvimento capitalista venceram justamente com o auxílio dos esquemas de Marx. A controvérsia era se, na Rússia, o capitalismo seria inevitável e capaz de sobreviver.

Esses esquemas marxistas também foram o rochedo com que Rosa Luxemburgo se chocou quando quis provar o colapso inevitável do capitalismo. Até então todos os teóricos os aceitavam sem examinar. Mas Rosa descobriu que: 1) Marx não concluíra sua investigação sobre o problema da acumulação, interrompendo-a no meio da frase; 2) ele não levara em conta nos esquemas uma condição imprescindível. Ele fez o valor da mão de obra e, portanto, a soma de salários, crescer na mesma proporção do valor dos bens de produção. Acontece que a expansão da produção não ocorre de tal modo que, em cada novo período de produção, sejam empregadas instalações e máquinas do tipo usado no período anterior, mas instalações e máquinas tecnicamente melhores. Ela é constantemente racionalizada. Desse modo, porém, o valor dos meios de produção cresce num ritmo progressivamente mais veloz que o valor da mão de obra empregada. Em seu esquema, Marx não levou em conta essa defasagem constante do valor. Quando ela é aplicada, o resultado é um grande dilema para os produtores de bens de consumo: ou eles renunciam cada vez mais à acumulação de seu mais-valor e o consomem pessoalmente, excetuando uma parcela cada vez menor – o que inverteria todo o sentido do modo de produção capitalista, paralisaria a expansão da produção e atolaria a economia – ou uma parte crescente dos bens de consumo produzidos não encontraria mais compradores capazes de pagar por eles. Uma quantidade sempre crescente de bens de consumo invendáveis associada a um exército crescente de desempregados: essa seria a causa permanentemente intensificada das crises econômicas.

Até a Primeira Guerra Mundial, os capitalistas encontraram uma solução para a contradição entre a força produtiva crescente e o poder de compra proporcionalmente decrescente: eles vendiam massas cada vez maiores de mercadorias para estratos sociais que não produziam ao modo capitalista (camponeses, artesãos) ou regiões de modos de produção atrasados (colônias). E, quanto mais intensamente os capitalistas invadiam esse "espaço não capitalista", tanto mais reforçavam o processo de acumulação. Por essa via, explicam-se também os fenômenos sociais que não se coadunavam com as teorias de Marx, especialmente o abrandamento temporário das crises e a diminuição do exército industrial de reserva.

Rosa Luxemburgo encontrou nessa penetração capitalista do espaço não capitalista a solução para o problema da acumulação. Ela provou que o capitalismo não é capaz de sobreviver se não dispuser dessa possibilidade de expansão. Ao fazer isso, pôde recorrer a Marx, apesar dos esquemas. É certo que, em *O capital*, ele analisou todas as questões da mecânica capitalista em uma sociedade puramente capitalista para elaborar as leis da produção desse sistema da maneira mais pura possível, a exemplo da lei da gravidade, que só pode ser demonstrada no vácuo. Porém, Marx também afirmou enfaticamente que um dos meios mais efetivos para a superação das crises é o avanço sobre o espaço não capitalista, e que o capitalismo deverá naufragar quando a expansão do mercado capitalista não for mais possível.

Rosa Luxemburgo vinculou essa ideia ao problema da acumulação, e esse foi o grande feito de sua obra principal. É verdade que, ao fazer isso, ela cometeu uma série de erros de demonstração que, depois de sua morte, foram apontados por Bukharin[2]. Ele não refutou a ideia básica, embora acreditasse ter feito isso. Em seguida, Fritz Sternberg corrigiu alguns pontos da teoria da acumulação de Rosa Luxemburgo e a aplicou com êxito a outras questões econômicas[3]. Seguimos a concepção dele em nossa exposição esquemática do problema.

---

[2] Nikolai Bukharin, "Der Imperialismus und die Akkumulation des Kapitals", *Unter dem Banner des Marxismus*, [Berlim/Moscou,] 1925.

[3] Fritz Sternberg, *Der Imperialismus* (Berlim, Malik, 1926).

A teoria da acumulação e o imperialismo

Rosa Luxemburgo não se contentou em examinar o problema teórico da acumulação. Sem dúvida ela foi levada à solução do problema ao estudar as sociedades protocomunistas, sua decadência e – o que nos interessa aqui – sua bárbara destruição pela "civilização" europeia invasora. Ela descreveu esse processo em sua *Economia política* baseando-se no destino do Império inca, da Índia e da *obschina* russa. E então retomou o tema sob o ponto de vista do assalto capitalista à economia não capitalista. Ela diferencia três fases nesse processo: a luta do capital contra a economia natural – que já começa com o surgimento do capital no contexto feudal e o avanço deste para além de seus limites geográficos –, a luta contra a economia mercantil simples e a luta do capital contra a concorrência no palco mundial pelo restante das condições de acumulação.

Queimando de ódio, ela descreve a luta contra a economia natural e seus representantes, os "representantes da cultura", que, conscientes de sua moralidade e cultura, espezinham os povos de modo tirânico e predatório, obtuso, inconsequente, hipócrita e brutal, aniquilam culturas antigas e destroem obras culturais das quais depende o destino de milhões, disseminam fome e morte e eliminam povos inteiros da face da terra para preparar o solo no qual poderá germinar a semente capitalista. Ela descreve esse processo sanguinário e cruel com os exemplos da Índia e da Argélia. Mostra como o "comércio pacífico" conquista mercados a partir do exemplo da China, desde a guerra do ópio até a expedição internacional contra os boxers. Pelo exemplo dos Estados Unidos, do Canadá e da África do Sul, revela os métodos com que índios e negros foram privados de sua terra, de liberdade e de vida, a economia natural foi substituída pela economia mercantil simples e, por fim, o capital expulsa os camponeses de uma região para outra. Dificilmente haverá um crime do Código Penal, como captura de pessoas, caça de cabeças e carnificina de guerra, que não tenha sido utilizado nessas revoluções econômicas para a realização do mais-valor. "A ruína do artesanato autônomo pela concorrência do capital é um capítulo à parte, que, embora não seja tão ruidoso, não foi menos doloroso". E esta é a conclusão geral a que chegou Rosa Luxemburgo:

> O resultado geral da luta entre capitalismo e economia mercantil simples é este: o próprio capital assume o lugar da economia mercantil simples, depois de tê-la colocado no lugar da economia natural. Portanto, quando o capitalismo vive de sistemas não capitalistas, ele vive, em termos mais precisos, da ruína desses sistemas e, necessitando absolutamente do contexto não capitalista para a acumulação, necessita dele como do húmus à custa do qual, por sua absorção, a acumulação se efetiva. Concebida em termos históricos, a acumulação

de capital é um processo metabólico que se efetua entre os modos de produção capitalistas e pré-capitalistas. [...] Por conseguinte, a acumulação de capital não consegue existir sem os sistemas não capitalistas, do mesmo modo que aquela não consegue existir ao lado destes. [...]

Aquilo que Marx assumiu como pressuposto em seu esquema da acumulação corresponde, portanto, apenas à tendência histórica objetiva do movimento da acumulação e ao seu resultado teórico. [...] Nesse ponto, porém, surge o impasse. Atingido o resultado final – o que, contudo, permanece mera formulação teórica –, a acumulação se converte em impossibilidade: a realização e a capitalização do mais-valor se tornam uma tarefa insolúvel. No momento em que o esquema marxista da reprodução ampliada corresponde à realidade, ele aponta para o desfecho, o limite histórico do movimento de acumulação, logo, o fim da produção capitalista.[4]

Quanto mais essa investida avança no âmbito não capitalista, tanto mais efetivos são os métodos a que ela própria se vê impelida. Pois ela não só ajuda a vender mercadorias sem saída no âmbito da produção capitalista e realizar completamente o mais-valor, como ela própria alimenta a acumulação, intensificando desse modo as forças produtivas, e volta a reproduzir com força cada vez maior a contradição fundamental. Por isso, o capitalismo não pode esperar até que novos mercados sejam criados por meio de fraude, fogo e espada para receber mercadorias. Junto com as mercadorias, ele exporta capital e transplanta a produção capitalista mais moderna em países que ainda estão profundamente enfronhados na economia natural. Desse modo, cria novos concorrentes para si mesmo, apesar do esforço obstinado para impedir por meios políticos o surgimento de uma indústria nos países colonizados. Cada vez mais apertado se torna o espaço em que a expansão ainda é possível. Até agora os salteadores capitalistas caçaram lado a lado; de agora em diante, começa a luta entre eles pelos restos do universo não capitalista ainda não ocupado e sua nova repartição: a era do imperialismo.

O imperialismo é um método histórico de prolongamento da existência do capital tanto quanto o meio mais seguro de estipular objetivamente uma meta para sua existência pelo caminho mais curto. Isso não significa que essa meta final tenha de ser alcançada pedantemente. Já a tendência para essa meta final do desenvolvimento capitalista se manifesta em formas que conferem à fase final do capitalismo a forma de um período de catástrofes.[5]

---

[4] Rosa Luxemburgo, *Gesammelte Werke*, cit., v. 6, p. 335.

[5] Ibidem, p. 361.

Quanto mais violentamente o capital se desembaraça, por meio do militarismo, da existência das camadas não capitalistas, tanto externamente quanto internamente, e pressiona para baixo as condições de existência de todos os estratos de trabalhadores, tanto mais a história cotidiana da acumulação do capital no palco mundial se transforma em uma cadeia contínua de catástrofes e convulsões políticas e sociais. E estas, associadas às catástrofes econômicas periódicas em forma de crises, farão do prosseguimento da acumulação uma impossibilidade, e da rebelião da classe internacional dos trabalhadores contra a dominação do capital uma necessidade, até antes que tal dominação tenha chegado, em termos econômicos, ao limite natural estabelecido por ela mesma.[6]

O ataque dos epígonos

Com *A acumulação do capital*, Rosa Luxemburgo logrou um grande feito. Resolveu um problema com o qual os economistas se debatiam havia um século, desde a última grande crise econômica de 1815, e que resistira até à força intelectual de um Marx. A visão da história que a inspirava e lhe proporcionava segurança no juízo teórico e político se confirmara: o socialismo teria de vir, não só porque é o ideal de massas humanas cada vez maiores, mas porque o próprio capitalismo ruma para seu fim. Ao mesmo tempo, o imperialismo foi reconhecido como fenômeno historicamente necessário e, desse modo, não havia espaço, pelo menos teoricamente, para as ilusões e evasivas que marxistas renomados buscavam naquela época. O caminho estava desimpedido para a compreensão dos violentos abalos que viriam a acontecer. A realização fora tanto maior pelo fato de Rosa Luxemburgo a ter levado a termo, a despeito do grande florescimento que a economia capitalista mostrava naqueles anos, devido justamente às investidas no espaço não capitalista, e a despeito também da solução pacífica, aparentemente iminente, para as perigosas e controversas questões imperialistas entre as grandes potências. Cinco anos mais tarde, em carta ao amigo Diefenbach (escrita na prisão de Wronke em 12 de julho [maio] de 1917), ela descreveria o entusiasmo criativo com que concebeu e redigiu essa obra tão importante:

> O tempo em que escrevi a *Acumulação* foi dos mais felizes da minha vida. Vivia verdadeiramente como que em êxtase, não via dia e noite senão esse único problema que se desenvolvia diante de mim de maneira tão bela, e não sei dizer o que me deu mais alegria: o processo de reflexão, durante o qual eu revirava uma questão complicada enquanto passeava de cá para lá no meu quarto, sob os olhares atentos de Mimi [a gata], [...] ou a composição, a construção da forma literária

---

[6] Ibidem, p. 380.

com a pena na mão. Você sabia que escrevi naquela época os trinta cadernos inteiros de um jato em quatro meses – coisa inaudita! – e, sem ler o rascunho uma única vez, enviei-o diretamente para o prelo?*

Apesar da forma literária brilhante, os capítulos puramente teóricos do livro são altamente exigentes, requerem do leitor o domínio da economia política em geral e da marxista em especial. Rosa Luxemburgo sabia que havia escrito apenas para uma pequena elite e que a obra, "desse ponto de vista, era mercadoria de luxo e podia ser impressa em papel artesanal". Porém, não esperava que o livro tivesse tamanha repercussão em suas próprias fileiras. Das eminências da teoria marxista, somente Franz Mehring e Julian Marchlewski reconheceram o valor da obra e ambos o fizeram com grande entusiasmo. A *Acumulação*, porém, recebeu uma crítica ácida de muitas pessoas, tanto de quem foi solicitado a fazê-lo quanto de quem não foi, e isso, em alguns casos, degenerou para a torpe vandalização.

Nesse processo, a ciência mesma, em todo caso, foi consideravelmente prejudicada. A maioria dos críticos declarou em tom lépido e faceiro que o problema que tanto preocupara Rosa Luxemburgo nem sequer existia. No puro capitalismo, a acumulação poderia prosseguir alegremente, o que fora demonstrado pelos esquemas marxistas – que eram matematicamente impecáveis. Os críticos nem se preocuparam com a demonstração de Luxemburgo de que esses esquemas não estavam à altura dos pressupostos econômicos da análise marxista do capital. Além disso, em pontos decisivos, eles entraram na mais veemente contradição e, desse modo, pelo menos comprovaram que o problema não estava tão resolvido como o apresentavam.

Porém, os críticos que tentaram expor seriamente a dinâmica do processo de acumulação cometeram erros grosseiros. Otto Bauer, que foi quem se ocupou mais seriamente com a questão, declarou a multiplicação natural da população como o fundamento sobre o qual a acumulação poderia se consumar sem entraves; uma ideia que já havia sido rejeitada com escárnio por Marx. Porém, quando melhorou os esquemas de Marx, adaptando-os às condições reais da economia capitalista de concorrência, ele descobriu que de fato não havia como vender todo o mais-valor numa sociedade puramente capitalista. Ele confirmou, portanto, a solução de Luxemburgo para o problema. Mas ele contornou a questão, simplesmente acumulando na seção de meios de produção o restante das mercadorias não realizáveis da seção de bens de consumo. Rosa Luxemburgo respondeu a isso laconicamente: "Não se pode adquirir ações de minas de cobre com um lote encalhado de velas de estearina nem abrir uma fábrica de máquinas com um depósito cheio de galochas

---

* Rosa Luxemburgo, carta a Hans Diefenbach, Wronke, 12 maio 1917, em Isabel Loureiro (org.), *Rosa Luxemburgo*, v. 3, cit., p. 274-5. (N. E.)

para as quais não existe mercado". Na hora, Bauer havia esquecido que, no caso da acumulação, tratava-se não só de valores, mas também de coisas sólidas com determinada forma objetiva que às vezes precisam ser postas em ordem.

Quando Rosa Luxemburgo, em 1915, foi involuntariamente condenada ao ócio na prisão feminina da rua Barnim, em Berlim, ela analisou com muita perspicácia, humor e, às vezes, amargor os argumentos de seus críticos. Não restou pedra sobre pedra no altar onde se pretendia sacrificar sua teoria. Rosa Luxemburgo usou a "Anticrítica"* para traduzir sua visão acerca do problema global em linguagem popular e assim torná-la compreensível a um círculo mais amplo de leitores. O trabalho é uma obra-prima da exposição e investigação científica de um problema, e a sentença que pronunciou sobre ele é justa: "A forma levada à máxima simplicidade, sem nenhum adereço, sem coquetismo nem dissimulação, singela, reduzida somente aos grandes traços, eu diria 'nua' como um bloco de mármore".

Depois da morte de Rosa, Bukharin publicou uma crítica de sua teoria da acumulação. Como dissemos, ele descobriu algumas debilidades na argumentação luxemburguiana. Em várias passagens de sua obra, Rosa Luxemburgo fez a afirmação evidentemente falsa de que a acumulação de capital era acumulação de capital em dinheiro; isso seria o mais importante para os capitalistas. Na realidade, a formação do capital em dinheiro é apenas um elo no processo de acumulação. A finalização de cada período de acumulação é a aplicação de capital na própria produção sob a forma de novos meios de produção e salários pagos à mão de obra adicional. Talvez esse raciocínio equivocado – difícil de compreender no caso de Rosa – a tenha levado a superestimar o papel do dinheiro na realização do mais-valor e, ademais, julgar totalmente impossível a troca direta dos valores a serem acumulados entre os produtores de meios de produção e os produtores de bens de consumo. Bukharin se voltou com razão contra isso. Porém, precipitou-se ao rejeitar toda a teoria de Rosa Luxemburgo. Um exame mais acurado dos pressupostos da acumulação resulta que uma parte do mais-valor a ser acumulado como bem de consumo não tem como ser realizada no capitalismo puro. E essa parte cresce com o melhoramento dos métodos de produção, do uso cada vez mais intensivo de bens de produção proporcionalmente ao uso de mão de obra, o que faz parte da essência da acumulação capitalista.

Bukharin acreditava ter refutado a ideia básica da teoria luxemburguista, mas a "solução" a que chegou se tornou a confirmação indireta de suas teses decisivas. Na tentativa de expor o processo da acumulação de capital numa sociedade "puramente capitalista", ele assumiu um "capitalismo de Estado" que produz de modo planificado e descobriu o seguinte:

---

* Ed. bras.: "Anticrítica", em *A acumulação do capital*, cit. (N. E.)

Se ele "calculou mal" os bens de consumo dos trabalhadores, esse excesso será "gasto com comida" mediante uma distribuição entre os trabalhadores, ou a porção correspondente do produto será destruída. Ainda no caso de um erro de cálculo na produção de objetos de luxo a "saída" é clara. Logo, nesse ponto não pode surgir nenhuma crise de superprodução.

A solução é surpreendente. Temos aqui um "capitalismo" que não é anarquia econômica, mas economia planificada, na qual não há concorrência; o que existe é um truste mundial, no qual os capitalistas não precisam se preocupar com a realização do mais-valor porque simplesmente gastam em comida os produtos não vendáveis. "De modo geral, o andamento da produção se dá sem entraves." De fato, eliminem-se hipoteticamente todos os pressupostos do problema – a anarquia da produção, a concorrência, a necessidade de vender os produtos para os clientes – e o problema não existe mais. "Do ponto de vista de Rosa Luxemburgo, as crises são obrigatórias para a nossa hipotética sociedade capitalista de Estado. Nós, em contraposição, mostramos que ali não pode haver crise."[7] Esse não era o ponto de vista de Rosa Luxemburgo, e provavelmente ela teria concordado com Bukharin. Só que ela não chamava de capitalismo puro uma sociedade que tinha mais ou menos esta aparência: capitalistas pacificamente no comando e festejando juntos, escravos do Estado e – já que nesse caso o exército de reserva deverá crescer enormemente – um amplo estrato de *hooligans* [desocupados] formando a pança voraz que devorará a produção excedente. Esse até pode ser o ideal dos ditadores fascistas, mas não é um "capitalismo puro" no sentido de Marx. Assim, a crítica de Bukharin à teoria da acumulação de Rosa Luxemburgo desemboca no mais forte argumento a favor da afirmação de que o espaço não capitalista é necessário para a acumulação capitalista.

Vários críticos e em especial Bukharin acreditavam ter um trunfo eficaz contra Rosa Luxemburgo, apontando as tremendas possibilidades de expansão capitalista no espaço não capitalista. A criadora da teoria da acumulação já havia retirado a contundência desse argumento ao enfatizar reiteradamente que o capitalismo chegaria aos estertores da morte muito antes que a tendência de expansão do mercado imanente chegasse ao seu limite objetivo. Para Rosa Luxemburgo, isso não era uma evasiva para salvar uma teoria insustentável. Quando tratou das contradições gerais do capitalismo em *Reforma social ou revolução?*, antes de levar essas contradições a um denominador comum – uma década e meia mais tarde! – em *A acumulação do capital*, ela escreveu:

> Todavia, a tática social-democrata corrente tampouco consiste em esperar o desenvolvimento das contradições capitalistas até a sua culminância e só então

---

[7] Nikolai Bukharin, "Der Imperialismus und die Akkumulation des Kapitals", cit., p. 254.

a reviravolta. Ao contrário, nós apenas nos apoiamos na tendência identificada do desenvolvimento e então, na luta política, levamos suas consequências ao paroxismo; nisso consiste a essência propriamente dita da tática revolucionária.[8]

A possibilidade de expansão não é um conceito geográfico: não é a quantidade de milhas quadradas que decide; tampouco se trata de um conceito demográfico: não é a relação numérica entre a população capitalista e não capitalista que indica a madurez do processo. Trata-se de um problema socioeconômico, no qual se deve levar em conta um conjunto de interesses, forças e fenômenos contraditórios: o ímpeto das forças produtivas e a força política das potências capitalistas, atritos entre os diversos modos de produção, instigação e inibição da expansão pela concorrência das potências imperialistas, luta entre a indústria pesada e a indústria têxtil na industrialização das colônias (Índia), preservação do interesse de dominação das metrópoles sobre as colônias, revoluções coloniais, guerras imperialistas e revoluções nos países capitalistas com as consequências e abalos que provocam no mercado de capitais, insegurança política em grandes regiões (China) e muito mais. No presente, diante de forças produtivas colossalmente intensificadas, as inibições à expansão se tornaram tão efetivas que provocaram profundas perturbações econômicas, sociais e políticas e mostram claramente a decadência do capitalismo. Decerto teoricamente se pode conceber uma nova investida capitalista que possa proporcionar espaço às forças produtivas e inaugurar um novo período de crescimento geral. No entanto, é impossível vislumbrar como isso se daria. Rosa não sucumbiu a um fatalismo cego quando revelou as legalidades históricas, o que ela evidencia quando tira as conclusões disso para a luta da classe dos trabalhadores:

> Aqui, como de resto na história, a teoria faz o serviço completo ao nos mostrar a tendência do desenvolvimento, o ponto final lógico para o qual ele ruma objetivamente. Esse ponto não pode ser propriamente alcançado, tanto que nenhum período anterior do desenvolvimento histórico pôde se desenrolar até suas últimas consequências. Quanto mais a consciência social, dessa vez corporificada no proletariado socialista, interferir como fator ativo no jogo cego das forças, tanto menos aquele ponto precisará ser alcançado. E, para essa consciência, a concepção correta da teoria marxista oferece, também nesse caso, os estímulos mais fecundos e o incentivo mais forte.[9]

---

[8] Rosa Luxemburgo, *Gesammelte Werke*, cit., v. 3, p. 64.

[9] Ibidem, v. 4, p. 479.

A LUTA CONTRA O IMPERIALISMO

O problema político

A acumulação do capital não havia trazido apenas a solução para um problema científico abstrato. Ela demonstrou ao mesmo tempo que o imperialismo, com suas manifestações típicas (competição dos Estados capitalistas por colônias e esferas de interesse, possibilidades de investimento para o capital europeu e fontes de matéria-prima, exportação de capitais, proteção alfandegária, papel predominante do capital de bancos e trustes, corrida armamentista etc.), não é um produto casual de determinadas medidas políticas, tampouco servia apenas aos interesses de grupos capitalistas mais estritos (indústria de armas), mas era uma necessidade histórica, a etapa conclusiva do desenvolvimento capitalista. Para Rosa Luxemburgo, esse conhecimento tinha grande importância na política da classe dos trabalhadores. "Como sempre em tais casos, somente a apreensão teórica exata da raiz do problema pode conferir à nossa práxis na luta contra o imperialismo aquela clareza de objetivos e contundência que são indispensáveis à política do proletariado".

Em torno dessa questão fundamental houve discussões bastante acirradas na social-democracia alemã e desse processo resultaram constelações muito peculiares. Os reformistas praticamente não se envolveram na discussão em torno de *A acumulação do capital*. Alguns, mais precisamente aqueles que reconheceram e promoveram de modo muito consciente o imperialismo alemão (Schippel, Leuthner, Quessel, Maurenbrecher, Winnig e outros), aceitaram com alegria a tese de que o imperialismo seria inevitável e historicamente necessário. O verdadeiro marxista não poderia se voltar contra o progresso histórico, ele deveria fomentá-lo, até porque o livre desenvolvimento das forças produtivas seria uma precondição para o socialismo. Os bravos homens confundiram a posição proletária com a posição burguesa no processo histórico. Esqueceram que a espoliação capitalista também é uma necessidade histórica e representava um progresso histórico em relação a métodos mais primitivos e que, não obstante, os socialistas combatiam fundamentalmente o capitalismo.

De modo bem diferente se posicionou a maior parte dos líderes do partido em relação ao problema. Quanto maiores se tornavam os perigos do imperialismo, tanto mais procuravam escapar por uma política de avestruz. Kautsky criou até uma teoria própria. Concedia que a expansão do capitalismo avançava sem entraves e a aprovava. Porém, essa expansão não era imperialismo. Este era apenas um método violento da expansão, praticado somente por pequenos grupos capitalistas, pelo capital bancário e pelos militares, mas não era do interesse de toda a classe capitalista, principalmente da indústria pesada. O poder político deixaria cada vez mais de ser um meio útil da expansão econômica. Os gastos com a corrida armamentista apenas diminuíam os fundos para investimentos de capital na Turquia, China, Pérsia etc. Por isso, a maioria da classe dos capitalistas se oporia cada vez mais fortemente à política imperialista violenta, e esperava-se que as potências capitalistas se afastariam dessa política imperialista violenta e retornariam à política manchesteriana de livre comércio e portas abertas. Tais afirmações e expectativas contradiziam a realidade da época em que Kautsky começou a desenvolver essa teoria, mas chega a ser grotesco que, ainda durante a guerra, ele tenha levado a teoria a sua culminância. Era um caso claríssimo de uma teoria fugindo da feia realidade. E em sua "Anticrítica" Rosa Luxemburgo tinha em vista especialmente Kautsky, o "grande especialista" dos bastidores, quando procurou uma tendência política entre os críticos de *A acumulação do capital*:

> A crença na possibilidade da acumulação em uma "sociedade capitalista isolada", a crença de que "o capitalismo pode ser concebido também sem expansão", constitui a fórmula teórica de uma tendência tática bem determinada. O propósito dessa concepção é considerar a fase do imperialismo não como necessidade histórica, não como conflito decisivo pelo socialismo, mas como invenção maldosa de alguns interesseiros. Essa concepção visa persuadir a burguesia de que o imperialismo e o militarismo seriam nocivos para ela mesma do ponto de vista de seus interesses e, por essa via, isolar os supostos beneficiários desse imperialismo e assim formar um bloco do proletariado com amplos estratos da burguesia para "abafar" o imperialismo, matá-lo de fome por meio do "desarmamento parcial", "tirar seu aguilhão". Do mesmo modo que, nos anos de decadência, o liberalismo apelou para a monarquia a ser mais bem informada ao confrontar-se com a monarquia mal informada, também o "centro marxista" apelou para a burguesia a ser instruída ao confrontar-se com a burguesia mal aconselhada, apelou para os acordos internacionais de desarmamento ao deparar-se com o curso para a catástrofe imperialista, apelou para a confederação pacífica dos Estados nacionais democráticos ao deparar-se com a peleja das grandes

potências pela ditadura mundial do sabre. O conflito geral para resolver o antagonismo histórico universal entre o proletariado e o capital se transforma na utopia
de um compromisso histórico entre o proletariado e a burguesia para "atenuar" os
antagonismos imperialistas entre Estados capitalistas.[1]

Contra o risco da guerra

À avaliação fundamental do imperialismo correspondia a tática. Apesar das
declarações anti-imperialistas às vezes bastante veementes, a social-democracia
alemã apoiou os pontos decisivos da política externa alemã no Parlamento.
Criticou somente os "excessos" dessa política, as provocações de Guilherme II
e de seu ministro do Exterior Kiderlen-Wächter e coisas desse tipo. Apoiou a
política da "penetração pacífica" dos territórios coloniais porque não quis ver
suas consequências sangrentas.

Os imperialistas do Partido Social-Democrata iam ainda mais longe. Alguns
falavam abertamente de um necessário conflito bélico com a Inglaterra. Em
contraposição, Quessel exigiu em 1913 uma aliança com a Inglaterra visando
a um entendimento pacífico sobre a repartição do mundo, principalmente da
África. Eles eram decididamente favoráveis à política colonialista, que David via
como "parte integrante da meta cultural universal do movimento socialista". Eles
sempre trataram as questões imperialistas do ponto de vista do povo dominador,
que teria o dever de instituir um certo "despotismo do bem-estar".

O centro do partido não era ofensivo nas questões de política externa, mas,
ao contrário, cheio de esperanças. Ainda em 1911, Bernstein viu a guerra como
irrelevante, a necessidade de paz como algo universal e as declarações de paz dos
estadistas deviam ser entendidas como autênticas. Eles consideravam a corrida
armamentista sem fundamento em termos tanto nacionais quanto econômicos.
Como meio para evitar a guerra exaltavam o desarmamento, os tribunais internacionais de arbitragem, as alianças e os Estados Unidos da Europa. Apelaram para a
boa vontade da burguesia imperialista e não para a vontade forte do proletariado.

Rosa Luxemburgo se opôs energicamente a toda essa política, apoiada de
bom grado pelo restante da esquerda, mas nem sempre com clareza. Ela declarou
fundamentalmente que a social-democracia jamais deveria tomar partido nos
negócios da política externa das grandes potências, pois sempre se tratava de
pilhagem e subjugação de povos, e a diplomacia sempre atuava sob essa máscara. A classe trabalhadora deveria fazer sua própria política externa, guiada pelo
interesse internacional e revolucionário. A principal tarefa era pôr a descoberto
os interesses capitalistas ocultos em cada conflito internacional e mostrar suas

---

[1] Ibidem, p. 481.

consequências. Ela mesma fazia isso com uma perspicácia incomum, sempre tendo em vista o campo da política mundial e suas intrincadas conexões. Desancou implacavelmente as maquinações pacifistas burguesas e diplomáticas e as ilusões de paz da social-democracia. Quando em 1911 *sir* Edward Grey foi aplaudido por incentivar uma restrição geral dos armamentos, ela explicou:

> O militarismo está intimamente vinculado à política colonialista, à política alfandegária, à política mundial e, portanto, todos os Estados atuais, caso queiram séria e sinceramente deter a corrida armamentista, deveriam começar desarmando-se em termos de política comercial, desistindo da rapinagem colonialista, tanto quanto da política das esferas de interesses em todos os quadrantes do mundo, em suma, fazer, tanto na política externa quanto na política interna, o exato oposto daquilo que é a essência da atual política de um Estado capitalista de classes.[2]

Rosa Luxemburgo escreveu sobre questões de política externa somente quando equívocos no campo marxista ofereciam ensejo para aclarar um problema específico e pôr a tática do partido nos trilhos. Ofereceu pontos de vista norteadores para a avaliação do imperialismo e definiu a posição da social-democracia diante de fenômenos econômicos e políticos na luta das potências pelo mercado mundial. Desse modo, fomentou o tratamento da política externa na imprensa social-democrata alemã. Quanto à tática do partido, disso decorreram algumas ideias principais: a política imperialista não pode ser superada dentro dos limites do capitalismo por se originar do interesse vital da própria ordem social capitalista. Por essa razão, a luta contra o imperialismo deve ser direcionada contra essa ordem social. Imperialismo ou socialismo! Eis a questão. Toda tentativa de encontrar uma solução parcial nos conflitos da política externa leva necessariamente a tomar partido por um dos Estados imperialistas, via de regra a irmanar-se com a própria burguesia contra os outros povos, a renunciar ao ponto de vista internacional. A consequência necessária é afundar cada vez mais no nacionalismo e, por fim, envolver-se na guerra imperialista. Todos os meios de resgatar a paz com base na sociedade burguesa, especialmente na propaganda da expansão pacífica, no desarmamento, nos tribunais internacionais de arbitragem, nas alianças, na política cultural colonialista e coisas desse tipo são ilusórias ou justificam a política de poder imperialista, mas, em todo caso, turvam a percepção e debilitam a classe trabalhadora. A luta contra o imperialismo deve ser travada – abstraindo-se da constante explicação marxista a respeito dos bastidores dos conflitos diplomáticos – mediante o fortalecimento da solidariedade internacional, a atuação unificada e poderosa da classe trabalhadora internacional em todas as crises políticas

---

[2] Idem, "Friedensutopien", *Leipziger Volkszeitung*, 6 de maio de 1911.

mundiais e a luta contra as repercussões do imperialismo sobre a política interna: contra o militarismo, a pressão fiscal, o encarecimento crescente, o atrofiamento da política social e da democracia, a favor da conquista de direitos democráticos. Acompanhando Rosa Luxemburgo, a esquerda via na social-democracia alemã um desenvolvimento social tão maduro que, em qualquer grande abalo político do socialismo, a conquista do poder estaria na ordem do dia. Por essa razão, estava na hora de ir além da política da pura agitação e concentração organizacional e começar a executar grandes ações em massa. Mais do que até aquele momento, a política do partido tinha de ser sustentada pela vontade de atacar.

Após a Revolução Russa de 1905, as potências europeias haviam se organizado em dois blocos, a Tríplice Aliança e a Tríplice Entente. O conflito no Marrocos em 1906 mostrara pela primeira vez de forma palpável o risco de uma guerra europeia. O temor de uma guerra dominou cada vez mais as massas populares. Evitar a guerra e a postura que deveria ser adotada na guerra tornaram-se questões candentes para a Internacional. No congresso internacional em Stuttgart, em 1907, essa questão foi tratada pela primeira vez do ponto de vista da guerra imperialista. Rosa Luxemburgo estava na comissão de guerra como representante do partido pan-russo. Ela combateu resolutamente as moções que, apoiadas por franceses e ingleses, exigiam a proclamação de greve geral e greve militar em caso de guerra. Ela era contra toda promessa que, na hora H, não pudesse ser cumprida; e não se esperava que os dominadores fossem lançar mão da espada se as massas populares estivessem dispostas a resistir. Para ela, era importante declarar diretamente a oposição à guerra e fazer com que os partidos se comprometessem com uma política baseada na vontade revolucionária correspondente ao poder da classe trabalhadora. Com Lênin e Martov, ela redigiu uma resolução que, após consulta a Bebel, passou por múltiplas reformulações até chegar a um formato que não daria motivo ao promotor público para acusações ou até uma proibição da social-democracia alemã. As sentenças decisivas dessa resolução têm o seguinte teor:

> Se uma guerra ameaçar irromper, os trabalhadores dos países envolvidos e seus representantes parlamentares têm o dever de envidar todos os esforços para evitar a irrupção da guerra mediante aplicação dos meios correspondentes que, por sua natureza, mudam e se intensificam conforme o aguçamento da luta de classes e a situação política geral.
>
> Caso a guerra ainda assim irrompa, eles têm o dever de intervir para que termine o mais rápido possível e usar a crise econômica política acarretada pela guerra para despertar politicamente os estratos populares e acelerar a queda da dominação das classes capitalistas.

180 Paul Frölich

Com palavras moderadas, de modo sóbrio e sem romantismo, mas com a clareza necessária sobre a meta e o caráter da política, estava dada aí a rota a ser seguida. Ela foi aceita pelo congresso com grande entusiasmo e sem contestação. Rosa Luxemburgo acreditava realmente na realização dessa resolução? Ela sabia que, na Internacional, havia boa quantidade de nacionalistas que a tomariam como uma fórmula vazia. No entanto, esperava que no momento decisivo os líderes radicais, especialmente os que estavam na direção do Partido Social--Democrata Alemão, superariam suas fraquezas e estariam à altura da situação.

A luta pelo sufrágio igualitário

Pouco depois houve acontecimentos que pareciam justificar essas expectativas. Pela primeira vez em sua história, a social-democracia alemã mobilizou as massas de trabalhadores em ofensivas políticas. O ponto de ataque foi bem escolhido. Cada vez mais gritante era o anacronismo: o mais moderno país capitalista era dominado por um semiabsolutismo que se baseava na degenerada aristocracia rural prussiana. Essa classe, que monopolizava as posições mais altas do poder e da máquina administrativa, afirmou sua posição sobretudo por meio do Parlamento prussiano. Neste, os *Junkers* [aristocratas rurais] tinham uma maioria inabalável, sustentada por um direito eleitoral que subdividia a população de acordo com o imposto pago e, assim, depositava a indicação dos deputados nas mãos de um número ínfimo de eleitores ricos. Em 1908, os sociais-democratas conseguiram, pela primeira vez, 6 cadeiras de deputados com base em 600 mil votos; os conservadores tinham 212 cadeiras com base em 418 mil votos.

O ano de 1908 também trouxe o primeiro ataque extraparlamentar da classe trabalhadora aos baluartes dos *Junkers*. Pela primeira vez na Prússia, os trabalhadores foram para as ruas, apesar da proibição policial, e as manifestações conseguiram que Guilherme II anunciasse uma reforma do direito eleitoral. Dois anos mais tarde, o chanceler Bethmann Hollweg cumpriu a promessa com uma reforma que mais parecia uma provocação. Acadêmicos, oficiais da reserva, altos funcionários públicos etc. – um pequeno estrato de "representantes da cultura" – galgariam um nível mais alto nos estratos eleitorais. Foi o sinal para uma ação enérgica dos trabalhadores, apoiada por círculos pequeno-burgueses. Em fevereiro e março de 1910, todo domingo uma multidão cada vez maior se punha em marcha nas ruas das grandes cidades. Na província, houve choques sangrentos com a polícia. No entanto, os embates apenas tiveram o efeito de inflamar as massas. Em Berlim, o diretor da polícia Traugott von Jagow, um dos posteriores líderes do golpe de Estado de Kapp (1920), fez proclamações ameaçadoras ao estilo de Napoleão I. Os militares foram convocados e fizeram exercícios de ataques de cavalaria nas ruas de Berlim. Mas os líderes da social-democracia agiam com tanta habilidade que infligiam ao senhor von Jagow uma derrota moral após a outra, reunindo 100 mil pessoas sempre onde não se esperava. O poder do partido sobre a classe trabalhadora parecia irrestrito. Por essa ação direta não se chegou ao sufrágio igualitário na Prússia, o projeto de lei de Bethmann saiu da ordem do dia, mas o direito à rua foi conquistado.

Foi a primeira vitória política palpável dos trabalhadores alemães. E foi ganha pelas massas, que realmente demonstravam viva disposição para atacar. E, evidentemente, não era fogo de palha. Pois, ao mesmo tempo, os mineiros se preparavam para uma grande luta por melhores salários e os trabalhadores da construção civil lutaram três meses contra um locaute de 200 mil pessoas, vencendo pela determinação, persistência e habilidade tática. Nessa situação, Rosa Luxemburgo viu o pressuposto para um teste de forças na luta pelo sufrágio. A greve política lhe pareceu o instrumento recomendado para intensificar a ação e, assim, evitar que atolasse. "Numa situação como a atual, muita hesitação, longas pausas entre atos individuais de luta, indecisão na escolha de meios e estratégias de continuidade da luta quase equivalem a uma batalha perdida." Aparentemente essa concepção era muito difundida no partido. Numerosas organizações (Breslau, Halle, Königsberg, Renânia e outras) exigiram uma greve geral. Kiel e Frankfurt-Hanau já estavam realizando breves greves com manifestação. No início de março, a direção do partido deliberou com a Comissão Geral dos Sindicatos a respeito da proclamação de uma greve geral com manifestação. No entanto, posicionou-se contra a greve.

Rosa Luxemburgo estava bem consciente das dificuldades da situação. Uma classe que ainda não havia travado uma grande luta em conjunto, e havia décadas estava habituada a receber palavras de ordem da social-democracia, teria dificuldade para saltar da manifestação para a greve política. Por essa razão, Rosa exigiu da direção do partido uma ação planejada, que deveria partir de uma greve com manifestação de tempo limitado. Ao mesmo tempo, eles deveriam debater a greve geral para verificar a disposição das massas para a luta.

Ela deu ainda mais um passo tático fundamental. Estava claro que o movimento pelo sufrágio, apesar de sua força, não seria mais do que um episódio passageiro nas grandes lutas pelo poder, diante do qual se encontrava, segundo a concepção de Luxemburgo, a classe trabalhadora alemã. Até aquele momento, a esquerda havia contraposto ao imperialismo o lema do socialismo. Isso era suficiente para o trabalho geral de esclarecimento anti-imperialista, pois estabelecia a importância daquela época histórica. Porém, como lema unitário para as lutas de massas, o socialismo e a conquista do poder constituíam uma meta muito distante. Rosa Luxemburgo encontrou na república o lema que sintetizava a propaganda e a ação:

> A palavra de ordem da república é hoje, na Alemanha, infinitamente mais do que a expressão de um belo sonho do "Estado popular" democrático ou de um doutrinarismo político que paira nas nuvens; é um grito de guerra prático contra

o militarismo, o marinismo, a política colonial, a política mundial, a dominação dos *Junkers*, a prussianização da Alemanha, é apenas uma consequência e um resumo drástico de toda a nossa luta diária contra todos esses fenômenos parciais da reação dominante.*

Para Rosa Luxemburgo, esse lema era mais do que ela indicou aqui. Não era só a "senha da divisão de classes, a palavra de ordem da luta de classes" para toda a luta cotidiana. Quando se adaptava sua concepção da Revolução Russa às relações alemãs, o resultado era este: o primeiro passo decisivo em uma revolução alemã seria a derrubada das duas dúzias de monarcas, mas a revolução mesma pressionaria para além desse primeiro ponto de inflexão rumo à conquista do poder político pelo proletariado. O lema da república não era, portanto, um modo de sair do aperto, uma ideia espontânea. Era a amarração de todas as grandes lutas diárias com o objetivo final e originou-se da concepção global de Rosa Luxemburgo a respeito daquela época.

Antes que as manifestações pelo sufrágio atingissem seu ponto alto, Rosa Luxemburgo resumiu suas teorias em um grande artigo que ela ofereceu ao *Vorwärts*. Este lhe comunicou no início de março de 1910 que, em razão de um acordo com as instâncias do partido, a propaganda a favor de uma greve de massas estava interditada. Kautsky, que de início aceitou o artigo "muito bonito e muito importante" para a *Neue Zeit*, submeteu-se à ordem da direção do partido e rejeitou a publicação. O artigo foi impresso então em partes nos jornais diários[3].

O comportamento de Kautsky foi uma afronta. Rosa Luxemburgo era a colaboradora principal da *Neue Zeit*, havia assessorado e substituído temporariamente Kautsky na redação e o renome do qual ele gozava entre os radicais da Internacional era em grande medida devido a sua cooperação intelectual com ela. Porém, Kautsky não só se dobrara às instâncias do partido, como dera uma guinada política, rompendo sua aliança intelectual com Rosa Luxemburgo. Isso ficou evidente quando publicou na *Neue Zeit* uma crítica maldosa sobre o artigo que rejeitara. Nela defendeu concepções que contradiziam frontalmente as concepções que propunha na revista e em brochuras táticas importantes: *A revolução social* (2 ed., 1907)** e *O caminho rumo ao poder* (1909)***. Neste segundo, proclamara, em perfeito acordo com Rosa Luxemburgo, que "temos

---

* Rosa Luxemburgo, "A teoria e a prática", em Isabel Loureiro (org.), *Rosa Luxemburgo: textos escolhidos*, v. 1, cit., p. 356. (N. E.)

[3] Idem, *Gesammelte Werke*, cit., v. 4, p. 509 e seg.

** Karl Kautsky, *Die soziale Revolution* (Berlim, Vorwärts, 1902; 2. ed., 1907). (N. T.)

*** Idem, *Der Weg zur Macht* (Berlim, Vorwärts, 1909). (N. T.)

todas as razões para assumir que agora adentramos um período de lutas pelas instituições do Estado e pelo poder do Estado"; agora considerava que tal concepção era absurda. A única solução possível naquele momento era a defensiva, o recuo, uma "estratégia de desgaste" – pelo menos até as eleições para o Parlamento dali a dois anos, quando a vitória seria avassaladora, uma "catástrofe para todo o sistema dominante do governo", e só assim se estabeleceriam os pressupostos para uma "estratégia de abatimento", mas hoje já poriam no bolso da social-democracia "a chave dessa tremenda situação histórica". Portanto, a situação revolucionária não brotaria de uma ação poderosa das massas de trabalhadores, mas de uma catástrofe imaginária de um sistema de governo obtida com as cédulas de votação. Quando, em 1907, Rosa Luxemburgo escreveu a Clara Zetkin sobre os líderes do partido, que, no caso de uma grande reviravolta, "reduzem tudo ao parâmetro parlamentarista" e combatem como inimigo do povo quem quer que vá além disso, ela até mencionou Bebel, mas dificilmente teria pensado em Kautsky.

Na sequência, evidenciou-se a profundidade de seu estranhamento pessoal e político. Primeiro Kautsky tentou impedir a necessária réplica de Rosa Luxemburgo por razões óbvias e foi preciso uma pressão enérgica para forçá-lo a imprimir o texto. Então, pego em contradição, ele começou uma polêmica na qual acusou Rosa Luxemburgo de ser uma falsificadora e apelou para artifícios literários que desde sempre foram a salvação dos dissidentes. Na discussão que se estendeu de maio até agosto de 1910, Rosa Luxemburgo mostrou toda a sua habilidade. No entanto, o que guiava sua pena não era tanto a alegria da polêmica, da qual certa vez falara a Kautsky, mas a amargura.

Mehring também se opôs a Rosa nesse episódio; e Lênin defendeu Kautsky contra uma "interpretação falsa" da estratégia de desgaste quando os mencheviques identificaram nesta a afirmação de sua própria política. Mehring logo se reposicionou e, depois da irrupção da guerra mundial, Lênin reconheceu assustado que, no caso da postura de Kautsky em 1910 e nos anos seguintes, não se tratara só de uma avaliação da situação que divergia da de Rosa Luxemburgo, mas de uma política não revolucionária. Naquele momento, de fato, não só acabou a amizade entre Kautsky e Luxemburgo, como a unidade da maioria radical do partido desmoronou. A social-democracia alemã se dividiu claramente em três correntes: os reformistas, que tendiam cada vez mais para o imperialismo; o chamado "centro marxista", que queria manter a política tradicional, mas adotou pouco a pouco a posição de Bernstein; e a ala revolucionária, que habitualmente era chamada "radical de esquerda" e em cuja liderança estavam, além de Rosa Luxemburgo, Clara Zetkin, Mehring, Karl Liebknecht, Karski, Radek, Pannekoek.

Toda a política do partido no período anterior à guerra, com seus grandes abalos internacionais, consistiu em esquivar-se, em recuar e em implantar ilusões sempre renovadas. Em 1911, quando a forte provocação do ministro do Exterior alemão Kiderlen-Wächter, ao enviar os navios de guerra alemães a Agadir numa clara ameaça à França, levou à iminência da guerra, o *bureau* da Segunda Internacional conclamou as massas a uma ação geral contra esse risco. A direção do partido alemão recusou. Ela teria obtido do Departamento do Exterior a informação de que não havia intenção de fazer guerra e temia que uma atuação muito incisiva contra a política colonialista alemã arruinasse as chances da social-democracia alemã nas próximas eleições parlamentares. Só quando Rosa Luxemburgo soou o alarme contra essa aberração, houve uma ação vacilante contra a aventura alemã no Marrocos. Em 1912, houve um aumento de cadeiras após as eleições parlamentares. No segundo turno, a direção do partido fez um acordo infame com os progressistas que exigia o "abafamento" da campanha política, a renúncia a qualquer propaganda própria em toda uma série de distritos eleitorais promissores e criou uma grande confusão. Kautsky justificou essa política afirmando que estava começando uma regeneração da esquerda burguesa, ocasionada por um novo liberalismo cuja base de apoio era a "nova classe média". Ele celebrou a obtenção de 110 cadeiras no Parlamento como uma mudança mundial e declarou: "Mesmo que não tenhamos obtido aquela posição excepcional que tínhamos em vista" (ele esperava ao menos 125 cadeiras) "conseguimos, não obstante, neutralizar o reacionarismo e o governo". De fato, os liberais se deslocaram ainda mais para a direita, movidos por interesses imperialistas, e o reacionarismo e o governo não tinham mais a burguesia como adversário. Na política social, começaram os retrocessos; a reforma eleitoral prussiana foi sepultada; em contraposição, cada ano trazia a necessidade de novos armamentos e, consequentemente, novos impostos. Foi isso que o partido recebeu pela caça aos mandatos e pelos cálculos políticos.

A política social-democrata se tornou cada vez mais uma fuga da realidade. Enquanto a Itália empreendia uma expedição de rapinagem em Trípoli, as guerras nos Bálcãs anunciavam uma guerra mundial e a política externa da Alemanha para a região intensificava esse risco, os líderes do partido sonhavam com a paz, a bancada parlamentar felicitava o governo por sua política externa e exaltava a missão de paz da Tríplice Aliança. Concomitantemente, a ala imperialista do partido se tornou cada vez mais ousada e apoiou na revista *Sozialistische Monatsheften* [Cadernos Mensais Socialistas] as investidas burguesas contra a Inglaterra e a Rússia. No verão de 1913, o governo apresentou um projeto de von Ludendorff sem precedentes na história dos armamentos. Deveria custar 1 bilhão em despesas operacionais e correntes. A social-democracia se limitou a fazer protestos puramente parlamentares. Até aprovou os custos porque, nesse caso, seriam cobertos por impostos sobre o patrimônio. Houve até pessoas da esquerda que se empenharam para aprovar a decisão (Radek, Pannekoek). Porém,

Rosa Luxemburgo sabia que, por trás dessa aprovação, muitos deputados escondiam ideias nacionalistas e imperialistas; ela sublinhou que, em vista do risco de guerra iminente, não se deveria dar nem mesmo a impressão de concordar com a política de armamento ou de confiar no governo.

Os ataques de Rosa a toda essa política tiveram forte repercussão entre os membros do partido. E tanto mais furibunda foi a defesa de seus adversários. Kautsky vociferou contra ela e seus amigos, chamando-os de "acionistas das massas", "anarcossindicalistas", "russos", e fabulando "emboscadas", "obstruções", "golpes de Estado", "exercícios revolucionários". Em março de 1913, uma coletiva de imprensa organizada pelo partido fez as redações se comprometerem a não criticar a bancada parlamentar e a direção do partido. Fato é que a maior parte dos veículos radicais não cedeu; porém, no verão de 1913, quando Paul Lensch deixou a redação da *Leipziger Volkszeitung* e Hans Block assumiu a direção, esse que era o mais importante veículo da oposição radical submeteu-se às instâncias. Rosa Luxemburgo foi afastada – após quinze anos de excelente colaboração. Mehring e Karski, que faziam parte da equipe de redação, declararam-se solidários a Rosa, e Clara Zetkin os incentivou a tomar essa posição. Naturalmente a ruptura se consumou mediante todo tipo de atritos pessoais. Não se tratou, porém, de uma querela de literatos, mas de um ato de profunda importância política. Karski escreveu no final de 1913 a Block:

> A questão é: nós três (Luxemburgo, Mehring, Karski), e muito especialmente eu (o que eu gostaria de enfatizar), somos da opinião de que o partido está passando por uma crise interna muito, mas muito pior do que na época do revisionismo. As palavras podem ser duras, mas minha convicção é de que o partido periga sucumbir ao marasmo se continuar assim. Em uma época como esta só há uma salvação para um partido revolucionário: a autocrítica mais implacável e contundente concebível.

Em função dessa tarefa, e para assegurar uma maior eficácia às concepções dessa corrente, os três criaram em dezembro de 1913 a *Sozialdemokratische Korrespondenz* [Correspondência Social-Democrata], que avançou guerra adentro e sucumbiu à censura militar. Além de artigos sobre questões táticas, Rosa Luxemburgo escreveu sobretudo a respeito do militarismo, o qual se concentrou cada vez mais em atacar. Quando os generais da cidade fortificada de Zabern decretou estado de sítio e encenou uma pequena guerra civil – para acobertar as sujeiras de um tenentezinho –, Rosa fez uma campanha tão arrojada contra a camarilha militar que granjeou seu ódio para sempre. As perseguições não demoraram.

A Justiça entra em ação

O primeiro golpe foi desferido no dia 20 de fevereiro de 1914 diante do Tribunal Regional, em Frankfurt am Main. Em reuniões no distrito, em setembro de 1913, Rosa Luxemburgo havia bradado: "Se exigirem de nós que levantemos a arma assassina contra nossos irmãos franceses ou outros irmãos estrangeiros, diremos: não, não faremos isso!". Isso foi visto como uma conclamação dos soldados à desobediência, uma acusação que, ao menos juridicamente, não se sustentava, como provaram irrefutavelmente os defensores Paul Levi e Kurt Rosenfeld. O promotor público solicitou prisão imediata e um ano de detenção. Tratava-se de uma pena a um discurso de agitação que não era dada desde a Lei Antissocialista. A reação de Rosa foi típica. Ela reconheceu ter dito a frase em que se baseava a acusação, e não torceu seu sentido. Ela não se defendeu, mas partiu para o ataque. Com golpes incisivos contra o promotor público, a casta dos oficiais e Guilherme II, ela justificou a luta contra o militarismo e a guerra. À ideia de que o fundamento do poder estatal e do militarismo era a obediência cega do soldado, ela contrapôs sua política de guerra:

> Pensamos que sobre a constituição e a conclusão da guerra não decidem apenas o Exército, os "comandos" de cima e a "obediência" cega de baixo, mas que sobre isso decide e deve decidir a grande massa do povo trabalhador. Temos o entendimento de que guerras devem ser realizadas apenas na medida em que, e pelo tempo durante o qual, a massa popular trabalhadora participa de maneira entusiástica, por considerá-la uma coisa justa e necessária, ou ao menos a sustente de maneira paciente. Quando, no entanto, a grande maioria do povo trabalhador se convence – e despertar nele esse convencimento, essa consciência, é justamente a tarefa que nós, social-democratas, nos colocamos –, quando, digo, a maioria do povo estiver convencida de que as guerras são um fenômeno bárbaro, profundamente imoral, reacionário e inimigo do povo, então as guerras se tornam impossíveis – e isso, ainda que o soldado, em um primeiro momento, continue obedecendo aos comandos superiores!*

E quanto à solicitação de prisão imediata pelo promotor público, ela respondeu:

> Por fim, apenas mais uma palavra quanto ao ataque desqualificado que pode recair sobre seu autor.

---

* Rosa Luxemburgo, "Discurso de defesa em 20 de fevereiro de 1914 perante a Câmara Penal de Frankfurt", em Isabel Loureiro (org.), *Rosa Luxemburgo: textos escolhidos*, v. 1, cit., p. 485. (N. E.)

O promotor disse ao pé da letra – eu anotei: ele solicita meu encarceramento imediato, pois "seria incompreensível que a acusada não empreendesse a fuga". Isso quer dizer, em outras palavras: se eu, o promotor, precisasse pagar um ano de pena na cadeia, então eu fugiria. Senhor promotor, eu acredito que o senhor fugiria. Um social-democrata não foge. Ele reconhece suas ações e ri de suas penas. E, agora, os senhores me condenem!*

Um ano de prisão foi a sentença, mas Rosa Luxemburgo permaneceu livre. Ela saiu do tribunal e foi direto para uma gigantesca assembleia, na qual os trabalhadores de Frankfurt esperavam pelo resultado do processo. Rosa se apresentou com a boa disposição da lutadora de uma batalha que não havia terminado, mas estava apenas começando. Zombou da sentença, defendendo com palavras ousadas as mesmas ideias que ela queria atingir, e conclamou a intensificação da luta contra o militarismo e a guerra imperialista. A sentença classista despertou profunda indignação em toda a classe trabalhadora alemã. Rosa Luxemburgo teve de falar em diversas assembleias frequentadas por massas que corriam em quantidade fora do comum para ouvi-la. Foi o prelúdio de uma grande propaganda de agitação contra a Justiça, contra o militarismo e contra a ameaçadora tempestade que se armava em escala mundial. Porém, a direção do partido alemão abafou a ação exatamente por causa das nuvens que pairavam no céu político.

No entanto, a luta anti-imperialista estava em curso. Quando o tribunal militar de Erfurt proferiu uma sentença desproporcional contra integrantes da milícia nacional, Rosa Luxemburgo escreveu um artigo incisivo no qual falava dos dramas que se desenrolavam cotidianamente nas casernas alemãs. O ministro da Guerra, von Einem, acusou-a de ofensa ao Exército e desencadeou uma tempestade. A um chamado da defesa, apresentaram-se mais de 30 mil vítimas e testemunhas de maus-tratos de soldados. Pouco antes da guerra, quando estava para acontecer o julgamento, os representantes do Ministério tiveram de pedir humildemente que o processo fosse adiado para impedir que milhares de acusadores passassem pelas barras do tribunal. O processo foi sepultado. Mas a campanha da Justiça contra Rosa continuou. Em junho de 1914, em uma reunião do partido em Berlim, ela propôs uma resolução sobre a greve de massas cujo tom era bastante moderado e o teor não ia além daquilo que ela e outros haviam dito tantas vezes. Ela e os outros signatários da resolução foram processados, e a intenção era acusar todos que tinham votado a seu favor. Já era bem clara a intenção de sufocar essa voz da revolução contra o imperialismo. Durante a guerra, novos processos se somaram a este. Desde Lassalle, nenhum político fora perseguido de forma tão planejada

---

* Ibidem, p. 492. (N. E.)

188　PAUL FRÖLICH

e obstinada na Alemanha e, a exemplo de Lassalle, Rosa podia se vangloriar de ter um escudo coberto de acusações.

A perspectiva de uma prisão prolongada pouco a afligia, apesar do estado delicado de saúde que naquele momento exigia sua atenção. Ela via a perseguição apenas como um reconhecimento do dever cumprido. No entanto, o que a oprimia era o pensamento de que as tempestades ameaçadoras que se aproximavam encontrariam uma geração fraca e covarde à frente do partido e do velho quadro de funcionários. Ela depositava suas esperanças na geração jovem, cujas melhores forças haviam se formado em sua obra e viam Karl Liebknecht como líder e camarada. Karl era só um pouco mais jovem do que Rosa. Porém, como teve de se submeter às restrições prussianas enquanto estudava advocacia, entrou tardiamente na arena política. Mas depois se jogou na luta com uma paixão e um ímpeto que os decanos do partido em vão tentaram sofrenar. Ele foi um dos criadores do movimento da juventude socialista na Alemanha, e foi ele que propôs tarefas políticas ao movimento que iam além da pura aspiração formativa: a luta contra o militarismo. Em 1906, publicou "Militarismo e antimilitarismo", um panfleto no qual transmitia à juventude trabalhadora alemã as experiências dos movimentos jovens belga e sueco na luta antimilitarista e propunha um programa para a Alemanha. Em 1907, no I Congresso Internacional da Juventude em Stuttgart, ele foi eleito líder da Internacional Jovem, ao lado de Hendrik de Man[4]. No entanto, pouco depois, em outubro de 1907, ele foi acusado de alta traição e condenado a um ano e meio de prisão por causa do artigo mencionado. Essa condenação foi uma grande distinção que o regime dominante lhe prestou, pois acusações de alta traição contra sociais-democratas haviam se tornado raras. A partir dali, Karl assumiu uma posição especial no partido. Os membros sentiam nele um espírito e uma força revolucionária que lhe davam uma confiança especial. Em 1908 os trabalhadores berlinenses mandaram o prisioneiro da fortaleza para o Parlamento Regional Prussiano, a fortaleza das três classes. Em 1912, ele se tornou deputado por Potsdam no Parlamento alemão. Liebknecht possuía uma consciência internacionalista muito mais desenvolvida que a maioria dos líderes

---

[4]　Naquela época, o jovem Hendrik de Man era uma das esperanças da ala radical na Internacional. Ele era muito talentoso e ativo. Na Primeira Guerra Mundial, tornou-se nacionalista belga. Após a Revolução de Fevereiro, na Rússia, foi com Vandervelde a Petersburgo para convencer as tropas a continuar do lado da Entente. Depois da guerra, afastou-se do marxismo. Por algum tempo foi professor em Frankfurt. Depois que Hitler assumiu o poder, voltou para a Bélgica. Desenvolveu uma forte propaganda a favor da economia planificada, tornou-se ministro e presidente do partido dos trabalhadores belga. Revelou tendências fascistas, embora permanecesse no partido dos trabalhadores belga. Após a ocupação da Bélgica, colaborou com os nazistas. Terminada a guerra, foi condenado em ausência por traição à pátria e recebeu pena de prisão perpétua. Atualmente vive como refugiado na Suíça.

do partido e seu instinto o levou bem cedo a estreitar laços com o movimento russo. Ele foi o mais importante contato dos bolcheviques na ação ilegal entre a Alemanha e a Rússia. Em 1904, ele e Hugo Haase prestaram um grande serviço à Revolução Russa como defensores no assim chamado processo de Königsberg[5], que o governo do senhor von Bülow planejara como um favor ao tsarismo e que se tornou um processo penal contra o absolutismo perante o mundo. Na década anterior à Primeira Guerra Mundial, Karl Liebknecht já realizara uma façanha que extrapolava a força humana comum. Em carta a Diefenbach, Rosa Luxemburgo descreveu certa vez essa pressa de viver de Liebknecht:

> O senhor talvez saiba como ele vivia anos atrás: só para o Parlamento, para sessões, comissões, deliberações, pressa e urgência, sempre pronto, do trem rápido para o trem elétrico e do elétrico para o automóvel, os bolsos entupidos de blocos de notas, os braços cheios de jornais recém-comprados, embora fosse impossível que tivesse tempo de ler todos; corpo e alma cobertos de pó da estrada e, no entanto, sempre com aquele sorriso jovem e amável no rosto.

De fato, parecia que ele não se cansava, pois, além de todas essas coisas, além dos discursos nas reuniões, do trabalho de escritório e das defesas no tribunal, ele ainda conseguia passar noites a fio entre companheiros, debatendo e bebendo alegremente. E, mesmo que às vezes o pó da estrada lhe cobrisse a alma, ele não conseguia sufocar o entusiasmo que impregnava toda essa atividade. Rosa o apreciava por essa entrega à causa, pelo temperamento passional e pela capacidade de entusiasmar-se. Ela reconhecia nele o revolucionário, mesmo que às vezes divergissem em minúcias táticas do partido. Especialmente na luta contra o militarismo e o risco de guerra, eles atuavam juntos e se completavam. Enquanto Rosa fornecia o fundamento teórico, Karl era indiscutivelmente o líder da ação. Nos últimos anos antes da guerra, eles estiveram lado a lado – até a morte.

---

[5] Nesse processo, Otto Braun, futuro primeiro-ministro prussiano, foi o réu principal. Foi acusado de tentativa de alta traição, ofensa ao tsar e conspiração, crimes cometidos por contrabando de escritos revolucionários através da fronteira russa. Os réus foram condenados à prisão por conspiração.

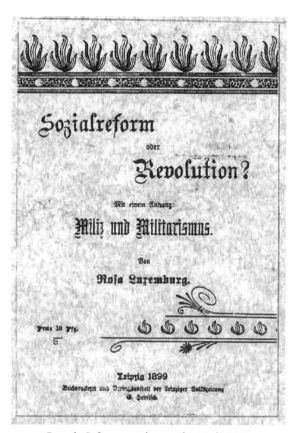

Capa de *Reforma social ou revolução?*, de 1899.

Como uma vela queimando
pelas duas pontas

A mulher

Aproximava-se a primeira das grandes catástrofes que Rosa Luxemburgo profetizara no debate com Bernstein. Uma década antes, ela participara da revolução "alegre como um herói que vai para vencer". Naquele momento, porém, não se tratava da luta de libertação que ela tanto esperara e desejara, mas de uma carnificina dos povos, para a qual ela estava preparada, mas que temera e amaldiçoara. E ela não via as massas num ímpeto supremo de heroísmo, mas cegas, humilhadas, arrastadas para o matadouro pela causa do inimigo e pela mais desonrosa ignorância. Começou para Rosa um período de provação, de sofrimentos físicos e psíquicos e de supremo esforço. Ela estava em condições de enfrentar a fatalidade. Embora seu corpo frágil estivesse mais suscetível do que em tempos passados, mentalmente ela se encontrava no auge da força. Seus talentos geniais haviam chegado à plena maturidade. O trabalho político nunca fora para ela a atividade repetitiva que torna as pessoas embotadas e indiferentes. Ela preservara sua elasticidade. O brilho de seu caráter não fora empanado, mas polido pelas experiências. Ela resplandeceria agora de um brilho ainda mais intenso.

Por décadas a imagem de Rosa na esfera pública era mais desfigurada pelo ódio do que suavizada pela graça. Para os inimigos, ela era a Rosa sanguinária e, nesse caso, a inimizade ia dos defensores do rentismo capitalista aos que juntavam as migalhas da mesa dos senhores para os pobres irmãos proletários, aos que eram revolucionários apenas por necessidade, tendo em vista o passado distante e os países remotos, mas que só conseguiam enxergar crime e anarquia na dissolução da ordem preestabelecida. Os redatores de jornais e os caricaturistas martelavam nas mentes a caricatura da fúria, da megera, da *pétroleuse* [incendiária], e, durante a revolução de 1918-1819, esse sugestionamento em massa foi levado ao frenesi, criando a atmosfera sem a qual o assassinato de Rosa e o de Karl seriam impossíveis. Nenhuma palavra na obra de Rosa justifica a acusação de desejos cruéis, a não ser que fosse acusada de falar a pura verdade, que todos os grandes progressos históricos tiveram de ser comprados com sacrifícios.

Quando mais tarde foram publicadas as cartas que Rosa escreveu na prisão, houve uma reviravolta na opinião pública. Há muitos testemunhos, *mea culpa* de homens e mulheres que confessaram a satisfação que sentiram ao saber da morte dessa mulher e agora viam que estavam profundamente enganados. No entanto, o juízo que se difundiu a partir dessas cartas também é falso, porque é unilateral. Por trás da mulher sensível e da artista, a revolucionária na qual se manifestou toda a grandeza de seu ser quase desaparece.

Fisicamente Rosa Luxemburgo não era feita para ser heroína. Ela era baixa e mal proporcionada. O problema no quadril dificultava o andar. O perfil marcante do seu rosto mostrava o tipo acentuadamente judaico. Ousadia incomum e determinação se expressavam nele. Causava estranheza, rejeição ou fascinação nas pessoas. Cada qual sentia que aquela era uma pessoa forte. No diálogo, o semblante refletia alternadamente todas as nuanças do sentimento, da seriedade reflexiva à alegria espontânea, da bondade à dureza e à zombaria. Nesse caso, só se via a testa alta e bem cinzelada, a boca eloquente em torno da qual se formava às vezes um traço de profunda melancolia. Os olhos grandes, escuros e transparentes dominavam todo o rosto. Eles buscavam, inquiridores e penetrantes, os olhos do outro, ora pensativos, ora alegres e faiscantes de excitação. Um intelecto sempre alerta e um espírito forte transpareciam neles. Sua voz tinha um tom límpido. Ela falava com vogais puras e sonoras e consoantes bem articuladas. Dominava o vocabulário alemão de maneira tão soberana que dispunha das mais finas nuanças de expressão. Falava alemão com um sotaque polonês que sublinhava o aspecto pessoal de seu discurso e adicionava a suas observações espirituosas um semitom especialmente hilariante. Porque sabia silenciar e escutar e cada estado de ânimo lhe tangia uma corda, e porque falava das pequenas coisas da vida de modo espontâneo e provocador, toda conversa com ela era um presente.

Porém, ela não era pródiga com esses presentes. Com as crianças ela era totalmente franca; era amiga íntima das crianças de sua rua e sentia-se à vontade com os filhos de Kautsky para fazer algazarra e participar com zelo e santo fervor das suas brincadeiras. Entre pessoas que não faziam parte de seu círculo estreito de amigos ela costumava ser serena, fria e quase esquiva. Talvez quisesse assegurar sua liberdade de ação diante de personalidades políticas. Certamente sua postura reservada era determinada também pelo alto conceito de amizade que tinha. Ela fazia um exame minucioso das pessoas antes de chamá-las de amigas; e o que importava, nesse tocante, não era tanto a afinidade de opiniões, como foi afirmado, mas o caráter. Toda dúvida nesse sentido levava incondicionalmente ao rompimento. Assim, no movimento polonês, além de Leo Jogiches, parece que ela teve só afinidades realmente com Julian Karski e Adolf Warski. Ela manteve distância de Karl Radek, o aluno mais talentoso dela e de Leo: certo cinismo demonstrado por ele lhe era abjeto. Com Trótski, ela concordava nas questões mais importantes, mas pessoalmente não era próxima dele. Em contraposição, teve alguns desentendimentos com Lênin e falou palavras iradas e amargas sobre ele. No entanto, ela o apreciava extraordinariamente e, em meio às lutas entre as facções russas, quando ficou com muita raiva dos bolcheviques, ela exaltou o prazer que lhe proporcionava cada conversa que tinha com esse homem, no qual via um revolucionário de vontade firme e livre de toda pose. Do outro lado estava Jaurès: no campo socialista, dificilmente se pode conceber um antagonismo mais nítido entre maneiras de pensar e, ainda assim, ela sempre se sentiu atraída por sua personalidade marcante. Quando o atacava, ou até mesmo quando zombava dele, sempre deixou transparecer um sentimento de camaradagem. Certa vez, ao escrever a Sonia Liebknecht sobre Rodin, disse o que apreciava nele: "Ele deve ter sido um ser humano magnífico: franco, natural, cheio de calor humano e inteligência; ele decididamente me lembra Jaurès". Portanto, ela não era de fazer juízos estreitos das pessoas. Era indulgente com as fraquezas alheias, inclusive dos amigos. Porém, exigia pureza absoluta de intenções e de caráter. Ligou-se a bem poucas pessoas: na Alemanha, a Bebel, Singer, Mehring, Karl e Sonia Liebknecht e a alguns artistas. Tinha amizade muito estreita com as famílias Zetkin e Kautsky e com o jovem médico Hans Diefenbach.

Nesse círculo estreito, ela se soltava completamente. Com intensa empatia por cada um de seus amigos, dava o que cada um precisava no momento: consolo, coragem, incentivo, alegria, e revelava a riqueza de seu ser. Nesse ambiente íntimo, gostava de exercitar a língua afiada e não poupava ninguém com facilidade. Certa vez, enquanto passeava com Clara Zetkin, aproximaram-se demais de um campo militar de tiro. Quando retornaram à casa de Kautsky, onde estavam reunidos os decanos do partido, eles desfiaram entre muitas risadas as consequências trágicas a que poderia ter levado esse descuido. Bebel tentou imaginar um epitáfio para as duas "fuziladas"; porém, ao ver que os superlativos não teriam fim, Rosa o interrompeu e disse simplesmente: "Aqui jazem os dois últimos homens da social-democracia alemã". Isso, no entanto, parece ter incomodado o velho. De resto, suas tiradas afiadas eram sempre bem-vindas, tanto mais que Rosa não era sovina com o talento da autozombaria. Nesse círculo tão amigável, predominava em geral um espírito alegre e quase travesso. E não se fazia só política. Rosa amava a música, gostava de cantar, especialmente as canções de Hugo Wolf e as árias de Mozart. Também gostava de falar de literatura. Sabia sonhar e devanear; a sério ou brincando, em espírito e exuberância, ela sabia criar uma atmosfera animada que arrebatava a todos.

Rosa Luxemburgo era uma cientista séria e uma trabalhadora rigorosa. Mas não tinha nada da estudiosa profissional que, envolvida em milhares de minudências da sua especialidade, fica cega para a vida. Ela não era uma natureza fáustica, na medida em que não precisava se debater com os fantasmas do passado, com dúvidas e inibições interiores. Porém, em comum com Fausto, tinha o afã de compreender, o afã do saber universal, a sublimação no ato criativo. "Em todos os tempos é preciso ter a mente aberta!" E ela tinha talento para conquistar vastos territórios. Não lhe bastavam a política nem as ciências que oferecem as ferramentas políticas: economia e história. Ela trabalhava incessantemente nesses campos e não só por dever, mas por impulso de compenetrar-se de todo o devir da sociedade. Além disso, dedicou-se à geologia, à etnologia e, muito especialmente, à botânica e à ornitologia. E não só mordiscou essas ciências, como se dedicou a elas com verdadeira paixão, esquecendo-se de tudo a sua volta por semanas ou meses a fio. No início de 1917, escreveu a Hans Diefenbach:

> Como estou feliz por ter, há três anos, de repente, começado a herborizar com todo o meu ardor, com todo o meu eu, como em tudo, deixando de lado o mundo, o partido e o trabalho e preenchendo meus dias e noites com uma única paixão: a de vagabundear lá fora nos campos primaveris, colher braçadas de plantas e então, em casa, ordená-las, identificá-las e inseri-las no álbum. Como eu vivia, então, a primavera inteira como em febre, como sofria ao me ver diante de uma plantinha nova e por muito tempo não saber como defini-la e classificá-la; muitas vezes, em casos semelhantes, eu quase perdia os sentidos, e por isso Gertrud [Zlottko] ficava brava e ameaçava "confiscar-me" as plantas. Por isso agora me sinto em casa no reino vegetal, eu o conquistei – com ímpeto, com paixão, e aquilo de que nos apoderamos com tanto ardor lança raízes profundas em nós.*

Frequentemente era tomada por suas inclinações artísticas com a mesma exclusividade passional. Desenhava desde criança e, a lápis e pena, recriou, durante toda a sua vida, plantas, animais, paisagens, retratos. Subitamente teve vontade de pintar a óleo: lançou-se na tarefa e superou as dificuldades de uma técnica que ninguém lhe ensinara. Os pintores admiravam a capacidade e o instinto artístico que se revelavam em suas pinturas. Em 1909, ela pintou um autorretrato que, em seu realismo sem retoques, evidencia grande capacidade, embora o gosto pelas cores berrantes pareça ser um tanto incontido. Em tudo isso – como também na política –, ela libera uma energia indômita, uma avidez por submergir na vida e no lugar onde se quebram as ondas mais altas. Ela queria dar forma à vida de maneira criativa, avivar o indolente a chibatadas, e de dentro dela ecoava como em Victor Hugo:

---

* Rosa Luxemburgo, carta a Hans Diefenbach, Wronke na P., 30 mar. 1917, em Isabel Loureiro (org.), *Rosa Luxemburgo*, v. 3, cit., p. 254. (N. E.)

Dans la tête un orchestre
Et dans l'âme une lyre.*

Se lhe tivessem barrado o caminho para a política, ela certamente teria se tornado poeta. As rimas de criança brotavam de um impulso interior que estava sempre tentando assomar. Depois de escrever seu primeiro artigo, uma conclamação para o 1º de Maio, Leo teve de contê-la: inesperadamente o artigo ganhara ritmos bem entoados. Não nos admiraria se ainda fossem encontrados textos poéticos de sua autoria, pois a corda lírica repercutia fortemente dentro dela. Isso aparece em muitas de suas cartas: são pura poesia. Especialmente as que foram escritas na prisão, onde, faminta de vida, ela buscava alegrias e as encontrava nas lembranças. As imagens se formam uma após a outra. Com poucos traços, ela pinta uma paisagem diante de nós. Descreve pequenas vivências cotidianas com tal vivacidade e colorido que o cocheiro, o vendedor de jornais, a mãezinha idosa, a loja de flores ali adiante e até mesmo os bilhetes de loteria na vitrine do vendedor de charutos soam familiares, respiramos o ar quente e poeirento de um dia de verão e, em tudo isso, sentimos a alegria proporcionada por uma poesia bem-humorada. E ela consegue nos fazer vivenciar de modo tocante o sofrimento de toda criatura. Só não consegue falar de seu próprio sofrimento, balbuciando uma palavra ou outra para os mais íntimos. Sua dor ela silencia.

Alguns outros dons de Rosa não chegaram a se desenvolver plenamente porque a atividade política e a pesquisa científica a absorviam completamente. São sempre suas cartas das prisões e, portanto, as pausas da luta, que mostram a energia e o tesouro ocultos nela. A todo momento relampejam ali ideias que poderiam ter sido elaboradas: paralelos históricos, características de certos períodos culturais, pareceres sobre poesia e poetas, música e compositores, registrados em traços ligeiros, mas com brilho intenso e sentido profundo. Ela desejava que o ensaio histórico e literário se radicasse na literatura alemã, como teve seus mestres na literatura francesa e inglesa. Ela estimulou seu amigo Diefenbach, que era um bom conhecedor de literatura, a tentar algo nesse campo. Um ensaio desse tipo teria de "ser um quadro biográfico e temporal jogado no papel com traços leves, podendo ser, ao mesmo tempo, uma vivência plena e deliciosa"; teria de se inspirar em uma "graciosidade intelectual" e ser desenhado "em poucos traços artisticamente escolhidos que estimulem a fantasia do leitor, [...] exatamente do mesmo modo que, no diálogo entre pessoas espirituosas, alusões sutis são mais agradáveis do que a clareza tosca".

A própria Rosa Luxemburgo fez um ensaio desse tipo na introdução à tradução das memórias de Korolenko. Ela transmite ali um quadro vivo de Korolenko, "o

---

* "Na cabeça uma orquestra/ E na alma uma lira." (N. T.)

poeta de fina sensibilidade que durante toda a sua vida, em todas as nuanças de enfoque e atmosfera, foi acompanhado fosse pela vivência dos anos de infância na floresta farfalhante, fosse por um passeio de adolescente num campo deserto sob a escuridão do anoitecer, fosse por uma paisagem, para quem os partidarismos políticos eram, no fundo, algo estranho e repulsivo", e que, não obstante, teve de passar uma década no exílio e acabou por se consumir na luta contra a miséria e a injustiça social, contra a corrupção e a opressão. Ela faz o poeta surgir de uma pintura monumental da literatura russa, de Pushkin a Górki. Como não poderia ser diferente, também aqui ela recorre a sua visão de mundo marxista. Ela desnuda o antagonismo entre a literatura russa e a literatura contemporânea ocidental, na maneira como ele brota das múltiplas relações sociais. Ela afasta a mística que, desde sempre, pintou e bordou na crítica da literatura russa. Em sua exposição, não há nebulosidade, mas uma claridade em cuja luz os fenômenos sociais, os artistas e suas criações se tornam palpáveis e compreensíveis. E com isso demonstra que o marxismo não é de modo nenhum o chavão tosco que seus adversários fazem dele, e que, nas mãos de um mestre, é um meio de desvelar as energias que movem a criação artística e trazer à consciência a força moral da arte. Para Rosa Luxemburgo, a crítica da arte não pode ser carimbada e sentenciada de acordo com pontos de vista políticos.

> Chavões como "reacionário" ou "progressista", por si sós, não dizem muita coisa na arte. Dostoiévski, principalmente em suas obras tardias, é um reacionário consumado, um místico piegas que odeia socialistas. As doutrinas místicas de Tolstói reluzem de tendências reacionárias, no mínimo. E, no entanto, as obras de ambos têm sobre nós um efeito comovente, edificante, libertador. Isso quer dizer: não é seu ponto de partida que é reacionário; não são o ódio social, a estreiteza de coração, o egoísmo de casta, o apego ao vigente que dominam seu pensar e sentir, mas o inverso: o amor humano generoso e o profundo senso de responsabilidade diante da injustiça social. [...] No verdadeiro artista, a receita social que ele recomenda é algo secundário: o decisivo é a fonte de sua arte, o espírito que a anima, não a meta a que ele se propõe.

Ela encontra a fonte de energia da arte russa – que surge no final do século XVIII armada como Atena e domina o terreno por um século – no fato de seu princípio de vida ter sido a luta contra as trevas, a ignorância e a opressão. Na introdução que escreveu a Korolenko e nos trabalhos sobre Tolstói, ela expôs essa essência da arte russa com fina sensibilidade, entusiasmo arrebatador e grande vigor.

Havia muita virilidade em Rosa Luxemburgo, pela inteligência afiada, pela intrepidez e energia, pela autoconsciência e autoafirmação. Mas ela não era uma sabichona, um ser exaltado que gosta de se fazer de homem. Como era muito natural, era toda mulher. A mulher – uma personalidade: isso não significava para ela uma "mulher que se destaca", mas "um coração cheio de bondade e firmeza interior". E, mesmo que isso não esgote seu ser, ela era tudo isso. Apesar de toda a sua força, ela era delicada, empática, sensível e solícita. E, às vezes, era tomada pelo anseio de fugir do tumulto da batalha. "Preciso ter alguém que acredite em mim quando digo que só por engano estou rodando no redemoinho da história mundial e que, na verdade, nasci para apascentar gansos."

Ela não se sentia na obrigação de andar de coturnos, como uma "mulher importante". Era capaz de brincar e divertir-se. Entre amigos chegados, certa vez se fantasiou de boneca de porcelana chinesa. Dava muito valor ao bom gosto literário e, no entanto, não se recusava a devorar em sequência meia dúzia de folhetins de mau gosto, porém eletrizantes. Suas concepções morais eram amplas e livres. No entanto, às vezes mostrava preconceitos antiquados e inócuos. Os jovens a consideravam uma filisteia e se compraziam em vez ou outra rir dessa mulher.

A militante

Entre as cartas que Rosa Luxemburgo escreveu na prisão, sem dúvida causou impressão mais profunda aquela que fala do búfalo levado para a Alemanha como despojo de guerra, submetido a cangas e pancadas e vergonhosamente maltratado diante de seus olhos: "Oh, meu pobre búfalo, meu pobre e amado irmão, ambos nos encontramos aqui tão impotentes e apáticos e somos um só na dor, na impotência, no anseio [...]". Ao lado disso, relata experiências com borboletas semicongeladas que ela aquecia ao sol, com o besouro atacado por formigas vorazes que ela livra do tormento para, em seguida, sentir que apenas o condenou a uma morte mais lenta e mais dolorosa. Reiteradamente assoma dentro dela essa compaixão por toda criatura maltratada, seja animal ou humana. Esse sentimento é muito mais desenvolvido nela do que nos demais; é uma empatia profunda com a dor do outro, um compadecimento físico que a revolve por inteiro. Esse tipo de compaixão cria os grandes filantropos. Porém, por mais solícita que fosse, quando era necessário ajudar rapidamente, Rosa tinha consciência da rapidez com que um pingo evapora na pedra quente. A miséria do indivíduo não a fazia se esquecer da penúria do mundo.

> Você ainda se lembra das palavras na obra do grande estado-maior sobre a campanha de Trotha no Kalahari? "E os estertores dos agonizantes, o grito insano dos que morriam de sede ecoavam no silêncio sublime da infinitude." Oh, esse "silêncio sublime da infinitude" no qual tantos gritos ecoam sem ser ouvidos, ele soa em mim com tanta força que não reservo nenhum cantinho especial no

coração para o gueto: eu me sinto em casa no mundo todo, onde quer que haja nuvens e pássaros e lágrimas humanas.*

Em sua introdução à autobiografia de Korolenko, Rosa Luxemburgo falou extensamente sobre esse sentimento que abrange tudo, da "solidariedade com o sofrimento das massas", da "responsabilidade social" que os grandes escritores alemães nunca renegaram. E fez uma confissão quando disse o seguinte a respeito da literatura russa: "Ela sacudiu com a força do desespero as correntes sociais e políticas, ferindo-se com o atrito, e pagou honestamente o preço da luta com a vida". Talvez a experiência de suas próprias lutas interiores esteja presente quando procura a origem da decadência na obra de Leonid Andréiev, mais precisamente, no "excesso de compaixão social, sob cujo peso desaba a capacidade de ação e resistência do indivíduo". Ela tinha tanta vontade e energia quanto solidariedade com o sofrimento das massas; era movida pelo forte impulso de pesquisar a fundo as causas dos fenômenos sociais e não se deixava intimidar por nenhuma consequência do conhecimento. Esses são os elementos de sua militância. Foi assim que ela se tornou revolucionária.

A vinculação desses elementos não só em sua origem e pensamento mas também em seu agir revolucionário pode ser comprovada em todo o percurso de Rosa Luxemburgo. Em 1918, em meio ao furor da revolução, quando, cumprindo a promessa que fizera aos companheiros apolíticos de prisão, exige o fim de seus sofrimentos e a abolição da pena de morte, ela estabelece a seguinte regra:

A mais violenta atividade revolucionária e a mais generosa humanidade – eis o único e verdadeiro alento do socialismo. Um mundo precisa ser revirado, mas cada lágrima que cai, embora possa ser enxugada, é uma acusação; e aquele que, para realizar algo importante, de maneira apressada e com brutal descuido esmaga um pobre verme, comete um crime.**

No entanto, ela sabia muito bem – melhor do que os artífices do partido – que a aplicação da política representa felicidade e vida humanas e que a luta exige austeridade. Ela não evitava nenhuma dificuldade que se origina da tarefa política, que abrevia o caminho até o objetivo e poupa de sofrimentos prolongados. Tinha consciência de sua própria responsabilidade diante da história.

---

* Rosa Luxemburgo, carta a Mathilde Wurm, Wronke na P., Fortaleza, 16 fev. 1917, cit., p. 237. (N. E.)

** Rosa Luxemburgo, "Uma questão de honra", em Isabel Loureiro (org.), *Rosa Luxemburgo: textos escolhidos*, v. 2, cit., p. 242. Publicado originalmente em *Die Rote Fahne*, Berlim, n. 3, 18 nov. 1918. (N. E.)

Porém, jamais se entrincheirou atrás da responsabilidade para fugir das lutas necessárias ou para persuadir os escravos de que o jugo costumeiro era mais leve do que o sacrifício a ser feito. A consciência da responsabilidade é, para ela, o imperativo da ação, é disposição para cogitar, mas também atreve-se a usar o sacrifício dos demais mediante autodisciplina férrea e alegre entrega de si mesma à causa. A certeza serena de que jamais falharia nesse ponto é uma das raízes de sua autoconsciência, da qual todos os que lhe eram próximos falavam com admiração ou estranhamento.

Esse forte sentimento a respeito de seu próprio valor a impeliu a feitos cada vez maiores. Casou-se com a mesma paixão que pulsava em sua ação política e com que se lançava em cada tarefa. Por mais forte que seja a chama interior, Rosa Luxemburgo era, antes de tudo, uma pessoa de vontade e pensamento. Seu coração era disciplinado pela cabeça. Todas as suas decisões políticas tinham de justificar-se diante do tribunal da razão e da teoria. Pensamento e ação eram para ela uma unidade indissolúvel. Ela não conseguia descansar enquanto não tivesse amalgamado todas as observações e experiências do dia no quadro unificado do desenvolvimento social. Isso a obrigava a ir da multiplicidade desconcertante dos fenômenos às contradições básicas da sociedade que se concretizavam na história para apontar ao casual, ao local e ao temporalmente condicionado o lugar que lhes cabia. Ela não se prendia a dogmas, porque apreendia as coisas em constante mudança e evolução. Não aceitava facilmente e sem verificação nenhuma constatação, nenhum juízo, nenhuma regra tática, só porque ainda ontem eram válidas. É certo que a capacidade cognitiva das pessoas depende de seus desejos e esperanças mais fortes e universais. É por isso que apenas os pensadores socialistas são capazes de apreender e aceitar a visão de mundo e os métodos de pesquisa marxistas em todo o seu realismo dialético, pois, para eles, o ideal está em harmonia com os conhecimentos científicos. Para Rosa Luxemburgo, o socialismo não era apenas uma esperança, mas a meta de uma vontade indômita de agir. Por isso estava disposta a levar o conhecimento até as últimas consequências! Mesmo quando essas consequências podiam ferir seus sentimentos, nunca lhe ocorreu afastar o cálice. Em seu pensamento não há contemporizações, não há conflitos entre o resultado do trabalho intelectual e o agir.

Essa postura, resultado de uma autodisciplina férrea, basta para torná-la superior à maioria de seus companheiros de luta mais próximos. Soma-se a isso uma imaginação incomumente vigorosa, que ela enquadra no pensamento marxista, mas simultaneamente permite que avance com ousadia incontida. Dela provém o realismo criativo reiteradamente posto à prova. Por causa dela também é tratada como fantasista. O que ela ensina parece contradizer de muitas maneiras a realidade, porque não combina com os fatos palpáveis do momento. Sua teoria da acumulação foi questionada tão veementemente não só porque levou a conclusões políticas indesejadas, mas também porque seus adversários não possuíam capacidade dedutiva para pensar além da atualidade florescente do capitalismo.

Uma estratégia política ampla é impossível sem visão de futuro. A exemplo dos grandes estrategistas da luta de classes – Marx, Engels, Lênin, Trótski –, ela era seguidamente impelida a fazer profecias. Como no caso deles, às vezes suas predições se mostraram equivocadas, pois ninguém tem o condão de apreender e avaliar corretamente todos os elementos do desenvolvimento vindouro. Às vezes a impaciência revolucionária também a fez precipitar-se. Porém, se analisarmos cada caso, em geral o que se evidencia é que, do alto de seu posto de observação, ela vislumbrou as curvas e os desvios do caminho e viu bem próxima a meta do desenvolvimento. Os fenômenos esperados, os conflitos de classes etc. às vezes não amadureciam porque novos fatores causavam uma reviravolta no processo histórico. Mas depois, sob novas condições, irrompiam com mais força. Isso se comprovou de muitas maneiras para a glória da visão fundamental que ela tinha das forças motrizes da história.

Para Rosa, o esforço intelectual era prazer e necessidade vital. A máxima intensificação da vida era, em sua opinião, a luta. Num primeiro momento, a luta intelectual. Quase tudo o que ela escreveu é de natureza polêmica. Mesmo quando analisa problemas, procura o adversário que será refutado e vencido. Ela nunca precisou da exortação "Deves fazê-lo com alegria...!". O gosto pela controvérsia sempre lhe conferia o tom límpido da polêmica e a superioridade moral. Quando tinha o adversário sob o fio da espada, seu espírito emitia as centelhas mais brilhantes e, com júbilo interior, lançava as flechas aguçadas da ironia. Os espíritos fortes que militavam a seu lado admiravam sua arte de esgrimir mesmo quando eram vítimas dela. Plekhánov rendeu homenagem pública a Rosa, sua adversária mais contundente no Congresso da Social-Democracia Russa em Londres, pela paixão, pelo brilhantismo e pela elegância intelectual com que o atacara em discurso. Porém, espíritos tacanhos criticavam sua "malícia" e seus "berros", vingando-se a sua maneira. Ela, contudo, só combatia opiniões, atacando o adversário apenas quando via necessidade de dar uma resposta à altura. Como Marx, podia constatar resignada: "Quem critica seu adversário com xingamentos tem espírito, mas quem xinga seu adversário com uma crítica efetiva tem um caráter indigno"*.

Na ideia socialista, os aspectos mais fortes de sua natureza, a saber, a empatia, a inclinação científica, a vontade de ferro e o gosto pela luta, amalgamaram-se numa unidade harmônica. Em artigo comemorativo, Clara Zetkin diz:

---

* Carta de Marx a Friedrich Engels de 18 de julho de 1877, em August Bebel e Eduard Bernstein (orgs.), *Der Briefwechsel zwischen Friedrich Engels und Karl Marx: 1868-1883* (Bremen, Europäischer Literaturverlag, 2010), p. 394. (N. T.)

A ideia socialista foi para Rosa Luxemburgo uma poderosa paixão – da mente e do coração – que dominava tudo, uma paixão que se consumia e se materializava criativamente. Preparar a revolução que abria o caminho para o socialismo foi a missão e a grande ambição da vida dessa mulher rara. Viver a revolução, participar de suas batalhas, era a felicidade suprema que lhe acenava. Com força de vontade, abnegação e dedicação tais que palavras não conseguem expressar, Rosa Luxemburgo empenhou ao socialismo tudo o que ela era, tudo o que levava dentro de si. Ela ofereceu a si mesma em sacrifício a ele, não só com sua morte, mas a cada dia, a cada hora de um trabalho e de uma luta de muitos anos. [...] Ela foi a espada, a chama da revolução.

Em sua dedicação, nada era suficiente. Em momentos de exaltação, gostava de recitar o ato de contrição que Conrad Ferdinand Meyer pôs na boca de seu personagem Hutten:

Arrependo-me da hora que não vestiu couraça!
Arrependo-me do dia que não causou ferimento!
Arrependo-me – espalho cinzas sobre a minha cabeça –
De na vitória não ter acreditado com ainda mais firmeza!
Arrependo-me de só uma vez ter sido banido!
Arrependo-me do temor humano muitas vezes sentido!
Arrependo-me – confesso contrito –
De não ter sido três vezes mais intrépido!*

Esses versos estão na lápide de seu amigo Bruno Schoenlank. E, certa vez, quando o citou em carta a sua secretária Mathilde Jacob, ela manifestou o desejo de que também fossem seu epitáfio. Esse decerto era seu desejo secreto. No entanto, quando se deparou com ele no papel, assustou-se com o *páthos* demasiado sonoro e afastou a ideia, zombando de si mesma:

Levou isso a sério, Mathilde? Ora, é para rir. Sobre meu túmulo, como em minha vida, não haverá frases presunçosas. Em minha lápide deverá haver apenas duas sílabas: "tsvi-tsvi". É o canto dos chapins-reais que eu sei imitar tão bem a ponto de eles logo acorrerem ao chamado. E, imagine, esse "tsvi-tsvi", que normalmente faiscava tão claro e agudo como uma agulha de aço, tem desde alguns dias um pequeníssimo trinado, uma minúscula nota de peito. E sabe o que isso significa, senhorita Jacob? É o primeiro leve movimento da primavera vindoura – apesar da

---

* Conrad Ferdinand Meyer, *Huttens letzte Tage: eine Dichtung* (Leipzig, H. Haessel, 1871), cap. 6: "A sentença de morte", estrofe 53: "A confissão". (N. T.)

neve e do frio e da solidão nós acreditamos – os chapins-reais e eu, na primavera vindoura! E se eu, por impaciência, não chegar a vivê-la, não se esqueça de que em minha lápide não deve haver nada senão "tsvi-tsvi"...*

Os versos, a ressalva e o modo como é feita a ressalva são bem próprios de Rosa Luxemburgo. Seu estilo de vida era imergir na natureza com terna consideração, abraçar a humanidade com um sentimento cálido, compenetrar-se do mundo pelo entendimento, exaurir a vida e acelerar o ritmo na luta repleta de fervor e paixão. E seu lema era: "O ser humano deve ser sempre como uma vela queimando pelas duas pontas".

Na dedicação à ciência, no impulso investigativo, no qual se unem a intuição genial e a vontade obstinada de conhecer, bem como no idealismo humanitário, ela se assemelha a outra grande polonesa, Marie Curie. Rosa, porém, é interiormente mais livre, mais solta, e não tem o ascetismo da grande cientista. Como revolucionária, possui a sensibilidade profunda, a natureza artística, o entusiasmo e a paixão, o espírito ardente da luta e a disposição de sacrificar-se incondicionalmente de Louise Michel. No entanto, o conhecimento profundo das condições da luta, a visão de mundo cientificamente fundamentada, o instinto político certeiro a alçam acima e além da "Virgem Vermelha". Os grandes dons de seu coração e espírito, assim como a vontade candente de agir, se unem nela numa harmonia que soava bem. Nosso século não conhece ninguém como ela.

O estilo

Quando leem os ensaios em polonês de Rosa Luxemburgo, os poloneses ficam extasiados com a força e a beleza fulgurante de seu estilo. Eles a colocam entre os grandes mestres do idioma nacional. Os alemães compreendem isso sem precisar ler muita coisa de seus trabalhos em alemão. Mas ela própria, que tinha receio de escrever em russo por acreditar que não dominava inteiramente essa língua, sempre desconfiava ligeiramente de seu alemão. Afligia-se com o temor constante de que pudesse cometer polonismos. E, no entanto, escrevia um alemão puro e magistral. Com exceção de seus ensaios mais antigos, em toda a sua obra há poucas sentenças que, por certa rigidez na estrutura, lembram que o alemão não era sua língua materna. Ela absorveu o espírito da língua. Servia-se sem esforço do vocabulário, e até as locuções da linguagem popular ela sabia inserir no lugar apropriado para obter um efeito mais imediato sobre o leitor. Do mesmo modo que, na mão do mestre, o martelo se torna o prolongamento

---

* Rosa Luxemburgo, carta a Mathilde Wurm, Wronke, 7 fev. 1917, em Isabel Loureiro (org.), *Rosa Luxemburgo*, v. 3, cit., p. 229-30. (N. E.)

de seu braço, para ela a língua fazia parte de sua essência. Ela escrevia períodos longos, frases bastante intrincadas. No entanto, não sucumbia ao perigo, tão grande no caso dos escritores alemães, de enroscar a ideia central no matagal das orações subordinadas. Esses períodos crescem de dentro da ideia central, seu entrelaçamento é livre e natural e, por isso, claro. Fica manifesta a essência propagandista de Rosa: ela não impõe concepções ao leitor, ela quer convencer; ela é, acima de tudo, professora, raramente agitadora. Nesse estilo manifesta-se seu modo de olhar, sempre visando apreender os fenômenos complexos da vida e especialmente da vida social em sua compenetração recíproca enquanto unidade e processo. Porém, a exposição nunca é doutrinadora. Sempre reverbera o eco da realidade e sente-se, por trás dela, o temperamento indômito da escritora.

No desenvolvimento de seu estilo, evidencia-se a autodisciplina da artista. No início, o estilo é colorido, fulgurante. Mais tarde, a forma é "levada à máxima simplicidade, sem qualquer coquetismo". Certa vez, ela escreveu a Hans Diefenbach – alegrando-se visivelmente com a "heresia" cometida – que seu gosto seguia a tendência "que se limita a apreciar, tanto no trabalho científico quanto na arte, apenas o que é simples, tranquilo e generoso, razão pela qual, para mim, por exemplo, o tão louvado primeiro volume de *O capital*, de Marx, com seus excessos rococós em estilo hegeliano, é uma abominação". Provavelmente ela sempre teve de lidar com a tentação de enfeitar demais o estilo. Seu espírito dinâmico estabelecia facilmente vínculos surpreendentes com campos remotos. As imagens fluíam ao seu encontro. Ela, porém, refreava-se com tato artístico. Ela também pensava com frequência por meio de antíteses levadas ao extremo, mas não lhes conferia uma forma antitética que, no estilo de Hegel e do jovem Marx, tem o efeito de um espocar de fogos de artifício, iluminando, mas também ofuscando. Ela se contentava com a contraposição plástica das coisas.

Como a maioria dos grandes estilistas, tinha predileção pela metáfora que se encaixa sem esforço no fluxo dos pensamentos, como relampeja no cérebro durante a formulação da ideia. Ela criava metáforas sobretudo porque descobria rapidamente as fraquezas dos adversários, era piadista e sempre tinha a ironia como arma ao alcance da mão. Essa faísca aparece, por exemplo, quando fala dos políticos burgueses, cujo destino é "achar que podem alcançar com as mãos a estrela Sírio quando, na verdade, não chegam mais alto do que a ponta do próprio chapéu". Suas imagens transpiram vida. São bem-acabadas e nada de essencial lhes falta. Ela ainda costumava assentar-lhes um ponto alto final que refulge como um ponto de exclamação de cor berrante ou um suspiro irônico agonizante. Assim, certa vez finalizou a descrição do desfecho de uma tragico-média política com a seguinte frase: "Até as lâmpadas que estão se apagando no auditório começam a cheirar mal". Toda a atmosfera está aí; e a imagem se torna plástica, tridimensional por meio da formulação final, quando, por exemplo, mostrou que Jaurès continuava entoando as velhas canções otimistas dos primeiros tempos do ministerialismo, mesmo depois que os sonhos de florescimento já haviam sido destruídos pelo granizo:

> Essas melodias de Jaurès têm o mesmo efeito das velhas e boas árias de Verdi, que outrora, na ensolarada Itália, eram gorjeadas pelos lábios de todo filho de sapateiro de olhos escuros e cheios de desejo como sinal da primavera do povo, mas que hoje guincham do mecanismo sem vida do realejo com medonha monotonia: *tempi passati* [tempos passados]!
> E o próprio homem do realejo olha com ar enfadado e distraído; percebe-se que é apenas a mão treinada que gira a manivela costumeira, o espírito não está presente.

Em Rosa Luxemburgo, as comparações sempre se equilibram firmemente sobre duas pernas. Ou quase sempre. Ocasionalmente ela fracassa em alguma imagem demasiado ousada. Porém, jamais chega a despencar do sublime para o ridículo como aconteceu muitas vezes com Lassalle, outro grande artista da língua. Pois este conseguiu fazer bradar a "erínia do chão partido do direito"! Rosa Luxemburgo era imune a esse tipo de sensaboria. Ela não só possuía o tato que tantas vezes faltou a Lassalle, como também odiava todo *páthos*. Seu estilo é tocante e profundamente comovente apenas pela monumentalidade com que empilha fatos chocantes. E quando os acontecimentos são tão impetuosos e o trágico é tão arrasador que clama pelo *páthos*, ela recorre à dissonância da ironia, que é tanto mais efetiva. Seus ensaios da época da guerra estão repletos disso. A *Brochura de Junius* começa com esta imagem:

> Acabou-se a embriaguez. Acabaram-se o alarido patriótico nas ruas, a caça aos automóveis de ouro, os sucessivos telegramas falsos, as fontes contaminadas por bacilos de cólera, os estudantes russos prestes a jogar bombas sobre todas as pontes das ferrovias de Berlim, os franceses sobrevoando Nuremberg, os excessos da multidão farejando espiões por todos os lados, as aglomerações tumultuadas nos cafés repletos de música ensurdecedora e cantos patrióticos. A população de cidades inteiras transformada em populacho, prestes a denunciar qualquer um, a molestar mulheres, a gritar "hurra!" e a atingir o paroxismo do delírio lançando ela mesma boatos absurdos; uma atmosfera de crime ritual, um clima de Kischinov* em que o único representante da dignidade humana era o policial da esquina.**

---

* Referência a dois *pogroms* realizados, em 1903 e 1905, na cidade russa de Kishinev contra a população judaica. (N. T.)

** Rosa Luxemburgo, "A crise da social-democracia", em Isabel Loureiro (org.), *Rosa Luxemburgo: textos escolhidos*, v. 2, cit., p. 16. (N. E.)

Rosa Luxemburgo escrevia constantemente para jornais, mas não era jornalista. Ela não queria ter a obrigação de escrever, dia após dia, comentários sobre discursos de ministros, projetos de lei, conflitos diplomáticos e coisas desse tipo. Quase sempre eram os problemas científicos ou táticos que a faziam lançar mão da pena. Porém, os poucos trabalhos puramente jornalísticos que escreveu poderiam constar em qualquer coletânea de mestre. O que alçou esses trabalhos de ocasião acima do corriqueiro foi que, neles, o acontecimento cotidiano foi projetado para fora da natureza e para dentro do mundo social, o fato foi revelado como sintoma da ordem social, ou em um ferimento foram mostrados os suplícios da humanidade. Quando, em 1902, houve a erupção do Monte Pelée, na Martinica, ela pintou um quadro chocante das erupções da política mundial que, em cruel reiteração, não devastam só uma cidade, mas países inteiros. Quando, após meio século, a Alemanha melhorou um pouco a proteção das crianças contra a exploração, ela arrancou a máscara de hipocrisia da sociedade, que, em nome da família, permitia e ordenava aos que trabalhavam a domicílio explorar mais seus filhos do que estranhos. E quando, na festa de Natal de 1911, nos abrigos noturnos de Berlim, 150 desempregados e outros excluídos da sociedade adoeceram em virtude de uma beberagem venenosa e mais da metade morreu, ela escreveu, no estilo gélido de um Swift, uma acusação na qual a profunda empatia pela miséria desses párias e o ódio e a indignação contra essa sociedade se intensificam em um *páthos* extremo. E, no entanto, o ensaio não contém nenhuma palavra enfática demais.

O discurso

A renúncia a toda falsa aparência era mais evidente onde a tentação era mais forte: no discurso público. Rosa Luxemburgo era uma oradora arrebatadora. No entanto, os meios retóricos jamais a contentaram. Espartana nas palavras e nos gestos, ela atingia o efeito desejado unicamente pelo conteúdo dos discursos, e a única coisa que a ajudava nisso era a voz melodiosa, sonora e argêntea que, sem esforço, enchia um salão. Ela sempre falava de improviso. De preferência, ao discursar, caminhava descontraidamente pela tribuna, porque assim se sentia mais próxima do ouvinte. Com poucas frases, estabelecia contato com as pessoas e prendia sua atenção. E então era visivelmente tomada de inspiração, à qual todos os grandes oradores devem o último esmero das ideias e a força da linguagem. Ela não procurava conquistar o ouvinte com momentos emotivos; raramente apelava para o sentimento. Seu objetivo era levar os ouvintes ao conhecimento e, por meio deste, à ação. Ela prendia a atenção pela lógica inescapável da exposição, pelo dom de esclarecer a essência das coisas com os meios mais simples, de modo que nenhuma sentença zunia por cima da cabeça dos ouvintes sem ser entendida. Com frequência uma imagem cativante, uma comparação certeira lhe bastavam para tornar translúcido um fenômeno que até aquele momento escapara ao auditório ou para insuflar vida nova em uma ideia que já se cristalizara em uma fórmula. O que o ouvinte intuía vagamente convertia-se em certeza. Novos nexos se esclareciam, perspectivas amplas se descortinavam. As pessoas se sentiam levadas da estreiteza do dia a dia para a região mais elevada das ideias. E sua peculiaridade era esta: a oradora desaparecia quase por completo atrás do discurso; o público ficava tão tomado pelas ideias que percebia apenas sua voz clara, e a única coisa que podia arrancá-lo desse fascínio era uma observação especialmente estimulante. Não obstante, quem de fato fascinava a plateia era a pessoa por trás do discurso, a personalidade coerente com sua intensidade, com sua unidade ao sentir, querer e pensar, com a clareza, a intrepidez, a rapidez de raciocínio e o temperamento contido.

Essa personalidade vinha subitamente para o primeiro plano, para a ribalta, por assim dizer, quando Rosa tinha a sorte de encontrar um adversário. Então ela era invadida pelo gosto da luta. Sem dó nem piedade recorria à sua superioridade, à vontade de abater o oponente. Captava imediatamente as fraquezas do adversário, o ponto em que sua lógica mostrava suas limitações e habilmente o punha em xeque. Max Adler, ao recordar-se de Rosa Luxemburgo (*Der Kampf*, fevereiro de 1919), fala do efeito desses discursos polêmicos:

> Havia uma força revolucionária indômita nessa mulher pequena e frágil que, apesar dos muitos que zombavam dela e a odiavam, submetia os ouvintes, nos congressos do partido, ao fascínio de seu temperamento arrebatado e levava os renitentes a ruidosas demonstrações de apoio. Mas uma de suas características, ao fazer isso, era que o intelecto nunca soltava as rédeas do temperamento, de modo que, no ardor da revolução, que sempre se expressava através dela, mesclava-se também o frescor da ponderação, o que permitia que esse ardor não tivesse um efeito destrutivo, mas esclarecedor e acalentador.

Naturalmente esse efeito era muito mais intenso nas reuniões populares do que nos congressos do partido, nos quais havia frentes consolidadas e o espírito faccioso aumentava a resistência.

A rapidez de raciocínio de Rosa, sua presença de espírito e o domínio instintivo dos momentos psicológicos se evidenciam em certo episódio. Foi na campanha eleitoral de 1907, em um dos gigantescos auditórios do Parque Hasenheide, em Berlim. Rosa falou sobre política colonialista e política externa. Um tenente e um velho agente de polícia vigiavam a reunião. O jovem tenente estava muito nervoso e várias vezes pegou o capacete com o intuito de dissolver a reunião por causa das frases de agitação. Contudo, cada vez que isso acontecia, Rosa percebia o perigo e mudava rapidamente para outro tema, deixando o tenente confuso. Quando ele finalmente se levantou de maneira mais resoluta, ela o abordou diretamente e, com fina ironia, prometeu-lhe que, dali por diante, adequaria a forma e o conteúdo do discurso inteiramente ao que era permitido pela polícia. Em seguida, começou a descrever a difícil vida dos estratos pequeno-burgueses que, na grande luta entre capital e trabalho, claudicam de um lado para outro e acabam triturados. Ela apresentou suas esperanças eternamente frustradas, suas ilusões pueris, sua existência sem alegria. Apresentou a estreiteza da vida do funcionário público, mostrou o servidor do Estado dentro da camisa de força do regulamento sem vida, com toda a sua existência atrelada à engrenagem da máquina de opressão, sendo instrumento e vítima ao mesmo tempo. Explicou a célebre frase de Marx: a burguesia transformou o médico, o jurista, o padre-co, o poeta e o homem de ciência em seus assalariados. E, voltando-se para o tenente da polícia, disse: "E mesmo o senhor não passa de mero instrumento a serviço da burguesia e da pilhagem do povo, esteja ciente disso ou não". O que ela disse tocou tão diretamente os corações e o entendimento que o auditório sentiu a tensão no ar. Então, a uma frase formulada de maneira especialmente marcante, prorrompeu o aplauso libertador. E o policial bigodudo, o valente de uniforme azul-escuro, aplaudiu também. Quando o discurso falou de sua pessoa, da nulidade de sua vida, ele se esqueceu de tudo, de seu cargo, de sua missão, de si próprio; ele fazia parte da massa presente no auditório e suas mãos grandes e toscas se uniram no aplauso... até voltar os olhos para o rosto atônito, pasmo de incompreensão, do tenente. Então as mãos se separaram e desceram até a lateral das calças e, ainda respirando agitado pela excitação, voltou a ser funcionário aquele que, por alguns minutos, fora humano.

No período que antecedeu à guerra, que transcorreu sem maiores abalos e no qual as massas viam as condições políticas como permanentes, Rosa Luxemburgo soube deixar clara a inevitabilidade das grandes lutas por objetivos mais elevados, nas quais o socialista teria de empenhar tudo. Ela fez com que as massas vissem esse tempo de levante com entusiasmo e vivenciassem a verdade e a veracidade interior da exortação que lhes dirigia em alta voz: "Preparem-se para dar não só sua voz e seu voto, mas também sua vida pelo socialismo!".

Capa do livro *Greve de massas, partido e sindicatos,* escrito em 1906.

Guerra

4 de agosto

No dia 28 de junho de 1914, a faísca atingiu o barril de pólvora chamado Europa. O casal de príncipes herdeiros austríacos foi assassinado em Sarajevo por nacionalistas sérvios. A tensão provocada pelo acontecimento amainou em pouco tempo. A tempestade parecia ter passado, do mesmo modo como se formara e dissipara em 1905 e 1906 por causa do Marrocos, em 1909 por causa da Bósnia, em 1911 por causa do Marrocos e de Trípoli e, em 1912 e 1913, nas guerras balcânicas. O antagonismo imperialista que oferecia mais risco, a saber, entre a Grã-Bretanha e a Alemanha, parecia ter se resolvido justamente naquelas semanas. As duas potências chegaram a um acordo em toda uma série de questões coloniais. Então, no dia 23 de julho, a monarquia dos Habsburgos enviou à Sérvia um ultimato que, depois de reformulado sete vezes, tinha o propósito de forçar uma guerra. No dia 25 de julho, a Áustria declarou guerra à Sérvia, apoiada e encorajada pelo governo alemão. No dia 29 de julho, a Rússia mobilizou uma parte de suas tropas.

Nos dias 29 e 30 de julho, o *bureau* da Internacional dos trabalhadores em Bruxelas realizou uma sessão a fim de se posicionar em relação à guerra austro-sérvia e ao perigo geral de uma guerra. A maioria dos líderes dos partidos socialistas da Europa estava presente: Jaurès, Guesde e Vaillant (França), Keir Hardie (Grã-Bretanha), Akselrod (Rússia), Luxemburgo (Polônia), Haase e Kautsky (Alemanha), Morgari e Angelica Balabanoff (Itália), Victor e Friedrich Adler (Áustria), Vandervelde (Bélgica), Troelstra (Holanda). Nunca foi publicado um relatório sobre as deliberações desse conselho maior do movimento internacional dos trabalhadores. Pelo visto, foram tratadas como segredo diplomático de risco. Chegaram ao nosso conhecimento apenas alusões de alguns participantes, e o conjunto resulta em um quadro deprimente. A questão do posicionamento dos partidos socialistas em relação à guerra evidentemente não foi explicitada em toda a sua importância, apenas levemente tratada. Kautsky escreveu seis anos depois da conferência: "É curioso que a nenhum dos que estavam lá ocorreu perguntar o que faríamos se a guerra irrompesse antes (isto é, antes do congresso internacional); que postura os partidos socialistas deveriam assumir nessa guerra?"[1]. Isso não é inteiramente correto. É provável que no debate tenha predominado a questão do modo como o partido austríaco deveria se comportar na guerra austro-sérvia, que já estava em andamento. E a posição de Victor Adler colocou a conferência diante de um impasse. Em 1912, no Congresso Internacional da Paz, na Basileia, Adler ainda tinha esperança de que ao crime da guerra se seguiria automaticamente o início do fim da dominação dos criminosos. Agora estava em frangalhos e só conseguia balbuciar:

> Já estamos em guerra. Até agora lutamos contra a guerra da melhor maneira que pudemos. Os trabalhadores chegaram ao limite contra as maquinações bélicas. Porém, não esperem mais nenhuma ação de nós. Encontramo-nos em estado de guerra. Nossa imprensa foi reprimida. Temos como pano de fundo o estado de exceção e a lei da guerra. – Não estou aqui para fazer discursos diante de uma assembleia popular, mas para dizer-lhes a verdade: é impossível uma ação quando centenas de milhares já marcham rumo à fronteira e internamente a lei da guerra está em vigor.[2]

Ao justificar-se diante do tribunal pelo atentado ao conde Stürgkh[3], Friedrich Adler também descreveu suas impressões acerca da sessão do *bureau* da Internacional. Ele disse que, naquela ocasião, tinha sentido pela primeira vez uma oposição às concepções de seu pai. Antes da sessão, Victor Adler teria tido uma conversa com Jules Guesde na qual enfatizara que a Áustria teria um *front* não só contra a Sérvia, mas também contra a Rússia, a Itália, Romênia etc. "Guesde perguntou: *'Et la frontière ouvrière?'* (E o *front* operário?), ao que meu pai respondeu, na defensiva: *'Non, non, non!'* – O que queria dizer que a social-democracia da Áustria não ofereceria nenhuma resistência à guerra dos dominadores." Quando

---

[1] Karl Kautsky, *Vergangenheit und Zukunft der Internationale* (Viena, Verlag der Wiener Volksbuchhandlung, 1920).

[2] Conforme relato de Friedrich Adler reproduzido no livro de Max Ermers, *Victor Adler* (Viena, Hans Epstein, 1932).

[3] No dia 21 de outubro de 1916, Friedrich Adler matou a tiros o ministro Stürgkh, um dos principais responsáveis pela guerra. Ele queria dar ao proletariado austríaco um sinal para o início da luta contra a guerra. Adler foi condenado à pena de morte, depois comutada por dezoito anos de prisão. Após a irrupção da revolução na Áustria, ele foi anistiado.

Bruce Glacier, do Partido Trabalhista Independente (ILP [Independent Labour Party]), atacou a postura dos austríacos, Victor Adler teria zombado dele, citando a passividade do proletariado inglês durante a guerra dos bôeres. "A impressão de suas palavras sobre todos, especialmente sobre os alemães e os franceses, mas também sobre mim, foi extremamente deprimente." O relato que Victor Adler fez mais tarde sobre essa conferência deixa transparecer uma absoluta passividade.

Por pouco que digam sobre as deliberações da conferência, esses relatos mostram o estado de ânimo em que transcorreu. O partido, que já estava à prova, declarou, pela boca de seu líder, que tinha uma autoridade sobre o partido como nenhum outro, que se submeteria apática e passivamente aos autores da guerra. Os demais líderes partidários, que ainda dispunham de um pequeno prazo para tomar uma decisão, ainda se agarravam às ideias e resoluções da Internacional. Tentaram demover Adler da disposição de capitular. Mais não fizeram; e alguns podem ter sentido nessa hora que, em poucos dias, estariam trilhando o mesmo caminho de Adler. Decerto foi por isso que descartaram qualquer decisão sobre a política geral da Internacional em relação à guerra. As resoluções da conferência mostram como o ritmo da história foi mal calculado: o Congresso da Internacional, que havia sido convocado para o final de agosto em Viena, deveria começar no dia 9 de agosto em Paris. Nesse meio tempo, proletários de todos os países deveriam "não só prosseguir, mas também intensificar suas manifestações contra a guerra, a favor da paz e da regulação conciliadora do conflito austro-sérvio".

Nada se sabe da atuação de Rosa Luxemburgo nessa conferência. Mas pelo que sabemos a respeito dela e pelo tanto que a conhecemos, não há nenhuma dúvida em relação a sua postura fundamental. Porém, não sabemos que argumentos ela usou nem que exigências concretas fez. Apenas podemos deduzir do relato de um episódio o quanto sua confiança na Internacional foi abalada por essas deliberações.

Após a sessão do *bureau* da Internacional, houve em Bruxelas um grande *meeting* [encontro] contra a guerra. O *Cirque Royal* estava completamente lotado e milhares permaneceram em pé diante dos portões. O início do encontro foi postergado porque o *bureau* não conseguiu finalizar a tempo as deliberações. Nesse meio tempo, os trabalhadores discutiam os acontecimentos no auditório. Os ânimos estavam exaltados e otimistas. "Eles não ousarão; e, se ousarem, temos a Internacional!" Um dos trabalhadores começou a cantar uma canção revolucionária e as massas dentro e fora do auditório o acompanharam entusiasticamente. Por fim, chegaram os membros do *bureau* e a assembleia teve início. Vandervelde e Hugo Haase falaram sob forte aplauso. Jaurès arrancou ondas de aplausos das massas com sua eloquência flamejante. Ele disse, entre outras coisas: "Nós, franceses, temos o dever de insistir que o governo francês fale energicamente com a Rússia para que ela se abstenha do conflito. E se a Rússia não fizer isso, é nosso dever dizer: 'Reconhecemos um só contrato, o contrato que nos vincula à humanidade!'." Então Jaurès dirigiu a palavra diretamente a Rosa Luxemburgo: "Permitam-se saudar Rosa Luxemburgo, a intrépida mulher que enche o coração do proletariado alemão com a chama do seu pensamento". A assembleia estava emocionada com o discurso de Jaurès; ela a recebeu com uma ovação que não queria findar, "uma manifestação exaltadora e inesquecível", como escreveu o jornal *Le Peuple* de Bruxelas.

E Rosa Luxemburgo? Ela entrou depois dos demais representantes dos partidos. Estava pálida e, pelo visto, tentava dominar uma forte inquietude interior. Ficou um bom tempo parada na tribuna, onde os membros do *bureau* estavam sentados, e olhava muda para a assembleia. Em seguida, sentou-se e escondeu o rosto entre as mãos. Membros do *bureau* se aproximaram duas vezes e insistiram com ela. Ela balançou energicamente a cabeça e disse apenas uma palavra: "Não!". Ela foi anunciada como oradora. O presidente Vandervelde disse: "Gostaria muito de passar a palavra a Rosa Luxemburgo, mas quero poupá-la do esforço". Jaurès o interrompeu: "Ela só terá descanso na prisão!". Vandervelde prosseguiu: "Ainda assim, gostaria de saudar a valente combatente alemã que, na situação atual, representa tanto para o proletariado alemão. Já que Rosa Luxemburgo, a perigosa inimiga do Estado, não quer fazer uso da palavra, passo-a para Troelstra". Repetidas vezes Rosa foi instada pela assembleia. No entanto, ela ficou sentada imóvel, mergulhada em pensamentos. Um sofrimento profundo estava estampado em seu rosto[4]...

Essa é uma Rosa que ninguém conhece. Ela estava cansada, logo ela que se desfazia da fraqueza e da enfermidade com um safanão quando estava diante das massas? Naquele momento ela não sentia a necessidade, não se julgava capaz de entusiasmar e inflamar? Logo naquele momento! Aquela que nunca falhou acabou falhando diante de uma catástrofe mundial cuja dimensão ninguém poderia ver mais claramente do que ela? Isso é impossível. Sua recusa obstinada de falar tem outras razões. E elas se impuseram com tanta força que não restam dúvidas.

Com base na história e, principalmente, na experiência da guerra russo-japonesa, ela sabia do efeito ofuscante e perturbador que o nacionalismo tem sobre as massas populares no início de uma guerra. Ela sabia que a resistência contra a carnificina do povo seria como nadar penosamente contra a correnteza e exigiria muito sacrifício. Estava bem consciente da enormidade da missão que a Internacional assumira em 1907, no congresso de Stuttgart, quando aprovara a resolução que ela própria apresentara; ela estava bem consciente da responsa-

---

[4] Na primeira edição deste livro, relatamos essa assembleia com base nas "memórias" de um dos membros do *bureau* da Internacional naquela época. Essas memórias se basearam em uma ilusão. O relato atual se baseia no relatório do periódico *Le Peuple*, de Bruxelas, e nos relatos coincidentes de vários participantes da assembleia.

bilidade, da autonegação e da coragem que essa missão exigiria dos partidos e de seus líderes. E, durante as deliberações do *bureau*, ela olhara no fundo da alma dos líderes dos partidos. Vira na posição de Victor Adler e da social-democracia austríaca o sintoma de uma doença que tomara toda a Internacional. Mesmo que ainda não conseguisse vislumbrar toda a catástrofe, mesmo que não quisesse crer que os partidos socialistas se bandeariam quase sem exceção para o lado do inimigo, ela reconheceu claramente que, em sua maioria, os partidos não passariam pela grande prova e que, na melhor das hipóteses, deixariam a tempestade passar por eles sem agir e sem oferecer resistência. Por isso, perscrutara a massa de gente no auditório, que ainda olhava para a Internacional cheia de esperança e confiança. Ela ainda podia falar para aquela massa? Poderia dizer-lhe a verdade que vira, destruir sua confiança e gerar pânico? Por razões psicológicas e políticas, ela não podia fazer isso. No entanto, também lhe era impossível contemporizar com a mentira, fingir confiança, consolidar esperanças vãs na massa, iludi-la. Foi por isso que se calou.

No dia 31 de julho, Áustria e Rússia mobilizaram todas as suas forças armadas. O governo alemão enviou um ultimato com prazo de doze horas a Petersburgo. O estado de guerra foi decretado em toda a Alemanha. Numa atmosfera opressiva, à espera da prisão de todos os líderes partidários, a direção do partido deliberou com representantes da bancada parlamentar sobre os créditos de guerra. Haase e Ledebour eram favoráveis à rejeição, os demais pela aprovação dos créditos. Predominava a opinião de que, na bancada como um todo, os radicais se imporiam. Foi decidido que Hermann Müller iria a Paris para tentar uma ação conjunta dos socialistas franceses e alemães. Ao entardecer desse dia, Jaurès foi assassinado.

No dia 1º de agosto, Hermann Müller negociou com os líderes do partido francês. Não se falou da luta contra a guerra nem da luta de classes na guerra, mas unicamente sobre os créditos de guerra. Müller declarou que os alemães provavelmente votariam contra os créditos, dificilmente se absteriam; aprová-los estava fora de cogitação. Os franceses argumentaram que, para eles, tratava-se de uma guerra defensiva. Por essa razão, teriam de votar a favor dos créditos. Müller retrucou que, quando a guerra irrompesse, seria praticamente impossível saber quem estaria atacando e quem estava se defendendo. As causas mais profundas da guerra estariam na política de expansão imperialista e na corrida armamentista que vinha sendo promovida havia décadas com a mesma obstinação por todas as potências. Ele ainda argumentava dentro das visões internacionalmente reconhecidas. Ninguém, porém, mencionou claramente as resoluções internacionais e a política prescrita por elas. O belga Huysmans tentou convencer Müller de que os alemães fariam melhor se se abstivessem de votar sobre os créditos, ao invés de rejeitá-los. A partir da conversa ficou claro que seria constrangedor para os franceses que os alemães adotassem um procedimento demasiado radical. Ninguém queria mais pensar internacionalmente, já começava a haver um movimento de uns se posicionarem contra os outros, mas havia o desejo de se manter uma aparência de unidade internacional.

Durante essas deliberações, a Alemanha declarou guerra à Rússia e seguiram-se em rápida sucessão as decisões que incendiariam toda a Europa. No dia 3 de agosto, a bancada parlamentar social-democrata alemã decidiu sua posição em relação aos créditos de guerra. Dos 111 deputados, 15 exigiram a recusa, entre eles Liebknecht, Haase, Ledebour, Rühle e Lensch. Foi rejeitada a moção da minoria por fazer constar o voto discordante. No dia 4 de agosto, a bancada parlamentar social-democrata votou coesa a favor dos créditos. Karl Liebknecht se submeteu à disciplina partidária.

Essa votação provocou assombro no exterior. Muitos não acreditaram na notícia. A folha social-democrata da Romênia declarou que se tratava de uma mentira monstruosa. Lênin achou que o número do *Vorwärts* que relatava a sessão do Parlamento era uma falsificação do estado-maior alemão. Para todos os radicais estava claro que o fracasso de qualquer outro partido da Internacional poderia ser reparado, mas o fracasso da social-democracia alemã representava a vitória do nacionalismo em toda linha, o colapso da Internacional. Era inacreditável, inconcebível. Porém, o boato que circulou simultaneamente de que Rosa Luxemburgo e Karl Liebknecht haviam sido sumariamente fuzilados foi dado como verdadeiro. Essa antecipação premonitória do ato de terror cometido em 15 de janeiro de 1919 mostrou onde tanto os amigos quanto os inimigos podiam encontrar, na Alemanha, os verdadeiros revolucionários.

Sob o estandarte da rebelião

Para Rosa Luxemburgo, a decisão da social-democracia alemã representou um golpe, muito mais pesado que o de Bruxelas. A posição da social-democracia austríaca significou, num primeiro momento, apenas passividade, submissão. A decisão da direção do partido alemão e da bancada parlamentar representou – o que também se pode alegar como fundamentação – a anuência e a justificação da guerra, a adesão ao *front* imperialista. É falsa a afirmação de Kautsky de que, "nos anos que antecederam à guerra, ela [Rosa] defendeu a opinião de que o proletariado responderia à irrupção de uma guerra com a revolução". Na guerra russo-japonesa, ela viu como era difícil para a classe trabalhadora sair da guerra e partir para a revolução. Sua firme recusa de obrigar a Internacional a adotar a greve geral em caso de guerra e a formulação da resolução de Stuttgart comprovam que Rosa via as coisas com mais sobriedade do que afirma Kautsky; e, "nos anos que antecederam à guerra", Kautsky dificilmente teve oportunidade de falar com ela sobre essa questão. Porém, o fato de a classe trabalhadora alemã ter se deixado tanger para a carnificina sem a menor tentativa de resistência, o fato de todo o trabalho de educação e esclarecimento ter se apagado de uma hora para outra, constituiu para ela uma decepção profunda. A capitulação da social-democracia alemã, o alinhamento aos imperialistas, o colapso da Internacional, o colapso de um mundo a arrasou.

Por um momento – decerto o único em toda a sua vida – ela entrou em desespero. Por um momento! Pois ela se aprumou imediatamente. A vontade venceu a fraqueza. No mesmo dia 4 de agosto, quando a liderança social--democrata firmou aliança com o imperador e o estado-maior, um pequeno número de companheiros se reuniu na residência de Rosa Luxemburgo, entre eles o velho Franz Mehring e Julian Karski; eles decidiram combater a guerra e a política de guerra do próprio partido. Foi o início da rebelião que levantou o estandarte com nome de *Spartakus*. De Stuttgart, Clara Zetkin imediatamente se declarou disposta a cooperar. Logo Karl Liebknecht aderiu. Ele reconheceu o quanto estava equivocada sua suposição de que, no caso da decisão sobre os créditos de guerra, tratava-se apenas de um fracasso passageiro do partido; e ele estava disposto a assumir todas as consequências da luta. Em toda parte da Alemanha muitos companheiros permaneceram fiéis à bandeira, principalmente nos bairros operários de Berlim, em Württemberg, na Saxônia, na região dos rios Reno e Ruhr e na Wasserkante. Lentamente, eles se encontraram – os velhos que já haviam estado sob a Lei Antissocialista, os jovens e as mulheres – e iniciaram pública e clandestinamente a luta contra a guerra.

Rosa Luxemburgo passou meses sentindo-se chicoteada com urtigas. Todo dia recebia notícias que lhe provocavam forte sensação de vômito. O que, no caso dos líderes da Internacional, começara como uma austera aceitação do destino converteu-se em êxtase patriótico. Toda a dignidade socialista foi espezinhada. Em uma única noite os jornais se esqueceram do que sabiam antes do dia 1º de agosto: a guerra não era do povo nem de defesa, todas as potências eram responsáveis por sua irrupção, ela servia a propósitos de conquista, teve origem em profundos antagonismos imperialistas e eles próprios juraram centenas de vezes, em voz alta e por escrito, combater essa guerra sem temer as consequências. Agora mentiam em série. Eximiam os regentes de toda culpa. Competiam com os nacionalistas rematados na arte de atiçar a massa contra os povos estrangeiros. Bajulavam o Estado que os perseguira até um dia antes, o imperador que os insultara. Firmaram o armistício que entregou os trabalhadores e as trabalhadoras algemados como escravos assalariados aos capitalistas e como bucha de canhão ao estado-maior.

Somavam-se a isso as novas deserções diárias no campo do internacionalismo. Quando o vaidoso Scheidemann se deixou dominar pelo *páthos* patriótico, quando o Südekum se tornou propagandista do imperialismo alemão entre os países neutros, quando os velhos adversários de Rosa nos sindicatos confraternizaram com Stinnes e Thyssen, isso só reforçou o desprezo que ela sentia por eles havia muito tempo. Mas Plekhánov, que outrora pregara o levante revolucionário contra a guerra, tornara-se o apoio do tsar sanguinário contra a barbárie prussiana. O rígido marxista Guesde ingressara no Gabinete de Guerra francês. Vaillant, o velho amigo de Rosa, tivera uma recaída de nacionalismo blanquista e voltara a ver a França como a nação revolucionária *par excellence*. Ela já havia se afastado de Párvus, outro companheiro de lutas da juventude, depois que ele ganhou uma grande fortuna especulando ao lado dos turcos durante a guerra dos Bálcãs. Agora ele era assessor do Ministério do Exterior alemão e organizava o comércio com a Escandinávia e com os Bálcãs. Rosa sentiu como se tivesse recebido uma bofetada quando ele ousou procurá-la e ela, sem dizer palavra, despediu-o na soleira. Cunow, o redator-chefe do *Vorwärts*, uma das "penas *kosher*" que havia assumido com ela a redação do órgão central em 1905, competia com o austría-co Renner no recorte do marxismo para fins imperialistas. Paul Lensch, que fora redator-chefe da *Leipziger Volkszeitung* e sempre se vira como fiel discípulo e escudeiro de Rosa, bandeou-se para o campo inimigo após breve hesitação, louvando a economia de guerra, isto é, a fome organizada do povo alemão, como a vitória da ideia socialista e a guerra alemã contra a Inglaterra, a "déspota do mercado mundial", como a revolução. Konrad Haenisch, o trompete que entusiasmava os radicais, ficou rouco de tanto cantar "*Deutschland, Deutschland über alles!*" [Alemanha, Alemanha acima de tudo!]. Kautsky cobriu a vergonha do socialismo com uma teia de lugares-comuns, falácias e deturpações. Asseverou que era impossível determinar o caráter da guerra, porque esta não irrompera de forma normal: "Em geral, os Estados formulam suas exigências, depois de-claram guerra e mobilizam-se. Dessa vez, não houve mobilização por causa da guerra, mas guerra por causa da mobilização, e do desfecho da guerra depende a constatação dos fins pelos quais será travada". Ele desconsiderou o colapso da Internacional com a famosa declaração: "Ela não é um instrumento eficaz na guerra, é essencialmente um instrumento da paz. Mais precisamente, em sentido duplo: luta pela paz e luta de classes na paz!". A teoria abdicou voluntariamente e exigiu como fator político que a classe trabalhadora fizesse o mesmo.

Rosa Luxemburgo considerou que sua próxima missão era organizar a resis-tência contra a política de guerra da social-democracia. Mais intensamente do que nunca passou a operar com as organizações berlinenses, tanto com os membros quanto nos órgãos diretivos. O êxito foi maior do que se poderia esperar depois da deserção da maioria dos funcionários superiores e médios. Em toda parte havia oposição de, pelo menos, uma forte minoria e, na seção eleitoral de Niederbar-nim, da maioria dos membros. No entanto, sob a pressão dupla da censura dos militares e do partido, era quase impossível dar expressão a tais estados de ânimo. Como encorajar e armar com argumentos os adversários da guerra, que muitas vezes nem liderança tinham, não possuíam muita clareza sobre o assunto e com frequência cediam terreno aos hábeis defensores da política da direção? Na bancada parlamentar havia nada menos que quinze homens que se declararam contra os créditos de guerra. Uma manifestação pública de sua parte provaria às massas que elas não estavam sozinhas e, sobretudo, mostraria aos países estrangeiros que a luta contra a guerra havia começado na Alemanha. Mais tarde, Clara Zetkin relatou essas aspirações no prefácio à nova edição da *Brochura de Junius*:

> A luta deveria começar com um protesto contra a aprovação dos créditos pelos sociais-democratas, um protesto que deveria ser conduzido de tal maneira que não pudesse ser sufocado pelos humores e ardis do estado de sítio e da censura. Além disso, e sobretudo, o protesto indubitavelmente teria importância se fosse apoiado de antemão por um número considerável de militantes social-democratas conhecidos. Por essa razão, procuramos concebê-lo de tal maneira que se solidarizasse com ele o maior número possível de companheiros de liderança que, na bancada parlamentar e em círculos menores, faziam críticas incisivas e até aniquiladoras da política de 4 de agosto. Um escrúpulo que custou muito cérebro, papel, cartas, telegramas e um tempo precioso, e cujo resultado foi nulo. De todos os críticos grandiloquentes da maioria social-democrata, o único que ousou oferecer resistência à disciplina do partido, ao ídolo devorador do caráter e da convicção, juntamente com Rosa Luxemburgo, com Franz Mehring e comigo, foi Karl Liebknecht.

O mesmo jogo se repetiu quando o governo alemão solicitou créditos uma segunda vez ao Parlamento. De início, toda uma série de deputados estavam dispostos a votar publicamente contra a guerra. No entanto, quanto mais se aproximava a data da votação, mais o grupo diminuía. Em incontáveis conversações, foi preciso lutar primeiro por cada voto contra os créditos e, em seguida, por cada homem. Os pretextos que os heróis usavam para se desvencilhar da ação chegavam à admissão pura e simples de covardia pessoal, e é compreensível que em Rosa Luxemburgo crescesse cada vez mais o desprezo pela criatura humana. No dia da votação, restava apenas Karl Liebknecht; e talvez tenha sido bom. O fato de ser um só, um único homem a opor-se na tribuna, diante de todo o mundo, à loucura geral e ao poder estatal onipotente mostrou de modo brilhante o que importava acima de todas as coisas: o engajamento de toda a personalidade. O nome Liebknecht se tornou um símbolo, o grito de guerra que se fez ouvir para além das trincheiras, avolumou-se e, em um mundo em que tiniam as armas, despertou milhares de combatentes contra a carnificina mundial. Nesse 2 de dezembro de 1914, surgiu na Alemanha o *front* revolucionário contra a guerra. A partir desse dia, a aliança entre Karl Liebknecht e Rosa Luxemburgo se tornou indissolúvel.

Die Internationale

A atividade política de Rosa Luxemburgo naqueles meses se diferenciou significativamente daquela que Lênin vinha desenvolvendo ao mesmo tempo na Suíça. A diferença não se originou de antagonismos essenciais entre as concepções gerais sobre a guerra e a política socialista, mas das condições concretas em que tiveram de agir. Lênin era emigrante, vivia em um país neutro, quase completamente isolado das massas russas. Ele atuava para uma pequena elite treinada no uso da teoria. Por essa razão, abordava diretamente os principais problemas suscitados pela guerra. Ele rejeitou a palavra de ordem a favor da paz. De modo demasiadamente indeterminado, demasiadamente passivo, voltou a dirigir o pensamento da classe trabalhadora para a boa vontade dos dominadores, os autores da carnificina. Nem mesmo a reivindicação de uma "paz democrática" influencia as condições que necessariamente voltarão a gestar a guerra. Caso se quisesse cumprir a resolução de Stuttgart e realmente "aproveitar a crise econômica e política acarretada pela guerra para despertar politicamente os estratos populares e acelerar a derrubada da dominação da classe capitalista", a missão fundamental era – assim ele explicava com uma antítese incisiva – a "transformação da guerra em guerra civil", a propagação, a organização e a preparação da guerra civil. Lênin voltou-se com especial veemência contra Kautsky, e percebe-se claramente, pelo tom incisivo dos ataques, a irritação por ter se iludido antes e protegido Kautsky contra Rosa Luxemburgo. Em outubro de 1914, escreveu a Shliápnikov:

> Rosa Luxemburgo tinha razão, pois há muito entendeu que Kautsky promovia a subserviência de um teórico, em termos mais simples, a subserviência à maioria do partido, ao oportunismo. Não há no mundo nada mais nocivo e perigoso para a autonomia intelectual do proletariado do que essa repugnante autossatisfação e vil hipocrisia de Kautsky, que dissimula tudo e, por meio de sofismas e palavreado supostamente erudito, quer aquietar a consciência dos trabalhadores que está despertando.

Para Rosa Luxemburgo, tratava-se de exercer influência sobre as massas, agir, por mais modestamente que fosse. Para isso, era preciso encontrar os pontos de partida, identificar os pressupostos psicológicos. O que ela escreveu ou fez seus amigos escreverem nesses meses, o que ela expôs nas numerosas conversas e reuniões fechadas do partido, limitou-se à explicação das causas e do caráter da guerra e às questões internas do partido, principalmente a disciplina. Ela constatou: "A disciplina do partido como um todo, isto é, por seu programa, precede toda a disciplina corporativa e só ela pode proporcionar justificativa para esta última, assim como constitui sua limitação natural". Por isso, de todos os deputados o único que manteve a disciplina foi Liebknecht quando rejeitou os créditos de guerra, mas era fato que, desde a irrupção da guerra, sob a proteção do estado de sítio, eram continuamente cometidas as mais graves quebras de disciplina, "quebras de disciplina que consistem em que órgãos individuais do partido dobram essa vontade geral por sua própria conta, ao invés de servir à vontade geral, isto é, ao programa".

Contudo, com o passar do tempo, não bastava a ação esclarecedora que se limitava a atender as demandas cotidianas. Os problemas tinham de ser pegos pela raiz e apresentados a um público mais amplo. Uma revista poderia cumprir esse propósito. Depois de muitos esforços e frustrações, a editora do partido em Düsseldorf aceitou o ousado empreendimento. Na primavera de 1915, a revista *Die Internationale* [A Internacional] foi lançada com redação de Rosa Luxemburgo e Franz Mehring. Colaboravam Clara Zetkin, August Thalheimer, Kate Duncker, Paul Lange e Heinrich Ströbel. O nível intelectual da revista era extraordinariamente alto. Mehring analisou a posição de Marx e Engels em relação às guerras e tirou conclusões acerca da guerra atual. Zetkin tratou do posicionamento das mulheres em face da guerra. Lange analisou a política de armistício dos sindicatos. A exemplo do que faziam todas as publicações legais da oposição, a *Die Internationale* também lutou contra a guerra, principalmente pela crítica à política de guerra do partido, que visava proteger-se tanto quanto possível da censura e da perseguição. Rosa Luxemburgo assinou com seu nome um artigo intitulado "A reconstrução da Internacional" e, usando o pseudônimo Mortimer, escreveu um segundo artigo intitulado "Perspectivas e projetos", em que criticava um livro de Kautsky[5].

No primeiro artigo, Rosa Luxemburgo constata que a social-democracia alemã abdicou da política no dia 4 de agosto e simultaneamente a Internacional entrou em colapso, um colapso sem precedentes na história de todas as eras. A alternativa "socialismo ou imperialismo" era uma síntese suficiente da orientação política da classe trabalhadora. Porém, no instante em que essa alternativa se tornou realidade a partir de uma tendência histórica para a política, a social-democracia recolheu as velas e entregou a vitória ao imperialismo. Como representante do "centro marxista", como teórico da apatia, Kautsky contribuiu para esse colapso. Quando declarou que a Internacional não era uma arma na guerra, e quando Friedrich Adler disse que, durante a guerra, a única coisa que convém ao socialismo é silenciar, isso é uma teoria da autocastração. Falando claramente, isso quer dizer:

---

[5] Karl Kautsky, *Nationalstaat, imperialistischer Staat und Staatenbund* (Nuremberg, Fränkische Verlagsanstalt, 1914).

Durante a paz, valeria, no interior de cada país, a luta de classes, fora dele, a solidariedade internacional; na guerra, valeria, no interior, a solidariedade de classes, fora, a luta entre os trabalhadores dos diversos países. O apelo histórico universal do *Manifesto Comunista* é submetido a uma correção fundamental e, segundo Kautsky, passou a significar o seguinte: proletários de todos os países, unam-se na paz e cortem as gargantas uns dos outros na guerra! Hoje, portanto: "Cada tiro um russo, cada estocada um francês"* e amanhã, depois de firmada a paz: "Abracem-se, milhões de seres! Enviem este beijo para todo o mundo!"**. Pois a Internacional é "essencialmente um instrumento da paz, mas não uma ferramenta eficaz na guerra".

Assim, a amargura de Rosa se descarrega em sentenças incisivas que são características de todos os seus trabalhos da época da guerra. Porém, ao mesmo tempo ela aponta para o futuro. Absurda seria a opinião de que a Internacional poderá ressurgir depois da guerra como organização da luta de classes se não der início ao seu ressurgimento no terreno da luta de classes já durante a guerra. Ou essa organização revoga radicalmente a antiga tática de paz para o futuro, proclama a harmonia das classes e engaja-se a favor dos interesses imperialistas da burguesia, ou liquida toda a tática adotada a partir de 4 de agosto. O primeiro passo para isso seria a luta pela paz. Porém, uma luta de verdade, não declarações solenes "contra toda a política de conquista" no Parlamento, enquanto insufla concomitantemente a guerra. A proposição de programas para o futuro contemplando o desarmamento, a abolição da diplomacia secreta, o livre comércio universal nas colônias e a aliança dos povos não significa lutar pela paz.

Se o colapso do 4 de agosto provou alguma coisa, foi a teoria histórico-mundial de que a garantia mais eficaz de paz e a proteção efetiva contra as guerras não consistem em desejos piedosos, receitas espertamente caviladas ou exigências utópicas dirigidas às classes dominantes, mas única e exclusivamente na vontade enérgica do proletariado, sua política de classes, sua solidariedade internacional, permanecer fiel em todas as procelas do imperialismo. [...] Também nesse ponto só existe a alternativa: ou Bethmann-Hollweg*** ou Liebknecht. Ou imperialismo ou socialismo, como entendido por Marx.

---

* "*Jeder Schuss ein Russ – jeder Stoss ein Frazos*": parte de uma canção militar alemã da Primeira Guerra Mundial como motivação para a guerra. (N. T.)

** Verso da *Ode an die Freude* [Ode à alegria], de Friedrich Schiller, também cantado no quarto movimento da *Nona Sinfonia* de Beethoven. (N. T.)

*** Theobald Theodor Friedrich Alfred von Bethmann-Hollweg foi chanceler do Império alemão de 1909 a 1917. (N. T.)

No final do artigo, Rosa aponta a razão mais profunda do fracasso da social-
-democracia, o fator decisivo do renascimento da Internacional:

> Diante de sua maior prova histórica, que ela (a social-democracia) havia ainda por
> cima previsto e prenunciado em todos os seus pontos essenciais com a segurança
> de um cientista natural, faltou-lhe o segundo elemento vital do movimento dos
> trabalhadores: a vontade enérgica de não só entender a história, mas também de
> fazer história. Com seu conhecimento exemplar e sua capacidade organizacional,
> foi apanhada na voragem do rio da história, teve seu curso desviado como uma
> carcaça de navio avariada e sem timão e foi obrigada a navegar ao vento do im-
> perialismo, contra o qual ela deveria avançar até a ilha salvadora do socialismo.
> [...] Um colapso histórico universal de primeira grandeza, que complica e pos-
> terga perigosamente a libertação da humanidade da dominação do capitalismo.
> [...] A Internacional, bem como uma paz que corresponde ao interesse da classe
> proletária, só podem ser geradas pela autocrítica do proletariado, por sua reflexão
> sobre sua própria força. [...] O caminho até essa força será, ao mesmo tempo, o
> caminho para a paz e para a reconstrução da Internacional.

Esse ensaio tem uma importância extraordinária para a avaliação da postura
tática de Rosa Luxemburgo naquela época. Cada argumento político parece sope-
sado com precisão, tanto para experimentar o espaço de manobra concedido pela
censura militar quanto para dizer o necessário sobre aquilo a que os elementos
radicais da época ainda eram receptivos. Por essa razão, Rosa não expressa seus
pensamentos em termos definitivos. Ela constata o colapso da Internacional.
Com alguns golpes duros, passa por cima de grande parte dos líderes do partido,
dos imperialistas sociais. Todo o ímpeto de seu ataque é dirigido contra Kautsky.
Fica claro que ela considera inevitável a separação dos socialistas bélicos tanto
nacional quanto internacionalmente. Mas não estava disposta a agir com preci-
pitação. Instrui os impacientes a não se deixar levar pelos humores. Enquanto
houvesse certa liberdade de movimentos no partido, enquanto ainda houvesse
possibilidade de agir, seria preciso aproveitá-las. A grande tarefa naquele momento
era reconquistar, por um esclarecimento incansável, o maior número possível de
membros para uma política orientada por ideias internacionalistas. Esse trabalho
de esclarecimento seria bem mais eficaz se fosse feito dentro do partido, e não
fora dele. Naquele momento, Rosa acreditava que o conflito decisivo dentro do
partido só ocorreria após o fim da guerra, após o retorno dos companheiros do
front. Essa expectativa malogrou, porque a direção do partido respondeu à crescente resistência a sua política abolindo gradualmente a democracia partidária.
Naqueles primeiros anos de guerra, a linha de demarcação da liderança não estava
clara. Kautsky passara para o partido revolucionário recém-criado; isso Rosa viu

ser confirmado reiteradamente por sua postura. Porém, entre as lideranças do partido, e mesmo entre os deputados, havia muitos indecisos que poderiam ser levados para a esquerda pelos acontecimentos e, por isso, ela se manteve na aliança com o grupo de Georg Ledebour, Hugo Haase e Adolf Hoffmann, embora não quisesse tirar as conclusões que ela própria julgava necessárias. Nessa política de protelação das decisões, era preciso fazer concessões em questões organizacionais e, dependendo das circunstâncias, adiar ações políticas. Porém, o pressuposto inabalável de Rosa era não aceitar limites para a propaganda para não só combater implacavelmente a política bélica da direção do partido, mas também expor à esfera pública a ambiguidade presente na oposição. Em seus pontos essenciais, Lênin concordou com essa postura.

Contudo, no direcionamento da propaganda em geral parece que houve antagonismos entre Lênin e Rosa[6]. Lênin rejeitava resolutamente a palavra de ordem a favor da "paz". Rosa a colocava no centro da ação política. No entanto, ele atacava as concepções que apelavam para os dominadores e nas quais via uma armadilha. Rosa falava somente de luta de classes, não de revolução ou guerra civil, como dizia Lênin. Porém, fica claro que, para ela, "uma paz que corresponde ao interesse da classe proletária" só poderá ser alcançada pela via da conquista do poder.

No ensaio "Perspectivas e projetos", Rosa Luxemburgo praticamente estraçalha o referido escrito de Kautsky, principalmente suas concepções acerca do imperialismo. É digno de nota que ela rejeite decididamente a equiparação de Kautsky entre "democracia moderna" e regime parlamentar como meta socialista:

> A social-democracia não afirmou sempre que "a democracia plena, não a democracia formal, mas a real e efetiva", só poderá ser concebida quando tiver sido concretizada a igualdade econômica e social, isto é, a ordem econômica socialista, e que, em contraposição, a "democracia" do Estado nacionalista burguês será sempre, em última instância e em maior ou menor grau, uma asneira?

O primeiro número da revista *Die Internationale* deveria ser o começo de uma análise planejada de todos os problemas do movimento dos trabalhadores suscitados pela guerra; e foi um começo bem arrojado. No entanto, a ditadura militar entendeu isso como uma declaração de guerra. A revista foi proibida imediatamente após o primeiro número e o promotor do Estado acusou Mehring, Luxemburgo, Zetkin, o editor e a gráfica de alta traição.

---

[6] Vladímir Lênin e Gueórgui Zinoviev, *Gegen den Strom*, cit., p. 24.

Um ano na penitenciária feminina

Quando *Die Internationale* apareceu, em abril de 1915, Rosa Luxemburgo estava cumprindo dois meses da pena de prisão que recebera um ano antes em Frankfurt. Antes da irrupção da guerra, ela já estava enferma e os abalos psíquicos tinham piorado de tal modo seu estado que, durante o inverno, teve de procurar um hospital. Por causa da doença, fora-lhe concedido um prazo até 31 de março de 1915 para iniciar o cumprimento da pena. No dia 19 de fevereiro, ela viajaria com Clara Zetkin à Holanda para finalizar os preparativos para uma conferência internacional de mulheres e estreitar relações internacionais. Na véspera, ela foi detida e levada à penitenciária feminina da rua Barnim, em Berlim. A intenção era enterrar viva a perigosa revolucionária, enquanto durasse a guerra. De fato, agora começava a dura prisão que, por uma breve interrupção, duraria até Rosa ser libertada pela revolução.

Sobre o primeiro dia na prisão, Rosa escreveu a uma amiga no estilo que a caracteriza:

> Também o transporte no "carro verde" não me causou nenhum choque, afinal eu já fiz exatamente a mesma viagem em Varsóvia. Ah, era tudo tão espantosamente semelhante que me despertou os pensamentos mais variados e alegres. É verdade que havia também uma diferença: como "prisioneira política", os gendarmes russos me escoltaram com o maior respeito, enquanto os agentes de segurança berlinenses disseram que "tanto faz" quem eu seja, e me enfiaram com nove "colegas" em um carro. Mas tudo isso não passa de bagatelas, e não se esqueça de que, aconteça o que acontecer, a vida deve ser encarada com paz de espírito e alegria. E isso, mesmo aqui, eu tenho na medida necessária. Porém, para que a senhorita não faça uma ideia exagerada de meu heroísmo, quero lhe confessar, contrita, que só a duras penas pude conter as lágrimas quando tive de deixar, pela segunda vez naquele dia, que me despissem até ficar apenas em camisa e me apalpassem. Claro que intimamente eu estava furiosa comigo mesma por causa desta fraqueza, e ainda estou. O que também me desesperou na primeira noite não foi algo assim como a cela da prisão e minha súbita separação dos viventes, senão – adivinhe! – o fato de ter de ir para a cama sem minha camisola e sem pentear os cabelos. Para que não falte uma citação clássica: a senhorita se recorda da primeira cena de *Maria Stuart**, quando tomam as joias dela? "Renunciar aos pequenos adornos da vida", diz a ama de Maria, *lady* Kennedy, "é mais duro do que suportar grandes provações". (Dê uma olhada, Schiller disse isso de modo

---

* Friedrich Schiller, *Maria Stuart* (trad. Manuel Bandeira, São Paulo, Abril Cultural, 1977). (N. T.)

mais belo do que eu aqui.) Mas por onde me perco? Deus castigue a Inglaterra e me perdoe por me comparar a uma rainha inglesa!*

Dessa vez, Rosa foi para a prisão de má vontade. "Há meio ano, eu me alegrei como se fosse uma festa, hoje essa honra me pende do peito como a Cruz de Ferro", escreveu ela a Diefenbach no mês de novembro. Ela sabia da urgência de sua presença lá fora. No começo, aparentemente ela teve certa liberdade de movimentos, na condição de presa política. Pôde não só escrever secretamente sua *Brochura de Junius*, mas também contrabandeá-la para fora até abril de 1915. Depois disso, porém, durante meio ano, nenhuma página política conseguiu atravessar as barras de ferro da cela e chegar à liberdade. Talvez as condições prisionais tenham endurecido depois que ela entrou em choque com um agente penitenciário, atirando-lhe um livro na cabeça em razão de algum descaramento. Em todo caso, por esse incidente ela sofreu uma nova pena.

Pode-se muito bem imaginar como a vida no cárcere pesava sobre ela e a impaciência com que tentava se livrar das algemas. Lá fora a carnificina mundial com suas vítimas e sofrimentos, a fome crescente das massas e o desmantelamento da moral. Ela teve de renunciar à esperança que ainda alimentava no início do cumprimento da pena de que com a liberdade ela também encontraria a paz. As notícias de vitória dos alemães sucediam-se rapidamente, mas nenhuma batalha permitia vislumbrar o fim do massacre. A liderança social-democrata deixara de lado havia muito tempo todos os escrúpulos que ainda sentira no início. O nacionalismo ressurgira na social-democracia. Ela já se deleitava com esperanças de conquista. Para o movimento revolucionário, 1915 foi o ano mais sombrio de todos. A oposição, na qual os seguidores de Rosa ainda agiam em companhia dos representantes do centro do partido, não fazia progressos intelectuais. É provável que, ao ver as publicações oposicionistas, Rosa tenha ficado profundamente decepcionada com a debilidade das ideias. É certo que, em junho de 1915, deu-se um passo adiante com uma petição apresentada à direção e assinada por cerca de mil funcionários do partido. Porém, ela também não tinha elã, não tinha grandes pontos de vista, não tinha vontade para a ação. A Conferência Internacional das Mulheres, convocada por Clara Zetkin em Berna (março de 1915), não teve grande repercussão. Apenas a Conferência Internacional Socialista, em Zimmerwald (setembro de 1915), conseguiu dar um novo impulso, inaugurando o movimento internacional contra a política de guerra. No mês de outubro, em Berlim e outras localidades, as mulheres fizeram uma manifestação contra a carestia. Pôde-se perceber como a ideia de passar mais um inverno em guerra deixava as massas agitadas.

---

* Rosa Luxemburgo, carta a Mathilde Jacob, Berlim, 23 fev. 1915, em Isabel Loureiro (org.), *Rosa Luxemburgo*, v. 3, cit., p. 191-2. (N. E.)

Faltavam pessoas que pudessem proporcionar um elã ao movimento. Faltava sobretudo Rosa Luxemburgo. Seus companheiros de luta mais próximos também haviam sido arrancados do *front* revolucionário. Karl Liebknecht fora mandado para o *front* como soldado trabalhador. Ele só conseguia interferir diretamente no movimento quando o Parlamento realizava suas sessões. Então abria fogo com "pequenas inquirições" ao governo. Com a única arma que lhe restara, desnudava os métodos e as metas imperialistas, chamava a atenção das massas populares. Publicou alguns panfletos que, pela clareza implacável e pelo tom agressivo, tinham um efeito mobilizador, como o panfleto intitulado "O inimigo principal está no próprio país!". Clara Zetkin foi presa em julho de 1915 e, ao ser solta em outubro, estava gravemente doente. Em Berlim, foram presos Wilhelm Pieck, Ernst Meyer, Hugo Eberlein e, em Stuttgart, Friedrich Westmeyer[7]. Eles só seriam soltos meses depois.

Notícias animadoras do mundo exterior eram raras, sendo mais frequentes e dolorosos os comunicados de tragédias. Rosa Luxemburgo resistia estoicamente a todas as investidas: "Estou tão bem treinada a manter a tranquilidade de espírito que engulo tudo com o semblante mais alegre possível, sem nem sequer piscar". Ela se lançou ao trabalho, escreveu sua "Anticrítica" à questão da acumulação, trabalhou na *Introdução à economia política* e iniciou a tradução das memórias de Korolenko.

Somente no fim de 1915, talvez, abriu-se em sua cela uma pequena fresta dando acesso ao mundo e ao movimento revolucionário. Ela conseguiu iniciar uma correspondência secreta com Liebknecht, da qual se conservaram alguns fragmentos. Ela recuperou imediatamente a iniciativa política. Chegou a um acordo com Karl quanto ao fato de que a aliança com os "lêmures indecisos" do centro do partido se tornara um obstáculo ao esclarecimento e à ação revolucionária. Ela organizou uma conferência das esquerdas de todo o império que se reuniu no dia 1º de janeiro de 1916 em Berlim. Uma organização mais rígida foi implementada e o nome Spartakus, decidido como marca registrada nas publicações, batizou a nova associação. As "diretrizes" de autoria de Rosa Luxemburgo converteram-se em base programática da organização durante o período da guerra. Também elas encontraram o caminho da liberdade sem ser descobertas pelos olhos desconfiados das autoridades prisionais.

No final de janeiro de 1916, Rosa tornou a ver a liberdade prussiana, moldada pela ditadura militar. Porém, a primeira lufada de ar livre quase a derrubou. O

---

[7] Westmeyer fazia parte do círculo mais estreito de Clara Zetkin e Rosa Luxemburgo. Ele era o líder da ala radical em Württemberg, um homem de visão política ampla e atividade incansável. Ainda antes da irrupção da guerra, criara a frase: "O inimigo principal está no seu próprio país!". Westmeyer morreu durante a guerra.

ano passado na prisão sob tormentos psicológicos que não pôde compartilhar com ninguém, e nunca conseguiu expulsar aos gritos, a debilitara. O *horror pleni*, o medo da massa, tomou conta dela. E logo no primeiro dia a massa a cercou daquela maneira avassaladora contra a qual não há defesa. As mulheres de Berlim, com as quais atuara e das quais recebera apoio durante a guerra, quiseram mostrar seu amor e veneração. Elas lhe prepararam uma recepção cheia de alegria, empatia e gratidão. Em seguida, vieram os amigos, com os quais teve de conversar: frases entrecortadas, sem debate. Assim, o primeiro dia de liberdade foi um tormento. E, a partir dali, não houve recuperação, não houve descanso. Foi imediatamente arrastada para um turbilhão de conversações e sessões, e somente o trabalho literário lhe proporcionava reflexão. Ela teve de empregar toda a sua energia para conseguir o mais alto desempenho de suas forças debilitadas. Gastou essa força até que os portões da prisão voltaram a se fechar atrás dela.

A *Brochura de Junius*

Depois de deixar a prisão, Rosa Luxemburgo encontrou intacto o manuscrito de seu trabalho intitulado *A crise da social-democracia*. As dificuldades técnicas para a publicação de textos ilegais, a prisão e o recrutamento da maioria do pessoal com quem tinha amizade impediram a impressão até aquela data. Mas os obstáculos foram rapidamente superados e em abril de 1916, um ano após a sua redação, o escrito veio a público. Embora só pudesse ser difundido secretamente, precisou de várias edições sucessivas. E tornou-se item indispensável do equipamento de milhares de combatentes ilegais.

Rosa quis assinar o escrito com seu nome. No entanto, amigos a convenceram de que o gesto corajoso não conseguiria compensar o dano que adviria de um novo encarceramento. Assim, ela escolheu o pseudônimo de Junius. Honrava, dessa forma, o nome tão maltratado do grande defensor da Constituição inglesa contra os ataques absolutistas de Jorge III: tinha o mesmo conhecimento dos fatos políticos, a mesma virulência do ataque, a mesma impetuosidade da argumentação, a mesma força e elegância da linguagem, mas esta última era mais intempestiva e mais passional, como exigia a monstruosidade dos acontecimentos.

O escrito começa com um poderoso acorde, no qual a indignação se oculta atrás do frio sarcasmo. Rosa faz uma descrição do mundo em que o abate das massas se converteu em atividade diária, os negócios florescem sobre os escombros e a caça ao lucro ilícito e mesquinho é exaltada como emanação do mesmo patriotismo que leva à morte heroica. Ela mostra como a devastação dos países transforma em ruínas os bens culturais autênticos e os ídolos da sociedade burguesa; e pinta o quadro dessa sociedade que revela seu verdadeiro rosto "não quando representa de maneira polida e decorosa a cultura, a filosofia e a ética, a ordem, a paz e o Estado de direito, mas quando aparece como uma besta feroz, como uma assembleia de bruxas anárquicas, como o hálito da peste para a cultura e a humanidade". Ela censura violentamente a traição cometida pela social-democracia internacional contra o socialismo e não poupa nem os trabalhadores esclarecidos que, com confiança cega, seguem o tambor da guerra tocado pelos líderes. Em contraposições incisivas, cada sentença é uma chicotada, cada palavra está repleta de escárnio corrosivo.

No entanto, o escrito não é só um panfleto. Como sempre acontece, Rosa Luxemburgo contém os sentimentos, doma a indignação. Ela quer esclarecer, convencer, solucionar os problemas trazidos pela guerra. Assim, o escrito se torna um compêndio de história e estratégia proletária. Ela acompanha, através de todos os envolvimentos da política externa nas últimas décadas, o ímpeto imperialista das grandes potências, que expusera apenas em grandes traços nos capítulos históricos de *A acumulação do capital*. Ela mostra como os interesses e os acontecimentos levaram cada um dos blocos imperialistas a se unirem estreitamente e o nó se apertou tanto que teve de ser cortado. Dessa casca ela extrai a essência da guerra: "A guerra mundial, que começou oficialmente em 4 de agosto, foi o que [...] os parlamentares, os jornais e as brochuras social-democratas estigmatizaram milhares de vezes como frívolo crime imperialista, que nada teria a ver com a cultura nem com os interesses nacionais, sendo, muito antes, o exato oposto de ambos". Só os pequenos Estados, a Bélgica e a Sérvia, travavam formalmente uma guerra defensiva. Porém, também eles são apenas figuras no grande xadrez da política mundial. Arrastados para a guerra, tornam-se membros de um dos consórcios mundiais em combate. Sua situação não pode ser avaliada isoladamente nem segundo pontos de vista formais. "Reiteradamente é o ambiente histórico do atual imperialismo que determina o caráter das guerras em cada país". Assim, Rosa Luxemburgo rejeita resolutamente a ideia de copiar, diante dessa guerra, a posição que os partidos democráticos adotaram em guerras nacionais de épocas anteriores. Também era impossível aplicar o critério que fora decisivo para Marx e Engels até a década de 1890. Eles exigiram que, nos grandes conflitos de seu tempo, a classe trabalhadora tomasse partido da potência cuja vitória servisse tanto ao progresso cultural quanto ao interesse geral do proletariado internacional. Rosa mostrou que os dois grupos de potências almejavam conquista e opressão, nenhum defendia interesses libertários, e a vitória de qualquer um deles teria necessariamente um efeito nocivo para a classe trabalhadora internacional. Por essa razão, a classe trabalhadora não deveria tomar partido por nenhum desses grupos de potências; ela deveria combater o imperialismo de modo unido e no plano internacional.

Rosa Luxemburgo chegou a afirmar que, na era do imperialismo, não poderia nem mesmo haver guerras nacionais em sentido estrito. Contra isso,

Lênin se voltou com muita vivacidade em uma crítica à *Brochura de Junius*[8]. Ele apontou com ênfase especial para o grande papel que as guerras de defesa nacionais de povos oprimidos contra potências imperialistas podem desempenhar na era da revolução proletária. Rosa Luxemburgo indubitavelmente teria concordado sem ressalvas com essa ideia pioneira de Lênin. Em sua afirmação, ela se referia apenas às lutas dentro do campo imperialista, como o próprio Lênin já havia suposto.

Porém, o que provoca perplexidade num primeiro momento é outra ideia que Rosa enunciou em relação à defesa nacional. Em abrupta contradição com seu pensamento usual, ela declara que a social-democracia de fato teria o dever de defender o país em uma grande crise, e acusa o partido de ter "abandonado a pátria na hora do maior perigo". A contradição se resolve facilmente. Rosa cita o exemplo das guerras jacobinas, a Comuna de Paris e a perspectiva de Friedrich Engels em relação a uma guerra franco-russa não imperialista contra a Alemanha em 1892. Ao fazer isso, Rosa enfatiza que, "por defesa nacional no sentido da política social-democrata, Engels não entendia o apoio da aristocracia rural ao governo militar prussiano e ao seu estado-maior, mas uma ação revolucionária segundo o modelo dos jacobinos franceses". Está claro que ela fala aqui da defesa da pátria após a conquista do poder pela classe trabalhadora. E sua acusação à social-democracia era justamente o fato de ter abandonado a luta de classes, fato que impediria a conquista do poder. Tanto aqui como nesse escrito, ela não falou com a determinação habitual da conquista do poder, embora todo o conteúdo aponte para essa ideia. Talvez, ao redigir o texto, ela ainda contasse com uma edição legal, o que demandava cuidado. Mas, por isso mesmo, o raciocínio era difícil para o leitor. E este deve ter ficado ainda mais confuso quando Rosa vinculou essa ideia a um programa de ações que culminava na "palavra de ordem da grande república alemã unida". É a retomada da ideia que ela identificou, em 1910, como uma alavanca da revolução. No entanto, se era acertada naquela ocasião, em condições de guerra, podia facilmente se tornar uma justificativa da política de guerra social-democrata nos países democráticos. Pois uma república alemã burguesa também promoveria uma política imperialista; ela, portanto, não trouxe a solução do problema da guerra.

Entretanto, o perigo de confusão contido nessa palavra de ordem foi combatido energicamente pela própria Rosa Luxemburgo, desmentindo a lenda da missão de libertação com a qual os dois campos imperialistas queriam conquistar as massas populares para o seu lado. O objetivo da Entente por acaso não era libertar o mundo do "*kaiserismo*", a missão de Hindenburg não era a de levar a revolução para a Rússia na ponta das baionetas alemãs? Com golpes

---

[8] Vladímir Lênin e Gueórgui Zinoviev, *Gegen den Strom*, cit., p. 415 e seg.

ágeis, Rosa arrebatou o estandarte democrático da mão dos conquistadores do mundo e voltou-se com vigor excepcional contra a lenda da libertação da social--democracia alemã. Uma vez mais, ela apontou a mudança no papel da política exterior do tsarismo e mostrou o efeito fatal da guerra sobre a revolução, que já redespertava na Rússia:

> De Viena e Berlim desencadeou-se a guerra que sepultou a Revolução Russa sob os escombros – talvez novamente durante anos. "As coronhas alemãs" não esmagaram o tsarismo, mas os seus opositores. Ajudaram o tsarismo na guerra mais popular que a Rússia conheceu em um século. Dessa vez tudo contribuiu para o prestígio moral do governo russo: a guerra provocada por Viena e Berlim, evidente para todo mundo fora da Alemanha, a "união nacional" [*Burgfrieden*] na Alemanha e o delírio nacionalista que desencadeou o destino da Bélgica, a necessidade de correr em socorro da República francesa – nunca o absolutismo teve uma posição tão favorável numa guerra europeia. A bandeira da revolução tremulando ao vento, cheia de esperanças, afundou no turbilhão selvagem da guerra, mas caiu com honra e voltará a sair tremulando dessa carnificina brutal – apesar das "coronhas alemãs", apesar da vitória ou da derrota do tsarismo nos campos de batalha.*

As perspectivas? Com serena convicção, Rosa Luxemburgo prediz o colapso da Áustria e da Turquia, a despeito das notícias diárias de vitória das potências do centro; e, a despeito da irmanação das "potências aliadas e associadas", ela profetiza a rivalidade entre Japão, de um lado, e Grã-Bretanha e Estados Unidos, de outro, bem como as lutas pela China. Porém, a paz seria igualmente funesta para os trabalhadores de todos os países, sendo obtida com a vitória ou com a derrota – a não ser que se tornasse uma paz ditada pela "intervenção revolucionária do proletariado". Para preparar e concretizar essa intervenção só havia um caminho: dar prosseguimento e intensificar a luta de classes, inclusive na guerra e justamente na guerra. No final, Rosa Luxemburgo faz uma exposição e uma interpretação de força visionária a respeito do colossal acontecimento:

> Mas a fúria atual da bestialidade imperialista nos campos da Europa produz outro efeito que o "mundo civilizado" não vê com horror, de coração partido: é o desaparecimento em massa do proletariado europeu. Nunca antes uma guerra exterminara em tais proporções camadas inteiras da população, nunca, de um século para cá, atacara dessa maneira todos os grandes e antigos países civilizados

---

* Rosa Luxemburgo, "A crise da social-democracia", cit., p. 92-3. (N. E.)

da Europa. Milhões de vidas humanas são aniquiladas nos Vosgos, nas Ardenas, na Bélgica, na Polônia, nos Cárpatos, no Save, milhões ficam estropiados. Mas, desses milhões, nove décimos constituem o povo trabalhador da cidade e do campo. É nossa força, nossa esperança que ali são ceifadas em fileiras, como erva caindo diariamente sob a foice. São as melhores forças do socialismo internacional, as mais inteligentes, as mais educadas, os portadores das mais sagradas tradições e os heróis mais audazes do movimento operário moderno, as vanguardas de todo o proletariado, os trabalhadores da Inglaterra, França, Bélgica, Alemanha, Rússia que são agora amordaçados e massacrados em massa. [...] O que agora ocorre é um massacre de massas como nunca existiu, que reduz cada vez mais a população trabalhadora adulta de todos os países dirigentes civilizados às mulheres, aos velhos e aos aleijados, uma matança que ameaça exaurir o movimento operário europeu. [...] É muito mais que a infame destruição de Liège ou da catedral de Reims. É [...] um golpe mortal contra aquela força que traz em seu âmago o futuro da humanidade, a única que pode salvar os preciosos tesouros do passado e transmiti-los a uma sociedade melhor. Aqui o capitalismo mostra sua caveira, aqui ele revela que seu direito histórico à existência acabou, que a continuidade de sua dominação não é mais reconciliável com o progresso da humanidade. [...]

"Alemanha, Alemanha acima de tudo! Viva a democracia! Viva o tsar e o pan--eslavismo! Dez mil tendas, garantia total! Cem mil quilos de toucinho, café artificial, entrega imediata!"... Os dividendos sobem, e os proletários caem. E com cada um deles desce ao túmulo um combatente do futuro, um soldado da revolução, um salvador da humanidade do jugo do capitalismo.

A loucura só acabará e o espectro sangrento do inferno só desaparecerá quando os trabalhadores na Alemanha e na França, na Inglaterra e na Rússia finalmente acordarem da embriaguez, se derem fraternalmente as mãos e encobrirem o coro bestial dos fomentadores da guerra e o grito rouco das hienas capitalistas com o antigo e poderoso grito de guerra do trabalho: proletários de todos os países, uni-vos!*

Spartakus

Pela força da argumentação e pela linguagem comovente, a *Brochura de Junius* é o documento mais forte já publicado contra a guerra e a política de guerra. Por seu conteúdo, estava destinada à propaganda de massa. Ainda hoje é mais do que um documento histórico, é um fio de Ariadne nas turbulências do presente. No entanto, desde que fora redigida passara-se um ano, durante o qual amadurecera

---

* Ibidem, p. 142-4. (N. E.)

o movimento contra a guerra. Isso tornou necessária a formulação de orientações concretas para a ação revolucionária. Elas foram dadas nas "Diretrizes referentes às tarefas da social-democracia internacional", que Rosa redigiu ainda na prisão e que foram publicadas com a brochura.

Elas servem conscientemente ao propósito de posicionar o grupo de seguidores de Luxemburgo e Liebknecht em relação à parcela indecisa e ambígua da oposição alemã. Por essa razão, em suas conclusões táticas, as "Diretrizes" se voltam com ênfase especial contra os "planos utópicos e, no fundo, reacionários" – planos de natureza puramente pacifista (tribunais internacionais, desarmamento, liberdade dos mares, alianças de Estados etc.) – nos quais os seguidores de Kautsky e Hugo Haase depositavam suas esperanças. Com toda clareza se proclamou então:

> [...] O imperialismo como última fase e apogeu do domínio político mundial do capital é o inimigo mortal comum do proletariado de todos os países e é contra ele que deve concentrar-se, em primeiro lugar, a luta da classe proletária, tanto na paz quanto na guerra. Para o proletariado internacional a luta contra o imperialismo é, ao mesmo tempo, a luta pelo poder político estatal, o conflito decisivo entre socialismo e capitalismo. O destino do objetivo final socialista depende de que o proletariado internacional recobre ânimo e enfrente o imperialismo em toda linha e faça da palavra de ordem "guerra à guerra!", com toda a força e com extrema coragem para o sacrifício, a norma de sua prática política.*

Também se tiraram conclusões em termos organizacionais. Seria preciso levar a termo a separação entre o movimento revolucionário e os elementos que se alinharam ao imperialismo. Uma nova Internacional dos trabalhadores deveria ser criada, uma Internacional de um tipo superior à que acabara de desabar, "com concepção unitária dos interesses e das tarefas proletárias, com tática unitária e capacidade política para agir tanto na paz quanto na guerra". Deu-se grande peso à disciplina internacional:

> [...] O centro de gravidade da organização de classe do proletariado reside na Internacional. Em tempos de paz, a Internacional decide sobre a tática das seções nacionais no tocante ao militarismo, à política colonial, à política comercial, às festas de Primeiro de Maio e, além disso, decide sobre a tática global a adotar em tempos de guerra.

---

* Rosa Luxemburgo, "Rascunho das teses de Junius", em Isabel Loureiro (org.), *Rosa Luxemburgo: textos escolhidos*, v. 2, cit., p. 11. (N. E.)

232 PAUL FRÖLICH

[...] O dever relativo à disciplina em face das decisões da Internacional precede todos os outros deveres no tocante à organização. [...]

[...] Hoje, a única defesa de toda verdadeira liberdade nacional é a luta de classes revolucionária contra o imperialismo; a pátria dos proletários, a cuja defesa tudo o mais deve estar subordinado, é a Internacional socialista.*

Em torno dessas "Diretrizes", desencadearam-se veementes controvérsias no campo da oposição. Enquanto para a corrente da direita, que se organizava em torno de Kautsky, elas eram totalmente inaceitáveis, os seguidores de Georg Ledebour, situados mais à esquerda, chocavam-se sobretudo com o rigoroso dever da disciplina internacional. E nesse ponto, justamente, Rosa Luxemburgo era intransigente. A social-democracia falhara porque não desenvolvera o espírito internacionalista, porque a velha Internacional não era uma unidade real em termos de consciência e ação. Dentre todos os grandes líderes, Rosa Luxemburgo era a mais perfeita internacionalista, tanto no sentir quanto no pensar. Não era só propaganda, mas autêntico autoconhecimento, quando escreveu o seguinte em meio às controvérsias daqueles dias: "Para mim, a confraternização mundial dos trabalhadores é a coisa mais sagrada e a mais elevada deste mundo; é minha estrela-guia, meu ideal, minha pátria; prefiro deixar minha vida a ser infiel a esse ideal!". Antes disso, com frequência ela foi tratada com suspeita por interferir nas lutas internas de outros partidos. Para ela, isso era a coisa mais natural do mundo. Em sua consciência, o proletariado internacional era um organismo que atuava em unidade; e realizar essa unidade no futuro tornara-se para ela uma meta decisiva. Quem não concordava com isso demonstrava que estava em campo alheio.

Assim foi traçada a linha de demarcação dentro da oposição. A extrema esquerda se aglutinou em torno de Luxemburgo e Liebknecht. Em meados de março de 1916 houve uma conferência na qual ficou evidente que dentre os poucos que, no verão de 1914, levantaram a bandeira da rebelião na social-democracia alemã saíram quadros excelentes. Da maioria dos distritos industriais compareceram delegações: de Berlim, da Saxônia, da Turíngia, da Alemanha central, de Frankfurt, de Württemberg e da Renânia. Do Norte, da Baviera e da Silésia vieram declarações de simpatia. Principalmente da Juventude Socialista, que na Páscoa de 1916 realizou uma conferência secreta em Iena, a esmagadora maioria apoiava a Spartakus. Para Rosa, essa ascensão do movimento resultou numa carga de trabalho que ela suportou com alegria. Ela tinha de manter uma correspondência enorme. As necessárias deliberações não cessavam. Ela tinha de fazer viagens para promover intelectualmente a organização na província.

---

* Ibidem, p. 13. (N. E.)

Naquele momento, Rosa também teve de realizar tarefas incomuns. Precisou conter os impacientes. Para muitos era intolerável continuar num partido que se tornara o esteio do estado-maior e cuja liderança começava a abolir os direitos democráticos de seus membros, privou as organizações locais do direito ao jornal e expulsou os deputados oposicionistas da bancada parlamentar. Os companheiros que pressionavam Rosa queriam um novo partido. Ela era decididamente contra isso. Certamente era preciso um partido revolucionário, mas eles tinham de atuar dentro da velha social-democracia enquanto fosse possível, sem renegar seus princípios; era inaceitável deixar os membros do partido à mercê de líderes apóstatas. Ela via que, no longo prazo, a tarefa não era fundar uma seita, mas congregar seus seguidores numa tendência organizada dentro do partido.

Para além disso, era necessário pôr as massas de trabalhadores em ação contra a guerra. Quem estava ansioso para fazer isso era Liebknecht. O 1º de Maio de 1916 seria a primeira prova. A Spartakus organizou uma mobilização nas fábricas de Berlim visando uma manifestação na Praça de Potsdam. Ela foi muito bem-sucedida. Às oito horas da manhã, uma multidão de quase 10 mil trabalhadores se reuniu na praça, que muito tempo antes já havia sido ocupada pela polícia. Karl Liebknecht, vestindo uniforme de soldado de trabalho, e Rosa Luxemburgo estavam no meio dos manifestantes, saudados efusivamente de todos os lados. Então ecoou a voz de Liebknecht: "Abaixo a guerra! Abaixo o governo!". Imediatamente os policiais se lançaram sobre ele e o arrastaram para fora da multidão. Rosa se jogou no meio deles para libertar Karl, mas foi afastada. A massa ficou agitada e tentou proteger Karl, mas foi forçada a recuar pela polícia montada. Duas horas depois da prisão de Liebknecht, as massas ainda vagavam pela praça e pelas ruas adjacentes, em constante escaramuça com a polícia. Pela primeira vez, a resistência contra a guerra se manifestara nas ruas da capital. Quebrara-se o gelo.

Uma vez mais, mostrou-se na atuação de Liebknecht a grande importância do exemplo pessoal. Num período de enorme pressão e desmoralização do partido social-democrata, e concomitantemente de desorganização da classe trabalhadora, num período de desespero das massas e de quebra da confiança nos líderes, era preciso que indivíduos se apresentassem e provassem com seu sacrifício que, para eles, palavra e ação eram uma coisa só, que atos eram possíveis. O conhecimento dessa necessidade levara Karl e Rosa a correr todo e qualquer risco. Após a prisão de Karl, a Liga Spartakus entrou em viva agitação. Panfletos foram distribuídos em todo o Império. Rosa Luxemburgo escreveu uma série em que explicava aos trabalhadores, em tom de incitação, a luta de Liebknecht e os conclamava a seguir seu exemplo. O próprio Liebknecht apoiou a ação com os meios de que dispunha. Ele bombardeou o Tribunal Militar com declarações que se caracterizavam como instrumento de defesa apenas pela fórmula introdutória: "Na investigação contra mim...". Na realidade, ele não se defendia, mas processava a política alemã de guerra. E cada um desses documentos conseguiu encontrar a saída da prisão para o público, foi impresso pela Liga Spartakus e disseminado entre as massas. Desse modo, muitos milhares foram conquistados para a luta.

E muitos milhares que até aquele momento ainda seguiam a liderança social-democrata desvincularam-se dela. O que contribuiu especialmente para isso foi o comportamento da bancada parlamentar em relação a Liebknecht. Quando o Tribunal Militar requereu do Parlamento a retirada da imunidade parlamentar de Liebknecht, os partidos burgueses naturalmente a aprovaram com entusiasmo. A bancada social-democrata defendeu a manutenção da imunidade, mas só fez isso para recuperar o prestígio que haviam perdido junto às massas. Eles nem ao menos defenderam o direito do Parlamento, apenas declararam que Liebknecht era um entusiasta inofensivo. O deputado David acrescentou: "Cão que ladra não morde!". Rosa Luxemburgo respondeu: "não em termos advocatícios, não em termos formalistas, mas em termos social-democratas". Em um panfleto intitulado "Política de cão", ela escreveu:

> Cão é quem lambe as botas dos dominadores que o trataram a pontapés durante décadas.
> Cão é quem balança alegremente o rabo e ainda usa a focinheira do estado de sítio, olha nos olhos dos donos da ditadura militar e implora por mercê.
> Cão é quem ladra ferozmente contra quem está ausente, contra quem está amarrado e faz serviços de busca para quem momentaneamente está no poder.
> Cão é quem, por ordem do governo, renega, detrai, espezinha o passado de seu partido, tudo o que lhe foi mais sagrado durante uma geração inteira...

No dia 28 de junho de 1916, Karl Liebknecht foi condenado a dois anos e meio de prisão. Já no início do processo, houve impetuosas manifestações em Berlim. No dia da sentença, 55 mil trabalhadores das fábricas de munição da cidade fizeram greve. Simultaneamente houve manifestações em Stuttgart e greves em Braunschweig e Bremen. A greve política, que não fora possível em tempos de paz, quando havia uma organização forte e unitária, que fora chamada de anarcossindicalismo e romantismo revolucionário, tornou-se realidade durante a guerra diante da ameaça da prisão e da trincheira. Na medida em que a vontade espontânea das massas precisou de iniciativa e meta, a greve foi obra da Spartakus. Embora o grupo de seguidores do movimento spartakista ainda fosse pequeno, centenas de milhares obedeciam a suas palavras de ordem. O movimento se tornara portador do estado de espírito das massas. O armistício perdera sua força apaziguadora. A embriaguez nacional acabara. Começara o despertar.

No entanto, o militarismo se vingou. Várias centenas de militantes da Spartakus foram detidas. As empresas passaram por um "pente fino", milhares foram enfiados no uniforme acinzentado, o que apenas teve o efeito de transportar as ideias revolucionárias para o *front*. As sentenças dos processos em massa se tornaram cada vez mais rigorosas. Os militares tiveram um êxito efêmero. Nas empresas, o movimento político foi privado de suas lideranças por algum tempo. Por essa razão, também não houve nenhuma ação política quando Liebknecht foi condenado, em segunda instância, a quatro anos de prisão. Porém, a frase altiva de Liebknecht: "Nenhum general jamais vestiu um uniforme com tanto orgulho quanto eu vestirei o uniforme penitenciário", impregnou-se na mente das pessoas. O solitário que consertava sapatos na penitenciária de Luckau tornou-se um símbolo de exortação constante.

Rua Barnim, Wronke, Breslau

No dia 10 de julho de 1916, Rosa Luxemburgo voltou a ser presa. O general von Wriesberg disse, mais tarde, como testemunha em um julgamento político que causou sensação, que a prisão foi a pedido expresso de um deputado social-democrata. Pouco depois o septuagenário Franz Mehring também foi trancafiado. Ernst Meyer voltou para o cárcere após um breve período de liberdade. Julian Karski foi mantido em um campo de concentração. Isso, porém, não paralisou a Spartakus. Leo Jogiches tomou as rédeas do movimento. Por sua visão política, experiência conspiradora, energia e disciplina rigorosa, e grande talento para lidar com as pessoas, ele punha novos meios e novas pessoas a serviço do movimento e fazia a obra avançar constantemente. As *Cartas de Spartakus* saíam com regularidade. Elas não eram mais escritas a máquina, mas impressas para um amplo círculo de leitores. E não se limitavam mais a ser o informativo de um grupo político, mas transformaram-se em revista, na qual o acontecimento mundial era iluminado e destrinchado – uma arma para mover as massas. Rosa Luxemburgo escreveu regularmente para cada número, às vezes escreveu três quartos de todo um caderno. As portas da prisão tinham frestas pelas quais saíam os escritos e as muralhas da fortaleza não conseguiam deter o eco de sua voz.

Rosa não foi presa por determinação de um veredito nem em função de um processo pendente. "Prisão preventiva" foi o nome dado a essa maravilha de medida que reinstaurou durante a guerra as tradições da Bastilha. Em teoria, o preso do Estado, como hóspede de honra, tinha toda liberdade pessoal dentro da prisão, só não tinha o principal direito de todo preso: saber quando a pena acabaria. As ordens de prisão chegavam com pontualidade prussiana, autênticas *lettres de cachet* [cartas de sinete] que determinavam seu destino pelos três meses seguintes. A prisioneira podia se ocupar com qualquer coisa, menos com o que ela queria: a política. Podia trocar cartas livremente com o mundo exterior – as cartas eram censuradas – ou receber visitas – uma vez por mês, e de uma pessoa que o comando-geral julgasse digna. A permanência nesse alojamento era paga. Tratava-se de honraria, não de punição; no entanto, em alguns aspectos, era pior do que a prisão para cumprir pena.

A primeira parada foi novamente a penitenciária feminina de Berlim, cuja ala para prisão preventiva recebera o nome de "Custódia Militar Feminina da rua Barnim". Entorno familiar, guarda familiar. Porém, a autoridade militar suspeitava da correspondência de Rosa com seus companheiros e decidiu isolá-la. Em setembro de 1916 ela foi levada para a central de polícia até que fosse encontrado um lugar seguro. Aquilo era um inferno: sujo, miserável, infestado de percevejos, instalado da forma mais improvisada possível, visto que os presos estavam apenas de passagem. Não havia luz e, naquelas semanas de outono, a cela já estava às escuras às cinco ou seis horas da tarde. Durante toda a noite, passos reverberavam no corredor, chaves retiniam, portas de ferro batiam, porque novos presos eram constantemente trazidos. Somava-se a isso o ruído infernal dos trens urbanos, que passavam com um estrondo que fazia a cela trepidar. "Um mês e meio de permanência ali deixou o meu cabelo mais branco e os meus nervos tão em frangalhos que nunca mais me recuperarei."

No final de outubro de 1916, Rosa foi levada para a fortaleza Wronke, localizada em um algum canto perdido da província de Posen. Ali era silencioso. A prisão era mais suportável. A cela ficava aberta o dia inteiro e, no pátio da prisão, Rosa tinha alguns canteiros de flores e canto de pássaros só para ela. Era quase um idílio. No entanto, em julho de 1917, ela foi arrastada para fora dali. Foi parar na prisão de Breslau. Um prédio sombrio. Ela estava sempre trancafiada. Só podia sair da cela para um breve "passeio". No acanhado pátio da prisão, ela andava ao longo do muro, onde chegava uma réstia de sol e seus olhos ávidos por cores procuravam o verde do mirrado capim que forçava passagem entre as pedras do calçamento. Esse foi o mundo em que Rosa viveu três anos e quatro meses – incluindo o primeiro ano de prisão –, até que, no dia 9 de novembro de 1918, a revolução arrombou os portões do cárcere.

Lá fora o mundo estava em chamas. O íntimo de Rosa ardia de vontade de agir, ensinar, incitar para a ação, lançando no caos desse crepúsculo dos deuses o fundamento para um novo mundo social; e ela fora jogada naquela ilha dos mortos. Era como viver debaixo de uma campânula de vidro, quase sem ar, em solidão opressiva e em tal mudez que durante semanas não ouvia a própria voz. Ela via com nitidez horripilante os corpos despedaçados nas trincheiras, o destino de milhões; sentia a miséria crescente das massas, a morte das crianças, o definhar de toda uma geração, a brutalização e o esfacelamento da cultura. E não havia privação, coação ou dor que conseguisse quebrá-la. Com os sentidos alertas, serena e altiva, ela seguiu seu caminho.

Rosa buscava alegria em cada pio de pássaro, em cada flor que se abria, nas formigas que construíam seus túneis entre as pedras, na mamangava que se perdeu em sua cela, na mariposa quase congelada que ela conseguiu reanimar e na nuvem que se avolumava no fiapo de azul celeste que lhe restara. Vivia com os amigos lá fora e se preocupava com eles, auscultando as cartas que lhe chegavam e sentindo, por trás de cada palavra receosa, a aflição do autor. Gostaria de dar apoio a todos. "Fica tranquila, eu te dou apoio, nada vai conseguir me derrubar [...] não há em mim nenhum elemento de hesitação", escreveu ela a Mathilde Wurm. E a Sonia Liebknecht: "Soniúcha, queridíssima, fica tranquila e alegre, apesar de tudo. Assim é a vida e é assim que devemos acolhê-la, com coragem, sem desânimo e sorridente – apesar de tudo!". Ela se colocava inteiramente no lugar das pessoas e sabia o que cada uma precisava; ela tinha até mesmo um estilo específico para cada uma. Com Sonia, ela era solicitamente carinhosa, estimulante, alentadora; com Luise Kautsky, assumia um tom de camaradagem e fina ironia; com Clara Zetkin, tinha a serena certeza de uma amizade profunda, nascida da harmonia das ideias e da constante comunhão de lutas; com Diefenbach, conversava com alegria, frequentemente com destemor, e percebe-se que ela queria alegrá-lo, porque sabia que ele corria perigo. Todas as cartas são esboços maravilhosos de suas memórias e vivências.

Naturalmente os livros eram um refúgio na solidão e monotonia da vida. Pelo menos nesse ponto, ela obteve um privilégio, em comparação com os presos comuns. Ela podia ler – aquilo que a censura permitia. Matou sua fome de beleza com a literatura clássica e moderna francesa, inglesa, russa e alemã. Imergiu nas ciências naturais. Contudo, por maior que fosse o entusiasmo com que se dedicasse a tudo isso, tratava-se apenas de uma distração. O principal era o trabalho. Ela trabalhou na *Economia política*, nas memórias de Korolenko, na história da Polônia, e mais tarde na Revolução Russa. Acompanhava atentamente os acontecimentos mundiais e os eventos do movimento internacional dos trabalhadores. No "dia do correio" seus artigos estavam sempre prontos e eram contrabandeados sob os olhos dos funcionários que faziam o controle. Agora ela tinha toda o distanciamento necessário e todo o tempo para repensar a fundo os problemas e dar forma a suas ideias. Assim, esses ensaios se tornaram obras-primas, quer fossem sobre as maquinações dos homens de Scheidemann, a reconfiguração de uma "Polônia independente" como reservatório de bucha de canhão ou as fantasmagorias de Wilson acerca da paz. E seu *ceterum censeo* [ademais, penso que] sempre foi a ação revolucionária autônoma das massas:

> A política socialista de paz está contida hoje nestas singelas palavras: vocês, trabalhadores! Ou os governos burgueses fazem a paz do mesmo modo que fizeram a guerra e, nesse caso, qualquer que seja o desfecho da guerra, o imperialismo continuará sendo o poder dominante e, então, rumaremos inevitavelmente ao encontro de novos armamentos, novas guerras e da ruína, do reacionarismo, da

barbárie. Ou vocês se organizam em levantes de massas revolucionárias para lutar pelo poder político, para ditar a sua paz interna e externamente. Ou o imperialismo e o declínio mais ou menos rápido da sociedade, ou a luta pelo socialismo como a única salvação. Não existe uma terceira via, algo intermediário.[9]

Ela esperava por esse levante, aguardava, clamava por ele, ardendo de impaciência. Mostrou aos trabalhadores as consequências funestas que seu fracasso teria para toda a humanidade, mas não era pessimista. Também naquele momento confiava no curso da história e sabia que o trabalhador alemão – "a bucha de canhão mais empertigada, mais inteligente, social-democraticamente educada, organizacionalmente disciplinada, teoricamente treinada" – se levantaria. Perseverava enquanto esperava esse dia e, no meio tempo, acompanhava atentamente a peça sangrenta que era encenada no palco mundial. A uma amiga escreveu o seguinte: "A história mundial dá a impressão de ser um insípido romance de terceira categoria, no qual efeitos chamativos e episódios sangrentos disputam a cena. Porém, não se pode deixar esse romance sem lê-lo. Não duvido nem um instante da dialética da história".

Ela irradiava bom humor "em quantidades inesgotáveis", vivia cheia de alegria sem saber o motivo e procurava-o na própria vida: "O atrito da areia molhada sob os passos lentos e pesados da sentinela também canta uma bela canção da vida – basta saber escutar". No entanto, ela pagava um preço à vida. O abate, a destruição, a aniquilação, o triunfo da barbárie, a brutalização, a covardia das pessoas diante do heroísmo comandado, o pisoteamento de tudo que lhes era sagrado, bem como a sua própria impotência, privação de liberdade e solidão – golpe após golpe abalou seu equilíbrio interior e esgotou sua energia. Durante sete meses, ela se manteve ereta, mas no oitavo mês os nervos falharam. Ela foi afligida por um estado depressivo. Uma sombra que caía sobre ela a fazia estremecer e qualquer emoção, mesmo de alegria, a abalava profundamente. Mas a fome e a vontade de viver prevaleceram. No outono de 1917, ela recebeu um duro golpe. Hans Diefenbach tombara. A notícia lhe causou uma ferida profunda que nunca cicatrizou. Porém, depois de ter superado a dor mais pungente, ela se aprumou com o pensamento que escrevera a Diefenbach no início da guerra. Ela o repetiu para Sonia Liebknecht:

Sabe, Soniúcha, quanto mais isso dura, quanto mais a indignidade e a monstruosidade que acontecem todos os dias ultrapassam todos os limites e todas as medidas, mais tranquila e firme interiormente eu me sinto, do mesmo modo que diante de um elemento, uma nevasca, uma inundação, um eclipse do sol,

---

[9] *Cartas de Spartakus*, abril de 1917.

não podemos empregar critérios morais, e apenas podemos tomá-los como algo dado, como objeto de investigação e conhecimento.*

Um ano antes, ela proclamara com ênfase especial a Luise Kautsky esse mesmo princípio de vida que a manteve de pé enquanto o mundo desabava:

E todos os que me escrevem igualmente gemem e suspiram. Nada me parece mais ridículo que isso. Você não entende que a penúria geral é grande demais para se gemer por causa dela? [...] Mas quando o mundo inteiro sai dos eixos, procuro tão somente compreender o que se passou e por que e, se cumpri meu dever, mantenho a calma e o bom humor. *Ultra posse nemo obligatur* [Ninguém é obrigado a ir além do que pode]. [...] Essa entrega total à miséria de nossos dias é absolutamente incompreensível e insuportável para mim. Veja como um Goethe, por exemplo, mantinha uma fria serenidade diante das coisas. Mas pense em tudo o que ele teve de passar: a grande Revolução Francesa, que, vista de perto, certamente parecia uma farsa sangrenta e completamente sem sentido; depois, de 1793 a 1815, uma série ininterrupta de guerras em que o mundo novamente parecia um hospício desembestado. E com que tranquilidade, com que equilíbrio espiritual ele realizou simultaneamente a tudo isso os seus estudos sobre a metamorfose das plantas, sobre a teoria das cores e mil outras coisas. Eu não exijo de você que escreva poemas como Goethe, mas a concepção de vida dele – o universalismo dos interesses, a harmonia interior – podem todos adquirir, ou ao menos almejar. E se você me dissesse algo como: Goethe, afinal, não era nenhum combatente político, eu responderia: um combatente precisa, antes de mais nada, procurar ter uma postura diante das coisas, caso contrário ele afunda o nariz em tudo quanto é pântano – claro que eu penso em um combatente em grande estilo [...].**

---

*   Rosa Luxemburgo, carta a Sophie [Sonia] Liebknecht, Breslau, 16 nov. 1917, em Isabel Loureiro (org.), *Rosa Luxemburgo*, v. 3, cit., p. 309. (N. E.)

** Idem, carta a Luise Kautsky, Wronke na P., Fortaleza, 26 jan. 1917, em Isabel Loureiro (org.), *Rosa Luxemburgo*, v. 3, cit., p. 222-3. (N. E.)

Die
Russische Revolution
Eine kritische Würdigung

Aus dem Nachlass von
Rosa Luxemburg

Herausgegeben und eingeleitet
von
Paul Levi

Verlag Gesellschaft und Erziehung G. m. b. H.
1 9 2 2

Capa de *A Revolução Russa*, escrito em 1918 e
publicado postumamente.

Rússia, 1917

O primeiro triunfo

Em razão do desencadeamento da guerra, Rosa Luxemburgo perdera contato com o movimento dos trabalhadores polonês e russo. Provavelmente chegou a saber que seu partido na Polônia não se entregara à desmoralização generalizada, permanecendo fiel ao seu ideal. Enquanto Piłsudski e Daszyński tentavam colocar o povo polonês a serviço da máquina de guerra austríaca, para preservar a "independência" polonesa como feudo dos Habsburgos e dos Hohenzollern, a social-democracia polonesa, associada à esquerda do PSP e à Liga Judaica dos Trabalhadores, emitiu, no dia 2 de agosto de 1914, um comunicado em que anunciava: "O proletariado declara guerra ao seu governo, aos seus opressores. [...] Em sua luta por direitos nacionais, o proletariado polonês derivará suas exigências da totalidade da política de classes polonesa. [...] Para a realização de suas exigências, ele terá de conquistar o poder político e comandá-lo". Sem hesitar, o partido seguiu esse programa, impondo-se tanto diante do absolutismo russo quanto do generalato alemão. E, sob o domínio de uns e de outros, o Pavilhão X da Fortaleza de Varsóvia, no qual Rosa fora presa e sofrera tanto em 1906, acabou por tornar-se o quartel-general dos líderes da social-democracia polonesa.

Na social-democracia russa, os bolcheviques – tanto na Rússia quanto na emigração – se revelaram o núcleo duro do movimento revolucionário. Houve no início algumas vacilações na periferia do partido, mas rapidamente foram superadas. Os delegados bolcheviques na Duma haviam sido deportados em 1914, por atividade revolucionária. Entre os mencheviques havia representantes de nuances variadas – de internacionalistas a defensores da pátria tsarista. Após a superação do difícil período reacionário, o movimento revolucionário na Rússia crescera de modo consistente. Em julho de 1914, barricadas foram erguidas em Petersburgo. A guerra atrasou a revolução. A burguesia se deleitava com a expectativa de conquistas. Os camponeses acreditavam que essas conquistas significariam terra nova para o seu arado. As massas de trabalhadores ficaram, a princípio, desnorteadas. No entanto, já no início de 1915 houve manifestações e greves e iniciou-se, atrás da longa linha do *front*, um processo que extenuou o absolutismo. As terríveis derrotas mostraram a desorganização da máquina de guerra e a desmoralização do aparelho estatal. A corte fora invadida por intrigas. A miséria tomara conta do país. Com o avanço cada vez mais audaz dos trabalhadores, a burguesia, que ainda esperava assegurar a vitória se ela mesma assumisse o poder estatal, também começou a se movimentar. Seu objetivo era uma grande reforma, tornando-se, desse modo, a parteira da revolução social. No dia 25 de fevereiro (9 de março) de 1917, os trabalhadores de Petersburgo, em aliança com os soldados, conquistaram a vitória no levante. Formou-se o Conselho dos Deputados Trabalhadores e Soldados. Ele detinha de fato o poder político, mas ainda não confiava na própria força. No entusiasmo das esperanças democráticas, acabou passando o poder executivo para o governo burguês do príncipe Lvov.

Para Rosa Luxemburgo, a Revolução Russa fora o primeiro triunfo de sua política bélica, a realização daquilo pelo que lutara boa parte de sua vida, penhor da revolução na Alemanha. Mas, nesse momento, sentia duplamente as agruras de estar presa, acorrentada. Ela escreveu a Diefenbach:

> Você pode imaginar a agitação em que a Rússia me pôs. Alguns velhos amigos que há anos definhavam nas prisões de Moscou, Petersburgo, Orel ou Riga agora passeiam livremente. Como isso torna mais leve minha prisão aqui! Uma *change de places* [troca de lugares] engraçada, não é? Mas estou satisfeita e de bom grado concedo a cada um sua liberdade, mesmo que justamente por causa dela as minhas chances tenham diminuído...*

Em certa ocasião, ela pensou em pedir sua extradição para a Rússia. Não sabemos se acabou desistindo ou se a solicitação foi negada.

Desse momento em diante, a Revolução Russa passou a ser o centro de todos os seus pensamentos. Ela foi tomada de uma impaciência crescente. Dominada pelo medo de que os russos poderiam, em seu isolamento, sucumbir às dificuldades e à supremacia da contrarrevolução externa, conclamou o levante redentor da classe trabalhadora alemã. Interpretou o efeito inicial da Revolução Russa como um bom augúrio para a Alemanha. Em meados de abril de 1917, uma enorme onda de greves na indústria de munições avassalou o país. Só em Berlim houve mais de 300 mil grevistas. O quartel-general estava em alerta máximo. O intermediário

---

* Idem, carta a Hans Diefenbach, Wronke na P., Fortaleza, 27 mar. 1917, em Isabel Loureiro (org.), *Rosa Luxemburgo*, v. 3: *Cartas* (São Paulo, Editora da Unesp, 2011), p. 248-9. (N. E.)

entre eles e os sociais-democratas, o general Groener, um liberal, cunhou a expressão: "Quem fizer greve é canalha!", o que foi recebido como uma bofetada pelos trabalhadores famintos e escravizados. Todos os suspeitos foram tirados das fábricas e levados diretamente para o *front*. Com isso, o movimento foi paralisado mais uma vez e os bombeiros social-democratas trataram de fazer o seu serviço. Até mesmo a direção do recém-constituído Partido Social-Democrata Independente Alemão (USPD) se voltou contra os "experimentos revolucionários": ela argumentou que a Alemanha não era a Rússia, que a luta pela liberdade interna deveria ser travada em terreno parlamentar. Rosa respondeu com palavras que mais pareciam chicotadas e quanto mais durava a depressão da classe trabalhadora, tanto mais intenso e conjurador ressoava o seu chamado: Adiante, adiante! Salvem a Revolução Russa, acabando com a guerra e libertando a vocês mesmos!

Nessa época, ela passou a estudar intensivamente os acontecimentos na Rússia. O material era escasso. Naturalmente, os jornais alemães forneciam uma imagem deformada dos fatos, à qual o *Temps* e o *Times*, que ela recebia esporadicamente, pouco corrigiam. Ela se equivocava em alguns detalhes, por exemplo, quando superestimava a força política da burguesia russa. Tal como, em outros tempos, Lênin se sentira em relação a Kautsky, ela tinha uma confiança injustificada nos mencheviques. Esperava que eles amadurecessem com os acontecimentos. Por acaso, a Revolução Francesa não transformou pessoas humildes em grandes personagens históricas? Suas convicções gerais acerca da essência e do objetivo da revolução eram as dos bolcheviques. Em seu primeiro ensaio sobre "A revolução na Rússia" (*Cartas de Spartakus*, abril de 1917), ela forneceu uma visão resumida desta:

> A revolução na Rússia venceu o primeiro embate contra o absolutismo burocrático. Mas essa vitória não é o fim, e sim apenas um frágil começo. Pois, por um lado, o movimento retrocessivo da burguesia tem de abandonar seu momentâneo posto avançado, a partir do liberalismo decidido e dentro de uma lógica indiscutível, derivada de seu caráter amplamente reacionário e de sua oposição de classes, rendendo-se fatalmente ao proletariado. Por outro lado, a energia revolucionária recém-despertada do proletariado russo tem de voltar, com a mesma lógica indiscutível, aos trilhos de uma ação extremamente democrática e social, retomando o programa de 1905: república democrática, jornada de oito horas, desapropriação de latifúndios etc. Antes de tudo, porém, revela-se como palavra de ordem mais urgente para o proletariado socialista na Rússia, a qual está ligada a todas as outras de modo indissolúvel: fim da guerra imperialista!
>
> Nesse ponto, o programa do proletariado revolucionário russo se transforma no mais duro antagonismo à burguesia imperialista russa, a qual é adepta entusiástica de Constantinopla e lucra com essa guerra. A ação pela paz só pode ser levada a cabo, seja na Rússia, seja em outro lugar, de uma única maneira: como luta

de classes revolucionária contra a própria burguesia, como luta pelo poder político sobre o Estado. Estas são as perspectivas irrefutáveis para o posterior desenvolvimento da Revolução Russa.

No que dizia respeito à própria Rússia, ela confiava plenamente nessa lógica histórica interna. Não se deixou enganar pelo fato de o Partido Socialista Revolucionário e os mencheviques entrarem no governo burguês. "O Ministério da Coalizão é um meio-termo que joga toda a responsabilidade para cima do socialismo, sem garantir, nem de longe, a plena possibilidade de ele desenvolver seu programa. É uma negociação que, como todas as negociações, já está condenada ao fracasso." A ditadura do proletariado é inevitável.

Mas foi justamente isso que fez da Revolução Russa um problema internacional explosivo. "A ditadura do proletariado está condenada na Rússia – caso uma revolução proletária internacional não ocorra a tempo de lhe dar total apoio – a uma derrota estrondosa, diante da qual o destino da Comuna de Paris parecerá brincadeira de criança." Isso seria motivo para frear a revolução na Rússia? De modo algum. Pois a lei da revolução é a incessante progressão. Cada hesitação, cada impasse garante a vitória da contrarrevolução, que dará início a sangrentas campanhas de vingança da classe dominante. Só existirá salvação se o proletariado internacional se alinhar à frente de batalha russa. Até lá, os trabalhadores russos terão de assumir a luta pelo poder, sem se preocupar com o destino.

Rosa Luxemburgo trata da trágica situação da Revolução Russa principalmente a partir do problema central dessa época, a questão da paz. Num longo ensaio intitulado "Questões candentes de nosso tempo" (*Cartas de Spartakus*, agosto de 1917), ela revela as contradições desesperadoras que derivam da ofensiva de julho, conduzida por Keriénski:

> A partir de agora, toda guerra ativa e toda ofensiva militar do lado russo, conforme a situação objetiva e segundo sua lógica, não serve mais à defesa da Revolução Russa, mas aos interesses do imperialismo da Entente. Nenhuma fórmula de paz, por mais radical e democrática que seja, consegue elidir o fato evidente de que qualquer ação militar por parte da Rússia é vantajosa para os objetivos bélicos imperialistas da Inglaterra, da França e da Itália; portanto, que a República russa, ao proclamar a simples defesa do país, participa, na verdade, de uma guerra imperialista e, enquanto apela ao direito de autodeterminação dos povos, apoia, na prática, o domínio do imperialismo sobre nações estrangeiras.
>
> Porém, o que poderá acontecer se a Rússia não assumir a ofensiva e se limitar, militarmente [...], a uma postura de expectativa passiva, apresentando apenas a baioneta calada, para enfrentar, mal e parcamente, eventuais agressões por parte dos alemães? Com essa passividade, a qual, na verdade, significou uma coisa mal

resolvida, um esquivar-se da guerra e não o fim desta, a Rússia prestou serviços inestimáveis ao imperialismo alemão, permitindo-lhe aplicar suas principais forças militares apenas contra o *front* ocidental, protegendo os flancos, por assim dizer, no Leste. Dessa forma, a República russa foi cair entre Cila e Caríbdis [...]. Mesmo com toda a boa vontade, não é possível transformar a atual guerra mundial, que por suas causas objetivas e caráter histórico é um conflito do imperialismo, em seu contrário: uma guerra democrática de defesa do país, em uma província apenas, em um único país, com um único participante. Levada pela roda da catástrofe imperialista mundial, a República russa, sozinha, não consegue eximir-se de sua participação nas consequências dessa catástrofe nem se libertar da roda e fazê-la parar. Apenas uma guerra proletária conseguirá liquidar o mundo imperialista. E as contradições nas quais se move, inevitavelmente, a Revolução Russa são apenas manifestações práticas da contradição fundamental entre a política revolucionária do proletariado russo e a política de cadáver do proletariado europeu, entre a ação de classe das massas populares na Rússia e a traição das massas trabalhadoras alemãs, inglesas, francesas, contra seus interesses de classe e o socialismo.

Assim, Rosa Luxemburgo não se entregou complacentemente a um mero entusiasmo pela Revolução Russa. Ela percebeu a situação e seus perigos com implacável agudeza e não se permitiu, nem por um instante, o consolo covarde de um milagre que pudesse resolver as cruéis contradições. Apenas a ação das massas poderia desatar esse nó. Em cada palavra, percebe-se como lhe feria a alma a dor de que a revolta dos trabalhadores nos outros países pudesse vir tarde demais.

Rosa via como um dos grandes empecilhos para o desdobramento das forças proletárias todos aqueles cínicos discursos e resoluções de paz que pretendiam apenas garantir a resistência em meio à carnificina. Pareceu-lhe que também a Conferência Internacional, que foi convocada pelo Conselho de Trabalhadores e Soldados de Petersburgo para acontecer em Estocolmo no verão de 1917, descambaria num fenômeno de ilusão das massas. Caso viesse a acontecer esse congresso, cujas discussões os sociais-imperialistas de todos os países em guerra pretendiam dominar, qualquer esclarecimento estaria fadado a sucumbir na confusão irremediável dos conceitos e objetivos políticos:

> Na realidade, o que está sendo preparado, no meio dessa confusão, não é a paz, porém a mútua reconciliação entre os socialistas "neutros" e os "beligerantes", a absolvição mútua e a anistia geral para os pecados cometidos e a restauração da antiga Internacional como casa de tolerância para a traição socialista.

A preparação do futuro congresso de diplomatas seria o resultado dessa farsa em Estocolmo. Os socialistas estariam prestes a preparar um entendimento entre os governos capitalistas, totalmente cegos para o fato de que qualquer entendimento visando à paz, vindo dos governos constituídos, seriam uma paz e um entendimento contra e à custa do proletariado, ou seja, um entendimento em que a pele do trabalhador é vendida no mercado. A fórmula oficial da conferência, de uma paz sem anexações e indenizações, seria um teste de forças do imperialismo, fracassada, sem definição, uma fórmula que possibilitaria o descanso das forças militares até a próxima dança. Corresponderia sobretudo à situação do imperialismo alemão, enquanto os governos da Entente ainda estariam esperando por um sucesso militar decisivo. Seria a fórmula da restauração do *status quo ante*, "e esse *status quo* obviamente inclui, junto com as antigas fronteiras e as antigas correlações de poder externas, as antigas correlações de poder internas: a dominação de classe burguesa, o Estado capitalista e o imperialismo como poder dominante único, como fundamento geral". Dessa forma, os preparativos para a paz de Estocolmo seriam apenas uma continuação da política de 4 de agosto, a abdicação do proletariado enquanto classe com política e ação próprias. Continuação do servilismo diante das classes dominantes e do imperialismo. "Os partidos socialistas são, desde 4 de agosto, o meio mais eficaz de paralisação das massas e, portanto, um fator contrarrevolucionário; e eles permanecem fiéis a essa função, quando tentam conseguir a todo custo o entendimento entre os governos, o restabelecimento do imperialismo em sua posição de poder como antes da guerra."

Também aqui, os fatos se confirmaram logo após a análise de Rosa Luxemburgo. O governo alemão, tomado pelos *Junkers*, estimulou a tentativa de detectar as possibilidades de paz em Estocolmo, concedendo todas as facilidades à delegação alemã. As potências ocidentais democráticas proibiram qualquer participação no congresso. Por causa disso, o evento malogrou. O ensaio "Questões candentes" mostra de forma especialmente clara a monumental unicidade da política de Rosa Luxemburgo contra a guerra, a vontade incorruptível de percepção da realidade. Ela recusa toda negociação de ideias próprias, toda tentativa de enganar a história, toda esperança em um milagre. Somente bem poucos, inclusive entre os grandes revolucionários, tiveram força para tanto.

A Revolução de Outubro

Em estado de tensão extrema, Rosa Luxemburgo acompanhava, de dentro de sua cripta carcerária, a imensa luta de classes na Rússia. Via as esperanças desaparecerem. Se, de início, acreditou que a vontade revolucionária levaria os mencheviques muito rapidamente à ruptura com a burguesia e à tomada do poder como um todo, teve de reconhecer que os socialistas no governo se tornavam cada vez mais prisioneiros dos inimigos de classe, resistiam energicamente às grandes e urgentes reformas, prosseguiam na política bélica imperialista e decretaram o terror contra os bolcheviques, atacando, portanto, a própria revolução. Para Rosa, já não havia mais sombra de dúvida que essa política levaria diretamente à restauração tsarista. O generalato iniciara a guerra civil. No entanto, os trabalhadores e os soldados marcharam contra as tropas do general Kornílov e com armas e propaganda destruíram esse exército, a esperança da contrarrevolução. A profunda confiança de Rosa nas massas não se enganara. E ela fez elogios irrestritos aos bolcheviques, os quais, nesse momento, deixavam para trás toda indignação pelas perseguições do governo e reconheciam aquele único desafio, a salvação da revolução. A vitória às portas de Petersburgo liberou as energias das massas em todo o país. Os camponeses se levantaram contra os senhores de suas terras. Nos distantes centros industriais, os conselhos assumiram o poder. Aproximava-se a decisão. Os russos encontrariam a força que conduziria o caótico movimento de massas para um leito de rio rumo ao alvo correto?

No dia 25 de outubro (7 de novembro), os bolcheviques conquistaram o poder, ao lado das milícias de trabalhadores e das tropas de Petersburgo. Havia começado a ditadura proletária que Rosa Luxemburgo identificara como objetivo no início da revolução. Mas seu júbilo foi rapidamente sufocado. Quase simultaneamente à informação da vitória, ela recebeu a notícia da morte de Hans Diefenbach.

Não temos nenhum documento significativo de Rosa Luxemburgo sobre o efeito imediato da Revolução de Outubro sobre ela. Provavelmente, apesar do choque emocional, e lançando mão de toda a força de vontade, ela escreveu sobre o grande acontecimento nas *Cartas de Spartakus*. No entanto, estas vinham sendo publicadas mais raramente, em consequência de novas detenções e dificuldades técnicas e, quando voltaram a circular, havia problemas graves à espera de solução causados pela Revolução de Outubro. É certo que Rosa se entusiasmou com a revolução. Ela se sentiu transportada para além daquele tempo de humilhações pela grandiosidade do acontecimento, coragem, destemor e heroísmo com que os bolcheviques interferiram nos destinos do mundo. Ao mesmo tempo, no entanto, ela reconheceu os imensos perigos nos quais a ditadura do proletariado necessariamente se enredaria por causa de seu isolamento. Uma carta a Luise Kautsky em 24 de novembro confirma isso:

> Você fica feliz pelos russos? Claro que não poderão se aguentar nesse sabá de bruxas – não porque a estatística indica um desenvolvimento econômico tão atrasado na Rússia, como calculou seu sensato marido, mas porque a social-democracia no ocidente altamente desenvolvido se constitui de covardes miseráveis que ficam observando tranquilamente os russos se esvaírem em sangue. Mas um fim desses

é melhor do que "continuar vivendo pela pátria", é um ato de história universal cujos vestígios não se perderão nos éons.*

A primeira decisão complicada com que os bolcheviques se depararam foi a da paz com a Alemanha. Desfizera-se a expectativa de que o grande exemplo da Revolução Russa chamasse o proletariado internacional em peso para o campo de batalha. A profunda degradação do Exército russo impossibilitava qualquer defesa. A derrota da revolução pelo poder bélico alemão era uma ameaça. Mas com a paz, mesmo que por um tempo brevíssimo, poder-se-ia respirar um pouco. Para os russos se colocava a pergunta: Brest-Litovsk ou a derrota?

Rosa Luxemburgo percebeu a pressão histórica sob a qual agiam os bolcheviques. Mas tinha a nítida impressão de que eles estavam cedendo com muita facilidade à gravidade da situação, impressão essa que a acompanhou posteriormente. Se as coisas estavam desse jeito, então a moral da revolução fatalmente seria minada, os líderes perderiam o apoio político e a revolução se afogaria no oportunismo. Seu temor era tão grande que, no verão de 1918, baseando-se em comunicados da imprensa, Rosa acreditou na possibilidade de uma aliança bélica russo-alemã. Ela não tinha como saber da seriedade com que os bolcheviques se debatiam com esse problema ardiloso e o quanto se esforçavam, sob a pressão urgente do momento, para preparar um novo avanço revolucionário. Antes de tudo, Rosa temia que os bolcheviques pudessem fazer o jogo da diplomacia alemã, denominando a paz forçada de "paz democrática sem anexações e contribuições" e assegurando, dessa forma, a benevolência do generalato alemão. Nesse caso, os revolucionários se rebaixariam a meros politiqueiros, o elemento corrosivo da suspeita seria trazido para dentro do movimento. Posteriormente ela reconheceu esse equívoco e constatou: "Lênin e seus amigos não iludiam nem a si mesmos nem aos outros acerca dos fatos. Eles admitiram a capitulação abertamente".

Assim, Rosa Luxemburgo concordou com a política de paz de Lênin. Mas não sem resistência interior. As consequências de Brest-Litovsk lhe pareciam desastrosas demais. Pelo menos desde o fim de 1915 ela estava certa da derrota alemã. Um resultado nesse estilo não era seu objetivo: ela lutava pela derrocada de todos os imperialismos pelas mãos do proletariado internacional. Se, porém, a classe trabalhadora das potências europeias não se sentisse forte para lutar pela revolução, então a derrota da Alemanha ainda seria o melhor resultado. Uma vitória do voraz imperialismo alemão sob o regime reacionário dos *Junkers* borussos levaria a excessos incontroláveis da obsessão conquistadora, acorrentaria toda a Europa e outros continentes e levaria a humanidade a um imenso retrocesso. A

---

* Idem, carta a Luise Kautsky, Breslau, 24 nov. 1917, em Isabel Loureiro (org.), *Rosa Luxemburgo*, v. 3, cit., p. 316. (N. E.)

vitória alemã se tornaria a vitória do pensamento imperialista sobre o movimento internacional dos trabalhadores, consumando a desmoralização da classe dos trabalhadores e decretando a morte da Revolução Russa. Em função da paz de Brest, Rosa Luxemburgo voltou a considerar tal vitória possível. Essa perspectiva lhe oprimia a alma como um pesadelo. Mais indignada do que nunca, atacou os líderes da classe trabalhadora alemã, os quais tinham causado essa situação, e com ímpeto tanto maior tentou esporear os trabalhadores alemães.

> Foi unicamente a firme atitude de cadáver do proletariado alemão que obrigou os revolucionários russos a fazer um tratado de paz com o imperialismo alemão, enquanto único poder na Alemanha. E foi unicamente essa atitude de cadáver que possibilitou ao imperialismo alemão tirar partido da Revolução Russa [...]. A paz universal não será conquistada sem a queda do poder dominante na Alemanha. Somente com a chama da revolução, somente pela luta aberta das massas pelo poder político, pelo poder popular e pela república na Alemanha será possível evitar esse reacender do genocídio e do triunfo dos anexionistas alemães. [...] Os trabalhadores alemães são conclamados a levar a mensagem da revolução e da paz de leste a oeste. Já não basta fazer biquinho, está na hora de assobiar![1]

Não foi só a decisão dos bolcheviques pela paz de Brest, outras medidas políticas também despertaram em Rosa Luxemburgo sérias preocupações e uma inquietação dolorosa quanto ao destino da Revolução Russa. Ela escreveu várias vezes sobre isso nas *Cartas de Spartakus*. Suas avaliações frequentemente entravam em conflito com as opiniões de amigos próximos, nomeadamente Paul Levi, que assumira a liderança da organização na primavera de 1918, após a prisão de Leo Jogiches. Para convencer esses camaradas, e em razão da própria compreensão, Rosa começou, no outono de 1918, uma ampla crítica da política bolchevique. A eclosão da revolução alemã impediu que o escrito fosse terminado. Paul Levi o editou em 1922[2].

O escrito de Rosa Luxemburgo está envolvido em lendas. Em seu prefácio, Paul Levi diz que fora destinado ao fogo por certo alguém, isto é, por Leo Jogiches. Já em seu escrito "Um Rosa Luxemburgs Stellung zur russischen Revolution" [Sobre a posição de Rosa Luxemburgo quanto à Revolução Russa] (Hamburgo, 1923), Clara Zetkin apresentou razões de peso contra essa afirmação. Na verdade, Leo era

---

[1] *Cartas de Spartakus*, janeiro de 1918.

[2] Rosa Luxemburgo, *Die russische Revolution: eine kritische Würdigung aus dem Nachlaß von Rosa Luxemburgo* (ed. e intr. Paul Levi, Berlim, Gesellschaft und Erziehung, 1922). Uma nova edição completa saiu pela editora Jean Flory (Paris, 1939) [ed. bras.: *A Revolução Russa*, trad. Isabel Maria Loureiro, Petrópolis, Vozes, 1991]. Citaremos segundo esta edição. Uma nova edição completa foi publicada em 1949 pela editora Friedrich Oetinger (Hamburgo).

contra a publicação do escrito porque Rosa mudara de opinião em vários pontos importantes e tinha planos de escrever um livro sobre a Revolução Russa. Por outro lado, esse escrito deveria ser incluído na obra de Rosa Luxemburgo. Aliás, a destruição do escrito era impossível, já que, naquela época, o manuscrito nem existia, por assim dizer. Leo não estava de posse dele e Levi o publicou segundo uma cópia incompleta e não muito exata. O manuscrito original fora guardado em segurança por um camarada, em janeiro de 1919, e acabou sendo esquecido. Foi encontrado dez anos depois. Em 1928, Felix Weil deu ciência das necessárias correções e complementações, bastante extensas e importantes, à edição de Levi no "Arquivo para a história do socialismo e do movimento dos trabalhadores".

Os revolucionários alemães ficaram entusiasmados com os impressionantes acontecimentos na Rússia e, por rebeldia contra a caçada antibolchevique, inclinavam-se a concordar, de modo bastante acrítico, com as medidas adotadas pelos bolcheviques. Rosa, por sua vez, passou a debruçar-se sobre cada grande evento histórico sem medo do que apareceria como resultado de sua pesquisa. E, da parte dos camaradas ativos, ela exigia, em vez de um apologismo irracional, uma crítica constantemente alerta para tornar vivas as experiências da história para a própria luta. Tomada de pressentimentos, temia que os trabalhadores alemães pudessem seguir, com uma fé cega, o exemplo russo de "autoridade imaculada" e ria do medo de que um exame crítico da política bolchevique seria "uma forma de desmerecer o prestígio e o exemplo fascinante dos proletários russos, único fator que conseguiria superar o comodismo fatal das massas alemãs".

> A capacidade de o proletariado alemão realizar ações históricas não pode nascer da fabricação de um entusiasmo revolucionário acrítico; ao contrário, só nascerá da compreensão da terrível gravidade, de toda a complexidade das tarefas a cumprir, da maturidade política e da autonomia intelectual, da capacidade de julgamento crítico das massas, sistematicamente abafadas ao longo de décadas, sob os mais diversos pretextos, pela social-democracia alemã.*

De modo algum Rosa Luxemburgo teve a intenção de iniciar uma campanha contra os bolcheviques. Ela sempre foi parca em elogios e nunca falou com tanto reconhecimento e entusiasmo sobre pessoas ou partidos quanto nesse escrito sobre os bolcheviques. É lenda a afirmação dos reformistas de que Rosa Luxemburgo refutou a política geral dos bolcheviques, a Revolução de Outubro e o pensamento da ditadura proletária e, com isso, justificou a política dos mencheviques. Sobre esse ponto não há dúvidas. Logo no início ela se perguntou se Kautsky

---

* Rosa Luxemburgo, "A Revolução Russa", em Isabel Loureiro (org.), *Rosa Luxemburgo: textos escolhidos*, v. 2, cit., p. 178-9. (N. E.)

e os mencheviques tinham razão ao afirmar que a Rússia estava pronta apenas para uma revolução burguesa. Ela demonstra como, na base da revolução, a luta começou em torno de dois desafios urgentes: a paz e a questão da terra, e como, por causa dessas questões, a burguesia passou à contrarrevolução. Se a burguesia tivesse obtido sucesso, o destino da democracia e da república estaria selado.

> As consequências inevitáveis teriam [sido] a ditadura militar acompanhada de um regime de terror contra o proletariado e, em seguida, a volta à monarquia. Isso permite medir o que tem de utópico e, no fundo, de reacionário na tática dos socialistas da tendência Kautsky, os mencheviques. […] Obcecados pela ficção do caráter burguês da Revolução Russa […], eles agarraram-se desesperadamente à coalizão com os liberais burgueses […].
> Nessa situação, coube à tendência bolchevique o mérito histórico de ter proclamado e seguido, desde o início, com uma coerência férrea, a única tática que podia salvar a democracia e fazer avançar a revolução. Todo o poder exclusivamente nas mãos das massas trabalhadoras e camponesas, nas mãos dos sovietes – essa era de fato a única saída para as dificuldades em que a revolução havia caído, o golpe de espada que cortava o nó górdio –, tirava a revolução do impasse e deixava o campo livre para que ela continuasse a se desenvolver sem entraves.
> O partido de Lênin foi, assim, o único na Rússia que compreendeu, nesse primeiro período, os verdadeiros interesses da revolução, foi o elemento que a fez avançar e, nesse sentido, o único partido que praticou uma política realmente socialista. […] Depois de poucos meses, a situação real da Revolução Russa resumia-se à alternativa: vitória da contrarrevolução ou ditadura do proletariado, Kaliédin ou Lênin.
> […]
> A resolução com que Lênin e seus companheiros lançaram no momento decisivo a única palavra de ordem mobilizadora […] fez de uma minoria perseguida, caluniada, "ilegal", cujos dirigentes, como Marat, precisavam esconder-se nas caves, quase de um dia para o outro, a dona absoluta da situação. […] Tudo o que, num momento histórico, um partido pode dar em termos de coragem, energia, perspicácia revolucionária e coerência foi plenamente realizado por Lênin, Trótski e seus companheiros. Toda a honra e capacidade de ação revolucionárias, que faltaram à social-democracia ocidental, encontravam-se nos bolcheviques. Com sua insurreição de outubro, não somente salvaram, de fato, a Revolução Russa, mas também a honra do socialismo internacional.*

---

* Ibidem, p. 181-6. (N. E.)

Crítica aos bolcheviques

Assim, expressando seu mais alto reconhecimento, Rosa Luxemburgo se empenhou pela Revolução de Outubro e seus princípios fundamentais. Analisou criticamente a política bolchevique quanto à reforma agrária, ao direito de autodeterminação dos povos, à democracia e ao terror.

O antigo programa agrário dos bolcheviques previa a nacionalização do latifúndio como primeira medida socialista. O Partido Socialista Revolucionário era a favor da partilha do latifúndio entre os camponeses, uma política sobre a qual Lênin dissera, em 1905, que levaria ao domínio da burguesia rural. No instante em que a partilha das terras foi consumada pelos camponeses revolucionários, os bolcheviques desistiram do programa e aplicaram o do Partido Socialista Revolucionário. Quase todos os latifúndios foram distribuídos entre os camponeses.

Rosa Luxemburgo estava consciente das imensas dificuldades ligadas à solução da questão agrária. Ela sabia que, no início da revolução, uma solução ideal seria impossível. No entanto, exigia fundamentalmente que um governo socialista "tomasse medidas que seguissem a tendência dos pressupostos básicos de uma posterior reforma socialista das condições agrárias". O mínimo que se deveria fazer era evitar tudo o que pudesse impedir o caminho em direção a essas medidas. O que os bolcheviques fizeram tinha realmente de resultar no contrário, pois a partilha de terra pelos camponeses impediu o caminho para as reformas socialistas, "colocando dificuldades insuperáveis diante da alteração das condições agrárias". Segundo sua concepção, duas coisas eram importantes:

> No plano agrário a reestruturação socialista das condições econômicas pressupõe duas coisas: primeiro, a nacionalização justamente da grande propriedade fundiária, pois ela representa uma concentração, a mais avançada do ponto de vista técnico, dos meios de produção e dos métodos agrícolas, sendo a única que pode servir de ponto de partida para uma economia socialista no campo. [...] Somente isso oferece a possibilidade de organizar a produção agrícola numa grande e coerente perspectiva socialista.
>
> Mas, em segundo lugar, um dos pressupostos dessa reestruturação consiste em suprimir a separação entre agricultura e indústria, traço característico da sociedade burguesa, para dar lugar à sua interpenetração e fusão, a uma completa formação da produção agrícola e industrial segundo perspectivas unificadas. [...] Nacionalização da grande e média propriedade fundiária, unificação da indústria e da agricultura são os dois aspectos fundamentais de toda reforma econômica socialista, sem os quais não existe socialismo.*

---

* Ibidem, p. 186-7. (N. E.)

A política de partilha da terra, constata Rosa Luxemburgo, não consegue nem sequer eliminar as diferenças de propriedade, ao contrário, de certo modo só as piora. Pois essa partilha beneficia sobretudo os camponeses ricos e os usurários que formam a burguesia rural e detêm o poder em cada aldeia russa. Desse modo, porém, consuma-se, ao mesmo tempo, um deslocamento de poder, em prejuízo dos interesses proletários.

> Anteriormente, uma reforma socialista no campo teria quando muito encontrado a resistência de uma pequena casta de grandes proprietários fundiários nobres e capitalistas e de uma pequena minoria da rica burguesia rural, cuja expropriação por uma massa popular revolucionária é uma brincadeira de crianças. Agora, após a "tomada de posse", a coletivização socialista da agricultura tem um novo inimigo, uma massa de camponeses proprietários que aumentou, se fortaleceu enormemente e que defenderá com unhas e dentes, contra todo atentado socialista, sua propriedade recentemente adquirida. Agora, a questão da futura socialização da agricultura, ou seja, na Rússia, a questão da produção em geral tornou-se um tema de conflito e de luta entre o proletariado urbano e a massa camponesa.*

Os princípios aqui apresentados são irrefutáveis, se forem analisados individualmente. Eles podem e devem servir como guias para qualquer política de socialização. Na Rússia, sua pertinência se comprovou em experiências amargas, quando não trágicas. A solução da questão agrária, à qual recorreram os bolcheviques de 1917, provocou constantes crises sociais e econômicas. Uma década e meia após aquele outubro, criou-se uma situação similar a uma guerra civil, na qual o governo soviético subjugou com crueldade aterradora o campesinato agarrado à propriedade privada; e se hoje, na Rússia, a ditadura não foi superada por uma democracia real do povo trabalhador, tendo se transformado, ao contrário, num regime totalitário, a regulamentação das condições agrárias de 1917 foi uma das causas decisivas para tal.

Essa evolução das coisas certamente não fora prevista pelos bolcheviques no outono de 1917. Mas seu agir não foi determinado pelo desconhecimento dos pressupostos da economia socialista. A própria Rosa Luxemburgo os alertou numa frase formulada em estilo telegráfico, aberta a maiores desenvolvimentos: "A palavra de ordem (da partilha da terra), tomada do tão difamado Partido Socialista Revolucionário, ou melhor, do movimento espontâneo do campesinato". Parece que Rosa, de fato, não absorvera todo o significado daquilo que estava envolvido no movimento dos camponeses. Ela parecia acreditar que os bolcheviques seriam capazes de resistir à ação espontânea dos camponeses ou levá-la

---

* Ibidem, p. 189. (N. E.)

a um objetivo histórico mais elevado. Mas os bolcheviques não podiam fazer isso. Em sua política agrária, eles não agiam por livre vontade, mas sob pressão inescapável. Se quisessem se opor à partilha da terra, em vez de sancioná-la e regulamentá-la, teriam de iniciar uma guerra civil contra os camponeses. Isso teria sido a derrocada da revolução. Justamente nesse dilema se mostra com clareza a contradição interna que caracterizou a essência da Revolução de Outubro, ou seja, ela era simultaneamente revolução burguesa (camponesa) e proletária.

Por terem sido obrigados, no início da revolução, a fazer, em nome dessa mesma revolução, uma ampla e perigosa concessão aos milhões de camponeses revolucionários, os bolcheviques não podiam ser atingidos pela crítica engenhosa que Rosa fez a sua política agrária. Mas a crítica cumpriu o objetivo principal do escrito: ser um alerta contra a aceitação e adoção acrítica da práxis bolchevique como modelo para qualquer revolução socialista. E toda a contundência de seus argumentos atinge a política de partilha que foi efetuada à força no Leste alemão, após a Segunda Guerra Mundial, pelas forças russas de ocupação.

Parece-nos que, em um aspecto, Rosa Luxemburgo realmente tomou um caminho equivocado: em seu ataque temperamental contra a palavra de ordem do direito à autodeterminação dos povos. Ela combatera esse lema no programa da social-democracia russa, constatando incontestavelmente que esse direito não pode ser concretizado no mundo capitalista, mas somente sob o socialismo. Mas aqui ele era proclamado numa revolução que tinha o socialismo por objetivo. E, na prática, Lênin estava certo ao explicar que um partido revolucionário que pertence a uma nação opressora de outros povos deve estabelecer esse princípio, se quiser instituir a unidade revolucionária de todos esses povos. E, no momento em que a classe trabalhadora russa conquistara o poder, ela tinha de proclamar esse princípio dentro do âmbito da revolução. Apenas isso poderia evitar a de-cadência do território soviético e reconquistar ao menos uma parte do território perdido na guerra (Ucrânia). Exatamente a política nacional dos bolcheviques no tempo de Lênin uniu milhões à revolução e lhes abriu as portas para a cultura.

O aspecto central da política de Rosa Luxemburgo está no posicionamento em relação à Constituinte e à democracia. Tal como na questão agrária, Rosa argumenta a partir do antigo ponto de vista dos bolcheviques, que lançaram a palavra de ordem "todo poder aos sovietes!" e exigiram, ao mesmo tempo, a convocação da Assembleia Constituinte. Ela não conseguia entender a reviravolta que os bolcheviques provocaram com a dissolução do Parlamento. À objeção de que o Parlamento já não corresponderia ao clima revolucionário surgido entre o povo em função das eleições, ela respondeu que, em 1905, já previra, para esse caso: dissolução e novas eleições. Parece mesmo que, ao menos a julgar pelas manifestações de Trótski naquela época, os bolcheviques também não tinham clareza sobre o alcance fundamental de suas atitudes. A ideia de Conselhos e

Parlamento que orientava a política bolchevique antes da tomada do poder, e na qual Rosa Luxemburgo insistia, levaria na prática a uma dualidade, diante do qual o poder soviético desmoronaria. Uma coisa ou outra! E, sem dúvida, uma lei histórica impôs-se espontaneamente na Revolução Russa: assim como a representação corporativista do poder feudal e o Parlamento correspondiam ao poder burguês, o sistema de conselhos corresponde a um aparelho de Estado que não está fundado numa forma específica de propriedade privada, mas na propriedade coletiva e na produtividade do trabalho. Na revolução alemã, Rosa Luxemburgo corrigiu radicalmente sua concepção acerca desse aspecto e combateu sem tréguas a palavra de ordem "Conselhos e Parlamento", defendida pelos independentes.

Provavelmente, enquanto redigia seu escrito, Rosa Luxemburgo não deu tanta importância ao Parlamento quanto talvez possa parecer. Algumas ressalvas indicam isso. O ponto principal de sua crítica não se referia a uma forma histórica especial de manifestação da democracia, mas à democracia em si, à democracia em seu sentido mais amplo. Tal como ela se voltara, em 1904, contra a ideia de Lênin de um supercentralismo da organização partidária, no qual toda iniciativa, toda sabedoria e todo poder estariam nas mãos de um comitê, assim ela se volta, no outono de 1918, contra a concentração do poder no governo e na cúpula do partido, e contra a eliminação da iniciativa e do controle populares. Essas ideias ainda estavam longe de ser tão bem formuladas quanto foram mais tarde. As massas populares e seus conselhos ainda tinham um enorme raio de ação e vontade de agir que suplantavam em muito o que se entende por democracia nos países governados pelo parlamentarismo. Mas em um grau que mostra claramente a um observador crítico e atento a posterior tendência de desenvolvimento, a concentração de poder vingara e Rosa viu nela a maior ameaça à revolução. Ela a viu principalmente no fato de que os líderes bolcheviques faziam da necessidade uma virtude, dos resultados de um desenvolvimento imposto pela dura realidade, uma teoria preocupante.

Com ênfase especial – e nos parece que esse é o ponto mais importante, embora negligenciado, do conflito – Rosa Luxemburgo critica o que denomina erro básico da teoria de Lênin e Trótski. A exemplo de Kautsky, os bolcheviques também se perguntam: "democracia ou ditadura?". Só que a resposta é em sentido oposto. Rosa declara a ditadura como inevitável.

> Mas essa ditadura consiste na maneira de *aplicar* a democracia, não na sua supressão; ela se manifesta nas intervenções enérgicas e resolutas pondo em causa os direitos adquiridos e as relações econômicas da sociedade burguesa, sem o que a transformação socialista não pode ser realizada. [...]
> Quando o proletariado toma o poder não pode nunca, segundo o bom conselho de Kautsky, renunciar à transformação socialista, com o pretexto de que "o país

não está maduro" [...]. Ele tem o dever e a obrigação de tomar imediatamente medidas socialistas da maneira mais enérgica, mais inexorável, mais dura, por conseguinte, exercer a ditadura, mas a ditadura da classe, não a de um partido ou de uma *clique*; ditadura da classe, isso significa que ela se exerce no mais amplo espaço público, com a participação sem entraves, a mais ativa possível, das massas populares, numa democracia sem limites.*

A uma frase de Trótski: "Enquanto marxistas, nunca fomos idólatras da democracia formal", ela reagiu da seguinte forma:

Certamente, nunca fomos idólatras da democracia formal. Também nunca fomos idólatras do socialismo nem do marxismo. Deve-se concluir daí que devemos [...] jogar o socialismo e o marxismo no quarto de despejos quando nos atrapalha? Trótski e Lênin são a negação viva dessa pergunta. Nunca fomos idólatras da democracia formal só pode significar que sempre fizemos distinção entre o núcleo social e a forma política da democracia *burguesa*; que sempre desvendamos o áspero núcleo da desigualdade e da servidão sociais escondido sob o doce invólucro da igualdade e da liberdade formais – não para rejeitá--las, mas para incitar a classe trabalhadora a não se contentar com o invólucro, incitá-la a conquistar o poder político para preenchê-lo com um conteúdo social novo. A tarefa histórica do proletariado, quando toma o poder, consiste em instaurar a democracia socialista no lugar da democracia burguesa, e não em suprimir toda democracia.**

Para Rosa, isso não significa o cerceamento, mas a ampliação da democracia. Significa uma democracia de tipo mais elevado. Esta não se resume a eleições ocasionais. É o agir direto das massas. É a "vida política ativa, desimpedida, enérgica, das massas populares mais amplas". Para Rosa, esse poderoso desdobramento da atividade popular pertence à essência do socialismo, é ao mesmo tempo meio e objetivo. Só a partir do agir criativo democrático a classe dos trabalhadores se educará e se erguerá acima do nível cultural que necessita para vencer o desafio, esquecerá as fraquezas e os vícios da classe oprimida.

A prática do socialismo exige uma transformação completa no espírito das massas, degradadas por séculos de dominação da classe burguesa. Instintos sociais em vez de instintos egoístas; iniciativa das massas em vez de inércia; idealismo, que faz superar todos os sofrimentos etc. O único caminho que leva

---

* Ibidem, p. 210 e 209. (N. E.)
** Idem. (N. E.)

ao renascimento é a própria escola da vida pública, a mais ampla e ilimitada democracia, *opinião* pública.*

Somente essa democracia ativa, eficaz, essa autorresolução, autogestão das massas, garante a aplicação das medidas revolucionárias, o caminho rumo ao socialismo.

É claro que o socialismo, por sua própria natureza, não pode ser outorgado nem introduzido por decreto. Ele pressupõe uma série de medidas coercitivas – contra a propriedade etc. Pode-se decretar o negativo, a destruição, mas *não* o positivo, a construção. Terra nova. Mil problemas. Só a experiência [é] capaz de corrigir e de abrir novos caminhos. Só uma vida fervilhante e sem entraves chega a mil formas novas, improvisações, mantém a *força criadora*, corrige ela mesma todos os seus erros. Se a vida pública dos Estados de liberdade limitada é tão medíocre, tão miserável, tão esquemática, tão infecunda, é justamente porque, excluindo a democracia, ela obstrui a fonte viva de toda riqueza e de todo progresso intelectual.**

Rosa queria a derrota implacável da resistência contrarrevolucionária e da sabotagem das medidas socialistas. Mas não queria renunciar à crítica, tampouco à crítica inamistosa. Pois apenas na crítica desimpedida ela via os meios para evitar que o aparelho estatal enrijecesse e se tornasse mero burocratismo. Por isso, constante controle público, liberdade de imprensa e de reunião. "Liberdade apenas para os partidários do governo, apenas para os membros de um partido – por numerosos que sejam – não é liberdade. Liberdade é sempre a liberdade de quem pensa diferente." Rosa Luxemburgo descreve as consequências que a falta de democracia necessariamente acarreta:

Mas abafando a vida política em todo o país, a vida dos sovietes ficará cada vez mais paralisada. Sem eleições gerais, sem liberdade ilimitada de imprensa e de reunião, sem livre debate de opiniões, a vida se estiola em qualquer instituição pública, torna-se uma vida aparente em que só a burocracia subsiste como o único elemento ativo. A vida pública adormece progressivamente, algumas dúzias de chefes partidários, de uma energia inesgotável e de um idealismo sem limites, dirigem e governam; entre eles, na realidade, uma dúzia de cabeças eminentes dirige, e a elite do operariado é convocada de tempos em tempos para reuniões, a fim de aplaudir os discursos dos chefes e votar de maneira unânime as resoluções propostas; portanto, no fundo, é uma *clique* que governa – de fato, uma ditadura,

---

* Ibidem, p. 207-8. (N. E.)
** Ibidem, p. 206-7. (N. E.)

258 PAUL FRÖLICH

não a do proletariado, e sim a de um punhado de políticos, isto é, uma ditadura no sentido burguês, no sentido da dominação jacobina. [...]
[...] todo regime de estado de sítio que se prolonga leva invariavelmente ao arbítrio, e todo arbítrio tem um efeito depravador sobre a sociedade.*

Quando Rosa Luxemburgo registrou esse pensamento, a democracia na Rússia não estava morrendo. Ao contrário, teve um peso enorme no Império russo, criando as bases de uma nova organização social, defendendo a revolução e lutando com dificuldades inimagináveis, consequência da guerra e do abalo social. Mas, analisando as reais limitações da democracia, o surgimento do poder partidário e a falta de controle democrático do topo do Estado, Rosa percebeu os imensos perigos de um ulterior desenvolvimento. Estes se concretizaram, e aconteceram coisas ainda piores do que ela previra. Porém, Rosa também estava consciente de que, em face da dissolução da antiga ordem social, em face das imensas tarefas e da luta diária contra os poderes inimigos pela preservação do poder conquistado, é quase impossível resistir à pressão para concentrar todo poder existente para conter o perigo, limitando a liberdade e ditando as medidas necessárias. Após descrever os efeitos da atividade democrática das massas, Rosa constata:

Os bolcheviques procederiam também dessa maneira se não sofressem a terrível pressão da guerra mundial, da ocupação alemã e de todas as dificuldades anormais daí decorrentes, dificuldades que obrigatoriamente desfiguram qualquer política socialista, mesmo impregnada das melhores intenções e dos mais belos princípios.**

Nos primeiros anos da revolução, os bolcheviques agiram como tinham de agir sob pressão e coerção das circunstâncias, se não quisessem capitular. Seu erro foi que, para defender suas medidas, eles elevaram esse agir a um princípio universalmente válido e – apesar de toda argumentação – negaram a essência da democracia. Eles reprimiram o pensamento democrático na consciência das massas e dos dirigentes, removendo assim o entrave que poderia ter impedido a máquina estatal de cair no totalitarismo. Rosa escreveu sua crítica como sinal de alerta diante dessa ameaça.

Rosa Luxemburgo também interpreta a "aplicação abundante do terror" como uma consequência dessa terrível pressão, que lhe dói tanto na alma e da qual ela fala apenas em uma frase. Ela não condena os bolcheviques. Ao contrário, constata:

---

* Ibidem, p. 209 e 208. (N. E.)
** Ibidem, p. 211. (N. E.)

Pode-se compreender tudo o que se passa na Rússia como uma cadeia inevitável de causas e efeitos, cujos pontos de partida e de chegada consistem na omissão do proletariado alemão e na ocupação da Rússia pelo imperialismo alemão. [...] Com sua atitude decididamente revolucionária, sua energia exemplar e sua inabalável fidelidade ao socialismo internacional, eles na verdade realizaram o que era possível em condições tão diabolicamente difíceis.*

Rosa só quer evitar que o vício se transforme em virtude e que a tática teórica, imposta por condições fatais, se estabeleça e se recomende ao proletariado internacional como modelo de tática socialista. Agora não seria o momento de se ocupar desse ou daquele detalhe da tática, e sim da capacidade de agir, da vontade de poder do proletariado.

Isso é o essencial e *permanente* na política dos bolcheviques. Nesse sentido, o que permanece como seu mérito histórico imperecível é que, conquistando o poder político e colocando o problema prático da realização do socialismo, abriram caminho ao proletariado internacional [...]. Na Rússia o problema só podia ser colocado. Ele não podia ser resolvido na Rússia, ele só pode ser resolvido internacionalmente. E, *nesse sentido*, o futuro pertence por toda parte ao "bolchevismo".**

Essa é uma confissão inequívoca; e num fragmento encontrado junto com o manuscrito desse texto, lê-se:

O "bolchevismo" tornou-se a palavra-chave para o socialismo revolucionário prático, para todos os esforços da classe dos trabalhadores para conquistar o poder. Nesse abismo social rasgado no seio da sociedade burguesa, nesse aprofundamento e agravamento internacional das diferenças de classe, reside o mérito histórico do bolchevismo e, nessa obra – como sempre ocorre nos grandes nexos históricos – desaparecem sem deixar vestígios todos os grandes erros e equívocos do bolchevismo.[3]

Rosa Luxemburgo não chegou a terminar o escrito sobre a Revolução Russa. Porque não houve tempo? Talvez também porque ela mesma tenha percebido que pontos essenciais de sua opinião foram abalados durante a elaboração. Em todo caso, poucas semanas mais tarde ela corrigiu vários detalhes importantes. Seu camarada de luta polonês, Adolf Warski, lembra uma resposta que Rosa

---

* Idem. (N. E.)

** Ibidem, p. 212. (N. E.)

[3] Rosa Luxemburgo, *Die russische Revolution*, p. 61.

Luxemburgo lhe dera, em fins de novembro ou início de dezembro de 1918, sobre seus receios quanto à política dos bolcheviques:

> Se o nosso partido (na Polônia) está entusiasmado com o bolchevismo e simultaneamente protesta contra a paz de Brest e a agitação com a palavra de ordem da "autodeterminação dos povos", então se trata de entusiasmo aliado a senso crítico – o que mais poderíamos querer? Todas as suas reservas e preocupações também eu compartilhei, mas deixei-as de lado nas questões mais importantes e, em vários aspectos, não progredi ainda tanto quanto você. O terror comprova uma grande fragilidade, com certeza, mas ele se volta contra inimigos internos, os quais baseiam sua esperança na preservação do capitalismo fora da Rússia, recebendo dele ajuda e encorajamento. Se vier a revolução europeia, os contrarrevolucionários russos perderão não apenas o apoio, mas – o que é mais importante – também a coragem. Portanto, o terror russo é, antes de tudo, a expressão da fraqueza do proletariado europeu. Certamente, as condições agrárias assim criadas são o ponto frágil mais perigoso da Revolução Russa. Mas também aqui vale a verdade: mesmo a maior revolução só pode consumar aquilo que amadureceu no decorrer do seu desenvolvimento. Esse ponto frágil só poderá ser sanado pela revolução europeia. E esta virá![4]

Assim como Lênin e todos os líderes bolcheviques daquele tempo, Rosa Luxemburgo estava convicta de que a Revolução Russa estava fadada à derrota, se o proletariado dos outros países não viesse em seu auxílio conquistando o poder; o "socialismo num só país" era impossível. A revolução mundial redentora não veio. No entanto, o capitalismo internacional estava tão enfraquecido pela guerra, e a ação revolucionária da classe trabalhadora nos outros países era tão forte que os bolcheviques conseguiram vencer a terrível guerra civil, fundar em bases firmes o poder do Estado e administrar habilmente a política interna.

Esse desenvolvimento pareceu dirimir as prevenções restantes de Rosa Luxemburgo contra a política bolchevique. Mesmo que sua crítica não estivesse correta em todos os pontos, ela tinha razão sob essa perspectiva, e hoje seu escrito pode ser lido como uma grande profecia. Aconteceu o que ela previra: a vida dos sovietes esmoreceu, tornando-se "uma vida aparente, na qual apenas a burocracia subsiste como elemento ativo", tornando-se a camada mais significativa e determinante da sociedade. O grupo dominante na União Soviética se autointitulou, dentro do movimento comunista internacional, de "autoridade imaculada", a qual exige fé cega e sufoca qualquer tentativa de crítica. A perseguição sangrenta

---

[4] Adolf Warski, *Rosa Luxemburgs Stellung zu den taktischen Problemen der Revolution* (Hamburgo, Kommunistischen Internationale, 1922), p. 7. Warski a cita de memória.

da velha guarda bolchevique excedeu os piores temores de Rosa. E, se ela algum dia considerou a ideia de que os bolcheviques pudessem fazer uma aliança com o imperialismo alemão, nós vivemos a aliança Stálin-Hitler e estamos diante de uma política interna e externa russa que já nada mais tem em comum com os fundamentos do socialismo.

Dessa forma, o desenvolvimento factual acabou por comprovar a profunda compreensão de Rosa Luxemburgo acerca da marcha da história. E, justamente nesse escrito, revelou-se uma grande revolucionária. Ela não se submeteu acriticamente aos fatos criados. Não se desviou dos preceitos da história, porém buscou superar as dificuldades pela expansão do *front* revolucionário. Tal como seus artigos sobre a Revolução Russa, esse escrito também deveria servir, em primeiro lugar, ao incentivo do proletariado alemão. Sua palavra de ordem não era capitulação, mas revolução mundial.

A REVOLUÇÃO ALEMÃ

Prelúdio

Nenhum ano de prisão foi tão pesado para Rosa Luxemburgo quanto 1918. Por mais corajosamente que se defendesse, procurando pequenas alegrias e tentando espantar com o trabalho o sentimento de solidão, as privações e as decepções, o sofrimento diário da existência minou dolorosamente o seu sistema nervoso. Já em Wronke ela adoecera gravemente e escreveu com amargura sobre o "tratamento" recomendado pelo médico, que se resumia ao conselho do pastor de Ufenau ao moribundo Hutten:

> [...] agora encontra descanso aqui!
> Não escutes o que há lá fora, não escutes nada além de mim!
> Nessa calma enseada esvanece a tempestade do tempo.
> Esquece, Hutten, que Hutten és!

Ao que Hutten só conseguiu responder:

> O teu conselho, meu caro amigo, é maravilhoso:
> Não devo viver, se eu quiser viver.

Em Breslau, sua situação piorou por causa do confinamento total, da vigilância mais severa, das ordens constantes acerca das restrições de correspondência (obviamente, os primazes da nação que controlavam suas cartas não tinham um órgão capaz de apreciar essas obras de arte). Os recursos contra a prisão arbitrária não tiveram sucesso. A instância jurídica que deveria examinar as ordens de prisão preventiva para acalmar a opinião pública revelou-se a folha de figueira da ditadura dos generais. Em março de 1918, Rosa se viu forçada a escrever a Sonia Liebknecht: "Meu recurso foi negado com base em uma descrição detalhada da minha maldade e incorrigibilidade e o mesmo se deu com um requerimento de, pelo menos, um período de férias. Pelo visto, devo esperar até vencermos o mundo inteiro". Ela ainda conseguia lidar com bom humor com essas perseguições e perversões, ainda encontrava forças para divertir Sonia e compartilhar sua sorte cruel. Mas, nas poucas cartas que ainda pôde escrever em 1918, há som de vidro trincado. Às vezes, ela não consegue reprimir o lamento: "Meus nervos, meus nervos! Não consigo mais dormir". De repente era torturada pela certeza de que alguém próximo fora atingido por uma tragédia. Ela já se sentira assim quando passou um longo período sem sinal de vida de Clara Zetkin. Ela temia pelo destino dos filhos de Clara, que estavam no campo de batalha, e, em carta a Luise Kautsky, exclamou: "Tenho coragem para tudo que diz respeito a mim. Suportar o sofrimento dos outros e, pior, o de Clara, se – Deus nos livre! – algo lhe tiver acontecido, para tal me faltam coragem e força".

Seus pensamentos giravam constantemente em torno do nó traiçoeiro: ameaça de vitória do imperialismo alemão, perigo de morte para a Revolução Russa – e a tranquilidade obtusa com que o proletariado internacional, principalmente o alemão, parecia levar a vida, executar o derramamento de sangue. É verdade que uma nova onda de greves em massa varrera a Alemanha em fins de janeiro de 1918, instigada pelo exemplo glorioso dos trabalhadores de Viena. O protesto contra a paz forçada de Brest-Litovsk e em favor de reformas democráticas e a luta contra a fome eram o conteúdo dessa ação poderosa, que envolveu cerca de vinte grandes cidades e, só em Berlim, levou meio milhão de trabalhadores a cruzar os braços. Tão poderosa a tentativa, tão brutal o reacionarismo da ditadura militar. Novamente se cortaram as cabeças da "hidra da revolução", tribunais de guerra foram instaurados para julgar crimes políticos contra a população civil. Por todos os lugares se proferiam sentenças de terror e as portas das prisões se fecharam atrás de muitos combatentes spartakistas. Em março, foi presa a Coordenação de Propaganda Militar da Liga Spartakus, que tinha Leo Jogiches à frente. A coordenação nacional se reduzia a duas ou três pessoas que tinham de agir sob as condições mais difíceis. Na época em que Ludendorff realizava suas ofensivas desesperadas no Ocidente, a classe trabalhadora parecia totalmente desencorajada e toda atividade sufocada. Nas *Cartas de Spartakus* de junho de 1918, Rosa Luxemburgo manifestou em altos brados seu sofrimento atroz:

> O proletariado alemão perdeu a oportunidade de emperrar as rodas do carro de guerra do imperialismo e, por sua vez, está sendo arrastado por toda a Europa para subjugar o socialismo e a democracia. Sobre os ossos dos proletários revolucionários russos, ucranianos, bálticos, finlandeses, sobre a existência

nacional dos belgas, poloneses, lituanos, romenos, sobre a ruína econômica da França marcha o trabalhador alemão, sempre avante, patinhando em sangue até os joelhos para plantar em toda parte a bandeira vitoriosa do imperialismo alemão. Mas cada vitória militar que as buchas de canhão lá fora ajudam a conquistar, significa um novo triunfo político e social do reacionarismo no interior do Império. Com cada avanço sobre a Guarda Vermelha na Finlândia e no Sul da Rússia, aumenta o poder dos *Junkers* a leste do Elba e do capitalismo pangermanista. Com cada cidade bombardeada em Flandres, cai uma posição da democracia alemã.

A maior preocupação de Rosa era que a revolução alemã acontecesse tarde demais para salvar a russa. Ela tinha certeza de que ela aconteceria, mas, por mais que tentasse ouvir o que vinha de fora, nada percebia do processo elementar que se realiza sem alarde nas profundezas da sociedade. Mesmo que a raiva contra a matança, o ódio contra as forças reinantes permanecessem mudos, eles se mostravam nos olhos das massas. Mesmo que a revolta contra a fome não eclodisse, ela se acumulava. O solo tremia sob os pés das amedrontadas camadas superiores da sociedade, o pânico ameaçava explodir e o número dos que fugiam do *front* dos "resistentes" aumentava. Para o militarismo alemão, a paz de Brest se tornara um presente de grego. Foi preciso criar um cordão sanitário em torno das tropas do Leste, que eram tão necessárias no Oeste. Os mesmos soldados que destruíam os restos do Exército russo no Báltico e na Ucrânia foram infectados pelo bacilo bolchevique e o levaram para o Oeste. Ludendorff mandava aleijados e adolescentes para a ceifa, mas milhares de desertores já povoavam o *Hinterland*. A deserção era fruto da profunda podridão que tomara conta da sociedade, e os desertores continuavam a espalhá-la. A revolta generalizada se preparava. As fábricas se tornaram ninhos de conspiração. Os elementos radicais propagavam e freavam o pensamento revolucionário, pois, dessa vez, a ação não podia esvaziar-se e era preciso arriscar tudo.

No dia 1º de outubro, dois acontecimentos nos extremos da sociedade evidenciaram o que aconteceria no final. Hindenburg e Ludendorff, que uma semana antes pediram socorro ao governo, exigiram uma imediata oferta de paz à Entente. Ao mesmo tempo, era realizada uma Conferência Imperial da Liga Spartakus e do grupo dos radicais de esquerda, cuja central era em Bremen e cujo órgão legal de comunicação era o *Arbeiterpolitik* [Política Operária]. Era o conselho de guerra da revolução. Definiu-se um programa de ações políticas, cujas palavras de ordem culminavam na república unificada, não como objetivo final, mas como "teste para ver se é real a democratização que as classes dominantes e seus agentes propagandeiam". Era preciso intensificar a todo custo a agitação entre os militares. Em todos os lugares, deviam ser criados conselhos de trabalhadores e soldados.

A agonia do reinado guilhermino teve início. Como sempre acontece nesses casos, a febre intermitente que tomara a velha guarda causou pânico. Ela se materializou na forma de medidas totalmente contraditórias. O antigo tinha de ser salvo por meio de reformas. Criou-se um governo "parlamentar", liderado pelo futuro grão-duque de Baden, o príncipe Max – proteção da monarquia – e em cujo centro se encontrava Scheidemann – pacificação das massas populares. Uma vez que a paz pela vitória se tornara impossível, o imperador exigiu do Parlamento que assinasse a paz pela derrota. O estado-maior insistia na capitulação, preparando simultaneamente atos de violência e tentando instigar o povo contra as negociações de paz que ele mesmo exigia. As prisões se abriram para alguns líderes da oposição, mas ao mesmo tempo "políticos" eram tirados em massa do Exército e das fábricas e jogados no cárcere. Anunciou-se a democratização de toda a vida política, porém, simultaneamente, tropas se concentraram na capital para subjugar o povo. Proclamou-se a liberdade de reunião e choviam proibições, e, havendo manifestações, estas eram reprimidas à bala. Cada nova medida, cada ato de violência e cada concessão desorganizava o antigo poder. O gelo fora quebrado, mesmo que o reacionarismo ainda teimasse, em cada bloco, em congelá-lo novamente. Agora ninguém mais segurava o povo!

Rosa Luxemburgo também não conseguiu mais se segurar. Febre e desassossego tomaram conta dela. Ela já não suportava a estreiteza da cela. Debatia-se nas correntes. Exigiu sua soltura junto ao chanceler imperial. Tinha de se jogar no turbilhão: instigar, guiar, agir. Em 18 de outubro, escreveu a Sonia Liebknecht:

> Em todo caso, uma coisa é certa: meu estado de ânimo já atingiu um ponto em que se tornou impossível para mim receber uma visita de meus amigos sob vigilância. Ao longo dos anos suportei tudo com perfeita paciência e, em outras condições, ainda continuaria a manter a paciência por outros tantos anos. Mas depois que ocorreu uma virada na situação geral, também minha psicologia sofreu uma ruptura. As conversas vigiadas, a impossibilidade de falar do que realmente me interessa já se tornaram tão incômodas que prefiro renunciar a qualquer visita até que possamos nos ver como pessoas livres.
> Não deve demorar muito mais. Se Dittmann e Kurt Eisner foram libertados, já não podem me manter muito tempo mais na prisão, e também Karl [Liebknecht] logo estará livre.*

No dia 20 de outubro foi concedida anistia aos presos políticos. Karl Liebknecht foi libertado em 23 de outubro. A classe trabalhadora de Berlim o recebeu

---

* Rosa Luxemburgo, carta a Sophie [Sonia] Liebknecht, Breslau, 18 out. 1918, em Isabel Loureiro (org.), *Rosa Luxemburgo*, v. 3: *Cartas* (São Paulo, Editora da Unesp, 2011), p. 349. (N. E.)

em triunfo. Para Rosa, a anistia não valeu. Ela não era prisioneira julgada, ainda não fora condenada, estava "apenas" em prisão preventiva, e ali permaneceu. Justamente por aqueles dias sua ordem de prisão foi renovada. Seria porque, na era da democratização, o Exército falido ainda se mostrava mais forte do que o governo, ou o governo achava que aquele Liebknecht lhe seria suficiente como único inimigo? Enquanto a antiga Alemanha desmoronava, Rosa permaneceu ainda mais três semanas presa em sua jaula. O vendaval lá fora também se agitava dentro dela. A impaciência a devorava, e só com muito esforço ela se obrigava a agir com a costumeira aparência de calma, para não dar a ninguém o triunfo de rir-se de sua impotência.

Novembro

Os acontecimentos se sucediam em ritmo impressionante. Os *fronts* desabavam. Em 26 de outubro, Ludendorff, o real governante da Alemanha, teve de fugir com um passaporte falso. No dia 28 de outubro, o almirantado teve um ataque de fúria. Queria salvar a "honra da Marinha", arriscando a vida de 80 mil homens numa absurda "batalha decisiva" em alto mar. Foi o golpe de misericórdia. Mais intensamente do que o Exército, a frota fora tomada pelo fermento revolucionário. Já em 1917 realizara uma grande e bem organizada ação pacificadora, oferecendo seus primeiros mártires. Em todos os navios havia conselhos secretos de marinheiros que monitoravam, desconfiados, o corpo de oficiais. Os marinheiros ainda estavam dispostos a rechaçar ataques inimigos, mas não queriam aventuras disparatadas. Quando a frota se reuniu em alto-mar e foi dado o sinal para a batalha, os foguistas apagaram as caldeiras e forçaram a volta aos portos. Àquela altura, os oficiais já tinham perdido a autoridade. No entanto, em terra eles tentaram impor-se mais uma vez. Seiscentos marinheiros foram presos. Então explodiu a indignação. Os marinheiros se uniram aos trabalhadores de Kiel. O movimento se alastrou em poucos dias, até a greve geral nas fábricas e nos navios. No dia 4 de novembro, o governador de Kiel foi obrigado a renunciar. Um conselho de trabalhadores e marinheiros assumiu o poder na cidade. O governo continuava achando que se tratava de um simples motim e enviou o social-democrata Noske para acabar com a confusão. No entanto, tratava-se da revolução, a qual agora se alastrava como rastilho de pólvora de cidade em cidade.

Karl Liebknecht trabalhara febrilmente naquelas duas semanas. Observara atentamente o estado de espírito de trabalhadores e soldados, fizera agitação nas reuniões de fábricas. Fora aceito na organização dos "representantes revolucionários", que consistia, desde a greve de janeiro, de representantes dos sindicatos nas fábricas; era o embrião de um conselho dos trabalhadores e, simultaneamente, a direção ativista revolucionária. Havia reuniões quase diárias na corporação para preparar o levante. A polícia perseguia seus membros, especialmente Liebknecht. Ele não podia mais ir para casa, às vezes dormia num botequim de trabalhadores ou num caminhão de mudanças, e havia noites em que tinha de se esgueirar mata adentro, em Treptow, para escapar dos perseguidores. Ele tinha conflitos com a liderança dos representantes. Pensava na mobilização das massas, em manifestações de trabalhadores que empolgassem os soldados, em propaganda nas fábricas e nas casernas. Entre os representantes, os mais afoitos tinham ideias conspirativas. Eles queriam uma insurreição minuciosamente planejada, contavam os revólveres, não se acertavam com os preparativos técnicos. A palavra de ordem era "tudo ou nada!", e os que ainda hesitavam juntaram-se a eles, porque significava: nada! A data do levante foi marcada e desmarcada várias vezes. Afinal, a liderança mal tivera tempo de se colocar, sem nenhuma técnica de revolução, à frente dos trabalhadores berlinenses, que ninguém mais segurava. Uma nova confirmação da opinião de Rosa Luxemburgo de que as revoluções não "são feitas", mas surgem da vontade das massas quando amadurecem, e que os preparativos tecnicamente refinados nunca acabam e, por isso, corre-se o risco de deixar passar o momento decisivo.

Para Berlim, que já estava cercada pela revolução num amplo raio de ação a norte, oeste e sul do Império, a hora fatal chegou no dia 8 de novembro. Ela foi decisiva para todo o país. Às centenas de milhares, os trabalhadores se retiraram cedo das fábricas. Toda ideia de resistência desmoronou diante deles. Até as corporações dos oficiais, preparados para a guerra civil, capitularam. Guilherme II fugiu para a Holanda. Max von Baden anunciou a renúncia do imperador e a abdicação do príncipe herdeiro. Junto com os líderes social-democratas, ele esperava salvar ao menos a coroa para um Hohenzollern. O príncipe entregou a chancelaria ao presidente do partido social-democrata, Ebert, que assumiu o cargo afirmando: "Eu odeio a revolução tanto quanto o pecado". Entrementes, da sacada do Palácio, Karl Liebknecht anunciava, diante de gigantescas massas de trabalhadores, a República Socialista.

Casernas e fábricas elegeram conselhos, formou-se uma comissão executiva dos conselhos dos trabalhadores e dos soldados que requereu pleno poder no Império. Todas as instituições estatais foram ocupadas por homens da confiança da classe trabalhadora. As prisões foram tomadas; entre milhares, Leo Jogiches também foi libertado.

Depois de Berlim cair nas mãos da revolução, a revolução se consumou automaticamente em todas as outras grandes cidades. Em Breslau, em 8 de novembro, os trabalhadores forçaram a abertura das portas da prisão. Finalmente, Rosa Luxemburgo estava livre. Direto da prisão, seu caminho a levou às massas, que aplaudiram com entusiasmo seu discurso na praça da catedral. No dia 10 de novembro, ela chegou a Berlim. Com que alegria foi recebida pelos amigos da Liga Spartakus – e com que melancolia! Agora se via o que foram aqueles anos de cárcere para ela. Estava envelhecida, doente. Os cabelos, outrora negros, tinham embranquecido. No entanto, o fogo e a energia de sempre continuavam a brilhar em seus olhos. E, mesmo que precisasse urgentemente descansar e recuperar-se, a partir daquele momento ela não se concedeu nem mais uma hora sequer de calma e repouso. Ela ainda tinha dois meses de vida, foram meses de esforço sobre-humano, em que ela teve de apelar para toda a sua energia física e intelectual. Sem jamais se preocupar com a própria saúde e segurança, sem atentar para necessidades pessoais, plena de energia e fervor, e em profundo júbilo interior, ela se lançou à luta e participou do "colorido e fascinante, arrebatador e imenso espetáculo da revolução".

Com profunda estranheza, muitas pessoas viram desabrochar essa paixão ardente e essa vontade indomável para a ação; muitos que não se encontravam do mesmo lado das barricadas, mas ainda assim tinham grande simpatia pela personalidade de Rosa. Parecia que Rosa Luxemburgo havia perdido todo o bom senso, equivocando-se totalmente diante da realidade. Cega para os limites do factível, teria cambaleado para o desastre. Sem empatia por pressupostos tão diferentes, teria imitado, totalmente acrítica, o modelo russo. Mas, ao examinar cada um dos argumentos que tentam fundamentar essas opiniões, vemos uma total incompreensão da política revolucionária em si. Não que a política da Liga Spartakus e de Rosa Luxemburgo, naqueles tempos de batalha, tenha sido isenta de falhas. Quem tem de tomar decisões de imensa abrangência em meio à luta caótica das forças gigantescas das massas vai falhar de quando em quando, mesmo tendo uma compreensão genial das circunstâncias objetivas. E quem assume corajosamente decisões audaciosas, quem não pretende se deixar engolir pelos acontecimentos, terá de se adiantar às relações de forças para conseguir construí-las exatamente com essa atitude. Uma revolução que avança com ímpeto crescente enterra, sob os destroços do passado, os erros do partido revolucionário e torna realidade o que, apenas instante antes, era doce ilusão de uma vanguarda cheia de iniciativa.

Em sua postura fundamental, Rosa Luxemburgo era guiada pela lei da vida de toda grande revolução, a qual ela mesma formulou: "[a revolução] precisa avançar muito rápida e decididamente, abater com mão de ferro todos os obstáculos e pôr seus objetivos sempre mais longe, ou será logo jogada aquém de seu frágil ponto de partida e esmagada pela contrarrevolução"*. Até mesmo nesses tempos de acontecimentos tão precipitados, seu temperamento revolucionário foi controlado e dominado pelo bom senso. Se, mesmo assim, o primeiro período da revolução terminou com uma pesada e, no longo prazo, decisiva derrota, isso

---

* Rosa Luxemburgo, "A Revolução Russa", cit., p. 183. (N. E.)

se deveu menos aos múltiplos erros cometidos no *front* revolucionário do que aos erros originados pelas situações incrivelmente complicadas.

Posicionamento das forças

Em seu desenvolvimento externo, a Revolução de Novembro na Alemanha se assemelha de forma tão surpreendente à Revolução de Fevereiro de 1848 na França que é de se perguntar por que uma evolução da indústria manufatureira até a grande indústria da era moderna, com suas mudanças radicais na composição social da população, não acarretou resultados totalmente diferentes, não trouxe consigo uma vitória inconteste da revolução proletária. Na realidade, a Revolução Alemã se deu sob condições tão adversas como nenhuma outra. Tal como a Revolução Russa de fevereiro de 1917, a Revolução de Novembro expurgou os restos de feudalismo do poder. Fez com que florescessem todas as ilusões que se associa à democracia moderna, antes de tudo aquela da concretização do socialismo pelo Parlamento. Faltava o campesinato revolucionário. O camponês alemão acreditava que os imensos sacrifícios que também ele fizera nessa guerra estavam cobertos pelos bônus de guerra. Esperava a supressão dos grilhões da economia de guerra e não tinha outras necessidades urgentes. A classe capitalista alemã, porém, era incomparavelmente mais poderosa e consciente de sua classe do que a russa. E a Revolução Russa, que aparentemente fora chamada a ser o apoio firme do movimento revolucionário, e por um bom tempo de fato o foi, acabou tendo efeitos muito contraditórios para a classe internacional dos trabalhadores, justamente nesse período decisivo na Alemanha. Ela apresentou com toda a clareza, à vista de todos, a essência e o objetivo da revolução, e as camadas burguesas os compreenderam mais rápido do que as proletárias. A classe capitalista, com seu apêndice pequeno-burguês e feudal, tomou imediata e generosamente suas providências. Fez concessões políticas e econômicas à classe dos trabalhadores, com a intenção oculta de reconquistar o território do qual abrira mão. Ao mesmo tempo, estava decidida a defender incansavelmente o poder político e a sujeitar brutalmente o adversário. Agrupou todas as forças em torno da social-democracia alemã. Stinnes entrou em acordo com Legien, o líder dos sindicatos. Hindenburg, o máximo comandante do Exército, subordinou-se a Ebert. O representante da aristocracia rural a leste do Elba, *Herr* von Heydebrand, o "rei não coroado da Prússia", assegurou a Ebert sua solidariedade, assim como o representante da alta burocracia pangermanista, o administrador regional Kapp, posterior protagonista do Golpe de Kapp.

A confiança em Ebert era totalmente justificada. Também aqui se evidenciava uma profunda diferença em relação à Revolução Russa. É certo que os mencheviques e a ala direita do Partido Socialista Revolucionário tinham se unido à burguesia e eram contra a conquista do poder pelo proletariado. Mas, ainda assim, tinham uma concepção revolucionária ingênua e, por isso, estavam inseguros quanto a sua própria política. Até mesmo quando os bolcheviques já haviam tomado o poder, muitos mencheviques ainda serviam à revolução, embora insistissem em suas ideias. Só posteriormente é que líderes isolados, sem seguidores, passaram para o lado da contrarrevolução. Na Alemanha, o estado-maior da velha social-democracia, Ebert, Noske, Legien, Scheidemann, Landsberg etc., foi, desde o primeiro dia, assumidamente contrarrevolucionário. Dispostos a aceitar o poder que a revolta de novembro lhes dera de presente, eles eram contra qualquer política socialista, contra qualquer iniciativa das massas de reestruturar a sociedade. Ebert, que em 10 de novembro foi levado ao topo do governo revolucionário pelo Conselho de Trabalhadores e Soldados, fez no mesmo dia um pacto com o estado-maior do Exército, Groener e Hindenburg, com o objetivo de destruir militarmente a classe trabalhadora berlinense. A antiga social-democracia era uma força poderosa. Obviamente, entre os trabalhadores sindicalizados sua influência era quase nula. Mas a profunda incitação política das massas populares produzida pela revolução teve, antes de tudo, um efeito vantajoso sobre ela. Ainda se alimentava da confiança armazenada pelo partido de August Bebel. As camadas até então despolitizadas de trabalhadores, os funcionários com cargo de chefia, as massas de pequeno-burgueses e, antes de tudo, a massa informe de soldados vindos do *front* juntaram-se a ela, um contingente forte, que durante um longo tempo fora crédulo e facilmente manipulável.

Mesmo quando se tornou mais eficaz, o ideal da Revolução Russa adquiriu um valor duvidoso. Os conselhos de trabalhadores e soldados, resultado natural de toda revolução moderna, só se destacavam em meio às massas onde o poder fora tomado de assalto. Nas grandes áreas em que simplesmente se reaplicou o resultado do 9 de Novembro, eles eram quase decorativos, mero resultado de um acerto entre as lideranças partidárias da social-democracia, tanto a antiga quanto a independente, e até com partidos burgueses; aqui os conselhos não tinham poder. E mesmo que, em pensamento, o baixo escalão da social-democracia fosse a favor da revolução, suas ações ainda eram determinadas pela direção do partido. O Partido Independente estava profundamente dividido, os afiliados das cidades grandes eram revolucionários, mas eram obstruídos pela liderança de pessoas como Haase, Kautsky, Hilferding, Bernstein, que queriam uma revolução sem a inevitável convulsão da sociedade, e não queriam arcar com os seus custos. O partido se assemelhava, em essência e ação, aos mencheviques após fevereiro de 1917. Determinação e coesão revolucionárias como parte do objetivo foram mostradas apenas pela Liga Spartakus.

Assim, o movimento dos trabalhadores estava extremamente fragmentado, e fortemente escalonado em seu desenvolvimento intelectual. O centro de força da contrarrevolução estava no seu âmago. E ainda se juntava a isso outro fato da maior importância: não havia um objetivo imediato que fosse imprescindível diante da história e só pudesse se concretizar pela revolução. Paz e terra eram as palavras de ordem que conduziram a Revolução Russa à vitória. Em 1918, a paz estava factualmente presente, e o imperialismo alemão estava disposto a pagar por ela para manter o poder no interior. Por mais difícil que fosse a vida para os pequenos agricultores, a ânsia pela terra não era grande o suficiente para tumultuar as planícies. É certo que a classe trabalhadora era pela socialização da economia, mas as massas mais amplas só se deram conta da essência dessa exigência e dos meios para concretizá-las depois de ter desperdiçado a oportunidade.

Mas um fato definiu a situação com um poder trágico: a classe trabalhadora estava armada. E é uma lei histórica que nenhuma classe aceita o desarmamento sem lutar, assim como nenhum poder pode se manter sem que a classe dominante detenha, inquestionavelmente, o monopólio das armas. Isso tornou a luta pelo poder, a guerra civil, inevitável.

São conhecidos os principais fatores que determinam o equilíbrio entre os poderes na guerra, e mesmo assim ele só se define quando se testa na prática qual partido detém o maior poder. Na revolução, que é um processo elementar de outra ordem, os fatores intelectuais e morais não calculáveis desempenham um papel muito mais importante do que na guerra, a base social é agitada muito mais profundamente, as transformações na compreensão e na energia ativa das massas são súbitas e cheias de surpresas.

Embora fosse quase impossível vislumbrar o caráter dos atores, as medidas e as relações de poder naqueles dias de revolução, Rosa Luxemburgo os reconheceu com grande perspicácia. Ela compreendeu intuitivamente as dificuldades da situação. Não capitulou diante delas, mas viu o desafio de superá-las. Tal como Saint-Just, sabia que arriscar é o primeiro mandamento da revolução. E, mesmo assim, foi sensata. Não queria vitórias de um dia, não queria colher frutos verdes. Isso ficou claro logo após a sua chegada a Berlim. Assim como os independentes ocuparam e tomaram conta de três jornais burgueses nos primeiros dias da revolução, os spartakistas tomaram posse do *Lokalanzeiger*, transformando-o na *Die Rote Fahne*. Rosa foi contra. Não porque respeitasse a velha lei e o capital maciço que estava por trás do *Lokalanzeiger*, mas porque percebeu que o partido ainda não tinha força para se firmar na posição. E já diante da primeira dificuldade, ele abdicou dela.

Mas o órgão revolucionário era tão necessário quanto a própria organização, que, até aquele momento, existia basicamente como embrião, consistindo de numerosos grupelhos quase autônomos. Enquanto Liebknecht atuava junto às massas, nas esquinas, praças, fábricas e casernas, anunciando os objetivos da Liga Spartakus e as tarefas do dia até exaurir suas forças, apoiado por outros oradores como Paul Levi, Hermann Duncker, Wilhelm Pieck etc., Leo Jogiches assumiu as tarefas organizacionais. Havia sérios entraves à fundação de um jornal. O novo poder utilizava as regras de guerra para a papelada como meio de luta política contra a esquerda. No entanto, em 18 de novembro de 1918 finalmente foi possível lançar o primeiro número da nova *Die Rote Fahne*. Como editores constavam Karl Liebknecht e Rosa Luxemburgo. Mas Rosa era a verdadeira organizadora do jornal. Ela dirigia um grupo seleto de articulistas (Paul Levi, August Thalheimer, Paul Lange) com energia, mas também com delicadeza, apoiada em sua autoridade absoluta e na admiração que todos os colaboradores tinham por ela. Ela determinava o conteúdo de cada número e, dessa maneira, definia a política do partido. Em textos nos quais a própria alma se incendiava e rugia o vendaval daqueles dias, ela examinava os acontecimentos, interpretava seu sentido e revelava suas consequências. Como que de grande altura, seu olhar abarcava todo o campo de batalha. Argutamente, ela observava o adversário. Tal como Marat, reconheceu em pistas sutis as conspirações e os planos contrar-revolucionários com uma segurança que só muito mais tarde seria confirmada por documentos incontestáveis. Impiedosamente, ela caía sobre os inimigos da revolução. Ao mesmo tempo, observava o agir das massas, examinava criticamente suas fraquezas, aprovava entusiasticamente seus avanços e dirigia-as rumo ao grande objetivo, a conquista do poder. Assim, a *Rote Fahne* tornou-se parte da história da revolução, a tocha, o chicote, o sinal de alarme. Foi, antes de tudo, a última e decisiva confissão da própria Rosa Luxemburgo, seu testamento político.

O programa da revolução

Seu primeiro artigo na *Rote Fahne* já mostrava a evolução pela qual ela passara desde o escrito sobre a Revolução Russa. Após algumas breves colocações a título de balanço da primeira semana da revolução, ela formulou os aspectos fundamentais do seu programa:

A abolição do domínio do capital, a realização da ordem social socialista – isto, e nada menos, é o tema histórico da presente revolução. É uma obra poderosa que não pode ser realizada pelo alto, com alguns decretos, num abrir e fechar de olhos, que só pode nascer pela própria ação consciente das massas trabalhadoras da cidade e do campo, que só pode ser levada a porto seguro através de todas as tempestades pela mais alta maturidade intelectual e pelo idealismo inesgotável das massas populares.

Do objetivo da revolução decorre claramente o seu caminho, da tarefa decorre o método. *Todo o poder nas mãos das massas trabalhadoras, nas mãos dos conselhos de trabalhadores e soldados é o que assegura a obra revolucionária diante de seus inimigos à espreita*: esta é a diretriz para todas as medidas do governo revolucionário.

Cada passo, cada ação do governo deveria, feito uma bússola, indicar esta direção:
• construção e reeleição dos conselhos locais de trabalhadores e soldados, a fim de substituir o primeiro gesto caótico e impulsivo de seu nascimento por um processo consciente de autocompreensão dos objetivos, tarefas e caminhos da revolução; [...]
• convocação urgente do parlamento dos trabalhadores e soldados do Reich, a fim de constituir o proletariado de toda a Alemanha como classe, como poder político compacto, e colocá-lo como baluarte e força ofensiva por trás da obra da revolução; organização imediata, não dos "camponeses", mas dos proletários agrícolas e pequenos camponeses que, como camada, ficaram até agora fora da revolução;
• organização imediata, não dos "camponeses", mas dos proletários agrícolas e pequenos camponeses que, como camada, ficaram até agora fora da revolução;
• formação de uma guarda vermelha proletária para a proteção permanente da revolução e criação da milícia de trabalhadores, visando a constituir, com o conjunto do proletariado, uma guarda sempre à disposição;
• eliminação dos órgãos do Estado policial absolutista-militar encarregados da administração, da justiça e do exército;
• confisco imediato dos bens e propriedades dinásticos, assim como das grandes propriedades fundiárias, como primeira medida preliminar para garantir o abastecimento do povo, uma vez que a fome é a mais perigosa aliada da contrarrevolução;
• convocação imediata do congresso mundial dos trabalhadores para a Alemanha, a fim de salientar viva e claramente o caráter socialista e internacional da revolução, pois o futuro da Revolução Alemã está ancorado unicamente na Internacional, na revolução mundial do proletariado.*

Rosa Luxemburgo confrontou esse programa com as ações do "governo revolucionário" de Ebert e Haase: preservação do antigo aparelho estatal, santificação da propriedade e proteção da estrutura do capital, liberação do caminho para a contrarrevolução. No centro dessa acusação política encontra-se a frase: "O atual governo convoca a Assembleia Constituinte, cria dessa forma um contrapeso burguês aos Conselhos de trabalhadores e soldados, coloca a revolução nos trilhos da revolução burguesa, escamoteia os objetivos socialistas da revolução". Se, pouco antes, em sua crítica à política bolchevique, ela ainda era a favor de um parlamento paralelo aos conselhos, aqui ela exige claramente uma definição. Tratava-se de uma revisão de sua crítica à Revolução Russa? Certamente. Tratava-se simplesmente de imitar o exemplo russo? Não. Diante da realidade alemã,

---

* Rosa Luxemburgo, "O começo", em Isabel Loureiro (org.), *Rosa Luxemburgo: textos escolhidos*, v. 2: *1914-1919* (São Paulo, Editora da Unesp, 2011), p. 230-1. Publicado originalmente em *Die Rote Fahne*, Berlim, n. 3, 18 nov. 1918. (N. E.)

ela reconhece a necessidade de desenvolvimento na Rússia. Aquilo que Friedrich Engels profetizara numa carta a Bebel (11 de dezembro de 1884) acontecera: "Em todo caso, nosso único adversário no dia da crise e no dia posterior é: o reacionarismo geral agrupado em torno da pura democracia". Tudo o que fosse contra a concretização do socialismo, contra o poder da classe trabalhadora, da extrema direita ao centro da liderança da social-democracia independente, era a favor da Assembleia Nacional. Os inimigos mais ferozes do direito universal ao voto, que, mesmo na época dos mais irracionais sacrifícios do povo durante a guerra, não renunciavam a uma vírgula de seus privilégios, tornaram-se fãs do lema: direitos iguais para todos. E aqueles que até um dia antes ainda se diziam "marxistas" monárquicos, até o último instante tentaram salvar a monarquia e trabalharam para a construção de uma sangrenta ditadura burguesa, agora colocavam a democracia acima de tudo. Não aquela democracia pela qual todos os grandes revolucionários se empenharam, de Robespierre até Lênin, passando por Babeuf, Blanqui e Marx, não o verdadeiro governo do povo, mas aquela democracia banal do Parlamento, que "representa e pisoteia" a vontade do povo. A Assembleia Nacional e o poder dos Conselhos se tornaram dois polos da sociedade, dois pontos de orientação para retroceder ao capitalismo ou então avançar rumo ao socialismo. Rosa Luxemburgo destacava constantemente a essência dessas duas palavras de ordem. No dia 20 de novembro, ela atacou com veemência os líderes independentes que se declararam a favor da Assembleia Nacional, mas queriam postergar a eleição. Dessa forma, pretendiam evitar a guerra civil.

> A espécie dos Lamartine, dos Garnier-Pagès, dos Ledru-Rollin, dos ilusionistas e tagarelas pequeno-burgueses do ano de 1848 realmente não desapareceu; ela reaparece na sua versão alemã, chata, pedante e erudita – sem o brilho, o talento e o encanto da novidade – nos Kautsky, Hilferding, Haase.
> Esses marxistas profundos esqueceram o abc do socialismo. Eles esqueceram que a burguesia não é um partido parlamentar, mas uma classe dominante que se encontra de posse de todos os instrumentos de poder econômicos e sociais.
> [...] Não é possível excluir a "guerra civil", que se procura, com temerosa inquietação, banir da revolução. Pois a guerra civil é somente outro nome para a luta de classes, e a ideia de que se pode introduzir o socialismo sem luta de classes, pela decisão de uma maioria parlamentar, é uma ridícula ilusão pequeno-burguesa. [...] a questão da Assembleia Nacional não é uma questão de oportunidade, de maior "comodidade"; é uma questão de princípio, uma questão do reconhecimento socialista da revolução. [...]
> A Assembleia Nacional é uma herança obsoleta das revoluções burguesas, uma casca sem conteúdo, um requisito dos tempos das ilusões pequeno-burguesas sobre o "povo unido", sobre a "liberdade, igualdade, fraternidade" do Estado burguês.

Quem hoje recorre à Assembleia Nacional reduz a revolução, consciente ou inconscientemente, ao estágio histórico das revoluções burguesas; é um agente disfarçado da burguesia ou um ideólogo inconsciente da pequena-burguesia. [...] Hoje não se trata de democracia ou ditadura. A questão posta na ordem do dia pela história é: democracia *burguesa* ou democracia *socialista*. Pois a ditadura do proletariado é a democracia no sentido socialista. Ditadura do proletariado não significa bombas, golpes, confusão, "anarquia", como aparece nas falsificações conscientes dos agentes do lucro capitalista, mas é o emprego de todos os instrumentos políticos de poder para realizar o socialismo, expropriar a classe capitalista – no sentido e pela vontade revolucionária da maioria do proletariado, ou seja, no espírito da democracia socialista.

Sem a vontade e a ação conscientes da maioria do proletariado não há socialismo! Para fortalecer essa consciência, para temperar essa vontade, para organizar essa ação é necessário um órgão de classe: o Parlamento do proletariado urbano e rural.*

Assembleia Nacional ou poder dos Conselhos? A solução para essa questão é também a viga mestra do programa da Liga Spartakus, publicado por Rosa em 14 de dezembro na *Rote Fahne*. Em frases secas e duras, ela mostrou a alternativa diante da qual a guerra mundial colocou a sociedade: "Ou a continuação do capitalismo, nova guerra e destruição em meio ao caos e à anarquia em brevíssimo prazo, ou a abolição da exploração capitalista". Socialismo é a única salvação da humanidade e o socialismo só pode ser concretizado por meio da ação das massas trabalhadoras:

> Assim, da cúpula do Estado à menor comunidade, a massa proletária precisa substituir os órgãos herdados da dominação burguesa – Conselho Federal [*Bundesrat*], parlamentos, conselhos municipais – por seus próprios órgãos de classe, os Conselhos de Trabalhadores e Soldados. Precisa ocupar todos os postos, controlar todas as funções, aferir todas as necessidades do Estado pelos próprios interesses de classe e pelas tarefas socialistas. E só por uma influência recíproca constante, viva, entre as massas populares e seus organismos, os Conselhos de Trabalhadores e Soldados, é que a atividade das massas pode insuflar no Estado um espírito socialista. [...]
>
> As massas proletárias devem aprender, de máquinas mortas que o capitalista instala no processo de produção, a tornar-se dirigentes autônomas desse processo, livres, que pensam. Devem adquirir o senso das responsabilidades, próprio de membros atuantes da coletividade, única proprietária da totalidade da riqueza

---

* Rosa Luxemburgo, "A Assembleia Nacional", em Isabel Loureiro (org.), *Rosa Luxemburgo*, v. 2, cit., p. 244-6. Publicado originalmente em *Die Rote Fahne*, Berlim, n. 5, 20 nov. 1918. (N. E.)

social. Precisam mostrar zelo sem o chicote do patrão, máximo rendimento sem o contramestre capitalista, disciplina sem sujeição e ordem sem dominação. O mais elevado idealismo no interesse da coletividade, a mais estrita autodisciplina, verdadeiro senso cívico das massas constituem o fundamento moral da sociedade socialista, assim como estupidez, egoísmo e corrupção são os fundamentos morais da sociedade capitalista.*

Uma avalanche de calúnias despencou naquela semana sobre a Liga Spartakus. Tanto seus líderes quanto seus partidários foram representados como bestas feras que, numa espécie de ávido sadismo, planejam apenas terror e derramamento de sangue. Todos os crimes sangrentos para os quais se faziam os últimos preparativos eram apregoados em jornais, panfletos e cartazes como sendo a intenção e a ação da Liga Spartakus. Rosa Luxemburgo respondeu a isso no programa:

A revolução proletária não precisa do terror para realizar seus fins, ela odeia e abomina o assassinato. Ela não precisa desses meios de luta porque não combate indivíduos, mas instituições, porque não entra na arena cheia de ilusões ingênuas que, perdidas, levariam a uma vingança sangrenta. Não é a tentativa desesperada de uma minoria de moldar o mundo à força de acordo com o seu ideal, mas a ação da grande massa dos milhões de homens do povo, chamada a cumprir sua missão histórica e a fazer da necessidade histórica uma realidade.**

Essa confissão nasceu do fundo da alma de Rosa Luxemburgo. Ainda palpita dentro dela o sofrimento causado pelo terror da Revolução Russa, mesmo que o tivesse reconhecido como o meio mais extremo de resistência diante das ameaçadoras dificuldades da revolução. Foi um apelo aos trabalhadores, uma couraça moral contra os excessos da ira que nunca se consegue evitar inteiramente nas lutas de vida e morte, mas à qual é preciso contrapor a consciência da mais alta responsabilidade. Mas essa confissão não nasceu da doutrina de renúncia de Tolstói e Gandhi. Rosa sabia: "Não se cura a grande doença com óleo de rosas e almíscar". Ela sabia: "É irracional acreditar que os capitalistas iriam se dobrar pacificamente ao veredito socialista de um Parlamento, que eles iriam renunciar tranquilamente à propriedade, ao lucro, ao privilégio da exploração". Ela previu, e logo reconheceu, os primeiros sinais de que a classe capitalista imperialista suplantaria, como último rebento dessa casta de exploradores, a baixaria, o cinismo indisfarçado, a brutalidade de todos os seus antecessores,

---

*   Rosa Luxemburgo, "O que quer a Liga Spartakus?", em Isabel Loureiro (org.), *Rosa Luxemburgo*, v. 2, cit., p. 290-1. (N. E.)

** Ibidem, p. 291. (N. E.)

que prefeririam transformar o país num monte fumegante de ruínas a desistir da escravidão pelo salário. Não havia para ela, nem podia haver para a classe dos trabalhadores, qualquer hesitação:

> Será preciso quebrar todas essas resistências passo a passo, com mão de ferro e uma brutal energia. À violência da contrarrevolução burguesa é preciso opor o poder revolucionário do proletariado. Aos atentados e às intrigas urdidas pela burguesia, a lucidez inquebrantável, a vigilância e a constante atividade da massa proletária. Às ameaças da contrarrevolução, o armamento do povo e o desarmamento das classes dominantes. Às manobras de obstrução parlamentar da burguesia, a organização ativa da massa dos trabalhadores e soldados. À onipresença e aos mil meios de que dispõe a sociedade burguesa, é preciso opor o poder concentrado da classe trabalhadora, elevado ao máximo. Só a frente única do conjunto do proletariado alemão, unindo o proletariado do Sul e do Norte da Alemanha, o proletariado urbano e rural, os trabalhadores e soldados, a liderança intelectual viva da revolução alemã e a Internacional, só o alargamento da revolução proletária alemã permitirá criar a base de granito sobre a qual o edifício do futuro pode ser construído.
>
> A luta pelo socialismo é a mais prodigiosa guerra civil conhecida até hoje pela história do mundo, e a revolução proletária deve-se preparar para ela com os instrumentos necessários, precisa aprender a utilizá-los – para lutar e vencer.
>
> Dotar a massa compacta do povo trabalhador com a totalidade do poder político para que realize as tarefas da revolução – eis a ditadura do proletariado e, portanto, a verdadeira democracia. Não há democracia quando o escravo assalariado se senta ao lado do capitalista, o proletário agrícola, ao lado do *Junker*, numa igualdade falaciosa, para debater seus problemas vitais de forma parlamentar. Mas quando a massa dos milhões de proletários empunha com sua mão calosa a totalidade do poder de Estado, como o deus Thor o seu martelo, para arremessá-lo à cabeça das classes dominantes, só então haverá uma democracia que não sirva para lograr o povo.*

Após determinar as diretrizes gerais do agir revolucionário, o programa spartakista especifica as tarefas que serão cumpridas, com espírito batalhador, para conquistar e manter o poder, preparar a economia socialista, melhorar a vida das massas populares e incentivar a cultura. Por fim, o programa anuncia a regra geral de comportamento da Liga Spartakus na luta pelo poder. Ela se vê apenas como a parte mais decidida do proletariado, a que adverte os trabalhadores, a cada passo, de suas missões históricas e representa, em cada etapa da revolução, o objetivo socialista final e, nas questões internacionais, os interesses da revolução

---

* Ibidem, p. 292-3. (N. E.)

mundial. Ela se recusa a dividir o governo com os opositores da revolução, ou assumir as rédeas do poder antes do tempo só porque estão soltas. É uma recusa definitiva a qualquer política precipitada, aventureira, golpista:

> A Liga Spartakus jamais assumirá o governo de outra forma que não por meio da vontade clara e inequívoca da grande maioria das massas proletárias em toda a Alemanha, nunca de outra forma senão em virtude de sua concordância consciente com as opiniões, os objetivos e os métodos de luta da Liga Spartakus.*

Duas semanas depois, ao justificar esse programa no congresso fundador do Partido Comunista Alemão, Rosa Luxemburgo declarou-o como a retomada dos pensamentos básicos do *Manifesto Comunista*. De fato, a mesma concepção da essência da luta revolucionária, os mesmos objetivos, os mesmos métodos de luta, as mesmas medidas decisivas são apresentados tanto na certidão de nascimento do socialismo moderno quanto no último documento fundador de Rosa Luxemburgo: o mesmo espírito dá vida a ambos. Essa ampla concordância se deve à situação política muito semelhante da qual surgiram ambos os documentos. Em fevereiro de 1848, a Alemanha se encontrava à beira da revolução burguesa, a qual Marx considerara como precedente imediato da revolução proletária. Em novembro de 1918, os últimos escombros haviam sido tomados de assalto e eliminados, a revolução burguesa se consumara, e burguesia e proletariado se perfilavam para a batalha decisiva. Após setenta anos de um imenso desenvolvimento social, a curva voltou a ser traçada paralelamente à Revolução de Março, dessa vez num nível incomparavelmente superior e mais amplo. Mas como o programa spartakista não era simplesmente uma cópia das diretivas programáticas do *Manifesto Comunista*, e sim o resultado da situação atual de luta, novamente se evidenciou a plena concordância da forma de pensar de Rosa Luxemburgo com aquela de Marx e, simultaneamente, sua independência na aplicação do método deste.

A contrarrevolução dá o golpe

Quando a *Rote Fahne* publicou o programa da Liga Spartakus, a revolução e a contrarrevolução já haviam entrado em conflito. Os inimigos da revolução agiram com cautela e insídia. Em 10 de novembro, Ebert e o quartel-general fizeram um pacto que tinha como objetivo preliminar derrotar a classe dos trabalhadores berlinenses. Já em novembro houve choques violentos entre tropas do *front* e trabalhadores. Nos pátios de exercício das tropas, treinavam-se

---

* Ibidem, p. 298. (N. E.)

"ideológica" e militarmente, e sob rigoroso isolamento da população, batalhões especiais para a guerra civil. Fotografias mostram sua composição típica: oficiais, antigos soldados do *front*, para quem a guerra se tornara ofício, e um grande número de jovens recrutas em torno de dezoito anos, os quais foram atirados de última hora na matança e agora eram instigados, como o deus cego Hödur, contra o "inimigo interno". No dia 30 de novembro, sob a liderança política do comissário imperial Winnig, um antigo líder sindical, formou-se um Batalhão de Ferro para lutar contra a Rússia bolchevique e proteger dos barões do Báltico. Criou-se um sem-número de milícias, aparentemente destinadas para uma guerra contra a Polônia. Dez divisões de elite entraram em Berlim. Obviamente, elas logo desapareceram sob o fogo revolucionário. Em compensação, o comandante municipal da cidade de Berlim, o social-democrata Wels, montou uma defesa militar republicana que chegou a ter 15 mil homens e era paga diretamente por grupos capitalistas. As forças militares do lado revolucionário eram frágeis. O diretor da polícia berlinense Eichhorn, um social-democrata independente, criou uma guarda de segurança formada por trabalhadores sindicalizados que executava o serviço de estrada. No Palácio, a Marinha do Povo instalou uma tropa de 3 mil homens, politicamente hesitante, que se subordinou durante algum tempo a um amigo de Guilherme II, o conde Wolff-Metternich. Além disso, havia uma pequena tropa de seguidores spartakistas, a Liga do Soldado Vermelho. Mas muitos milhares de trabalhadores estavam armados e dispostos a defender a revolução.

No dia 6 de dezembro, a contrarrevolução arriscou sua primeira ofensiva aberta. Em Hamburgo e na Renânia foram desbaratadas conspirações contrarrevolucionárias. Em Berlim, uma tropa de soldados "leais ao governo" proclamou Ebert presidente da República e o desafiou a concretizar o golpe de Estado. Ao mesmo tempo, outra tropa prendia o Conselho Executivo dos Conselhos de Trabalhadores e Soldados. Duzentos homens ocuparam a redação da *Rote Fahne*. Na região norte de Berlim, uma manifestação promovida pela Liga Vermelha de Soldados, e autorizada pelas autoridades, foi alvo de tiros, porque se temia que haveria um golpe spartakista. Dezoito mortos e trinta feridos jaziam na calçada. Uma averiguação liderada por Eichhorn mostrou que todos os acontecimentos derivavam de um plano único. Todas as pistas levavam ao comando municipal de Wels, no Ministério da Guerra e no Departamento de Estado. Naquele dia o respeito ao governo foi seriamente abalado. Seguindo o chamado da Liga Spartakus, centenas de milhares de pessoas protestaram nas ruas de Berlim contra os ataques da contrarrevolução. Mas ninguém tomou nenhuma medida imediata para garantir a segurança da revolução.

Ao contrário, a partir de então começou uma perseguição ostensiva contra o spartakismo. Golpes spartakistas eram anunciados diariamente. "Bolchevismo" e "spartakismo" se tornaram palavras que difundiam terror entre os cidadãos: "O bolchevismo quer a socialização das mulheres!". Qualquer crime que acontecesse era creditado ao spartakismo. Os partidários de Liebknecht e Luxemburgo, e eles mesmos, eram apresentados como um bando de assassinos e incendiários. Com ávida fantasia, a Liga Antibolchevique, alimentada por recursos financeiros do governo, inventava diariamente novos horrores e os espalhava em todos os cantos das cidades e das aldeias através de cartazes chocantes. Equipes especializadas treinavam tropas de delatores e agentes provocadores. Criou-se um ambiente de assassinato e *pogroms*. Reuniões e jornais conclamavam o assassinato dos líderes spartakistas. "Se os acólitos dos spartakistas colocam fora da lei a nós e ao nosso futuro, então Karl Liebknecht e seus parceiros também são foras da lei!" Cartazes gigantescos, pagos pela central de corrupção do governo imperial, o serviço patriótico, foram afixados diante dos olhos do governo social-democrata:

Trabalhadores, cidadãos!
A pátria está prestes a sucumbir.
Salvem-na!
Ela não sofre ameaça de fora, mas de dentro:
Do grupo de Spartakus.
Matem seus líderes!
Matem Liebknecht!
Então vocês terão paz, trabalho e pão!
Os soldados do *front*

No dia 7 de dezembro, Karl Liebknecht foi preso na *Rote Fahne*. Antes que o levassem, Eichhorn foi alertado e o salvou. Descobriu-se mais tarde que se tratava de um atentado. A Guarda Municipal arregimentou um bando de degenerados que tinham a missão de "localizar e perseguir dia e noite os líderes da Liga Spartakus, impedindo-os de realizar qualquer atividade de agitação e organização"[1]. Essa frase disfarçava algo bem mais sério. Os líderes spartakistas viviam em constante estado de alerta. Sobrecarregada de trabalho, Rosa Luxemburgo só muito raramente conseguia voltar para casa, a pacata zona sul. Naqueles dias, porém, isso era impossível. Os inimigos estavam à espreita e a região vivia sob a ditadura do Conselho de cidadãos.

Noite após noite, ela era obrigada a se hospedar em hotéis diferentes, sob identidade falsa, e sair logo cedo para evitar surpresas. Dessa maneira, não con-

---

[1]   Anton Fischer, *Die Revolutionskommandantur Berlin* (Berlim, Fischer, 1922).

seguia dormir nem sequer o mínimo necessário. Nem a redação do jornal era segura; havia a ameaça diária de ataques por parte de grupos hostis.

Em meio a todo o perigo, no turbilhão dos acontecimentos, no tumulto da redação, onde era constantemente procurada por pessoas em busca de conselhos e instruções, trabalhadores e soldados, camaradas e estranhos, Rosa manteve a calma inabalável e o vigor do espírito. Os "pequenos desconfortos" da vida não tinham importância. O corpo não tinha o direito de se sentir exausto e destruído pelo trabalho. Ele tinha por obrigação obedecer às ordens da vontade. E, mesmo que naqueles dias complicados o trabalho fosse frequentemente interrompido, o planejamento da redação tivesse o tempo todo de ser reformulado e cada nova notícia exigisse novas reuniões e decisões, os nervos não podiam falhar. O espírito arrancava novas reservas de energia do corpo; e o "espetáculo fascinante da revolução" estimulava o espírito.

Apesar de todos os esforços extenuantes, de todas as mentiras, da incitação, das conspirações, das provocações e dos violentos ataques do reacionarismo, a revolução conquistava território a cada dia. A ingênua confiança em promessas e juramentos sagrados deu lugar a uma avaliação crítica das ações. Novas camadas sociais eram arrastadas para o redemoinho. Tropas inteiras, que até então eram incitadas por propaganda diabólica e, muitas vezes, voltavam para as grandes cidades espumando de raiva contra o inimigo coletivo, a Liga Spartakista, em pouco tempo passaram a apoiar a revolução. Antes de tudo, porém, os trabalhadores apelavam cada vez mais intensivamente a sua arma mais genuína, a greve. Da Alta Silésia e da industrializada Renânia-Vestfália, as greves inundavam o país. Surgiram novas formas de organizar e liderar as greves. No campo da "ordem", o ímpeto dessas greves, das quais participavam centenas de milhares de pessoas, provocou pânico. O governo socialista preparava a sujeição militar dos trabalhadores em greve, e mesmo o membro mais à esquerda do governo, Emil Barth, dizia que a revolução gloriosa ameaçava degenerar num grande movimento salarial. Posteriormente, historiadores bem-intencionados atacaram os trabalhadores alemães, dizendo que não demonstraram nenhum idealismo, esqueceram-se das grandes tarefas da revolução e pensaram apenas em sua própria existência miserável. Quanta falta de compreensão histórica! Como é que os trabalhadores poderiam não querer valorizar a posição de poder que conquistaram pela revolução para melhorar ao menos minimamente sua situação, após anos de extrema fome? Mas as greves não eram um simples movimento salarial. Eram parte da revolução. Não se tratava apenas do sentido histórico, mas também dos objetivos, abertamente declarados, que visavam ao poder nas fábricas e à real socialização da produção.

Rosa Luxemburgo conhecia o papel das lutas econômicas em tempos de convulsão social desde a Revolução de 1905. Ela já esperava esse turbilhão. Em seu escrito *Greve de massas, partido e sindicatos*, anunciara:

Um período revolucionário alteraria, mesmo na Alemanha, o caráter da luta sindical e poderia potenciá-la em tal medida, que a atual guerra de guerrilha dos sindicatos seria uma brincadeira de crianças diante daquela. E, por outro lado, essa simples tormenta de greves de massas econômicas estimularia e daria novas forças à luta política. A interação entre a luta política e econômica, que constitui por assim dizer a mola propulsora das atuais greves de massas na Rússia e, ao mesmo tempo, o mecanismo regulador da ação revolucionária do proletariado, também seria na Alemanha consequência natural da própria situação.*

Essa profecia, que não fora compreendida na época em que fora escrita, foi superada pela realidade, na medida em que a tempestade de greves de massas expressava a vontade consciente de um objetivo maior, a economia socialista. Foi por isso que, num artigo intitulado "O Aqueronte em movimento", Rosa Luxemburgo exultou:

> Em vez de ficar à espera da felicidade com os decretos do governo ou com as decisões da famosa Assembleia Nacional, a massa recorre instintivamente ao único meio real que leva ao socialismo: à luta contra o capital. [...]
> O movimento grevista que está começando é uma prova de que a revolução política atingiu o fundamento social da sociedade. A revolução recorda-se de seu próprio fundamento original, empurra para o lado o cenário de papelão, com variações de pessoal e com decretos que ainda não mudaram a menor coisa nas relações sociais entre capital e trabalho, e sobe ela mesma ao palco dos acontecimentos. [...]
> Na revolução atual as greves que rebentaram não constituem um conflito "sindical" por ninharias, por aquilo que diz respeito à relação salarial. Elas são a resposta natural das massas ao poderoso abalo que as relações capitalistas sofreram devido ao colapso do imperialismo alemão e à breve revolução política dos trabalhadores e soldados. Elas são o início de um enfrentamento geral entre capital e trabalho na Alemanha, elas anunciam o começo da formidável luta de classes direta, cujo desfecho não pode ser senão a abolição da relação salarial e a introdução da economia socialista. Elas desencadeiam a força social viva da presente revolução: a energia revolucionária de classe das massas proletárias. Elas abrem o período da atividade direta das mais amplas massas, aquela atividade em que os decretos de socialização e as medidas de qualquer corpo representativo ou governo só podem constituir o fundo sonoro.**

---

* Rosa Luxemburgo, "Greve de massas, partido e sindicatos", em Isabel Loureiro (org.), *Rosa Luxemburgo: textos escolhidos*, v. 1, cit., p. 317. (N. E.)

** Rosa Luxemburgo, "O Aqueronte em movimento", em Isabel Loureiro (org.), *Rosa Luxemburgo*, v. 2, cit., p. 260-1. Publicado originalmente em *Die Rote Fahne*, Berlim, n. 12, 27 nov. 1918. (N. E.)

Rosa Luxemburgo estava otimista. Não havia dúvida de que as massas de trabalhadores marchavam em ritmo acelerado para a esquerda. No entanto, foi um avanço elementar, pressionado pela experiência direta, sem consequências políticas. A alternância entre a luta econômica e a política não aconteceu sem interrupções. Em especial, a formação dos conselhos estava atrasada em relação ao desenvolvimento das massas, o que era mais significativo, pois naqueles tempos de ebulição os conselhos podiam tanto exercer as funções públicas, a partir do direito revolucionário, como abdicar delas em favor das antigas instituições. E os sociais-democratas insistiam na abdicação. Eles reestruturaram o antigo aparelho estatal da Alemanha imperial, fornecendo à contrarrevolução uma arma poderosa e facilitando a organização das forças inimigas dos trabalhadores.

A contradição gritante entre o ânimo das massas e a vontade política dos antigos partidos apareceu claramente no I Congresso dos Conselhos de Trabalhadores e Soldados, que se reuniu de 16 a 20 de dezembro de 1918 em Berlim. O congresso não teve representantes eleitos diretamente, mas delegações de conselhos locais. Ele personificou a tomada de partido das massas nos primeiros dias da revolução, mas não as nobres ilusões da primeira hora. Representou o passado e não o presente, as pequenas e médias cidades, e não as grandes cidades ou os mais importantes centros industriais. A julgar por seu caráter político, era um senado, e não uma representação popular da classe dos trabalhadores. Dos 489 delegados, 288 eram sociais-democratas, 80 independentes e apenas 10 seguidores da Liga Spartakus. A realidade social do lado de fora era diferente.

Quando o congresso se reuniu, sua essência ainda era totalmente desconhecida. Foi recebido por toda a parte com grandes expectativas. Na *Rote Fahne*, Rosa Luxemburgo lhe atribuiu as seguintes tarefas: deposição do gabinete Ebert--Scheidemann-Haase, os lacaios da contrarrevolução; desarmamento de todas as tropas que não reconhecessem incondicionalmente o poder dos Conselhos dos Trabalhadores e Soldados; desarmamento da Guarda Branca, criada pelo governo, e formação de uma Guarda Vermelha; rejeição da Assembleia Nacional, considerada um atentado à revolução e aos Conselhos dos Trabalhadores e Soldados. Sob essa palavra de ordem, a Liga Spartakus conclamou os trabalhadores berlinenses a comparecer ao congresso. Centenas de milhares atenderam ao chamado. Foi a maior manifestação que Berlim jamais vira. Sobre o momento em que representantes das massas levaram suas exigências ao congresso, um grande jornal burguês escreveu: "Teve-se uma impressão semelhante à do rei Belsazar, quando a mão misteriosa escreveu seu *Mene Mene Tequel* na parede do salão". Os coordenadores do congresso entenderam os sinais. E apressaram-se em isolá-lo das massas. Fizeram com que se tomasse algumas decisões inócuas, que fornecessem boa cobertura, por exemplo, "tomar imediatamente todas as

Rosa Luxemburgo: pensamento e ação 285

medidas para o desarmamento da contrarrevolução". E então se tomou uma decisão crucial contra a revolução: "O Congresso Imperial dos Conselhos de Trabalhadores e Soldados da Alemanha, que representa integralmente o poder político, transfere o poder legislativo e executivo, até posterior regulamentação por parte da Assembleia Nacional, ao Conselho dos Delegados do Povo". Instalou-se uma Comissão Central, que deveria controlar os governos alemão e prussiano, mas que, na realidade, era apenas um disfarce da ditadura destes. As eleições para a Assembleia Nacional foram marcadas para o dia 19 de janeiro de 1919. Com isso, os Conselhos dos Trabalhadores e Soldados anularam a si mesmos. Eles entregaram à burguesia as chaves do poder.

Rosa Luxemburgo reconheceu quão grave fora o golpe que o congresso aplicara na revolução. Ela explicou assim o fracasso dos Conselhos:

Aqui se manifesta não somente a insuficiência geral do primeiro e imaturo estágio da revolução, mas também a dificuldade particular dessa revolução proletária, a especificidade de sua situação histórica. Em todas as revoluções anteriores os combatentes entravam na liça com o rosto descoberto: classe contra classe, programa contra programa, escudo contra escudo. [...]
Na revolução atual as tropas protetoras da antiga ordem não entram na liça com os escudos e as armas próprios das classes dominantes, mas sob a bandeira de um "partido social-democrata". [...] Se a questão central da revolução consistisse franca e honestamente em *capitalismo ou socialismo*, dúvidas e vacilações da grande massa do proletariado seriam hoje impossíveis.*

Rosa Luxemburgo permaneceu otimista, pois os soldados tiravam pouco a pouco o uniforme do imperialismo para vestir o avental dos trabalhadores e voltavam a tocar o húmus no qual se enraizava sua consciência de classe. E os gigantescos problemas causados pelo desemprego, pelas lutas econômicas entre o capital e o trabalho, pela falência do Estado, só cresciam. Necessariamente, a divisão em classes ficou mais nítida, a tensão revolucionária recrudesceu. Rosa Luxemburgo estabeleceu duas tarefas para o partido e para a classe: explicitação do objetivo e da essência da revolução, das artimanhas de seus inimigos, e defesa, consolidação e gradual ampliação das posições revolucionárias. Mas nada de ataques impensados, nada de lutas por objetivos que ainda não tivessem sido acatados pela esmagadora maioria da classe trabalhadora, nada de golpes! Um mês antes, ela já desvelara o pano de fundo da incitação caluniosa contra a Liga Spartakus:

---

* Rosa Luxemburgo, "Uma vitória de Pirro", em Isabel Loureiro (org.), *Rosa Luxemburgo*, v. 2, cit., p. 322. Publicado originalmente em *Die Rote Fahne*, Berlim, n. 36, 21 dez. 1918. (N. E.)

Mas existem outros que hoje precisam urgentemente do terror, do regime de terror e da anarquia; são os senhores burgueses, são todos os parasitas da economia capitalista que tremem por seus privilégios, seus lucros e seu direito de dominar. São esses que atribuem ao proletariado a culpa por uma anarquia inventada e golpes imaginários, para que seus agentes, no momento oportuno, desencadeiem golpes efetivos e uma anarquia real, visando a estrangular a revolução proletária, a deixar a ditadura socialista afundar no caos e, das ruínas da revolução, erigir para sempre a ditadura de classe do capital.

[...] De nosso observatório histórico olhamos o espetáculo com um sorriso de sangue-frio. Vemos a peça, os atores, a direção e os papéis.*

O tempo conspirava a favor da revolução. Mais do que todos os outros, os orquestradores da contrarrevolução sabiam disso, Ebert, seus camaradas e o estado-maior. O sucesso moral que obtiveram no congresso dos conselheiros iria se anular, se não conseguissem tirar seu poder o quanto antes. O objetivo do ataque foi rapidamente definido. A Marinha do Povo, que estava estacionada no coração de Berlim, no Palácio e, portanto, dominava o distrito governamental, livrara-se do conde Metternich após o golpe contrarrevolucionário de 6 de dezembro e elegera um marinheiro como líder. Ao mesmo tempo, decidira que, em caso de derrota do governo, defenderia os independentes. A tropa não era a favor dos spartakistas, mas era claramente a favor da revolução. Após o congresso dos conselheiros, provocou-se um conflito com os marinheiros. Uma enxurrada de calúnias – como se reconheceu mais tarde – caiu sobre eles. Foram feitas exigências e provocações que teriam significado a dissolução da tropa. Foram disparados tiros contra uma manifestação de marinheiros. Então, para assegurar seus direitos, os marinheiros fizeram o comandante Wels de refém.

Essa foi a desculpa para o ataque. Os marinheiros não estavam preparados para a luta, no Palácio estava apenas a guarda normal, com cerca de cem homens. Eles rejeitaram o ultimato feito sobre promessas mentirosas. Na manhã do dia 24 de dezembro, no sagrado dia de Natal, começou o bombardeio ao Palácio e à cavalariça pela artilharia, e durou horas. Em vão! Os marinheiros resistiram, a guarda de segurança e numerosos trabalhadores foram em seu auxílio. Mulheres se misturaram aos agressores, impedindo a ação fratricida, e convenceram-nos a depor as armas. À noite, o ataque havia fracassado. Houve deliberações, foi feita justiça aos marinheiros, e Wels, que nada sofrera durante a luta sangrenta, teve de renunciar ao cargo de comandante.

---

* Idem, "Uma peça ousada", em Isabel Loureiro (org.), *Rosa Luxemburgo*, v. 2, cit., p. 251-2. Publicado originalmente em *Die Rote Fahne*, Berlim, n. 9, 24 nov. 1918. (N. E.)

Essa foi a primeira vitória da revolução. Mas, por causa dela, o fosso entre a revolução e a contrarrevolução se aprofundou. Se houve em algum momento uma chance de entendimento entre as classes, esta se tornara impossível. Após o "Natal Sangrento" de Berlim, a batalha decisiva era inevitável.

A fundação do Partido Comunista

O que era essa Liga Spartakus, a cuja frente estavam Rosa Luxemburgo e Karl Liebknecht? Era uma organização independente, que contava alguns milhares de membros durante a guerra. Seu núcleo era constituído pela antiga esquerda da social-democracia, uma elite que se formara no marxismo e se educara nas concepções estratégicas de Rosa Luxemburgo. As forças ativas da Juventude Socialista haviam se associado a elementos de diversas origens sociais e políticas, cuja oposição decidida à guerra os conduzira à esquerda mais extrema do movimento operário. Todos haviam passado por perigos durante a guerra, coisa até então incomum dentro do movimento operário da Europa ocidental. Todos eram apoiadores entusiastas da revolução, contudo muitos ainda tinham uma concepção demasiado romântica do assunto. As imensas dificuldades do trabalho ilegal durante a guerra tinham impedido uma firme coordenação organizacional. A Liga era, até então, apenas uma federação de grupos locais, encontrados em quase todas as grandes cidades, mas não configurava um partido. Quando o Partido Social-Democrata Independente Alemão se formou, na Páscoa de 1917, a Liga Spartakus se associou a ele. No entanto, manteve sua organização, com programa e disciplina própria. Queria ter a possibilidade de lutar, dentro de uma organização forte, por suas próprias convicções. É fácil instituir uma "simples bandeira", mas a missão é fazê--la chegar às massas, para conquistá-las – assim Rosa Luxemburgo justificara essa práxis no jornal *Kampf* [luta], de Duisburgo. No entanto, poucos grupos tinham mobilidade suficiente para aproveitar as grandes oportunidades de conquistas organizacionais que se apresentavam naquele momento.

Ao lado da Liga Spartakus, havia o grupo dos radicais de esquerda, sediado em Bremen, mas com ramificações no Norte, na Saxônia e na Renânia. Eles publicavam legalmente o semanário *Arbeiterpolitik*, concordavam com a Liga Spartakus em questões fundamentais, mas desde o início eram mais ligados aos bolcheviques. Coincidências no surgimento, antigas divergências dos tempos dos movimentos russo e polonês e nuances relativas a determinadas concepções táticas haviam impedido uma unidade organizacional. Por fim, o que separava os radicais de esquerda dos spartakistas era pouco mais do que a questão da adesão aos independentes, que fora rejeitada por aqueles.

Assim, a ala esquerda do movimento operário alemão entrara na revolução organizacionalmente incompleto. Era urgente unificar essas duas entidades paralelas e, antes de tudo, criar um partido unido em torno de um centro. Somente isso poderia dar estrutura e programa unificados a um movimento revolucionário espontâneo. Um pressuposto importante era esclarecer o partido dos independentes. Estes estavam profundamente divididos. Os líderes se uniram a Ebert e Scheidemann, decidiram com eles todos os atos oficiais do governo, embora não soubessem detalhes das ações assumidamente contrarrevolucionárias da camarilha de Ebert. Eles eram usados e se deixavam usar, porque se sentiam ligados em sentimento e pensamento ao Estado burguês. Temiam a cooperação com os partidos burgueses, olhavam para o passado e ansiavam desempenhar novamente o papel de partido de oposição parlamentar, um partido que não dava as costas à "luta de classes". Contra eles, começava a surgir dentro do próprio partido uma oposição crescente, a qual, do ponto de vista político, não era muito clara e organizada, mas rejeitava decididamente a política dos líderes no governo. Pelo menos desde o golpe contrarrevolucionário de 6 de dezembro, a oposição tinha, nos centros mais importantes (Berlim, Saxônia, Renânia) a maioria a seu favor.

A Liga Spartakus esforçou-se para conquistar essa ala instintivamente revolucionária. Isso exigiu a convocação imediata de um congresso do partido. A Assembleia Geral dos Independentes da Grande Berlim se associou quase que unanimemente a essa solicitação, após um duro discurso de Rosa Luxemburgo. Outras organizações a seguiram. No entanto, a liderança do partido resistiu a essa insistência da esquerda com uma obstinação que não conseguia demonstrar contra as exigências descabidas da ala direita dos socialistas. Eles sabiam que um congresso do partido significaria a derrota e provavelmente a perda da liderança.

Entrementes, a luta entre revolução e contrarrevolução exigia grandes decisões. A criação de um partido eficiente era imprescindível. Por isso, a coordenação da Liga Spartakus convocou uma conferência imperial própria para o fim daquele ano. Seu primeiro ato foi a fundação do Partido Comunista Alemão (Liga Spartakus). Os radicais de esquerda, que também estavam reunidos, juntaram-se ao novo partido.

A questão mais importante que tinham de decidir era se o partido concorreria às eleições para a Assembleia Nacional. Rosa Luxemburgo já se pronunciara a favor da participação na *Rote Fahne*. Ela manteve o ponto de vista de que o objetivo da Assembleia Nacional seria consolidar mais uma vez o regime burguês. Por isso, a atuação dos socialistas não poderia ter o mesmo caráter que tivera no Parlamento, não poderia ter como objetivo a reforma do regime capitalista:

> Agora estamos no meio da revolução e a Assembleia Nacional é uma fortaleza contrarrevolucionária erigida contra o proletariado revolucionário. Chegou o momento de atacar e demolir essa fortaleza. As eleições, a tribuna da Assembleia Nacional, devem ser utilizadas para mobilizar as massas contra a própria Assembleia, para chama-las à luta mais acerba. [...]

Denunciar em alto e bom som todos os truques e artimanhas da prezada assembleia, desmascarar passo a passo, diante das massas, sua obra contrarrevolucionária, chamá-las a decidir, a intervir – eis a tarefa dos participantes da Assembleia Nacional.*

A coordenação da Liga Spartakus concordou com a concepção de Rosa Luxemburgo, embora Liebknecht admitisse que ia dormir a favor da Assembleia Nacional para acordar contra ela. Contudo a grande maioria dos delegados e dos membros não conseguiu superar a contradição entre a rejeição básica da Assembleia Nacional e a participação nas eleições. O exemplo russo ainda estava muito vivo diante de seus olhos e, ao mesmo tempo, eles consideraram apenas a vitória de outubro, não os preparativos para essa vitória, com suas manobras cuidadosas e frequentemente complicadas. Para essa maioria, a vitória da revolução alemã era tão certa que a participação nas eleições para o Parlamento parecia um desvio preocupante, se não perigosa. Em vão, Rosa Luxemburgo alertou para que avaliassem corretamente as dificuldades, preparando-se no longo caminho para o objetivo final e não dispensando nenhuma forma de conquistar as mentes. O congresso do partido rejeitou a participação nas eleições por 62 votos a 23. Leo Jogiches ficou profundamente abalado com o resultado. Viu nisso um sinal de que a fundação do partido fora precipitada. Mas Rosa considerou que é normal um recém-nascido gritar e, em carta à preocupada Clara Zetkin, expressou a convicção de que o jovem partido encontraria seu caminho em meio aos equívocos, pois abrangia o melhor núcleo do proletariado alemão.

A tensão que surgira no congresso do partido entre a liderança e os novos elementos, cheios de ímpeto e vigor, foi superada quando Rosa Luxemburgo discursou sobre o programa do partido. Preocupados, os delegados perceberam com que força de vontade ela manteve ereto o corpo exausto. No entanto, mal começou a falar e a inspiração fez o milagre. Toda a fraqueza a deixou. Toda a energia se concentrou no cérebro e desencadeou novamente o temperamento apaixonado. Pela última vez, o feitiço da grande oradora chegou às massas, convencendo, envolvendo, inebriando e incendiando: experiência inesquecível para os que a vivenciaram – pela última vez – enlevados pelo voo intelectual daquela mulher genial.

O discurso estava cheio de disposição para agir e de vontade de vencer. Ao mesmo tempo, porém, precisava conter expectativas exageradas, aguçar o olhar para a realidade e assegurar a capacidade de manobra do partido. Rosa previa um desenvolvimento longo e irregular, tal como escrevera no programa spartakista:

---

* Idem, "As eleições para a Assembleia Nacional", em Isabel Loureiro (org.), *Rosa Luxemburgo*, v. 2, cit., p. 326-7. Publicado originalmente em *Die Rote Fahne*, Berlim, n. 38, 23 dez. 1918. (N. E.)

a revolução proletária só conseguiria se impor gradualmente, passo a passo, no calvário das experiências amargas, das vitórias e das derrotas.

> Não podemos continuar a alimentar, a repetir a ilusão do primeiro período da revolução, do 9 de novembro, como se para fazer a revolução socialista bastasse derrubar o governo capitalista, substituindo-o por outro. Não se pode conduzir a revolução socialista à vitória, a não ser que se proceda da maneira inversa: minando, passo a passo, o governo Ebert-Scheidemann por uma luta de massa do proletariado, social e revolucionária; gostaria de lembrar-lhes aqui uma série de insuficiências da revolução alemã, que não foram superadas com a primeira fase e que mostram com clareza que, infelizmente, ainda não chegamos ao ponto de garantir a vitória do socialismo derrubando o governo. Tentei mostrar-lhes que a revolução de 9 de novembro foi principalmente uma revolução política, quando precisa tornar-se sobretudo econômica. Mas foi também apenas uma revolução urbana, o campo não foi praticamente tocado. [...] Se quisermos seriamente uma reestruturação socialista, vocês precisam prestar atenção, tanto ao campo quanto à cidade, e, nesse ponto, infelizmente, não nos encontramos sequer no começo do começo.
>
> [...] a história não nos faz a tarefa tão fácil como nas revoluções burguesas, em que bastava derrubar o poder oficial no centro e substituí-lo por alguns homens, ou por algumas dúzias de homens novos. Precisamos trabalhar de baixo para cima, o que corresponde precisamente ao caráter de massa de nossa revolução, cujos objetivos visam aos fundamentos, ao solo da constituição social [...]. É na base, onde cada patrão se defronta com seus escravos assalariados, na base, onde todos os órgãos executivos da dominação política de classe se defrontam com os objetos dessa dominação, as massas, é lá que devemos arrancar, passo a passo, os instrumentos de poder aos dominantes, pondo-os em nossas mãos. Tal como o descrevo, o processo parece talvez mais demorado do que se estava inclinado a ver num primeiro momento. Penso que é saudável para nós encararmos com plena clareza todas as dificuldades e complicações dessa revolução. [...] Não pretendo profetizar de quanto tempo esse processo precisa. Qual de nós faz a conta, qual de nós se preocupa com que nossa vida mal baste para consegui-lo? Importa somente que saibamos com clareza e precisão o que temos de fazer.*

---

* Rosa Luxemburgo, "Congresso de fundação do Partido Comunista Alemão (KPD), de 30 de dezembro de 1918 a 1o de janeiro de 1919, em Berlim", em Isabel Loureiro (org.), *Rosa Luxemburgo*, v. 2, cit., p. 366-70. (N. E.)

O caminho para a morte

A batalha de janeiro

Rosa Luxemburgo proferira esse discurso no dia 1º de janeiro de 1919 e ele continha, em sua conclusão, uma exortação à avaliação realista da situação, à preparação obstinada do caminho para a revolução, à criação dos pressupostos sociais para a batalha decisiva. Poucos dias depois, começou a luta de rua em Berlim que levou à derrota da classe trabalhadora, abriu caminho para a contrarrevolução e recebeu o nome de Insurreição Spartakista. Como devemos compreender essa brusca mudança? Foi resultado da decisão infeliz de rejeitar a participação do partido nas eleições para a Assembleia Nacional? Essa decisão levou necessariamente à obstrução violenta da Assembleia Nacional? De forma alguma! Nenhum dos delegados cogitava isso. E a direção da Liga Spartakus, o novo Partido Comunista, nunca cogitou alterar a linha tática que Rosa estabelecera em concordância com os camaradas da liderança. Teriam sido os bolcheviques da Embaixada Russa em Berlim que empurraram os spartakistas para uma ofensiva preemptiva irracional, como às vezes afirmam os livros de história? Mas não havia Embaixada Russa em Berlim. O governo do príncipe Max von Baden a fechara em 4 de novembro, baseando-se numa alegação falsa de Philipp Scheidemann: um caso de incêndio do Parlamento *en miniature*. Radek era o único "russo" em Berlim e as cartas que escreveu durante as batalhas de janeiro são uma clara refutação dessa lenda. No mais, nem Rosa nem Leo se deixariam levar por "conselheiros" a uma aventura como essa. Assim, resta como única explicação que Rosa e seus amigos tentaram repentinamente, sem motivo suficiente ou qualquer preparação, um golpe geral, ou seja, eles perderam a cabeça. Há pessoas sérias que acreditam nisso, porque não têm coragem de encarar a verdade.

A verdade é: não houve Insurreição Spartakista. E há provas irrefutáveis disso. Os editoriais da *Rote Fahne* nos dias mais difíceis, nos quais está espelhada a política da Liga Spartakus: 1º de janeiro: "Por trás dos cenários da contrarrevolução" (documentos oficiais sobre a guerra contra a Rússia, retomada pela contrarrevolução alemã); 2 de janeiro: "Traficantes de escravos" (sobre o mesmo assunto); 3 de janeiro: "O primeiro congresso do partido"; 4 de janeiro: "As perspectivas da revolução na Itália"; 5 de janeiro: "Os carrascos do capital mineiro" (luta econômica na região industrial do Ruhr); 6 de janeiro: "Desempregados". Esses títulos mostram claramente que a liderança do Partido Comunista contava, a médio prazo, com o desenvolvimento constante da revolução, e de forma alguma com uma luta armada nas ruas de Berlim.

A verdade é que as batalhas de janeiro foram preparadas com cuidado e determinação pela direção da contrarrevolução e ardilosamente incitadas. Elas têm origem num plano tão diabólico que não há paralelo na história moderna, e só encontra similar nas artimanhas políticas do fascismo. Deixemos que os fatos falem por si.

No chamado processo *Dolchstoß* [punhalada pelas costas], ocorrido em Munique em outubro de 1925, o general Groener descreveu, sob juramento, a conspiração de Ebert com o estado-maior. Acerca da batalha de janeiro, declarou: "No dia 29 de dezembro, Ebert mandou chamar Noske para liderar as tropas contra os spartakistas. No dia 29, reuniram-se as associações de voluntários e a batalha podia começar". Portanto, no mesmo dia em que se reuniu o congresso de fundação do Partido Comunista, decidiu-se dar curso à batalha decisiva em Berlim. Os preparativos vinham de longe. Semanas antes, as associações de voluntários foram reunidas sob pretexto de defender as fronteiras, mas o objetivo era treiná-las para a guerra civil. No dia 27 de dezembro, começou a concentração das tropas na entrada de Berlim. Visto que não conseguiria esconder a preparação militar, Ebert conseguira que fosse aprovada pelos membros independentes do governo apresentando alegações falsas. E como não assumiriam a responsabilidade de uma guerra civil declarada, eles tinham de ser afastados do governo. O golpe contra os marinheiros na noite de Natal os deixara desconfiados. Em 27 de dezembro, foram chamados para aprovar o despautério de devolver o poder de comando ao antigo estado-maior, estruturar um novo exército e iniciar uma guerra contra Polônia e Rússia (a guerra contra a Rússia já estava acontecendo no Báltico; Polônia ainda era o cognome de Berlim). Essa afronta levou à ruptura. Os independentes renunciaram no final do ano. Formou-se um governo com a ala direita dos socialistas, Ebert, Scheidemann, Landsberg, Wissel e Noske. Este último assumiu o comando geral das tropas da guerra civil com a observação: "Alguém vai ter de ser o sabujo!". "Já nos primeiros dias de janeiro acontecera, no prédio do estado-maior em Berlim, uma reunião dos líderes das milícias para acertar os detalhes da marcha sobre Berlim, da qual participara também Noske, que acabara de voltar de Kiel", relata o general Maercker em suas memórias.

No dia 4 de janeiro, Ebert e Noske foram inspecionar as tropas na entrada de Berlim. Pode-se imaginar que poder militar era aquele pela relação do general Maercker: Corpo Voluntário de Guardas Rurais, Divisão de Guarda-Cavalaria--Atiradores, 17ª e 31ª Divisões de Infantaria, Corpo de Fuzileiros Regionais, Corpo de Voluntários Hülsen. Para disfarçar o tamanho das tropas, chamaram tudo de Batalhão Lüttwitz; Maercker usava a denominação "Comando Geral Ampliado". O equipamento era de guerra, não faltavam nem lança-chamas.

Paralelamente aos preparativos militares, aconteciam os preparativos "morais" para a guerra civil. Após o sangrento 24 de dezembro, a imprensa publicou a mais impressionante incitação contra a "Spartakus", a qual só piorava e era encabeçada pelo *Vorwärts*. Em 29 de dezembro, quando massas incalculáveis acompanharam o cortejo fúnebre das vítimas da luta dos marinheiros, a social-democracia as conclamou para uma contramanifestação. No panfleto que acompanhava essa conclamação, lê-se:

> As atividades condenáveis de Liebknecht e Rosa Luxemburgo enxovalham a revolução e põem em perigo todas as suas conquistas. Nem um minuto mais as massas podem ficar paradas, observando como esses criminosos e seus asseclas paralisam a ação das entidades republicanas, incitam o povo à guerra civil, sufocam com mãos imundas o direito da livre manifestação das ideias. Com mentiras, calúnias e violência, querem destruir todos que têm a coragem de se colocar em seu caminho. Com arrogância desmedida, pretendem-se os donos de Berlim [...].

Nessa manifestação foi distribuído um panfleto do Conselho de Cidadãos, no qual, novamente, se conclamava ao assassinato de Liebknecht: "Os golpes do Grupo Spartakista (!) no Natal levam diretamente ao abismo. [...] Só é possível combater a violência gratuita desse bando de criminosos com a mesma violência. [...] Vocês querem a paz? Então façam com que, homem a homem, o reinado de terror desses spartakistas tenha um fim. Querem liberdade? Então detenham os ladrões armados de Liebknecht!". Poucos dias depois, a cabeça de Karl Radek foi posta a prêmio (10 mil marcos) pela Liga Antibolchevique. Capitalistas e governo gastaram quantias vultosas com propaganda para os cidadãos.

Mas ainda faltava um pretexto para posicionar os canhões. Então, no dia 1º de janeiro, o *Politisch-Parlamentarische Nachrichten* [Notícias Político-Par-lamentares], publicado pelos sociais-democratas, deu início a uma campanha difamatória contra o chefe de polícia berlinense Eichhorn. Esse homem, cuja honestidade estava acima de qualquer suspeita entre os líderes social-democratas, era acusado de desvio de verbas públicas. As mesmas pessoas que concentravam tropas contra Berlim culpavam Eichhorn de preparar a guerra civil; e sabiam que ele nem sequer tinha armas suficientes para o policiamento das ruas. No dia 3 de janeiro, ele teve de se apresentar no Ministério do Interior, onde foi recebido com uma avalanche de acusações e com a exigência de sua renúncia. Ele solicitou um dia de prazo para contestar as acusações por escrito. Mas havia pressa. Temia-se tal documento. Assim, Eichhorn foi deposto na manhã de 4 de janeiro, antes do fim do prazo. O social-democrata Eugen Ernst, que posteriormente apoiou o governo Kapp, foi designado para o seu lugar. Eichhorn recusou-se a acatar a ordem de renúncia. Se renunciasse, admitiria a acusação. Ele precisava preservar sua honra. Não era subordinado ao Ministro do Interior, mas ao Conselho Executivo berlinense; não podia violar o direito instaurado pela Revolução de Novembro nem entregar uma posição importante à contrarrevolução.

Ele assumiu um compromisso com a primeira postura por influência da direção berlinense dos sociais-democratas independentes, que estava reunida com os representantes revolucionários justamente quando chegou a ordem de renúncia. Mas Eichhorn deu ao governo mais uma chance de resolver o conflito. Ele se dispôs a submeter-se ao Conselho Central Imperial dos Conselhos de Trabalhadores e Soldados, no qual a ala da direita era maioria. Os integrantes do governo rejeitaram a proposta. Eles queriam um agravamento do conflito, um motivo para a intervenção militar. A direção do partido independente e os representantes revolucionários decidiram conclamar a classe berlinense dos trabalhadores para uma manifestação em 5 de janeiro. O Partido Comunista se juntou a eles. Centenas de milhares atenderam ao chamado. Em gigantescas colunas, eles atravessaram Berlim até a Chefatura de Polícia, onde chegaram no momento em que Eichhorn estava para ser expulso. Eles o conjuraram a ficar, queriam preservar essa posição de poder da revolução.

Sob influência dessa monumental manifestação, estavam reunidos a direção dos independentes, os representantes revolucionários e dois representantes do Partido Comunista, Karl Liebknecht e Wilhelm Pieck. Eles achavam que tinham as guarnições berlinenses a seu favor. Foram prometidos reforços militares de Spandau e Frankfurt-an-der-Oder. Assim, nessa reunião decidiu-se que eles resistiriam à exoneração de Eichhorn e tentariam destituir o governo Ebert-Scheidemann. Formou-se uma comissão revolucionária, cujos líderes eram Georg Ledebour, Karl Liebknecht e Paul Scholze.

Essa resolução fora bem pensada, correspondia à real relação de forças, os responsáveis seriam capazes de liderar a empreitada? Isso se verá. Em todo caso, o que aconteceu durante a reunião tornou a luta inevitável. Já em 25 de dezembro, grupos de trabalhadores revolucionários ocuparam espontaneamente – em resposta aos tiros contra os marinheiros no Palácio – o *Vorwärts*. A ação foi motivada pela indignação com a postura do jornal, que pertencia aos trabalhadores berlinenses e fora tomado pela direção do partido durante a guerra por meio de um golpe. Ao final da grande manifestação de 5 de janeiro, a palavra de ordem era ocupar novamente o *Vorwärts*. Foi como um rastilho de pólvora. Um grupo de trabalhadores se apoderou da sede da ala direita dos socialistas e da gráfica. Nessa mesma noite foram ocupadas as gráficas de todos os jornais importantes e, no dia seguinte, a gráfica imperial – que imprimia papel-moeda. Sem dúvida, essas ações agradaram ao espírito das massas. Mas dessa vez as massas agiram por motivação externa. Essa motivação vinha do campo inimigo. Diante de um tribunal insuspeito – a Comissão de Investigação do Parlamento Prussiano –, constatou-se que todas essas ocupações de jornais haviam sido executadas sob a liderança de delatores do comandante de Polícia berlinense ou por elementos extremamente duvidosos. À frente do grupo que ocupara o *Vorwärts*, estava o garçom Alfred Roland, que foi desmascarado posteriormente como um perigoso provocador. Assim, nada fora esquecido no grande complô para a derrocada militar dos trabalhadores berlinenses. Após a concentração das tropas, a resolução definitiva da ação, a instalação do comandante geral Noske e da exoneração provocativa de Eichhorn, havia agora um argumento "democrático": a salvação da liberdade de imprensa.

A Liga Spartakus e a insurreição de janeiro

A iniciativa para essa luta decisiva partira, portanto, da contrarrevolução. Mas a classe dos trabalhadores tinha alguns trunfos poderosos na manga. Ainda possuía armas e vontade de lutar. Uma ação planejada provavelmente teria arrastado com ela os regimentos berlinenses que haviam se declarado neutros. Uma luta de rua intensa e sabiamente organizada teria sido um desafio para os militares. A vitória em Berlim não era impossível, mas havia perigos por trás dessa vitória, na demora do movimento no interior.

A derrota em Berlim foi selada pelo fracasso da liderança. A corporação, que anunciara tão afoitamente a conquista do poder, não sabia o que fazer com ele. A Comissão Revolucionária emitiu uma conclamação para uma manifestação em 6 de janeiro, distribuiu algumas armas e empreendeu uma tentativa de ocupar o Ministério da Guerra. Isso foi tudo. Não se preocupou com as tropas que haviam ocupado os jornais, não lhes atribuiu tarefas, abandonou-as em prédios que nem tinham valor estratégico. A única medida militar razoável, a ocupação das estações ferroviárias, aconteceu por iniciativa dos próprios trabalhadores. A Comissão perdeu dias e noites em intermináveis e infrutíferas discussões e acabou agarrando-se a negociações com o inimigo que só desorientavam e desmoralizavam suas próprias fileiras.

No entanto, o que dizia o Partido Comunista, o que dizia Rosa Luxemburgo sobre a insurreição? Liebknecht e Pieck se empenharam por ela e o prestígio de Liebknecht certamente colaborou para a decisão. Seu ímpeto o levara longe demais, ele que era um instigador audacioso, mas não um político ou um estrategista de raciocínio frio. Ele e Pieck agiram sem o conhecimento da direção do partido e esta não concordava com uma luta que significava uma decisão final. Rosa Luxemburgo teve discussões seriíssimas com Liebknecht por causa de seu *motu proprio*. Admirada e indignada, ela lhe recordou as regras táticas do programa spartakista.

Rosa não rejeitava a luta por princípio. Mas queria assegurar seu caráter de luta defensiva. A situação ainda não parecia madura para uma luta pelo poder político. O Partido Comunista conquistara simpatias entre as massas ativas de Berlim, mas ainda não era uma liderança reconhecida da classe e não estava pronto para organizar as tarefas monumentais de uma luta pelo poder, e muito menos de exercer, ele próprio, esse poder. Por esses motivos, Rosa era a favor da resistência contra o golpe contrarrevolucionário a partir de objetivos que não desencorajassem as massas indecisas de trabalhadores e soldados, mas que as fizessem progredir substancialmente. Por isso, enquanto durou a luta, a *Rote Fahne* insistiu sistematicamente nas palavras de ordem: desarmamento da contrarrevolução, armamento do proletariado, unificação de todas as tropas fiéis à revolução e novas eleições para os Conselhos de Trabalhadores e Soldados, para derrubar o governo Ebert-Scheidemann com esses fundamentos revolucionários e transformar os Conselhos em verdadeiros centros de ação. A concretização desse programa pressupunha a vitória em Berlim, o que também daria um impulso enorme ao movimento. Por isso, Rosa Luxemburgo insistia em levar adiante, com toda a energia, a luta já começada. Dia após dia, incentivava os líderes do movimento a agir. Em 7 de janeiro, escreveu na *Rote Fahne*:

> Mas será que seus dirigentes, os órgãos executores de sua vontade estão à altura? Será que, entretanto, os delegados revolucionários e os homens de confiança das grandes empresas, os elementos radicais do USPD cresceram em termos de energia e determinação? Estará sua capacidade de agir à altura da crescente energia das massas? [...] Elas estão à espera de novas instruções e de ações de seus líderes. O que estes fizeram, entretanto, o que decidiram? [...] Nós não vemos nem ouvimos nada! Pode ser que os homens de confiança do operariado estejam a deliberar profunda e abundantemente. Contudo, chegou a hora de agir.
>
> Os Ebert-Scheidemann certamente não desperdiçam seu tempo com deliberações. Com toda a certeza não estão dormindo. Eles estão secretamente preparando suas intrigas com a energia e a precaução habituais dos contrarrevolucionários, afiando a espada para, de repente, atacar e assassinar a revolução.
>
> [...] Não há tempo a perder. É preciso tomar medidas enérgicas. [...] Os elementos indecisos entre as tropas só podem ser conquistados pela ação decidida e clara dos corpos revolucionários em prol da causa sagrada do povo. Ajam! Ajam! Corajosa, decidida, consistentemente – eis o dever e a obrigação absolutos dos delegados revolucionários e dos dirigentes partidários socialistas sinceros.

Desarmem a contrarrevolução, armem as massas, ocupem todas as posições de poder. Ajam rapidamente! A revolução o exige.*

Rosa Luxemburgo via uma armadilha nas negociações entre a liderança do partido e a parte contrária, e constantemente afirmava: "Agir, não negociar!". Ela estava absolutamente certa. Os homens de Ebert usavam essas negociações para desgastar os adversários e então, repentinamente, romper os combinados e a trégua, passando ao ataque com brutalidade ímpar.

Clara Zetkin descreve a política e as motivações de Rosa Luxemburgo naqueles dias. Em seu escrito sobre a posição de Rosa Luxemburgo em relação à Revolução Russa, ela relata, baseada numa carta de Leo Jogiches:

Rosa Luxemburgo não via os acontecimentos – por mais significativos e alvissareiros que fossem – sob a perspectiva da torre da prefeitura de Berlim. Ela os situou no contexto da situação real e, principalmente, no grau de percepção política das amplas camadas da população de toda a Alemanha. Por isso, a derrubada do governo Ebert poderia ser, a princípio, apenas uma palavra de ordem geral de propaganda dos proletários revolucionários, mas não o objeto tangível das lutas revolucionárias. Nas circunstâncias dadas, limitadas primariamente a Berlim, elas teriam levado, na melhor das hipóteses, a uma "Comuna" berlinense, e, ainda por cima, provavelmente num formato histórico mínimo. Mas o objetivo da luta só poderia ser a poderosa defesa contra o golpe da contrarrevolução; portanto, a reintegração de Eichhorn no cargo, o afastamento das tropas que deveriam subjugar o proletariado revolucionário berlinense pela violência, o armamento dos trabalhadores e a transferência do poder decisório militar para a representação política revolucionária dos proletários. Em prol dessas exigências, era necessário agir, não se podia negociar.

Ao jovem Partido Comunista, liderado por Rosa Luxemburgo, coube, a partir dessa situação, uma tarefa difícil e conflituosa. Ele não podia assumir o objetivo de ação das massas – derrubada do governo – como sendo o dele, tinha de recusá-lo, mas, ao mesmo tempo, não podia se separar das massas, que haviam iniciado a luta. Apesar de todas as oposições, ele tinha de ficar com as massas, no meio das massas, para fortalecê-las em sua luta contra a contrarrevolução e fortalecer o processo de amadurecimento revolucionário durante a ação, dando-lhes condições para sua progressiva conscientização. Para tal, o Partido Comunista tinha de mostrar sua cara, trabalhar sua avaliação em contornos claros, sem ferir a solidariedade proletária revolucionária que devia

---

* Idem, "O que fazem os dirigentes?", em Isabel Loureiro (org.), *Rosa Luxemburgo*, v. 2, cit., p. 376-8. Publicado originalmente em *Die Rote Fahne*, n. 7, 7 jan. 1919. (N. E.)

aos combatentes. Portanto, sua participação na luta tinha de ser negativamente crítica e positivamente incentivadora.[1]

Para Rosa Luxemburgo, acrescentava-se a essa argumentação um aspecto essencial. Ela alertara repetidamente para o fato de que, em tempos de tensão revolucionária, o desenvolvimento intelectual das massas pode avançar a passos gigantescos, assim que entrarem realmente em movimento. "As horas da revolução equivalem, na história mundial, a meses, e seus dias a anos." Crescia a ação no Império: na Renânia as tropas contrarrevolucionárias eram derrotadas em campo aberto; em Düsseldorf e no estado de Bremen, os Conselhos tomaram o poder. Uma luta travada com energia em Berlim conseguiu obrigar o adversário a fazer grandes concessões, assegurando novas posições para a revolução. A partir dessa concepção geral, Rosa Luxemburgo e, com ela, a direção do Partido Comunista, não podiam aceitar a exigência de Radek, feita logo no início da luta: por iniciativa do partido, convocar os trabalhadores em luta a se retirar, desistir. Além do mais, em janeiro de 1919, o Partido Comunista não estava ainda firme o suficiente, e seus quadros não estavam tão integrados quanto os do Partido Bolchevique em julho de 1917, quando conduziram com êxito uma retirada perigosa em situação semelhante. O Partido Comunista Alemão não podia assumir sozinho a liderança do ataque nem da retirada.

Todas essas reflexões justificam a política geral que o Partido Comunista manteve naquela semana crítica, sob a liderança de Rosa Luxemburgo. Mas ainda restam sérias dúvidas. A tática do partido consistia em defender politicamente a revolução ameaçada; essa defesa, porém, não podia ser passiva, mas devia obrigar, pela mobilização de toda a força do proletariado revolucionário e por ataques ofensivos, uma retirada política e militar do inimigo. Mas quando se evidenciou que a mobilização e a organização das massas não eram factíveis – e, por isso, uma ação militarmente ofensiva era impossível – e milhares de trabalhadores em luta estavam em posições estrategicamente desfavoráveis, não seria obrigação do partido pressionar os líderes da corporação a retirar a tempo os combatentes?

Na *Rote Fahne*, Rosa Luxemburgo aparecia apenas como crítica da liderança e, nesse momento, era o papel que lhe cabia. Mas o Partido Comunista estava engajado tanto na luta quanto no comando. Ele tinha responsabilidades compartilhadas com as demais organizações. Não se sabe que influência o Comitê Central exercia diretamente sobre a direção do movimento, se é que ele tinha alguma influência. Nada sabemos acerca das concepções que reinavam no Comitê Central, ao lado de Rosa, ou de suas resoluções e execuções. Karl Liebknecht

---

[1] Clara Zetkin, *Um Rosa Luxemburgs Stellung zur russischen Revolution* (Hamburgo, Kommunistischen Internationale, 1922).

estava constantemente ao lado dos combatentes; sempre em risco de morte, corria de posição em posição. Participava das escaramuças, aconselhava e dava apoio moral aos combatentes. No entanto, quase não se comunicava com a direção do partido. Nenhum documento, nenhuma memória publicada pelos membros da direção pode nos esclarecer sobre as concepções, as intenções, as medidas do Comitê Central, a não ser aquela carta de Leo Jogiches a Clara Zetkin.

Conforme o testemunho de colaboradoras que estavam quase sempre com ela nessa época, Rosa Luxemburgo estava passando por uma intensa mudança interior e exterior. Nos meses da revolução, com demandas inimagináveis, ela passou força e otimismo a todos, com sua energia, postura firme e personalidade alegre e ardente. Ela sempre encontrava tempo para cuidar dos outros. Um olhar de aprovação, uma observação irônica – que ela fazia com tanta delicadeza que a vergonha logo se transformava em um sentimento de ligação mútua – encorajavam as pessoas a novos e constantes esforços. Assim como para o movimento, Rosa era uma chama ardente para a pequena equipe de colaboradores entusiasmados e fiéis. E ela mesma se sentia feliz na agitação da revolução, que trouxe, além de tantas coisas grandes, muitas coisas difíceis.

Naquele momento, porém, notava-se que ela era agitada por lutas internas. Tornou-se taciturna e afastou-se dos outros. Até então, seu lema era: o espírito mantém o corpo. Com força de vontade, sempre soubera dominar a fraqueza física. Agora a vontade começava a falhar. O dispêndio de todas as suas forças nos dois meses anteriores completara a obra de destruição dos anos de guerra. Crises sérias de inconsciência repetiam-se diariamente. Toda exortação ao repouso, ao tratamento médico teriam soado para Rosa como um apelo à fuga. Quando percebia que alguém ia abordar o assunto, bastava um olhar dela para calar as palavras. A vontade travava uma última grande batalha contra o corpo. As vitórias, quase milagrosas, são os exemplares da *Rote Fahne*, os textos que não deixam transparecer, pelo poder da linguagem, a luta que fora produzi-los.

Mas essas vitórias eram parciais. Já não lhe era possível estruturar a política de forma coerente, sem contradições internas. E assim se levanta, de forma perturbadora, a questão: eram as forças físicas que já não bastavam para a missão, ou a essa grande líder, que como teórica e estrategista da luta de classes andava à frente com firmeza e convicção inabalável, faltava aquela última perfeição do comandante de exército que, sem atentar para os abalos momentâneos, consegue decidir com realismo e impor suas decisões nos momentos críticos – aquela perfeição do comandante revolucionário que em Lênin se tornou carne e vida? Não há como responder a essa pergunta...

Caçada humana

Na noite de 8 para 9 de janeiro, a casa na rua Wilhelm que abrigava a redação da *Rote Fahne* foi metralhada. Tentou-se uma arremetida, mas esta não foi levada a termo. É provável que os agressores temessem uma emboscada. Era sabido que os spartakistas tinham transformado a casa numa "fortaleza". Na realidade, havia apenas uma camarada na redação, que escapou ilesa. Nunca houve armas ou vigilância na casa. Uns poucos homens armados poderiam prender todos os que se encontravam na redação naquele momento. Esse episódio era um alerta sério. A três minutos do *Vorwärts*, o centro das lutas, a dois minutos da Praça Belle-Alliance, o ponto de concentração mais importante das tropas adversárias, o ataque era previsível. Em 9 de janeiro, a redação foi abandonada. Rosa, no entanto, parecia querer ignorar o perigo. Quando deixou a casa, já havia tropas do governo no portão. Rosa os mirou com atenção, decidiu que só a fome podia ter levado aquelas pessoas para o lado do inimigo e imediatamente começou a explicar-lhes seu erro. Só com muito esforço sua acompanhante conseguiu afastá-la da proximidade perigosa. Pouco depois, Hugo Eberlein avistou Rosa Luxemburgo debatendo acirradamente no meio de uma multidão, em plena zona de combate; quase teve de lançar mão da força para tirá-la dali. Rosa desprezava o perigo, ou melhor, ela o buscava, partindo de um sentimento romântico de responsabilidade que ordenava partilhar os perigos com o humilde combatente da revolução.

Por alguns dias, ela conseguiu hospedar-se na casa de um médico conhecido, perto do Portão de Halle, que também estava na zona de combate. Foi a primeira estação do caminho que a levaria à morte. Rosa e Leo queriam reprimir à força qualquer pensamento de perigo? Esses conspiradores experientes renunciaram às regras mais básicas de prevenção. Eles se encontravam em lugares públicos com os camaradas da direção e com os líderes dos grupos avulsos de trabalhadores, sempre dentro do estreito território onde se desenrolavam as principais lutas. Pareciam não perceber que a rede se fechava cada vez mais. Na noite de 10 de janeiro, a Chefatura de Polícia Municipal fez uma busca aos líderes independentes e comunistas do movimento. Georg Ledebour e Ernst Meyer foram presos em casa e submetidos a um tratamento que deixou claro que a intenção era assassiná-los.

A prisão de Ledebour era tanto mais estranha porque ele participara das negociações entre a ala direita dos socialistas e os independentes, negociações essas que deveriam ser finalizadas na manhã do dia 11 de janeiro. Mesmo o apelo ao governo não lhe trouxe a liberdade. O motivo se evidenciou de forma violenta. Os homens de Ebert saíram das negociações com todas as vantagens. Havia o "perigo" de que, ao final, os prédios ocupados pelos trabalhadores poderiam ser evacuados. Isso tinha de ser evitado a todo custo. A contrarrevolução precisava de uma vitória impactante. Isso se comprovou por uma declaração posterior do major von Stephani. Este recebeu ordens em 9 de janeiro para atacar o *Vorwärts*. Mas achou que, sem um preparo prévio da artilharia, a empreitada seria muito arriscada e disse que a evacuação da área deveria ser negociada com os ocupantes. No entanto, Brutus Molkenbuhr, filho de um membro conhecido da direção do partido, explicou-lhe que o *Vorwärts* tinha de ser tomado à força. Nas primeiras horas do dia 11 de janeiro, começou o ataque ao prédio com minas e armas pesadas, provocando destruição e muitas vítimas. Mesmo assim, os trabalhadores rechaçaram o ataque, que já era quase uma guerra. Seguiu-se um bombardeio de duas horas que tornou impossível manter a posição. Os trabalhadores enviaram interlocutores liderados pelo poeta trabalhador Werner Möller e pelo escritor Wolfgang Fernbach. Um dos interlocutores foi mandado de volta com a exigência de capitulação incondicional. Os trezentos trabalhadores que ainda permaneciam no prédio do *Vorwärts* se entregaram. No entanto, antes disso, os outros interlocutores foram brutalmente assassinados, junto com dois mensageiros presos. Começava o terror branco.

Após a tomada do *Vorwärts*, o desprotegido escritório do Partido Comunista na rua Friedrich foi invadido e destruído. Foram presos Leo Jogiches e Hugo Eberlein. Leo ainda conseguiu aconselhar a direção a deixar Berlim e colocar-se em segurança em Frankfurt am Main. Esse conselho foi energicamente confirmado por outro acontecimento. Uma camarada que deveria descobrir o que estava acontecendo na redação da *Rote Fahne* foi confundida com Rosa Luxemburgo e presa em plena rua. Ela passou longas horas de terror nas mãos dos soldados, o que não deixava dúvidas sobre o destino de Rosa se fosse presa. A camarada conseguiu fugir. Quando relatou a Rosa as ameaças de morte que recebeu e suplicou que ela fugisse, Rosa rejeitou terminantemente a ideia. Ela e Karl tinham de ficar em Berlim, para que a derrota não levasse à desmoralização dos trabalhadores, que não tinham como fugir do terror branco[2].

Ainda no dia 11 de janeiro, à noite, houve uma reunião no esconderijo de Rosa, perto do Portão de Halle, para a qual Liebknecht também fora convocado. No entanto, o local se tornara inseguro, assim Karl e Rosa foram acolhidos por uma família de trabalhadores em Neukölln. Certamente estariam mais seguros no subúrbio operário, onde o inimigo dificilmente se arriscaria a entrar. No dia 13 de janeiro, porém, um alarme provavelmente falso os fez sair de lá. Amigos em Wilmersdorf os acolheram.

---

[2] Tem-se comparado a atitude de Rosa Luxemburgo e Karl Liebknecht ao exemplo de Lênin, que depois de julho de 1917 decidiu fugir de seus perseguidores, considerando friamente a realidade. Segundo as memórias de Krúpskaya, sabe-se que ele e Zinóviev estavam dispostos a comparecer diante do tribunal. Eles fugiram apenas quando os trabalhadores bolcheviques exigiram isso.

302   PAUL FRÖLICH

Ali eles escreveram seus últimos textos. "Ainda em meio à luta, em meio à gritaria vitoriosa da contrarrevolução, os proletários revolucionários têm de prestar contas do acontecido, medindo ações e resultados segundo o grande critério histórico." Rosa queria introduzir essa percepção das causas da derrota em seu artigo "A ordem reina em Berlim". Ela alertou para o ponto fraco da revolução, a imaturidade política dos soldados, que continuavam a se deixar usar pelos oficiais para fins antipopulares. Nesse atraso dos soldados, ela via a expressão da imaturidade da revolução alemã. O campo mal fora tocado pela revolução; e mesmo que, nos centros econômicos mais importantes, os trabalhadores estivessem de corpo e alma a favor do proletariado berlinense, ainda faltava o compasso da marcha, a base direta e comum da ação. E, acima de tudo, as lutas econômicas, que alimentam a luta revolucionária de classes, estavam apenas no início de seu desenvolvimento. Naquele momento, portanto, não se podia contar com um sucesso definitivo e duradouro; e a luta teria sido um erro, se tivesse sido um ataque proposital. Mas fora a defesa contra uma provocação.

> Dessa contradição, numa fase inicial do desenvolvimento revolucionário, entre o agravamento da tarefa e a falta de condições prévias para sua solução, resulta que as lutas isoladas da revolução acabem formalmente em derrota. Mas a revolução é a única forma de "guerra" [...] em que a vitória final só pode ser preparada por uma série de "derrotas"!*

Cuidadosamente, Rosa Luxemburgo passou a apontar as fragilidades da ação. A autocrítica aprofundada, que ela via como um pressuposto indispensável da autoeducação das massas, ainda viria. Nesse momento de derrota era mais importante para ela trabalhar contra o perigo de pânico, recuperando a autoconfiança e a esperança dos combatentes vencidos. Mais intensamente do que a maioria dos camaradas, ela sentiu e percebeu a gravidade da derrota. No entanto, acreditava firmemente na vitória definitiva da revolução. E o seu próprio destino? Ela sabia que a morte a rondava. Estava preparada para tudo. Seus pensamentos, porém, estavam concentrados na ação do dia seguinte. No último trabalho de Karl Liebknecht – uma brilhante glorificação da ideia combativa da Liga Spartakus: "Pois Spartakus significa fogo e espírito, significa alma e coração, significa vontade e ação da revolução do proletariado!" –, a premonição da morte se apresenta num altivo: "Apesar de tudo isso!".

---

* Idem, "A ordem reina em Berlim", em Isabel Loureiro (org.), *Rosa Luxemburgo*, v. 2, cit., p. 399. Publicado originalmente em *Die Rote Fahne*, n. 14, 14 jan. 1919. (N. E.)

O assassinato

Quando Rosa Luxemburgo e Karl Liebknecht chegaram a Wilmersdorf, a armadilha já estava fechada em torno deles. Inúmeros delatores pagos, de várias instituições contrarrevolucionárias, agiam contra eles. A Liga Antibolchevique, uma fundação de barões russos, liderava a propaganda para o assassinato dos líderes dos trabalhadores. Dispunha de uma rede de delatores no Império todo. As cabeças de Liebknecht, Luxemburgo e Radek foram postas a prêmio. A seu serviço e a serviço da Chefatura de Polícia Municipal, estava o delator von Tyszka, que em 7 de dezembro prendera Karl Liebknecht. Esse Tyszka e o tenente Gürgen também se encarregaram da prisão de Ledebour e Meyer, em nome da Chefatura de Polícia. Havia outra organização de espionagem, mantida pelo Conselho de Cidadãos de Berlim, com filiais nos subúrbios e, além dela, a Divisão de Guarda-Cavalaria-Atiradores, instalada no Hotel Éden. Por fim, o Regimento Parlamentar, criado pela social-democracia, tinha uma central de espionagem que se denominava "Serviço de auxílio do Partido Social-Democrata, Seção 14". Posteriormente, num processo contra um certo Prinz, essa instituição foi considerada sob o prisma correto. Na época, o tribunal constatou que a Seção 14 do Regimento Parlamentar ofereceu, em nome de Philipp Scheidemann e do financista do Regimento, Georg Sklarz, notório agiota e especulador, um prêmio de 100 mil marcos pela cabeça de Karl Liebknecht e de Rosa Luxemburgo. Hesel, líder da Seção 14, Sonnenfeld, tesoureiro do Regimento, e Krasnik, oficial do Regimento, confessaram que Fritz Henck, genro de Scheidemann, confirmara que a recompensa estava de pé, o dinheiro estava à disposição. Vários membros do Regimento confirmaram essas declarações. Havia ordem de matar, mesmo que não por escrito. Teriam dito: quem trouxer Liebknecht e Luxemburgo, mortos ou vivos, receberá 100 mil marcos. Ao absolver Prinz da acusação de calúnia, o tribunal crucificou Scheidemann e Sklarz. Nenhum dos dois jamais ousou se redimir publicamente dessa condenação. E Scheidemann conviveu com Karl e Rosa por duas décadas no mesmo partido!

Organizações burguesas e social-democratas incitavam seus carrascos a buscar pistas dos dois líderes revolucionários. Trabalhavam juntas e, ao mesmo tempo, eram concorrentes. Tinham um intermediário na Chefatura de Polícia Municipal: o promotor Weißmann, homem de péssima fama, capaz das piores coisas, que, graças aos seus méritos naqueles dias de janeiro, foi promovido a secretário de Estado sob o governo de Friedrich Ebert, para preservar a ordem pública.

Não foi suficiente soltar na cidade uma matilha de caçadores de cabeças, voluntários e pagos. A incitação contra os spartakistas, que começara na época da Revolução de Novembro, em meio à felicidade da confraternização, tornou-se um coro de sádicos enlouquecidos. A imprensa acompanhava os assassinatos cometidos pelos soldados nos bairros operários com hinos aos "libertadores". Celebrava os muros que estavam respingados com o cérebro dos que foram executados sumaria-mente. Transformou a burguesia numa multidão sedenta de sangue, tomada por uma fúria denuncista que levava todos os suspeitos – revolucionários e inocentes – para a frente dos pelotões de fuzilamento. E toda essa histeria acabava no grito de ódio: Liebknecht, Luxemburgo! O cúmulo, não pela franqueza brutal, mas pelo despudor da convicção, foi o *Vorwärts* publicar, em 13 de janeiro, um poema de seu colaborador Artur Zickler, que terminava com os versos:

> Muitas centenas de mortos enfileirados –
>   proletários!
> Karl, Radek, Rosa e comparsas –
> Nenhum deles está aí, nenhum deles está aí!
>   Proletários!

Na quinta-feira, dia 16 de janeiro, o *Vorwärts* foi o primeiro jornal a publicar a notícia de que Liebknecht fora morto a tiros durante a fuga e Luxemburgo fora assassinada pela multidão.

O que acontecera? No dia 15 de janeiro à noite, em torno das nove horas da noite, Karl e Rosa foram presos em companhia de Wilhelm Pieck em seu últi-mo esconderijo, no número 53 da rua Mannheim, por uma tropa comandada pelo tenente Lindner e pelo hoteleiro Mehring, do Conselho de Cidadãos de Wilmersdorf. Inicialmente, os prisioneiros deram nomes falsos, mas obviamente foram identificados por um delator que ganhara a confiança de Liebknecht. Este foi levado para o quartel-general do Conselho de Cidadãos e dali para o Hotel Éden. Para lá também seguiram Rosa e Pieck, sob forte vigilância militar.

No Hotel Éden, sob comando do capitão Pabst, foi decidido e organizado o assassinato de Karl Liebknecht e Rosa Luxemburgo. Quando chegou, Liebkne-cht levou duas coronhadas na cabeça. Negaram-lhe os primeiros socorros. Rosa Luxemburgo e Pieck foram recebidos com histeria e xingamentos. Enquanto Pieck ficou sob vigilância num canto do corredor, Rosa e Karl foram arrastados até o capitão Pabst para "interrogatório". Pouco depois, Karl foi levado. Ao deixar o hotel, um marinheiro o atacou a coronhadas. Ele foi arrastado para dentro de um carro, no qual embarcaram o tenente-comandante Horst von Pflugk--Harttung, o capitão Heinz von Pflugk-Harttung, os tenentes Liepmann, von Rittgen, Stiege e Schultz e o caçador Friedrich. No Lago Neuen, já no zoológico, o quase inconsciente Liebknecht foi arrastado para fora do carro, levado alguns passos adiante e assassinado. O cadáver foi transportado a um pronto-socorro e apresentado como sendo de um desconhecido.

Pouco depois de Karl Liebknecht, Rosa Luxemburgo foi levada pelo tenente Vogel para fora do hotel. Esperava por ela no portão o soldado Runge, uma pessoa mentalmente degenerada que recebera dos tenentes Vogel e Pflugk-Harttung a ordem de abater Rosa Luxemburgo. Ele lhe esmagou o crânio com duas coronhadas. A semimorta foi jogada dentro de um carro. Alguns oficiais embarcaram. Um deles aplicou mais uma coronhada na cabeça de Rosa. O tenente Vogel a matou com um tiro na cabeça. O corpo sem vida foi levado para o zoológico e atirado da ponte Liechtenstein no canal Landwehr, de onde ressurgiu em maio de 1919.

Depois disso

> Como que chicoteados por espíritos invisíveis, os cavalos do tempo partem a galope arrastando a leve carruagem do nosso destino; e nada nos resta senão segurar corajosamente as rédeas. [...] Se devo cair, então que me derrube no abismo um trovão, uma tempestade ou até mesmo um passo em falso – lá estarei em companhia de muitos milhares. Com meus fiéis companheiros de guerra, nunca desprezei apostar meu sangue por um ganho pequeno; então como regatearia quando está em jogo o valor livre da vida? (Goethe, *Egmont*)

Essas palavras contêm um pouco da filosofia de vida de Rosa Luxemburgo. Ela sabia o preço da aposta quando começou a luta, pois muitos o pagaram antes dela. Ela sabia que o grande progresso histórico almejado por ela só se conquista quando muitos milhares correm para cobrir o ponto fraco. A dedicação de sua vida era a realização de um destino livremente escolhido. Com leveza, ela escreveu a Sonia Liebknecht: "Você sabe que eu, apesar de tudo, espero morrer a postos: numa batalha urbana ou na penitenciária"*.

Ninguém pode dizer como a atuação da Rosa teria influenciado o decurso da história nas duas últimas décadas, se teria lhe imposto um outro sentido. No entanto, já que ela não pôde assistir à vitória de sua causa, sua morte, abatida pelo inimigo no ápice da luta, aparece como o final significativo de uma vida de combatente. Isso a eleva acima do horror dessa morte. Esta se torna símbolo. Uma pessoa inculta, degenerada, embrutecida na lide bélica, destrói, sem saber o que está fazendo, apenas seguindo ordens, o maravilhoso recipiente que abriga o gênio. Assim, naqueles dias de janeiro, o cego Hödur, a ignorância e o servilismo das massas, derrubou, a serviço da barbárie capitalista, o anseio de liberdade do proletariado.

A notícia do assassinato de Karl e Rosa destruiu as últimas forças do velho Franz Mehring. Ele morreu em 29 de janeiro. Leo Jogiches, alquebrado pelo golpe do destino e apenas uma sombra de si mesmo, denunciou o crime contra

---

* Idem, carta a Sophie [Sonia] Liebknecht, Wronke, 2 maio 1917, em Isabel Loureiro (org.), *Rosa Luxemburgo*, v. 3, cit., p. 272. (N. E.)

os líderes da Liga Spartakus e publicou, além das declarações das testemunhas, um documento que teve o efeito de uma queimadura: a fotografia da festança dos assassinos após o crime. Ele assinou sua própria sentença de morte. No dia 10 de março 1919, foi preso e assassinado na cadeia da Chefatura de Polícia pelo delegado Tamschik. E, tal como seus líderes, milhares de trabalhadores revolucionários selaram sua lealdade ao spartakismo com a morte, caindo na luta ou vitimadas pelo terror branco.

Sobre os túmulos, a contrarrevolução dançava cancã. Achava que a revolução social estava destruída. Quanta alegria! A Justiça prostituída e a Razão de Estado se uniram para encobrir os crimes contra Luxemburgo e Liebknecht. O promotor Jörns acumulou fraude sobre fraude para apagar as pistas dos assassinatos. No entanto, a *Rote Fahne* denunciou o crime no país todo e despertou a consciência pública, de modo que ao menos parte dos assassinos teve de ser presa. A prisão se transformou então em forja de perjúrios, oficina de falsificações, boteco, bordel. Por fim, encenou-se uma cínica comédia jurídica, durante a qual a verdade apareceu, apesar da intimidação e do suborno. O tribunal de comparsas da Divisão de Guarda-Atiradores absolveu todos os assassinos de origem nobre. O tenente Liepmann foi condenado à prisão domiciliar. O tenente Vogel foi condenado a dois anos de prisão por crime de guarda e ocultação de cadáver. O soldado Runge foi condenado a dois anos de prisão por tentativa de assassinato. Logo após a condenação, Vogel recebeu de seus superiores um passaporte falso e um carro para sua fuga para a Holanda. Quando cansou de lá, foi anistiado.

O investigador Tamschik, assassino de Jogiches, ainda matou a tiros o líder dos marinheiros, Dorenbach, "em fuga". Por honra a esse mérito, o ministro Severing o promoveu a oficial da polícia de segurança prussiana.

À batalha de janeiro seguiu-se, de cidade em cidade, a campanha do exército de Noske, que salvou a república burguesa. Mas não para sempre. A vitória da contrarrevolução em janeiro de 1919 teve como consequência a vitória de Hitler em janeiro de 1933. Os assassinos ficaram por cima. O organizador do assassinato, o capitão Pabst, recebeu honrarias e glórias e Jörns tornou-se presidente do Tribunal do Povo nazista, encarnação acintosa da justiça fascista.

Muitos combatentes spartakistas foram jogados em campos de concentração ou assassinados lá. O legado de Rosa Luxemburgo foi pilhado em 1919 pelos soldados, obras de valor inestimável de autoria de seu gênio foram roubadas, espalhadas, destruídas. Em 1933, seus escritos, assim como outros bens culturais do povo alemão, foram queimados publicamente. O monumento que a classe trabalhadora berlinense consagrara a ela e aos que caíram com ela foi destruído.

No entanto, o pior foi a profanação de seu túmulo, perpetrada por aqueles que foram conclamados a preservar e multiplicar seu legado político. A memória de Rosa Luxemburgo foi desprezada, seu pensamento foi deformado e difamado, sua obra política foi falsificada, seus partidários foram execrados. Os nomes de Rosa Luxemburgo e Karl Liebknecht foram usados como bandeira para encobrir contravenções. Muitos de seus companheiros de luta e discípulos, alemães e poloneses, sofrem nas prisões russas em nome da lealdade a suas ideias. Muitos foram fuzilados, após terem sido privados de sua honra revolucionária.

O vento gelado de um longo período de reacionarismo soprou sobre o campo florido dos grandes e fecundos pensamentos.

Mesmo assim!

Quando o corpo de Rosa Luxemburgo foi jogado no canal, espalhou-se pelos bairros proletários alemães a narrativa de que não era verdade que ela fora assassinada, que ela estava viva e a salvo e voltaria para assumir a liderança do movimento revolucionário quando fosse chegado o momento. Ninguém podia acreditar que tanta vontade, entusiasmo e força espiritual pudessem ser destruídos por uma coronhada. Nessa crença há verdade. Não é só para o mundo físico que vale a lei da conservação da energia. Nem fogueira nem ordem ditatorial podem destruir os pensamentos que vivem na mente de grandes massas. O que tenta se interpor ao curso da história, o que tenta fazê-la andar para trás, é destruído, por mais terrível que pareça por algum tempo. Contudo, a semeadura espiritual dá frutos. Quem conhece os homens do Termidor? No entanto, as ideias de Babeuf, trinta anos após sua execução, deram vida ao movimento revolucionário do proletariado francês.

O cortejo triunfal da barbárie chegará ao seu limite. O Aqueronte voltará a fluir. Do espírito de Rosa Luxemburgo se erguerão os vencedores.

Manifestação em Berlim Oriental, 1978.

Obras de Rosa Luxemburgo em alemão

Die industrielle Entwicklung Polens (Leipzig, Duncker & Humbolt, 1898).

Sozialreform oder Revolution? Com um anexo: *Miliz und Militarismus* (Leipzig, Buchdruckerei und Leipziger Volkszeitung, 1899) [ed. bras.: "Reforma social ou revolução?" Com um anexo: "Milicia e militarismo", em Isabel Loureiro (org.), *Rosa Luxemburgo: textos escolhidos*, v. 1: *1899-1914*, São Paulo, Editora da Unesp, 2011].

Koalitionspolitik oder Klassenkampf? (intr. Paul Frölich, Berlim, Vereinigung Internationaler Verlagsanstalten, 1922).

Massenstreik, Partei und Gewerkschaften (Hamburgo, Erdmann Dubber, 1906) [ed. bras.: "Greve de massas, partido e sindicatos", em Isabel Loureiro, *Rosa Luxemburgo: textos escolhidos*, v. 1: *1899-1914*, São Paulo, Editora da Unesp, 2011].

Der Preußische Wahlrechtskampf und seine Lehren (Palestra, Frankfurt am Maim, 1910).

Einführung in die Nationalökonomie (ed. Paul Levi, Berlim, Laub, 1925).

Die Akkumulation des Kapitals: ein Beitrag zur ökonomischen Erklärung des Imperialismus (Berlim, Buchh. Vorwärts Singer, 1913) [ed. bras.: *A acumulação do capital*: contribuição para a explicação econômica do imperialismo. Trad. Marijane Vieira Lisboa e Otto Erich Walter Maas, 3. ed., São Paulo, Nova Cultural, 1988].

Militarismus, Krieg und Arbeiterklasse (Discurso de defesa diante do Tribunal Criminal de Frankfurt, 20 de fevereiro de 1914; intr. Paul Frölich, Berlim, Kommunist Partei Deutschlands, 1923).

Die Krise der Sozialdemokratie (Junius, Bern, Unionsdr, 1916).

Die Akkumulation des Kapitals oder Was die Epigonen aus der Marxschen Theorie gemacht haben: eine Antikritik (Berlim, Franke, 1921).

Wladimir Korolenko: die Geschichte meines Zeitgenossen (trad. e intr. Rosa Luxemburgo, Berlim, Paul Cassirer, 1919), 2 v.

Die russische Revolution: eine kritische Würdigung (ed. e intr. Paul Levi, Berlim, Gesellschaft u. Erziehung, 1922) [ed. bras.: *A Revolução Russa*. Trad. Isabel Maria Loureiro, Petrópolis, Vozes, 1991].

Dasselbe (Paris, Neuer Weg, 1939).

Dasselbe (ed. e intr. Peter Blachstein, Hamburgo, 1948).

310 Paul Frölich

Was will der Spartakusbund? (Berlim, Kommunistische Partei Deutschland, 1918).

Rede zum Programm. Discurso sobre o programa do partido. Proferido no congresso de fundação do Partido Comunista Alemão (Liga Spartakus). (Berlim, 1919).

(Os escritos acima são ordenados pela data de redação.)

Briefe aus dem Gefängnis (cartas a Sonia Liebknecht; ed. Comitê Executivo da Internacional da Juventude Comunista, Berlim, Junge Garde, 1919).

Briefe an Karl und Luise Kautsky (1896-1918) (ed. Luise Kautsky, Berlim, Laub, 1923).

Redner der Revolution, v. XI: *Rosa Luxemburgo* (intr. Paul Frölich, Berlim, Neuer Deutscher, 1928).

Gesammelte Werke (ed. Clara Zetkin e Adolf Warski, red. Paul Frölich, Berlim, Vereinigung Internationaler Verlags-Anstalten, 1923-1928), 9 v.:

I – *Polen*

II – *Die russische Revolution*

III – *Gegen den Reformismus*

IV – *Gewerkschaftskampf und Massenstreik*

V – *Der Imperialismus*

VI – *Die Akkumulation des Kapitals*

VII – *Krieg und Revolution*

VIII – *Nationalökonomie*

IX – *Briefe, Gedenkartikel, historische Aufsätze.*

(Dessa edição foram publicados os volumes III, IV e VI.)

Numerosos trabalhos de Rosa Luxemburgo constam nas seguintes coletâneas:

Spartakusbriefe (Berlim, Kommunistische Partei Deutschlands, 1921), 2 v.

Spartakus im Kriege: die illegalen Flugblätter des Spartakusbundes im Kriege (col. e intr. Ernst Meyer, Berlim, Vereinigung Internationaler Verlagsanstalten g.m.b.h., 1927).

Rosa Luxemburgo foi colaboradora das seguintes revistas e jornais alemães:

- *Die Neue Zeit;*
- *Die Gleichheit;*
- *Sächsische Arbeiter-Zeitung, Dresden;*
- *Leipziger Volkszeitung;*
- *Dortmunder Arbeiterzeitung;*
- *Vorwärts,* Berlim;
- *Volkswacht,* Breslau;
- *Sozialdemokratische Presse-Korrespondenz* (1913-1914);
- *Die Internationale* (1915);
- *Der Kampf,* Duisburgo (1916-1917);
- *Die Rote Fahne,* Berlim (1918-1919).

Posfácio à segunda edição alemã

Em suas memórias, o socialista britânico Fenner Brockway caracterizou Paul Frölich como um homem com tal "liberalidade, tolerância e sinceridade na camaradagem que logo conquistava simpatia e respeito". Como pensador e erudito, ele o colocou acima de August Thalheimer[1].

Ainda que essa avaliação pareça duvidosa, Paul Frölich, sem dúvida nenhuma, deve ser listado entre os vultos de destaque da ala esquerda do movimento operário alemão na primeira metade do século XX. Teve uma trajetória que passou por um processo de desenvolvimento complexo e não isento de contradições nos mais diversos partidos do movimento operário. Sua posição política sofreu mutações consideráveis. Contudo, ele sempre se ateve a sua compreensão tradicional de esquerda. A biografia de Rosa Luxemburgo aqui apresentada certamente é sua obra mais pessoal. Por intermédio da biografia, Paul Frölich marcou sua própria identidade política. O resultado é um olhar sobre Rosa Luxemburgo que preserva o valor da biografada, respeita sua subjetividade e o estado da pesquisa, que avançou consideravelmente desde 1939. Escrevendo à sombra do fascismo e da guerra iminente, numa época tenebrosa, em que a alternativa socialista estava sendo profundamente desacreditada pelo stalinismo, Frölich vislumbrou no legado de Rosa Luxemburgo uma força capaz de proporcionar ao movimento operário a autoconfiança e a coragem para dar conta de suas tarefas.

Paul Frölich provinha de uma família de trabalhadores socialistas de Leipzig. O segundo de onze filhos, seus pais tiveram de fazer grandes sacrifícios para lhe possibilitar uma boa formação escolar. Após um curso de comércio e trabalhando como empregado, aliado a cursos da Associação para Formação de Trabalhadores

---

[1] Fenner Brockway, *Auf der Linken* (Itzehoe, Keune, 1947), p. 349 e seg.

312 Klaus Kinner

de Leipzig, ele pôde frequentar alguns semestres do Seminário de Ciências Econômicas na Universidade de Leipzig.

A partir de 1902, como membro do Partido Social-Democrata Alemão, ele fez trabalho voluntário na *Leipziger Volkszeitung*, após um período de estudos. O que marcou seu desenvolvimento político foi a atuação na *Bremer Bürger-Zeitung* e na *Arbeiterpolitik*, que ele fundou em 1916 com Johann Knief. Como delegado da esquerda radical de Bremen na Conferência de Kienthal, aderiu à esquerda de Zimmerwald, que tinha afinidades com Lênin.

Ao lado de Johann Knief, Frölich foi uma das lideranças dos Comunistas Internacionais da Alemanha. Como delegado no congresso de fundação do Partido Comunista Alemão (KPD), foi eleito membro da primeira Central desse partido. Em 1919, participou das lutas pela República dos Conselhos da Baviera.

Em 1919-1920 e 1923-1924, foi membro da Central e, em 1921-1922, atuou como secretário. Depois de março de 1921, era um dos principais representantes da "teoria ofensiva". Em 1921, foi delegado no III Congresso Mundial da Internacional Comunista. Após a derrota de outubro de 1923 e o posicionamento de extrema esquerda na direção do KPD, ele foi afastado como "direitista". Nos anos seguintes, dedicou-se sobretudo a trabalhos jornalísticos. No final de 1928, foi expulso do KPD com a facção liderada por August Thalheimer e Heinrich Brandler, entendida como oportunista de direita, e passou a fazer parte da direção do KPD (Oposição) no nível do Reich.

Em 1932, acompanhando uma minoria do KPD(O), decidiu unir-se ao Partido Socialista dos Trabalhadores da Alemanha (SAP). Em março de 1933, foi preso pelos fascistas de Hitler. Após ser libertado, emigrou no início de 1934 para a República Socialista Tcheca e depois para a França. Foi um dos signatários da comissão para a preparação de uma frente popular alemã em dezembro de 1936.

Quando irrompeu a Segunda Guerra Mundial, Paul Frölich foi posto sob custódia do Estado. Em 1941, conseguiu fugir para os Estados Unidos, onde se ocupou sobretudo com estudos históricos. Do final de 1950 até sua morte, em 16 de março de 1953, viveu em Frankfurt am Main. Tornou-se membro do Partido Social-Democrata Alemão (SPD) e atuou na área de propaganda e publicações.

As publicações de Paul Frölich, ao lado de escritos diretamente relacionados à política partidária, abrangem sobretudo duas grandes temáticas. As primeiras são pesquisas sobre a história do movimento operário alemão, a história da revolução e da Primeira Guerra Mundial. Aqui se enquadra seu trabalho sobre a vida e a obra de Rosa Luxemburgo. O segundo complexo de estudos abrange a história da Revolução Francesa de 1789.

A presente biografia desperta interesse pela contribuição de Paul Frölich para a pesquisa e a edição das obras de Rosa Luxemburgo no período da República de Weimar.

Clara Zetkin tornou público, em 1921, que, em acordo com o Comitê Executivo da Internacional Comunista, fora criado um comitê para a publicação do legado de Rosa Luxemburgo. No momento da criação do comitê, este era composto por Clara Zetkin, Adolf Warski, Julian Marchlewski e Edwin Hoernle[2]. Já nesse período, encarregado pelo comitê, Paul Frölich iniciou o trabalho prático de classificação e elaboração do material. Em 1922, Frölich apresentou um volume intitulado *Koalitionspolitik oder Klassenkampf* [Política de coalizão ou lutas de classes], como publicação parcial da edição planejada.

A partir de 1924-1925, na esteira da política sectária de esquerda do KPD e de posições falsas na Internacional Comunista, articularam-se concepções que, com um viés dogmático, contrapuseram Rosa Luxemburgo e a esquerda alemã a Lênin e, com base em posições arbitrariamente extraídas da obra de Rosa Luxemburgo, formulou-se um sistema: o luxemburguismo. Paul Frölich criticou veementemente essa tendência. Houve uma luta em que foi assegurada a tradição marxista da esquerda alemã, em contraposição a uma compreensão cada vez mais dogmatizada da teoria marxista, no sentido de um leninismo de versão stalinista. Contrapuseram-se inicialmente com êxito a essa tendência as forças que se juntaram ao KPD, forças oriundas da esquerda alemã, da Liga Spartakus ou – no caso de Paul Frölich – da esquerda de Bremen. Aqui não é o lugar para reconstituir essas controvérsias[3]. Nessa luta, Paul Frölich cerrou fileiras com Clara Zetkin, August Thalheimer, Ernst Meyer, Hermann Duncker, Jacob Walcher e outros.

No outono de 1925, logrou-se reduzir a influência da extrema esquerda no KPD; isso representou uma vitória também daquelas forças que se empenharam pela preservação do legado teórico de Rosa Luxemburgo.

Correspondeu perfeitamente ao novo clima o fato de que, naquele ano, foi possível dar continuidade à publicação das obras de Rosa Luxemburgo, com o lançamento do volume III das obras reunidas: *Gegen den Reformismus* [Contra o reformismo][4]. É muito provável que a procrastinação sofrida por essa importante tarefa não se explique apenas pelas duras perseguições a que esteve exposto o partido após a derrota de outubro de 1923. Paul Frölich escreveu no final de 1925 na revista *Inprekorr*: "O primeiro fruto desse trabalho" (a trabalhosa atividade de coleta dos trabalhos de Rosa Luxemburgo, espalhados por numerosos

---

[2] Clara Zetkin, "Rosa Luxemburgs literarischer Nachlaß", *Die Rote Fahne*, 10 de setembro de 1921.

[3] Ver o detalhamento em Klaus Kinner, *Marxistische deutsche Geschichtswissenschaft 1917 bis 1933* (Berlim, 1982).

[4] Rosa Luxemburgo, *Gesammelte Werke*, v. 3: *Gegen den Reformismus* (intr. e ed. Paul Frölich, Berlim, 1925).

jornais e periódicos) "está disponível agora e, assim, atenuou-se ao menos em parte a rude crítica de Lênin, que nos atormentava a consciência, a saber, que os comunistas alemáes protelaram de maneira imperdoável a edição das obras de Rosa"[5]. Porém, desse trabalho a que Paul Frölich se refere[6] também consta a famosa apreciação em que Lênin compara Rosa Luxemburgo a uma águia e destaca sua obra e biografia como "uma teoria muito proveitosa [...] para a educação de muitas gerações de comunistas de todo o mundo"[7].

Fazendo referência a essa passagem, Paul Frölich polemizou contra a extrema esquerda:

> Essa é a razão que justifica a publicação da obra completa para muito além do interesse puramente histórico. Ela será especialmente eficaz agora que, no partido alemão, tentou-se depenar a águia e apresentar, como sua verdadeira imagem, uma caricatura deplorável. Tentativa que foi empreendida por pessoas que nunca se deram o trabalho de conhecer de fato a obra de Rosa e visavam tão somente glorificar a si mesmas e dissimular sua própria incapacidade. Não é indiferente ao partido que ele reconheça ou desconheça a essência e o valor de seus grandes líderes e mártires, que veja com consciência e clareza seus erros para não repeti-los, que acolha e faça frutificar milhares de vezes suas grandes e duradouras teorias.[8]

Foi com esse credo que Paul Frölich se comprometeu a atuar em prol da vida e da obra de Rosa Luxemburgo. E é esse credo que impregna a presente biografia.

Isso está claro na seguinte evolução: não eram irreversíveis as tendências de nivelamento e dogmatização do trabalho teórico no KPD, acompanhadas de uma catequização por elementos teóricos leninistas em versão stalinista. Justamente de 1925 a 1928, houve progressos significativos na elaboração crítica do legado teórico de Rosa Luxemburgo.

Paul Frölich deu nova contribuição ao publicar em 1928 mais um volume das obras de Rosa Luxemburgo[9].

---

[5] Paul Frölich, "Rosa Luxemburgo, Gegen den Reformismus". *Inprekorr*, v. 5, n. 46, 1925, p. 1377.

[6] Vladímir Lênin, "Notizen eines Publizisten: über das Besteigen hoher Berge, über die Schädlichkeit der Verzagtheit, über den Nutzen des Handelns, über das Verhältnis zu den Menschewiki u. dgl. m.", em *Werke*, v. 33, p. 195.

[7] Idem.

[8] Paul Frölich, "Rosa Luxemburgo, Gegen den Reformismus", *Inprekorr*, v. 5, n. 46, 1925, p. 1377.

[9] Rosa Luxemburgo, "Gewerkschaftskampf und Massenstreik", *Gesammelte Werke*, v. IV, ed. Clara Zetkin e Adolf Warski, introd. de Paul Frölich (Berlim, 1928).

Como fizera anteriormente, ele antepõe a esse volume uma introdução quase monográfica, da qual boa parte foi aproveitada na biografia de Rosa Luxemburgo. Mais uma vez, critica duramente os ataques dogmáticos e não históricos das fileiras do KPD e da Internacional Comunista a Rosa Luxemburgo. Ele teve apoio enfático de uma recensão de Jakob Walcher[10]. Houve simultaneamente uma apreciação ponderada de Ernst Meyer que, apoiando fundamentalmente a posição de Frölich e Walcher, advertia contra unilateralidades invertidas.

Contudo, depois de ter concordado com a polêmica, no fundo correta, de Frölich e Walcher contra as deturpações que a extrema esquerda fizera da posição de Rosa Luxemburgo sobre o papel do partido e da espontaneidade das massas, Ernst Meyer objetou o seguinte:

> Porém, caso se queira entender cabal e corretamente a concepção de Rosa Luxemburgo sobre a espontaneidade, é preciso apontar para a polêmica de Rosa Luxemburgo contra Lênin na questão da organização, e isso infelizmente não é feito nem por Frölich nem por Walcher. Esse ensaio de Rosa Luxemburgo revela as fontes dos erros de Rosa Luxemburgo também na avaliação das revoluções russas de 1905 e 1917. A defesa que Paul Frölich faz de Rosa Luxemburgo contra os ataques da extrema esquerda seria ainda mais convincente se ele próprio tivesse se distanciado de todo o exagero ao defendê-la.

E acrescentou: "Não se faz nenhuma injustiça – nem histórica nem política – a Rosa Luxemburgo quando se constata isso. Ao contrário, só quando se apontam essas diferenças em relação a Lênin é que se indica o lugar correto que ela ocupa na história do movimento operário"[11].

Em termos gerais, Ernst Meyer também chegou a uma avaliação positiva do trabalho de Frölich, constatando que essa edição pode "servir como um substituto para a faltante história do movimento operário alemão a partir de 1890, visto que a história da social-democracia alemã de Mehring termina na Lei Antissocialista"[12].

No contexto de uma nova guinada à esquerda na Internacional Comunista, na esteira do VI Congresso Mundial da Internacional Comunista e da internacionalização das lutas entre facções no Partido Comunista da União Soviética (Bolchevique) (PCUS[B]), em decorrência das quais a ala stalinista passou a desalojar gradativamente os grupos em torno de Bukharin, Tomski e

---

[10] Jakob Walcher, *Internationale Presse-Korrespondenz*, v. 8, n. 7, 1928, p. 139-140 e n. 8, 1928, p. 161 e seg.

[11] Ernst Meyer, "Zur Geschichte des Massenstreiks", *Die Internationale*, v. 11, n. 15, 1928, p. 541.

[12] Ibidem, p. 538.

Rykov, para então destruí-los politicamente e depois fisicamente, aguçaram-se também as controvérsias em torno do legado de Rosa Luxemburgo. A exclusão dos "direitistas" em torno de Brandler, Thalheimer e Frölich e o duro combate dentro do partido contra os "conciliadores", representados por Ewert, Meyer e Eisler, levaram a uma atmosfera de luta ideológica das mais contundentes, em cujo centro também se encontrava a luta pelas tradições teóricas do comunismo alemão.

O KPD manteve a pretensão de dar continuidade ao legado das esquerdas alemãs. Contudo, essa pretensão foi posta em xeque pelo fato de vir acompanhada, entre outras coisas, de ataques cada vez mais indiferenciados à obra de Rosa Luxemburgo.

O KPD (Oposição), em contraposição, tentou se legitimar por sua continuidade pessoal e teórico-ideológica com as esquerdas alemãs, mas não conseguiu concretizar politicamente essa pretensão por ser um partido dissidente. A descrição do caráter de Rosa Luxemburgo oscilava nesse dilema dos partidos de esquerda alemães, que em vista do perigo ameaçador do fascismo se desgastavam com lancinantes controvérsias no interior do movimento operário.

Paul Frölich esteve envolvido nessas controvérsias como expoente do KPD(O) e, mais tarde, do PSA.

Clara Zetkin foi quem, nessa época de crescentes ataques à obra de sua grande amiga, manteve sua responsabilidade como coeditora das *Obras reunidas* e lutou por sua continuação. Poucos meses antes da carta fatal de Stálin à revista *Proletarskaia Revoliuziia*, em 20 de novembro de 1931, que envenenou a atmosfera ideológica e a discussão em torno do legado de Rosa Luxemburgo, Clara Zetkin ainda enviou duas cartas ao Comitê Executivo da Internacional Comunista. Ela o instou a não permitir "que os raciocínios da teórica genial e militante revolucionária deixassem de ser transmitidos de forma pura, intacta e inequívoca". Ela via o perigo de que essas ideias fossem "deturpadas e desfiguradas por efeito de correntes e lutas cotidianas efêmeras no campo do KPD"[13].

Em outra carta, Clara Zetkin defendeu o trabalho de Paul Frölich como o editor *de facto* das obras reunidas. No caso de Frölich, a edição estava "em boas mãos, absolutamente confiáveis". E ela acrescentou: "Aliás, até este momento, pelo que sei, não houve nenhum tipo de objeção do lado comunista".

Clara Zetkin, que nesse período se viu em antagonismo crescente com tendências sectárias e dogmáticas na política do PCUS(B), da Internacional Comunista e do KPD, acrescentou, voltando-se claramente contra Stálin, que a obra e a vida de Rosa Luxemburgo "ainda hoje gozam de mais simpatia e autoridade

---

[13] Instituto de História do Movimento Operário, Arquivo Central do Partido, Berlim, 135/2/2100.

entre [...] as massas do que líderes 'historicamente surgidos', elevados ao qua-drado e até ao cubo"[14].

Sob controvérsias cada vez mais agudas entre o KPD e o KPD(O), ou melhor, a partir de 1931, entre o PSA e a invectiva do KPD e da Internacional Comunista contra a social-democracia "como principal esteio do imperialismo", da tese do social-fascismo e da caracterização dos sociais-democratas de esquerda como os adversários mais perigosos dos comunistas, não havia mais como pensar na continuidade da edição das obras de Rosa Luxemburgo pelo KPD em geral nem sob a responsabilidade de Paul Frölich em particular.

Os resultados do trabalho de pesquisa e edição de Frölich continuaram a exercer influência. Sua biografia de Rosa Luxemburgo preserva resultados im-portantes a que ela chegou. Ao leitor do nosso país, ela proporciona um acesso incomum a essa grande socialista e uma visão diferenciada dela.

Klaus Kinner
Leipzig, 1990

---

[14] Idem.

O casal Eliasz Luxemburgo e Lina Löwenstein, pais de Rosa.

Acima, à esquerda, a casa onde nasceu Rosa Luxemburgo, em Zamość, na Polônia, e abaixo a praça do mercado da cidade. À direita, retrato de Rosa aos doze anos.

Acima, à esquerda, Rosa Luxemburgo na época do ginásio, década de 1880, ao lado de documento escolar da mesma época. À esquerda e abaixo, seu apartamento em Zurique e um registro da cidade à época.

À direita, retrato de Rosa em 1893, aos 22 anos, quando era universitária em Zurique. Abaixo, II Congresso da Internacional Socialista em Zurique, no mesmo ano.

Ao lado, retrato de Rosa em 1895. Acima, foto do seu casamento com Gustav Lübeck, em abril de 1897. Abaixo, Conferência Internacional Socialista em Paris, em 1900, com Rosa em primeiro plano.

À direita, retrato de Rosa em 1900, em Berlim, logo após a redação de *Reforma social ou revolução?*. Abaixo, trabalhadores de uma mina de carvão na Silésia, c. 1900.

Acima, Rosa conversa com sociais-democratas, com Párvus Gelfand ao centro. Ao lado, ela aparece entre Victor Adler, Sen Katajama e Gueórgui Plekhánov, em Amsterdã, 1904. Abaixo, Rosa Luxemburgo e August Bebel também em Amsterdã, no mesmo ano.

Retrato de 1905 do *Kaiser* Guilherme II da Alemanha.

Rosa Luxemburgo em 1905.

Dois registros de Rosa feitos no congresso de 1905 do SPD em Jena: caminhando com Párvus Gelfand na foto de cima e durante um intervalo na de baixo.

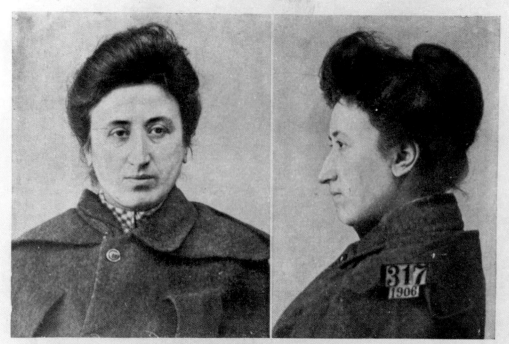

Acima, retrato de Rosa para a ficha da prisão em Varsóvia, em março de 1906.
Abaixo, cartão postal enviado por ela de Varsóvia para Luise e Karl Kautsky

O pavilhão 10 do presídio em Varsóvia.

Registro de 1908 da escola de quadros do SPD.

Rosa Luxemburgo em seu apartamento em Berlim, 1907.

Retrato sem data de Hans Diefenbach (1884-1917).

Ao lado, retrato de Rosa em 1907, quando começou a lecionar na escola do SPD. Abaixo, a revolucionária aparece com Costia Zetkin na sacada de seu apartamento. Na página seguinte, Rosa Luxemburgo discursa durante o Congresso Socialista Internacional em Stuttgart, 1907. Abaixo, desenho de Rosa, "O trem".

Karl Kautsky
(1854-1938).

Karl Liebknecht
(1971-1919).

Franz Mehring
(1846-1919).

Acima, à esquerda, o advogado Paul Levi (1883-1930) e, à direita, Leo Jogiches (1867-1919). Ao lado, o cientista político Eduard Bernstein (1850-1932).

Vladímir Lênin em seu escritório no Krêmlin, em Moscou, 16 de outubro de 1918.

Acima, o casal Karl e Sonia Liebknecht com os filhos. Ao lado, retrato da jornalista e ativista filiada ao SPD Mathilde Wurm (1974-1933).

Rosa (à esquerda) e
Luise Kautsky em 1909.

Mathilde Jacob
(1873-1943).

As amigas Clara Zetkin e Rosa Luxemburgo em foto de 1910.

Rosa em 1910, ano em que rompe com Kautsky.

Paul Levi, advogado de Rosa, a acompanha na rua em foto de 1914.

Acima, à esquerda, caricatura na revista *Wahren Jakob* sobre o processo em Frankfurt, 25 jul. 1914, e, à direita, no jornal *Vorwärts*, 9 mar. 1914.

Parte da fachada do presídio feminino de Berlim, onde Rosa Luxemburgo ficou encarcerada entre 1915 e 1916.

Na página ao lado, o sabugueiro plantado por Rosa no pátio da prisão de Wronke, ao lado de uma vista interna do presídio, e, abaixo, a cela de onde ela pôde redigir suas reflexões sobre a Revolução Russa.

Acima, fuzilamento e, abaixo, combatentes nas ruas durante o levante de janeiro em Berlim. Na página ao lado, Karl Liebknecht discursa em 4 de janeiro de 1919, durante manifestação diante do Ministério do Interior.

Acima, capa dos jornais *Arbeiter-Zeitung,* cuja manchete é "Democracia e política social", e *Die Rote Fahne*, órgão da Liga Spartakus; ao lado, o *Vorwärts*, cuja manchete anuncia: "O Kaiser abdicou!"

Funeral de Karl Liebknecht e Rosa Luxemburgo (cujo caixão estava vazio).

A obra de Max Beckmann *Die Hölle* (O inferno), de 1919, retrata o assassinato de Rosa Luxemburgo. Abaixo, Paul Levi ao lado de Leon Trótski no II Congresso da Internacional Comunista em Moscou, em 1920.

Rosa Luxemburgo, 1871-1919.

Monumento erguido em Berlim em homenagem a Rosa Luxemburgo, desenhado em 1926 pelo arquiteto alemão Ludwig de Mies Van Der Rohe e viabilizado pelo pesquisador marxista Edward Fuchs.

Posfácio à edição brasileira

Segundo dos onze filhos de uma família operária socialista, Paul Frölich nasce em 1884 perto de Leipzig. Membro do Partido Social-Democrata Alemão (SPD) desde a juventude, escreve para vários jornais da social-democracia alemã e em 1914 passa a fazer parte da esquerda radical de Bremen, que, junto com a Liga Spartakus de Rosa Luxemburgo e Karl Liebknecht, funda o Partido Comunista Alemão (KPD) no fim de 1918. Em 1919 é eleito para o Comitê Central do KPD e em seguida para o Reichstag (1921-1924 e 1928-1930). Com Clara Zetkin e Adolph Warski, Frölich é encarregado pelo KPD da publicação da obra completa de Rosa Luxemburgo. Entre 1925 e 1928, aparecem os volumes III, IV e IX dos nove planejados. Militante do KPD num período de constantes polêmicas e dissensões[1], Frölich é expulso em 1928 por supostamente fazer parte da "facção de direita". A ascensão do nazifascismo, a derrota do movimento operário e das ideias socialistas na Alemanha o levam ao exílio. De 1933 a 1940 vive em Paris, militando na frente antifascista, e de 1941 a 1950 em Nova York, onde, dedicando-se ao trabalho teórico, distancia-se das ideias leninistas[2]. Volta à Alemanha no fim de 1950, morrendo em 1953, em Frankfurt am Main.

A biografia de Rosa Luxemburgo – uma apresentação sistemática de suas ideias e prática política, além de testemunho dos sombrios anos 1930 – é publicada em Paris às vésperas da Segunda Guerra Mundial, pelas Éditions Nouvelles Internationales, quando a esquerda derrotada tentava sobreviver ao nazifascismo. Escrito em condições difíceis, como o próprio autor reconhece, o livro se ressente

---

[1] Ver posfácio de Klaus Kinner, neste volume, p. 311-7.

[2] Ver Riccardo Altieri, "Paul Frölich, American Exile, and Communist Discourse about the Russian Revolution", *American Communist History*, v. 17, n. 2, p. 220-31. Disponível em: <https://doi.org/10.1080/14743892.2018.1464827>; acesso em 12 set. 2018.

352 Isabel Loureiro

da falta de acesso aos textos de Rosa e aos arquivos[3]. Mas a derrota sofrida pela esquerda crítica exigia repor em circulação as ideias da revolucionária polonesa, que, censuradas ou deformadas pelo stalinismo, tinham apenas vida subterrânea. Por isso mesmo, a biografia deve ser entendida também no contexto das lutas de facções dentro do KPD.

Nessas circunstâncias, a tarefa que Frölich se impôs consistia em apresentar o pensamento de Luxemburgo com rigor e clareza, recorrendo a citações da própria autora, com o objetivo de oferecer aos militantes socialistas subsídios para a luta teórica e prática. Era preciso retomar sua concepção de socialismo, segundo a qual a alternativa diante da humanidade se encontrava sintetizada no lema "socialismo ou barbárie". A barbárie significava para Frölich a vitória do nazismo e a degenerescência da Revolução Russa, cuja consequência mais nefasta tinha sido abalar a esperança no socialismo, entendido como soberania popular exercida de forma amplamente democrática.

A narrativa de Frölich divide a vida de Rosa Luxemburgo em dois grandes períodos, separados pela Primeira Guerra Mundial. Começa com a infância e a adolescência na Polônia russa[4], onde ela inicia sua militância política. Em seguida, aborda sua formação universitária em Zurique, lugar de encontro com Leo Jogiches, mentor político e companheiro durante quinze anos, para depois examinar sua carreira na social-democracia alemã, suas relações com as mais importantes personagens do partido, sua vida como jornalista na imprensa do SPD, a polêmica com o revisionismo de Bernstein e com o reformismo em geral, as difamações que sofreu por parte da imprensa conservadora.

Um dos méritos da biografia está no capítulo sobre a Polônia, tema pouco conhecido no Brasil[5]. Frölich reconstrói em detalhes a argumentação de Rosa

---

[3] Antes de Paul Frölich, duas amigas de Rosa Luxemburgo, Luise Kautsky (1929) e Henriette Roland-Holst (1935), haviam publicado esboços biográficos de caráter pessoal. Mais tarde, outras obras completarão a biografia de Frölich: John Peter Nettl, *Rosa Luxemburg* (Londres, Oxford University Press, 1966; ed. fr.: *La vie et l'oeuvre de Rosa Luxemburg*, trad. Irène Petit e Marianne Rachline, Paris, Maspero, 1972), que publica pela primeira vez cartas de Luxemburgo guardadas nos arquivos internacionais, entre eles o do Partido Comunista em Moscou; Gilbert Badia, *Rosa Luxemburg, journaliste, polémiste, révolutionnaire* (Paris, Éditions Sociales,1975); Elżbieta Ettinger, *Rosa Luxemburg: A Life* (Massachusetts, Beacon, 1986; ed. bras.: *Rosa Luxemburgo: uma vida*, trad. Vera Ribeiro, Rio de Janeiro, Zahar, 1989); Annelies Laschitza, *Im Lebensrausch, trotz alledem – Rosa Luxemburg: eine Biographie* (Berlim, Aufbau, 1996).

[4] Segundo Nettl (*Rosa Luxemburg*, cit., p. 59), Frölich conversou com um dos irmãos de Rosa, que lhe passou informações sobre a família.

[5] Contrariamente ao que diz Frölich, em Zamość, cidade onde Rosa nasceu, os judeus não eram fanáticos e atrasados, mas uma das comunidades mais cultivadas da Polônia (John Peter Nettl, *Rosa Luxemburg*, cit., p. 58).

sobre a questão polonesa, mostrando que seu objetivo estratégico, e de seus amigos da Social-Democracia do Reino da Polônia e Lituânia (SDKPiL), era defender a unidade dos trabalhadores de todas as nações que compunham o Império russo na luta pela derrubada do tsarismo e pela criação de uma República que levaria a liberdade a todas as nações oprimidas pela Rússia. Só então a Polônia teria autonomia cultural (língua polonesa nas escolas, justiça administrada em polonês, em suma, livre desenvolvimento da cultura polonesa) e liberdade para se autoadministrar. Se Rosa Luxemburgo rejeitava a fórmula abstrata da auto-determinação das nações é porque, para ela, todas as lutas se subordinavam à luta pelo socialismo, inclusive no tocante à questão nacional: apenas uma análise materialista dos interesses de classe em jogo poderia revelar se a luta nacional era progressista ou reacionária[6]. Num momento em que uma extrema direita nacionalista retrógrada toma conta da Polônia e de outros países europeus, para não falar do Brasil, a intransigente posição internacionalista de Rosa Luxemburgo volta a ser do maior interesse.

Três capítulos são dedicados à Revolução Russa de 1905, divisor de águas na vida política da nossa revolucionária. Aqui vemos a atuação de Rosa em Varsóvia tendo como pano de fundo o papel dos socialistas poloneses e russos, com suas divergências inconciliáveis. Frölich detém-se longamente na análise que ela faz da revolução: ênfase na ação de massas; apoio à insurreição armada, desde que fosse iniciativa dos trabalhadores e não de vanguardas em nome dos trabalhadores, terminando com uma avaliação extremamente positiva do balanço da revolução levado a cabo em *Greve de massas, partido e sindicatos*: "É um afresco portentoso da luta das grandes forças sociais, um quadro composto com tal força de expres-são, intensidade de cores e dinâmica de acontecimentos que não encontramos igual em nenhuma exposição da Revolução de 1905"[7].

Polemizando com o stalinismo, Frölich considera *nonsense* a interpretação de Rosa Luxemburgo como espontaneísta. O stalinismo construiu uma caricatura do seu pensamento, o chamado "luxemburguismo", um amálgama de erros que derivavam basicamente de duas ideias que lhe eram atribuídas: ela teria elaborado uma teoria mecanicista do colapso do capitalismo, cujo corolário seria uma teoria da espontaneidade das massas que levaria à negação do papel da organização

---

[6] Apesar de imprecisões inevitáveis, Frölich dá uma boa ideia das origens do socialismo polonês, no qual Rosa Luxemburgo começou sua formação política. Essas falhas serão em parte corrigi-das e complementadas pela biografia de Nettl, e agora pela publicação dos escritos poloneses que começou na Alemanha. Ver Holger Politt (org.), Rosa Luxemburg, *Nationalitätenfrage und Autonomie* (Berlim, Dietz, 2012); *Arbeiterrevolution 1905-1906: Polnische Texte* (Berlim, Dietz, 2015).

[7] Ver, neste volume, p. 148.

política e da consciência na luta pelo socialismo. Segundo Frölich, se Rosa tinha apreço pelo espontaneísmo das massas era porque se opunha às concepções golpistas de revolução, que, no entanto, ele atribui apenas ao Partido Socialista Polonês (PSP)[8]. Contra o golpismo, enfatiza Frölich, a maior preocupação de Rosa "era fazer a revolução amadurecer organicamente, aproveitando e fomentando a dinâmica própria das coisas"[9].

A participação de Rosa Luxemburgo na primeira Revolução Russa representou uma guinada em sua vida política. Tanto que, a partir de seu retorno à Alemanha em 1906, ela percebe com clareza a adesão da liderança do SPD ao parlamentarismo e o abandono dos movimentos de massa. É nesse contexto que ela se torna professora na escola de quadros da social-democracia alemã. Dessa atividade resultam suas obras de economia política, cujo conteúdo é exposto didaticamente num dos melhores capítulos do livro, mostrando como de sua teoria da acumulação do capital Rosa extrai uma concepção de imperialismo. Na sequência acompanhamos sua luta contra a guerra; seu afastamento da direita e do centro do SPD; a campanha contra o voto censitário na Prússia e pela República; a ruptura com Kautsky em 1910; as perseguições pelo combate ao militarismo, que acabam por levá-la à prisão e fazer com que se torne alvo do ódio dos militares.

O capítulo 10, uma tentativa de pintar um retrato completo da nossa personagem, unindo vida privada e militância, divide os dois momentos da biografia. Rosa surge como uma mulher genial, cheia de qualidades intelectuais e morais, uma grandeza humana sem paralelo, quase uma santa comunista. É verdade que ela foi uma grande escritora, tanto em polonês, sua língua natal, quanto em alemão, sua língua adotiva. É verdade que era dotada de uma energia sem limites e de grande coragem pessoal. Mas, embora o tom excessivamente hagiográfico não deixe de incomodar[10], ele se explica pela recepção negativa das ideias de Rosa no KPD, que, tendo passado por um processo de bolchevização desde 1924, se tornara, a partir de 1929, instrumento da política soviética. Em novembro de 1931, Stálin joga a pá de cal sobre a herança spartakista do comunismo alemão ao publicar a famosa carta[11] em que, deixando de lado a realidade histórica,

---

[8] Um texto de circulação interna da SDKPiL, de 1911, conhecido como "Credo", da autoria de Rosa Luxemburgo e Leo Jogiches, critica também as concepções blanquistas dos bolcheviques. Ver Rosa Luxemburgo, *Textos escolhidos*, v. I (São Paulo, Editora da Unesp/Fundação Rosa Luxemburgo, 2017), p. 425-41.

[9] Ver, neste volume, p. 120.

[10] Sugiro o contraponto com a biografia de Elżbieta Ettinger, que apresenta de maneira franca uma mulher muito humana, com suas qualidades e fraquezas, e teremos, quem sabe, a imagem da verdadeira Rosa Luxemburgo.

[11] Joseph Stálin, "Über einige Fragen der Geschichte des Bolschewismus: Brief an die Redaktion der Zeitschrift", *Proletarskaja Rewoluzija* (Berlim, Dietz, 1955, Werke, v. 13), p. 76-91.

contrapunha os "erros" de Rosa Luxemburgo e da esquerda alemã a Lênin e aos bolcheviques. A partir daí, sempre que Rosa tinha uma concepção diferente de Lênin, ela estava errada. A publicação das obras completas foi suspensa e durante mais de quarenta anos nenhum partido comunista ousou publicar seu escrito sobre a Revolução Russa de 1917, com as famosas críticas aos bolcheviques.

Os quatro últimos capítulos tratam da segunda fase da vida de Rosa Luxemburgo, marcada pela guerra, pela Revolução Russa de 1917 e pela Revolução Alemã de 1918-1919. Frölich alude ao desespero que tomou conta dela no momento da aprovação dos créditos militares em agosto de 1914 e ao início da oposição clandestina à guerra, que desembocaria na criação da Liga Spartakus como tendência organizada no interior do SPD e, mais tarde, no interior do Partido Social-Democrata Independente Alemão (USPD). Em seguida, vemos o desmoronamento da Internacional Socialista, a deterioração da social-democracia alemã e de sua imprensa, que aderiu acriticamente à xenofobia reinante; a união entre Rosa Luxemburgo e Karl Liebknecht a partir de 2 de dezembro de 1914, quando este se recusou a aprovar os novos créditos militares e se tornou o símbolo da oposição à guerra; a publicação da revista *Internationale*, dirigida por Rosa e Franz Mehring, da qual só saiu um número em abril de 1915; a prisão de vários membros da oposição; o papel determinante de Liebknecht na luta contra a guerra e sua popularidade entre os trabalhadores; comentários sobre a *Brochura de Junius* (publicada em 1916 com o título *A crise da social-democracia*), "o documento mais forte já publicado contra a guerra e a política de guerra"[12].

Em seguida, Frölich faz uma descrição sucinta da vida de Rosa nas várias prisões em que ficou encarcerada na época, de onde escrevia não só líricas cartas aos amigos, mas também as *Cartas de Spartakus*, de teor político, que saíam clandestinamente da prisão e eram publicadas ilegalmente. Nesse momento, Frölich sublinha a grandeza moral de sua biografada: apesar do sofrimento provocado pelo isolamento em que vivia, chegando a passar por fortes crises de depressão, ela mantinha uma postura estoica diante do desmoronamento da civilização e a fé inabalável numa reviravolta, provocada pelas massas cansadas da guerra, que traria mudanças estruturais. A história lhe daria razão pouco tempo depois com a onda das greves de abril de 1917 na Alemanha e a revolução na Rússia. Rosa nunca deixou de acreditar na brava toupeira da história.

Aqui são necessários alguns comentários sobre o modo como nosso autor examina as famosas observações de Luxemburgo contra algumas medidas dos bolcheviques depois de tomarem o poder. Pela primeira vez, aparece algum distanciamento do biógrafo em relação a sua biografada. Ele começa por considerar equivocadas as críticas de Rosa ao modo como os bolcheviques tratam a questão

---

12 Ver, neste volume, p. 230.

agrária e a autodeterminação das nações, críticas supostamente decorrentes de sua falta de informação sobre o que se passava na Rússia. Mas essas não seriam as questões mais relevantes. Para ele, o essencial da crítica de Rosa aos bolcheviques reside na rejeição ao fechamento da Assembleia Constituinte, que levaria ao enfraquecimento da democracia[13]. No seu entender, a posição adotada por ela em defesa da convivência entre Conselhos e Parlamento (que é a dos mencheviques) teria implicado um dualismo mortal para o poder bolchevique. Por ter reconhecido o problema é que ela muda de posição durante a Revolução Alemã. Independentemente de isso ser verdade, o fato é que, transcorrido um século, o debate sobre a oposição entre democracia representativa e democracia direta continua aberto. Vale lembrar Daniel Bensaïd, que rejeita a concepção conselhista radical, contrapondo-lhe uma "democracia mista" em que conviveriam duas assembleias, conselhos e Parlamento, em equilíbrio. Cidadania e sufrágio universal não seriam eliminados[14]. Essa é a posição de Rosa Luxemburgo no texto que acabamos de mencionar e também a de Kurt Eisner, presidente da República dos Conselhos da Baviera, para quem os conselhos seriam os representantes diretos da vontade popular e teriam a função de codirigir o Parlamento.

Isso posto, Frölich considera corretamente que o problema fundamental na oposição entre Rosa Luxemburgo e os bolcheviques está no modo de enfrentar a relação entre democracia e ditadura. O que ela teme é a concentração do poder nas mãos de uma minoria e a abolição da iniciativa e do controle das massas populares, assim como em 1904 ela criticava a concepção leninista de partido-vanguarda pela excessiva centralização, que punha todo o poder nas mãos do Comitê Central e retirava a iniciativa das bases do partido. O grande erro dos bolcheviques foi ter feito da necessidade uma virtude:

> Seu erro foi que, para defender suas medidas, eles elevaram esse agir a um princípio universalmente válido e – apesar de toda argumentação – negaram a essência da democracia. Eles reprimiram o pensamento democrático na consciência das massas e dos dirigentes, removendo assim o entrave que poderia ter impedido a máquina estatal de cair no totalitarismo. Rosa escreveu sua crítica como sinal de alerta diante dessa ameaça.[15]

---

[13] A ideia de que Rosa na prisão estava mal informada sobre a Rússia e teria mudado de posição no tocante à tática dos bolcheviques é contestada por Paul Levi. Ver Jörn Schütrumpf, *Diktatur statt Sozialismus: die russische Revolution und die deutsche Linke 1917/18* (Berlim, Dietz, 2017), p. 58.

[14] Daniel Bensaïd, Entrevista, em David Muhlmann, *Réconcilier marxisme et démocratie* (Paris, Seuil, 2010), p. 206.

[15] Ver, neste volume, p. 258.

O autor reconhece que, embora a crítica de Rosa aos bolcheviques não seja válida em todos os pontos, "hoje seu escrito pode ser lido como uma grande profecia"[16]. O que ela previa aconteceu: a burocracia tomou conta da vida dos sovietes a ponto de se tornar "a camada mais significativa e determinante da sociedade"[17]. Rosa amenizava sua crítica dizendo que todas essas dificuldades provinham do fato de o "socialismo num só país" ser impossível.

Rosa Luxemburgo sai da prisão em 9 de novembro de 1918, muito doente, para mergulhar no torvelinho da Revolução Alemã. A partir daí desfilam diante de nós, de maneira sintética, os eventos mais importantes desses dias tumultuados, entre eles, a fundação do KPD, que uniu spartakistas e radicais de esquerda de Bremen (IKD), grupo do qual Frölich fazia parte. Ele não poupa elogios à atuação moderada de Rosa no congresso de fundação do KPD, defendendo a participação dos comunistas nas eleições para a Assembleia Constituinte, em que pela última vez o "feitiço da grande oradora chegou às massas [...] experiência inesquecível para os que a vivenciaram [...] enlevados pelo voo intelectual daquela mulher genial"[18].

O último capítulo, sobre a insurreição de janeiro, adota a interpretação hoje aceita pela historiografia, embora nos detalhes precise de correções e complementações[19]. De maneira acertada, Frölich rejeita a denominação de "Insurreição Spartakista" para o levante de janeiro em Berlim. Sua tese é que este foi provocado pela contrarrevolução, que só precisava de um pretexto para aniquilar os revolucionários. A iniciativa estava totalmente do lado da contrarrevolução, tendo os spartakistas se limitado a resistir. Essa leitura está de acordo com pesquisas recentes que, ademais, mostram a responsabilidade dos independentes e dos delegados revolucionários na insurreição[20]. Mas, ao mesmo tempo, Frölich adota a versão comunista de que os trabalhadores alemães visavam a uma revolução socialista. Distanciando-se dessa leitura, a historiografia mostra, a partir dos anos 1960, que os trabalhadores organizados nos conselhos, mais do que lutar por uma política socialista genérica, tinham sobretudo no horizonte medidas de democratização do Exército, da administração e da economia. Em outras palavras, almejavam democratizar o país e instituir a República parlamentar, não

---

[16] Ver, neste volume, p. 260.

[17] Idem.

[18] Ver, neste volume, p. 289.

[19] Ver Sebastian Haffner, *A revolução alemã (1918-1919)* (São Paulo, Expressão Popular/ Fundação Rosa Luxemburgo, 2018); Isabel Loureiro, *A revolução alemã 1918-1923* (São Paulo, Editora da Unesp/Fundação Rosa Luxemburgo, 2018).

[20] Jörn Schütrumpf e Paul Levi, *Ohne einen Tropfen Lakaienblut. Schriften, Reden, Briefe. Band I/1: Spartakus: das Leben bis zum Mord an Leo Jogiches* (Berlim, Dietz, 2018), p. 60-1.

instaurar na Alemanha um governo conselhista nos moldes do que ocorria na Rússia. Essa era a proposta dos spartakistas, minoria no movimento de massas.

De qualquer modo, Frölich insiste que a posição moderada de Rosa Luxemburgo contra a ocupação dos jornais, contra o terror e contra a tomada do poder por um grupo minoritário era correta. Pode-se deduzir daí que ela tinha consciência de que uma revolução socialista na Alemanha seria um processo mais longo e doloroso que na Rússia, na medida em que as forças do antigo regime continuavam fortes e atuantes, com a ajuda da social-democracia no governo.

Mas, arrastada pelo turbilhão dos combates, Rosa já não conseguia "estruturar a política de forma coerente, sem contradições internas":

> E assim se levanta, de forma perturbadora, a questão: eram as forças físicas que já não bastavam para a missão, ou a essa grande líder, que como teórica e estrategista da luta de classes andava à frente com firmeza e convicção inabalável, faltava aquela última perfeição do comandante de exército que, sem atentar para os abalos momentâneos, consegue decidir com realismo e impor suas decisões nos momentos críticos – aquela perfeição do comandante revolucionário que em Lênin se tornou carne e vida? Não há como responder a essa pergunta...[21]

Me parece que não é só Rosa que cai em contradição, mas também o próprio Frölich. Não havia ele concordado com Rosa que o maior erro dos bolcheviques havia sido transformar sua revolução em modelo a ser seguido pela esquerda mundial? E agora cobra de Rosa o realismo de Lênin, para ele o líder revolucionário perfeito, o que significa transformar a Revolução Russa e seu líder em modelo. Mas, deixando de lado esses problemas, a biografia tem o mérito de examinar o pensamento de Rosa Luxemburgo contra o pano de fundo das polêmicas que dilaceraram a esquerda socialista durante as duas primeiras décadas do século XX e dar uma boa ideia da contraposição entre revolução e contrarrevolução naquele momento, mostrando a tragédia que foi, para a esquerda alemã e internacional, a derrota da Revolução Alemã e dos spartakistas/comunistas.

Para concluir, vejamos quais são, na interpretação de Paul Frölich, as linhas mestras do pensamento de Rosa Luxemburgo.

Tendo combatido no KPD a tendência stalinista de transformar as ideias de Rosa numa teoria – o "luxemburguismo" –, Frölich enfatiza seu marxismo aberto, criativo, avesso a dogmas. Ela tinha assimilado tão bem a teoria de Marx que, de modo distinto de epígonos como Kautsky, trabalhava de maneira original no espírito dessa teoria, sem medo de criticá-la quando havia discordâncias. Seu método consistia em analisar a situação concreta, o que podemos constatar

---

[21] Ver, neste volume, p. 299.

no tocante à questão das nacionalidades, à crítica do reformismo, à crítica da concepção de partido de Lênin como vanguarda hierarquizada e centralizada de revolucionários profissionais e à rejeição das conspirações terroristas do Partido Socialista Polonês. Os dois últimos são exemplos de um modelo de ação política que Rosa não aceita: a substituição das massas trabalhadoras por pequenas minorias que se põem em seu lugar.

Enfatizar o marxismo não dogmático de Rosa Luxemburgo significa dizer que ela era adepta de uma concepção dialética da história, segundo a qual as forças estruturais objetivas do desenvolvimento capitalista são resultado da ação humana, não tendo a função de leis, como se fossem leis da natureza, imutáveis. Sua obra está longe do determinismo fatalista característico da Segunda Internacional, e mesmo formulações problemáticas, como a que se refere ao necessário colapso do capitalismo, têm sentido não determinista no interior de uma visão de mundo em que a ação humana é determinante. "Para Rosa Luxemburgo, havia 'duras leis do desenvolvimento'. Porém, os executores dessas leis eram, para ela, seres humanos, massas de milhões, organizações e líderes com pontos fortes e fracos, seu fazer e seu fracassar"[22]. É assim que Frölich interpreta o marxismo de Luxemburgo quando apresenta os aspectos metodológicos de seu pensamento, sem ter consciência da tensão que o atravessa, aliás, tal como a teoria de Marx da qual esse pensamento é herdeiro.

Em Marx há uma tensão entre duas perspectivas "muito diferentes" que ele procura articular em todos os textos: entre a *"lógica do capital como sistema acabado"*, que conduz o capitalismo "a dar necessariamente à luz um novo modo de produção", e a *"lógica estratégica do enfrentamento*, isto é, da guerra das classes"[23]. Essa mesma tensão aparece nos textos de Luxemburgo: de um lado, a análise do modo de produção capitalista com suas contradições, da qual decorre a necessidade da transformação radical desse modo de produção, ou seja, da revolução socialista, e, de outro, o estudo da história da luta de classes, em que umas ganham e outras perdem, e a experiência é a grande mestra dos oprimidos. Contra a indeterminação da ação histórica não há nenhuma garantia de vitória. Rosa Luxemburgo procura articular essas duas perspectivas, tarefa em que é mais ou menos bem-sucedida[24]. Levando isso em conta, é preciso encarar com um grão de sal certas fórmulas utilizadas por Frölich – teorias como "reflexo mental" da história, colapso inevitável do capitalismo, "etapa terminal" do capitalismo, capitalismo como "uma necessidade histórica e um progresso

---

[22] Ver, neste volume, p. 158.

[23] Pierre Dardot e Christian Laval, *Marx, prénom: Karl* (Paris, Gallimard, 2012), p. 11.

[24] Desenvolvi essa análise em *Rosa Luxemburgo: os dilemas da ação revolucionária* (2. ed., São Paulo, Editora da Unesp/Fundação Rosa Luxemburgo, 2004).

360   ISABEL LOUREIRO

histórico", fé na vitória do socialismo – que salpicam o livro e lhe dão um tom determinista-economicista que incomoda o leitor contemporâneo e são típicas do marxismo daquela época.

Além dessa visão geral do marxismo, Frölich enfatiza um segundo aspecto do pensamento de Rosa Luxemburgo: a crítica do reformismo. Numa época de crise do capitalismo, quando os governos das principais potências ocidentais haviam observado de braços cruzados a ascensão do nazifascismo – de sua perspectiva conservadora, este servia de anteparo à temida internacionalização da revolução proletária –, Frölich se identifica com Rosa na rejeição ao reformismo social-democrata. Ao preconizar apenas a luta parlamentar, o reformismo havia enfraquecido a combatividade dos trabalhadores e permitido o avanço da extrema direita. Embora Rosa não se opusesse às reformas, Frölich mostra que ela não tem ilusões de que serão abolidas tão logo as classes capitalistas vejam seus lucros e privilégios ameaçados. "Trinta e dois anos mais tarde, como fruto de uma política ao feitio de Millerand, apareceu, em solo alemão, Hitler!"[25]. A luta legal, menina dos olhos do parlamentarismo, havia dado lugar à violência sem limites da reação.

Para concluir, uma observação sobre o que a biografia não conta. Por falta de acesso à correspondência ainda não publicada na época, há poucas informações sobre a vida privada de Rosa, a que só se teve acesso posteriormente[26]. A relação amorosa com Leo Jogiches é rapidamente mencionada, e os relacionamentos com Costia Zetkin e Paul Levi não aparecem. Só na década de 1970, quando são publicadas as *Gesammelte Briefe* [Cartas completas] na antiga República Democrática Alemã é que esse material de arquivo se tornará acessível a um público mais amplo.

Contra o nazifascismo vencedor nos anos 1930, Paul Frölich ergue a bandeira do socialismo humanista de Rosa Luxemburgo. Hoje, quando novamente o pêndulo da história oscila para a direita, a advertência que encerra o livro não deixa de trazer algum ânimo: "O cortejo triunfal da barbárie chegará ao seu limite. O Aqueronte voltará a fluir. Do espírito de Rosa Luxemburgo se erguerão os vencedores"[27].

Isabel Loureiro
São Paulo, outubro de 2018

---

[25] Ver, neste volume, p. 83.

[26] Entre as duas guerras mundiais, uma centena de cartas de Rosa Luxemburgo a Leo Jogiches (de 1893 a 1896 e da primeira metade de 1905) foi publicada, não integralmente, na revista polonesa *Z'Pola Walki*. Os elementos pessoais foram expurgados e alusões a dirigentes comunistas conhecidos foram censuradas. Posteriormente, de 1968 a 1971, Feliks Tych, o grande estudioso polonês da obra de Rosa Luxemburgo, publicou mais de mil cartas de Rosa Luxemburgo a Leo Jogiches, numa edição exemplar que serviu de referência para as edições em outras línguas.

[27] Ver, neste volume, p. 307.

CRONOLOGIA RESUMIDA DE ROSA LUXEMBURGO

	Rosa Luxemburgo	Fatos históricos
1857		Nascimento de Clara Zetkin.
1859		Marx publica a *Contribuição à crítica da economia política.*
1861		Abolição da servidão na Rússia. Guerra Civil nos Estados Unidos.
1862		Abolição da escravidão nos Estados Unidos.
1863		Tem início a insurreição polonesa de setores do exército e da nobreza contra o domínio da Rússia tsarista. Em 23 de maio, sob a liderança de Ferdinand Lassalle, é fundada a Associação Geral dos Trabalhadores Alemães (ADAV), em Leipzig, na Saxônia.
1864		É fundada na Inglaterra a Associação Internacional dos Trabalhadores (AIT), posteriormente conhecida como Primeira Internacional.
1865		Morre Pierre-Joseph Proudhon, em Paris. Abraham Lincoln, presidente dos Estados Unidos, é assassinado.
1866		Realiza-se em Genebra, em setembro, o I Congresso da Associação Internacional dos Trabalhadores, com a presença de sessenta delegados.
1867		Nasce Leo Jogiches. É publicado o Livro I de *O capital: crítica da economia política*, de Karl Marx. Ocorre o II Congresso da AIT, em Lausanne.

362 Cronologia resumida de Rosa Luxemburgo

Rosa Luxemburgo	Fatos históricos
1868	III Congresso da AIT, em Bruxelas.
1869	É fundado na Alemanha, em 7 de agosto, sob a liderança de August Bebel e Wilhelm Liebknecht, o Partido Operário Social-Democrata (SDAP). Ocorre o IV Congresso da AIT, em Basileia.
1870	Nascimento de Vladímir Ilitch Uliánov, conhecido como Lênin. Guerra Franco-Prussiana. É derrubado o governo de Luís Bonaparte em setembro e proclamada a República na França.
1871 Rosa Luxemburgo nasce em 5 de março, em Zamość, Polônia, em uma família judia. É a mais nova dos cinco filhos do comerciante de madeira Elias Luxemburgo e sua esposa Lina Löwenstein.	Comuna de Paris. Unificação alemã sob o *Kaiser* Guilherme da Prússia, com Otto von Bismarck como seu chanceler. Legalização das Trade Unions na Inglaterra. Conferência da AIT em Londres.
1872	V Congresso da AIT culmina com a vitória da política de Marx e Engels e a expulsão de Bakúnin como principal representante dos anarquistas.
1873 A família de Rosa migra para Varsóvia, em decorrência de problemas financeiros.	
1875	No Congresso de Gotha, o SDAP e o ADAV se fundem, dando origem ao Partido Social-Democrata da Alemanha (SPD). Marx faz duras críticas a seu programa, de influência lassalliana e escrito principalmente por Wilhelm Liebknecht. Engels tem a iniciativa de publicar as opiniões de Marx no livro *Crítica do Programa de Gotha*.
1876 Um tratamento médico por uma suposta doença dos ossos do quadril obriga Rosa a ficar na cama com a perna engessada por um ano. Em virtude disso, sofre uma atrofia nesse membro que a deixará manca por toda a vida.	Engels publica no *Vörwarts* (jornal do SPD) seus escritos contra a teoria socialista de Eugen Dühring, posteriormente compilados no clássico *Anti-Dühring: a revolução da ciência segundo o senhor Eugen Dühring*. Bakúnin morre.
1877	Guerra Russo-Turca. O SPD obtém uma votação de 493 mil, número que motiva as tentativas de Bismarck de proibir o partido. Surge o movimento socialista polonês em

Rosa Luxemburgo	Fatos históricos
	torno das ideias de Ludwik Waryński. O círculo teve atuação também no movimento operário.
1878	É promulgada a primeira das Leis Antissocialistas promovidas por Bismarck, a fim de reprimir o movimento social-democrata na Alemanha.
1879	Nasce Liev Davidovitch Bronstein, mais conhecido como Leon Trótski.
1881	O tsar russo Alexandre II é assassinado em um atentado cometido pelo grupo populista Naródnaia Vólia. Kautsky visita Marx e Engels na Inglaterra. Fundação da Federation of Labour Unions nos Estados Unidos. Morre Jenny Marx.
1882	Fundação do Partido Socialista Revolucionário Proletariat na Polônia, sob a direção de Waryński.
1883	Os pioneiros do marxismo russo, sob a liderança de Gueórgui Plekhánov, fundam o Grupo Emancipação do Trabalho, em Genebra, na Suíça. Com direção de Karl Kaustsky, é fundado o periódico *Die Neue Zeit,* em Stuttgart. Morre Karl Marx, em Londres, no dia 14 de março. O partido Proletariat dirige uma poderosa greve contra exames vexatórios a que o chefe de polícia queria submeter as operárias fabris.
1884	Mesmo na ilegalidade, o SPD obtém 550 mil votos, apresentando seus candidatos de forma independente. É fundada em 4 de janeiro, em Londres, a Sociedade Fabiana. O Proletariat estabelece uma aliança formal de luta com o Naródnaia Vólia russo.
1885	Publicado postumamente o Livro II de *O capital,* de Marx, editado por Engels.
1886 Rosa ingressa no Partido Socialista Revolucionário Proletariat, que se encontra em decadência devido à brutal repressão: naquele ano, quatro outros membros haviam sido sentenciados à morte e enforcados. Waryński fora condenado a dezesseis anos de trabalhos forçados.	Nos Estados Unidos, 350 mil trabalhadores de Chigaco entram em greve pela jornada de trabalho de oito horas.

Rosa Luxemburgo	Fatos históricos
1887	Ainda sob as Leis Antissocialistas de Bismarck, o SPD obtém 763 mil votos.
1888	Engels confia a Kautsky a tarefa de editar as *Teorias sobre o mais-valor*, de Marx.
1889 É fundada a Liga Operária Polonesa, da qual Rosa chega a participar, no fim de seu período em Varsóvia. Fugindo da perseguição policial, Rosa emigra para Zurique com a ajuda de Martin Kasprzak.	Fundação da Segunda Internacional, em Paris.
1890 Leo Jogiches, que desempenharia papel fundamental como camarada de Rosa e também como seu companheiro por anos, chega a Zurique.	Fim das Leis Antissocialistas na Alemanha. O SPD obtém 1,5 milhão de votos nas eleições, equivalente a 19,7% do total.
1891	Aleksandr Ilitch Uliánov, irmão mais velho de Lênin, é enforcado junto com companheiros por uma tentativa de atentado à vida do tsar Alexandre III. Realiza-se o Congresso de Erfurt, no qual o SPD aprova um novo programa redigido por Kautsky, posteriormente criticado por Engels em *Crítica do programa de Erfurt*. Na Bélgica, 125 mil trabalhadores fazem greve pelo sufrágio universal.
1892	No 1º de Maio, uma grande greve na Polônia mobiliza 8 mil trabalhadores em Varsóvia e 60 mil em Lodz. A repressão policial deixa 46 mortos e mais de 200 feridos.
1893 Fusão entre o Partido Socialista Revolucionário Proletariat, a Liga Operária Polonesa e outros dois grupos cria o Partido Socialista Polonês. Seu órgão de divulgação, *Sprawa Robotnicza* (Causa dos Trabalhadores), foi fundado por Leo Jogiches e conta com Rosa Luxemburgo como dirigente. No Primeiro Congresso da organização é apresentado um documento de Rosa defendendo a orientação social--democrata (marxista) para o partido. No Congresso da Internacional em Zurique, Rosa defende sua posição sobre a Polônia, opondo-se aos social--patriotas e a figuras como Plekhánov e Engels. A disputa leva à	O SPD obtém 23% dos votos nas eleições. Greve de 250 mil trabalhadores belgas conquista ampliação de direitos eleitorais, ainda que sem conquistar o sufrágio universal.

Rosa Luxemburgo	Fatos históricos
cisão do PSP e à criação da Social-Democracia do Reino da Polônia, sob a liderança de Luxemburgo e Jogiches. O mandato de delegada de Rosa é rejeitado por uma comissão do Congresso.	

1894 — Publicado o Livro III de *O capital*, de Marx, também editado por Engels. Guerra Sino-Japonesa pelo controle imperialista da Coreia.

1895 — Fundação da Confederação Geral do Trabalho (CGT), na França. Publicada, com diversas modificações (para não provocar a repressão estatal), a nova introdução redigida por Engels para *As lutas de classes na França*, de Marx. Morre Engels no dia 5 de agosto, em Londres.

1896 — No Congresso da Internacional em Londres, a fração social-democrata de Jogiches e Luxemburgo vence a posição dos social-patriotas poloneses.

Na coroação do tsar russo Nicolau II, centenas de pessoas são pisoteadas. Contra o confisco de três dias de salário para a coroação, eclode uma greve de 40 mil trabalhadores em Petrogrado.

1897 — Recorrendo ao artifício de um falso casamento com Gustav Lübeck, Rosa obtém cidadania alemã e muda-se para esse país.

Fundação da federação sindical Vertrauensmänner-Zentralisation Deutschlands (VZD) (Centralização de Representantes da Alemanha), em Halle. Greve dos trabalhadores russos conquista a redução da jornada de trabalho para onze horas e meia.

1898 — Rosa assume a direção do jornal social-democrata *Sächsische Arbeiter-Zeitung* (Jornal dos Trabalhadores da Saxônia), tomando o lugar de Párvus e Marchlewski, expulsos da província pela perseguição do regime. Georg Gradnauer, deputado social-democrata em Dresden, polemiza com Rosa, impondo-lhe censura no jornal.

Guerra Hispano-Americana. Bernstein publica no *Die Neue Zeit* ensaios defendendo sua concepção reformista. O Partido Operário Social-Democrata Russo (POSDR) é fundado em Minsk.

1899 — Rosa conclui a publicação de uma série de ensaios, iniciada no ano anterior, na qual polemiza com as concepções reformistas de Eduard Bernstein. O conjunto desses ensaios é reunido no livro *Reforma social ou revolução?*. Recusa a oferta da direção do partido para se incorporar à redação do *Vorwärts* (Avante).

Sob a liderança de Feliks Dzierżyński (futuro líder da Tcheká soviética), a Lituânia unifica-se ao movimento social-democrata da Polônia, com a refundação do partido sob o nome de Social-Democracia do Reino da Polônia e Lituânia. Eduard Bernstein publica sua principal obra, *Os pressupostos do socialismo e as tarefas da social-democracia*. Kautsky publica compilação de série de

Rosa Luxemburgo	Fatos históricos
	artigos no *Die Neue Zeit* criticando o reformismo de Bernstein. Na França, o socialista Alexandre Millerand entra no ministério burguês de Waldeck-Rosseau. Guerra dos bôeres na África do Sul. Guerra Filipino-Americana.
1900 No Congresso da Internacional de Paris ainda se repetem as calúnias e tentativas de cassar o mandato de delegada de Rosa por parte do PSP, mas sem sucesso desta vez.	Núcleo dirigente da social-democracia russa, incluindo Plekhánov e Lênin, funda no exílio o periódico *Iskra*. Na Alemanha, os afiliados aos sindicatos da social-democracia chegavam a 600 mil.
1901 Rosa publica uma série de panfletos criticando a política ministerialista dos socialistas franceses, justificadas teoricamente por Jean Jaurès.	*Die Neue Zeit* torna-se o órgão oficial do SPD.
1902 Polemiza com Émile Vandervelde acerca da greve geral na Bélgica. Após a morte do redator-chefe Bruno Schoenlank, Rosa assume a direção da *Leipziger Volkszeitung* (Gazeta Popular de Leipzig), órgão do SPD. Após alguns meses, a comissão editorial a remove do posto. Franz Mehring assume o cargo.	Fundação do Partido Socialista Revolucionário na Rússia (SR). Início de uma onda de greves e levantes camponeses na Rússia que se estenderia pelos próximos anos e prenuncia a revolução. Lênin publica *Que fazer?*, apresentando sua concepção para a organização do POSDR. Greve geral na Bélgica mobiliza 350 mil trabalhadores.
1903	Cisão entre bolcheviques e mencheviques no II Congresso do POSDR. A Vertrauens-männer-Zentralisation Deutschlands (VZD) (Centralização de Representantes da Alemanha) muda seu nome para Freie Vereinigung Deutscher Gewerkschaft (FVdG) (Associação Livre de Sindicatos da Alemanha). O SPD realiza seu Congresso em Dresden e obtém mais de 3 milhões de votos nas eleições. Bernstein propõe um acordo com os liberais para o partido obter o posto de Presidium no Reichstag, mas sua proposta é derrotada.
1904 É condenada a três meses de prisão por "ofender" o Kaiser Guilherme II. Polemiza nos periódicos *Iskra* (Faísca) e *Die Neue Zeit* (Os novos tempos) contra as concepções de partido defendidas por Lênin no ensaio "Questões de organização da social-democracia russa".	Guerra Russo-Japonesa. Greve geral na Itália. Em Amsterdã, ocorre o VI Congresso da Segunda Internacional. Os afiliados aos sindicatos da social-democracia alemã já ultrapassam 1 milhão. No Congresso do SPD, Clara Zetkin, Karl Liebknecht e Rosa Luxemburgo lutam para que as greves políticas de massas sejam consideradas instrumento fundamental do partido.

Rosa Luxemburgo	Fatos históricos
1905 Escreve duas brochuras, em abril e maio, intituladas *A hora revolucionária: como prosseguir?*. Depois, muda-se para Varsóvia, a fim de acompanhar de perto o levante revolucionário russo. É presa por três meses e ameaçada com pena de morte.	Eclode em janeiro uma greve geral na Rússia. Em 22 de janeiro, ocorre o Domingo Sangrento, em que milhares são fuzilados a mando do tsar. Segue-se uma onda de greves que dará início à Revolução Russa. Na Alemanha, uma onda de greves conta com a participação de mais de 500 mil trabalhadores, com o centro na greve de 200 mil mineiros na bacia do Ruhr. O Congresso do SPD em Iena aprova o uso da greve política como arma do partido sob determinadas circunstâncias.
1906 Passa um mês em Kuokkala (hoje Repino), na Finlândia, de onde era simples se deslocar para São Petersburgo. Escreve *Greve de massas, partido e sindicatos* e a terceira brochura da série *A hora revolucionária: como prosseguir?*.	No Congresso do SPD em Mannheim é aprovada a "paridade" entre partido e sindicatos, dando maior peso político para a burocracia sindical do partido. O PSP polonês racha, e Piłsudski dirige a sua "Fração Revolucionária". A social-democracia polonesa adere ao partido russo. Trabalhadores conquistam sufrágio universal na Áustria.
1907 Participa do V Congresso do Partido Operário Social-Democrata Russo (POSDR) em Londres, combatendo a visão menchevique da revolução de 1905. É presa por incitação a atos de violência, por conta de um discurso proferido no congresso do partido em Iena, em 1905. Leo Jogiches é condenado a oito anos de trabalho forçado e foge da prisão. Rosa assume as aulas de economia política na escola do partido em Berlim.	Karl Liebknecht é condenado a um ano e meio de prisão por alta traição pelo escrito "Militarismo e antimilitarismo".
1908 Publica a segunda edição de *Reforma social ou revolução?*.	As posições críticas da FVdG em relação ao parlamentarismo do SPD levam à expulsão de diversos membros e à cisão de relações entre as duas organizações.
1909 Escreve crítica contundente à "Fração Revolucionária" do Partido Socialista Polonês (PSP), dirigida por Piłsudski.	Como resultado de uma forte crise econômica e de tentativas de reformas prejudiciais às massas e a alguns privilégios dos *Junkers*, cai o governo do chanceler Bernhard von Bülow, numa manobra dos conservadores. Crise da Bósnia.
1910 Luta pela política da greve geral de massas em defesa da República, e seu artigo a esse respeito é vetado no *Die Neue Zeit* por Kautsky, de acordo com	Manifestações maciças de trabalhadores alemães têm como motivador principal a luta pelo sufrágio universal. Kautsky combate a ideia da greve geral de massas em favor de

368 Cronologia resumida de Rosa Luxemburgo

Rosa Luxemburgo	Fatos históricos
a orientação da direção do Partido Social-Democrata Alemão (SPD). Sua polêmica contra a "estratégia de desgaste" a opõe a Kautsky.	uma "estratégia de desgaste" e de aguardar as eleições de 1912.
1911 Faz oposição à direção do SPD, exigindo uma ação contra o colonialismo alemão durante a crise de Agadir.	A Crise de Agadir quase precipita o início da guerra. O bureau da Segunda Internacional conclama uma ação contra a guerra, mas a direção do SPD se recusa, temendo uma repercussão eleitoral negativa.
1912	A social-democracia obtém 110 cadeiras no Parlamento por meio de um acordo de submissão aos liberais. Kaustsky defende o acordo. Karl Liebknecht se torna deputado por Potsdam. Começa a Guerra dos Balcãs. Congresso extraordinário da Segunda Internacional ocorre em Basileia.
1913 Publica *A acumulação do capital*. Critica a posição do SPD de apoio à política armamentista. Após quinze anos de colaboração, é afastada da redação da *Leipziger Volkszeitung*, que era a principal voz da oposição radical do SPD na imprensa partidária. Cria, com Mehring e Karski, a *Sozialdemokratische Korrespondenz* (Correspondência Social-Democrata).	O projeto militar e armamentista do governo elaborado por von Ludendorff é aprovado pelos deputados do SPD.
1914 É condenada a um ano de prisão por um discurso em oposição à guerra proferido no ano anterior. Contudo, não é presa e segue em campanha contra o militarismo e o judiciário.	Em 4 de agosto, o Parlamento alemão vota a concessão dos créditos de guerra. A bancada de 111 deputados SPD vota favorável. Uma minoria de 15 deputados contrária se submete à disciplina partidária – entre eles, Karl Liebknecht. Em dezembro, na segunda votação dos créditos, Liebknecht vota sozinho contra sua aprovação.
1915 Lança, junto com Mehring, Zetkin e outros opositores, a revista *Die Internationale* [A Internacional], instrumento para lutar contra a guerra e a posição chauvinista da direção do SPD. A revista é proibida e seus editores são acusados de alta traição. Rosa já se encontrava presa. Escreve a *Brochura de Junius* e a *Introdução à economia política*, que seria lançada apenas em 1925.	Em março, ocorre a Conferência Internacional das Mulheres, convocada por Clara Zetkin; em setembro, a Conferência de Zimmerwald reúne delegações de socialistas que não haviam capitulado diante da guerra imperialista. Em 21 de dezembro, diversos deputados do SPD se recusam a votar pela concessão de novos créditos de guerra.

Rosa Luxemburgo	Fatos históricos
1916 De dentro da cadeia, Rosa articula com Liebknecht a conferência de fundação da Liga Spartakus e escreve as diretrizes de sua base programática. Obtendo a liberdade por alguns meses, consegue publicar sua *Brochura de Junius*, sob o título *A crise da social-democracia*, que passa a circular ilegalmente. Em julho, volta a ser presa.	Em 1º de janeiro a Liga Spartakus é fundada em Berlim. Em março, nova conferência reúne a extrema esquerda e, na páscoa, a Juventude Socialista realiza uma conferência secreta em Iena, com a maioria apoiando os spartakistas. No 1º de Maio, a Liga Spartakus convoca uma manifestação, na qual Liebknecht é preso. A Liga organiza greves e manifestações.
1917 Rosa se dedica intensamente a escrever, analisar e tirar lições da Revolução Russa, produzindo textos para as *Cartas de Spartakus*. Logo após a vitória bolchevique, recebe a notícia da morte de seu amigo Hans Diefenbach, no *front*.	Em 9 de março, cai o tsarismo na Rússia e se estabelecem os sovietes e o governo provisório. Em 7 de novembro, sob a liderança dos bolcheviques, os sovietes tomam o poder. A Alemanha é invadida por uma poderosa onda de greves, e é fundado o Partido Social-Democrata Independente Alemão (USPD), ao qual os spartakistas se integram, mas preservando sua autonomia.
1918 Rosa escreve *A Revolução Russa*, manuscrito que não chega a concluir e que seria publicado apenas postumamente, no qual discutia a política dos bolcheviques na primeira revolução proletária vitoriosa. Em 8 de novembro, com a queda do governo, Rosa é libertada. Ela assume a direção do *Die Rote Fahne* [A Bandeira Vermelha], o jornal da Liga Spartakus.	Em março, é assinado o tratado de Brest-Litovsk, selando a paz entre a Alemanha e a Rússia, mas com duras imposições ao novo governo soviético. Em 1º de outubro, ocorre uma conferência conjunta entre spartakistas e radicais de esquerda. Em 23 de outubro, Liebknecht deixa a prisão. O Exército alemão desmorona, e Ludendorff foge para o exterior. Cai o governo de Guilherme II, e Ebert, do SPD, assume o posto de chanceler com a missão de sufocar a revolução. Liebknecht proclama em um discurso a república socialista. Rosa é libertada pelos trabalhadores. Em 6 de dezembro, o Conselho Executivo dos Conselhos de Trabalhadores e Soldados é preso. De 16 a 20, se reúne o primeiro Congresso dos Conselhos.
1919 Nos levantes de janeiro, Rosa defende combater a contrarrevolução, mas considera prematura a tentativa de tomar o poder. Em 15 de janeiro, ela e Liebknecht são presos e assassinados, sob ordens do governo do SPD.	No dia 1º de janeiro, é fundado o Partido Comunista Alemão (KPD), unificando spartakistas e a esquerda radical, bem como dissidentes do USPD. O congresso vota contra a posição de Rosa de participar na eleição de delegados à Assembleia Constituinte. Uma provocação planejada pelo governo, com a destituição de Eichhorn (USPD) da polícia de Berlim, desencadeia reações das massas. Liebknecht decide por uma ofensiva sem conhecimento

Rosa Luxemburgo	Fatos históricos
	da direção, Rosa o censura. O levante é esmagado pelo governo e a repressão se abate sobre as organizações operárias e da esquerda, como o KPD, os Delegados Revolucionários e os independentes de esquerda. Em março, Leo Jogiches é preso e assassinado na cadeia da Chefatura de Polícia pelo delegado Tamschik.

Käthe Kollwitz, "Memorial para Karl Liebknecht", 1921.

PARTIDOS

Partido Comunista Alemão / Kommunistische Partei Deutschlands (KPD)

Partido Comunista da União Soviética (Bolchevique) (PCUS[B]) / Коммунистическая партия Советского Союза

Partido Operário Social-Democrata Russo (POSDR) / Росси́йская социа́л-демократи́ческая рабо́чая па́ртия

Partido Social-Democrata Alemão / Sozialdemokratische Partei Deutschlands (SPD)

Partido Social-Democrata Independente Alemão / Unabhängige Sozialdemokratische Partei Deutschlands (USPD)

Partido Socialista dos Trabalhadores da Alemanha / Sozialistische Arbeiterpartei Deutschlands (SAP)

Partido Socialista Polonês (PSP) / Polska Partia Socjalistyczna

Partido Socialista Revolucionário (PSR) / Партия социалистов-революционеров

Partido Socialista Revolucionário Proletariat / Revolutionär-Sozialistischen Partei Proletariat

Partido Trabalhista Independente / Independent Labour Party (ILP)

Social-Democracia do Reino da Polônia / Socjaldemokracja Krolestwa Polskiego (SDKP)

Social-Democracia do Reino da Polônia e Lituânia / Socjaldemokracja Krolestwa Polskiego i Litwy (SDKPiL)

Moeda de 20 marcos alemães, de 1971, em homenagem a
Karl Liebknecht e Rosa Luxemburgo.

Publicado em janeiro de 2019, quando se completaram 100 anos do assassinato de Rosa Luxemburgo, este livro foi composto em Adobe Garamond Pro, corpo 11/13,5, e reimpresso em papel Avena 70 g/m² na gráfica Rettec, para a Boitempo, em agosto de 2021, com tiragem de 1.500 exemplares.